Roman Deininger

Die CSU

Roman Deininger

Die CSU

Bildnis einer
speziellen Partei

C.H.Beck

Mit 20 Abbildungen

www.chbeck.de
Satz: Janß GmbH, Pfungstadt
Druck und Bindung: Druckerei C.H.Beck, Nördlingen
Umschlaggestaltung: Kunst oder Reklame, München
Umschlagabbildung: CSU-Veranstaltung im Juni 2015,
© Thomas Dworzak/Magnum Photos/Agentur Focus
Gedruckt auf säurefreiem, alterungsbeständigem Papier
(hergestellt aus chlorfrei gebleichtem Zellstoff)
Printed in Germany
ISBN 978 3 406 74982 7

myclimate

klimaneutral produziert
https://rsw.beck.de/nachhaltig

Inhalt

Prolog

Leben mit der CSU: Erfahrungen eines gern geplagten Journalisten

Es gibt viele gute Orte für einen glühenden Fußballfan, um an einem späten Sonntagabend das Elfmeterschießen zwischen Kroatien und Dänemark bei der Weltmeisterschaft zu schauen. Ein Biergarten wäre schön, auch die heimische Couch. Nicht ganz so schön ist das Foyer der Münchner CSU-Zentrale an der Autobahn, wo ein kleiner Fernseher etwas schief an der Wand hängt. Es ist ein heißer Sommertag, der 1. Juli 2018, und die CSU bringt wieder mal die ganze Republik ins Schwitzen. Bis aufs Blut hat sie sich in der Flüchtlingspolitik mit Bundeskanzlerin Angela Merkel zerstritten. Der Parteivorstand um Horst Seehofer ist zur Krisensitzung zusammengekommen, natürlich hinter verschlossenen Türen. Es geht um nicht weniger als die Frage, ob Deutschland vollends in eine Staatskrise schlittert.

Dramatische Runden, die sich bis in die Nacht ziehen, sind eine Spezialität der CSU, die jede sich bietende oder nicht bietende Gelegenheit nutzt, um dem bayerischen Welttheater eine neue Inszenierung hinzuzufügen. Den Journalisten bleibt dann nichts anderes übrig, als die Vorstandsmitglieder stundenlang vor den Türen des Sitzungssaals zu belagern. Einziger echter Profiteur dieser Zwangslage ist die Aral-Tankstelle gegenüber der CSU-Zentrale, in der sich die Reporter mit Wurstsemmeln und koffeinhaltigen Getränken eindecken. Ansonsten kann man nur im Presseraum herumlümmeln und warten, bis endlich irgendein mitteilsamer Teilnehmer eine SMS mit ersten Informationen aus der Sitzung schickt.

Am 1. Juli 2018 bietet zumindest das Achtelfinale zwischen Kroaten und Dänen ein wenig Unterhaltung, wobei die CSU einem am Ende nicht mal diesen Spaß gönnt. Genau in dem Moment, in dem der Kroate Ivan Rakitic sich den Ball hinlegt zum vielleicht finalen Schuss, brummen überall die Handys. Nachricht aus der Sitzung: Horst Seehofer will als Parteichef zurücktreten! Rakitic läuft an – und gut dreißig Journalisten, die gerade noch gebannt vor dem Fernseher standen, rennen zu ihren Laptops. Ivan Rakitic, das muss man einige Stunden später nachlesen, bringt die Sache zu Ende, was man von Horst Seehofer an jenem Tag nicht behaupten kann.

Die CSU war immer eine Partei, die intensive journalistische Betreuung erforderte. Aber so viel Zuwendung wie in den vergangenen Jahren hat sie selten gebraucht – all die Abende und manche Nacht. Erst brachte die CSU mal wieder ihren Klassiker auf die Bühne, das große Schauspiel vom Königsmord, das sich im Fall des Machtduells zwischen Seehofer und dem ehrgeizigen Markus Söder über Jahre hinzog. Erst nach dem Debakel der CSU bei der Bundestagswahl 2017 konnte der Junge den Alten als Ministerpräsident ablösen. Es folgte das Drama des Asylstreits, das wiederum fließend überging in den politischen Überlebenskampf Söders bei der Landtagswahl 2018. Nach seiner wundersamen Rettung und seinem Aufstieg zum Parteichef begann jener, sich als Bienen-, Baum- und Menschenfreund neu zu erfinden. Die CSU verschlägt einem manchmal die Sprache, was für einen Journalisten ein eher misslicher Zustand ist. Und nicht selten beschert sie einem Arbeitswochen, an deren Ende man mehr Zeit mit Söder oder Seehofer verbracht hat als mit der eigenen Frau.

Von ganz normalen Menschen, den neuen Nachbarn zum Beispiel, wird man bisweilen gefragt, ob man denn als CSU-Reporter eine besondere «Affinität» für das Objekt der Berichterstattung mitbringen müsse. «Affinität» wird dann auf Rückfrage meistens mit Wohlwollen übersetzt. Nein, muss man nicht. Darf man nicht. Man sollte allerdings auch keine allzu ausgeprägte Antipathie haben. Das wäre weder einer sachlichen Berichterstattung zuträglich noch dem eigenen Seelenheil.

Von Journalistenkollegen aus Berlin oder gar aus Schleswig-Holstein wird man als Münchner CSU-Reporter in gleichem Maß bemitleidet wie beneidet, wobei das Mitleid meistens deutlich bekundet wird und der Neid eher nicht. «Ihr armen Teufel, die ihr täglich diese unverschämten, peinlichen Alpenseppeln ertragen müsst, die ständig versuchen, die Republik politisch in Brand zu stecken!» Manchmal erkundigt sich auch jemand, was «Dein Söder» hier wieder gesagt oder «Dein Seehofer» dort wieder getan habe. Jedes Mal muss man sich aufs Neue gegen diese Art von bayerischer Kollektivschuld verwahren.

Richtig ist: Journalisten und Politiker hocken ständig aufeinander, sie leben in einer kleinen Welt, und im Fall der CSU ist diese Welt besonders klein, was ihre große Strahlkraft im Übrigen noch bemerkenswerter macht. Man trifft sich im Foyer der CSU-Zentrale, im Steinernen Saal des Landtags, bei diversen Sommerfesten und «Parlamentarischen Abenden», beim Starkbieranstich am Nockherberg und beim Frankenfasching in Veitshöchheim. Für Journalisten ist die Beziehung zu Politikern immer ein Grenzgang zwischen Nähe und Distanz: ohne Nähe keine Information, ohne Distanz keine Objektivität. Bei der CSU ist die Sache besonders komplex, weil sowohl Anziehung als auch Abstoßung ziemlich ausgeprägt sind.

Journalisten und Politiker brauchen sich. Markus Söder braucht Journalisten, damit sie von seiner geilen Romreise zu gleich zwei Päpsten berichten, Franziskus und Benedikt. Die Journalisten brauchen Söder, um ihm in geilen Texten vorwerfen zu können, wie durchschaubar die Nummer mit den Päpsten ist. Als Reporter braucht man eine gewisse Nähe zur Macht schlichtweg für seine Arbeit, und man muss festhalten, dass die Spitzenleute der CSU viel freimütiger Nähe gewähren als die anderer Parteien.

Söder und Seehofer etwa lassen keine Möglichkeit ungenutzt, Journalisten noch schnell ein paar Botschaften einzuimpfen. Söder, früher selbst Redakteur des Bayerischen Rundfunks, hat im Gespräch gewöhnlich ein paar kunstvoll vorgefertigte Wortschnitzereien parat, sagen wir: «Die Bauchdemoskopie sagt mir, dass die Bevölkerung da auf unserer Seite ist.» Er wiederholt das Schlüsselwort, das er in der Zeitung wiederfinden will, dann so lange, Bauchdemoskopie, Bauchdemoskopie, bis der Journalist, Bauchdemoskopie, das Wort in seinen Block schreibt. Erst dann lässt Söder von seinem Opfer ab. Seehofer leitete einen Plausch schon mal mit der Warnung ein, er habe leider nur fünf Minuten Zeit, daheim in Ingolstadt warte seine Frau. Als der Reporter dann nach einer halben Stunde einwarf, dass seine wichtigsten Fragen jetzt wirklich beantwortet seien, sagt Seehofer, es gebe keinen Grund, ungemütlich zu werden.

Nie dabei sein dürfen Journalisten blöderweise, wenn Politik tatsächlich entsteht – wenn es hinter verschlossenen Türen entscheidend oder intim wird. Tagt ein Kabinett oder – wie an jenem 1. Juli 2018 in der CSU-Zentrale – ein Parteivorstand, ist man auf Indiskretionen angewiesen. Schon ist man in der Zwickmühle: Man achtet still die, die nichts rauslassen. Aber man braucht die, die quatschen. Manche reden zur Eigen-PR, andere aus der ernsthaften Überzeugung, dass die Öffentlichkeit ein Recht auf Information hat.

Und dann ist sofort wieder Distanz gefordert: Es empfiehlt sich, jede Information erst mal mit Skepsis zu betrachten – etwa wenn der Herr Staatsminister X kundtut, das hätte man erleben sollen, wie der Kollege Y eben beim Thema Z intellektuell völlig überfordert gewesen sei. Im Machtkampf zwischen Söder und Seehofer teilten einem serviceorientierte Christsoziale zu jeder Tag- und Nachtzeit mit, was der Söder wieder Niederträchtiges gesagt oder wo der Seehofer wieder blass und krank gewirkt habe. Mit Politikern in einem Boot zu sitzen ist nicht immer ein uneingeschränktes Vergnügen.

Zur Wahrheit gehört natürlich, dass die Nähe auch die Eitelkeit befriedigt. Die Gewährung von Nähe durch Politiker kennt viele Spielformen: Besonders beliebt ist die Mitfahrt des Journalisten in der Limousine eines Politikers; in Zeiten des Klimabewusstseins kommt aber auch die sportliche Ausfahrt auf E-Bikes in Mode. Im Auto vollzieht sich dann das immergleiche Ritual, der Politiker entledigt sich seines Sakkos, bevor – absolut überhaupt rein gar nichts passiert. Trotzdem sind Freunde und Verwandte immer schwer beeindruckt, wenn man mit dem Söder oder dem Dingsbums Schenkel an Schenkel auf der Rückbank saß. Am Ende ist man dann doch fast ein bisschen beeindruckt von sich selbst.

Okay, hin und wieder passiert dann doch mal was im Auto. Es kommt einem eine Fahrt mit Söder durch Nürnberg in den Sinn, da war er noch bayerischer Finanzminister. Ein paar Monate zuvor hatte Söder behauptet, er habe die Bibel nicht nur auf seinem Schreibtisch liegen, sondern auch immer als Hörbuch griffbereit in seiner Limousine – für Momente der Besinnlichkeit inmitten des Alltagsstresses.

So ganz hatte der Reporter das nicht glauben können und fragte also Söder im Auto, ob man nicht nebenher ein paar Paulusbriefe hören wolle. Söder sagte kein Wort, er öffnete nur das Handschuhfach, nahm das Bibel-Hörbuch heraus und genoss seinen Triumph.

Angesichts von Profis wie Söder muss man sich als Journalist bewusstmachen, dass die Zuwendung, die man erfährt, vielleicht gar nicht dem eigenen überragenden persönlichen Charme geschuldet ist, sondern der Zeitung, für die man arbeitet. Argwöhnisch darf man auch werden, wenn ein CSU-Mann unablässig versichert, wie unglaublich geistreich er die Textbeiträge des Reporters findet. Dann stellt sich ja schon die Frage: Schreibt der Reporter beim nächsten Mal auch wirklich, wie unglaublich geistlos er die Reden des CSU-Mannes findet?

Die Audienzen, die Politiker mitreisenden Journalisten in Flugzeugen gewähren, verströmen Bedeutung und einen Hauch von Abenteuer; jedenfalls wenn der Journalist nicht gerade todmüde in seinem Sitz hängt und der Politiker ihm gnadenlos und detailliert die Chancen der Kooperation zwischen Bayern und Quebec bei der Wasserkraft erläutert. Überhaupt, Reisen: Abends an der Hotelbar stellen Staatsmänner gern mal ihre Lockerheit zur Schau, mit Ausnahme von Edmund Stoiber natürlich, der einst in Quebec auch nachts um eins noch über das dortige Schulsystem referierte, als hätte er zehn Jahre an einer Highschool in Montreal unterrichtet.

Mit der Zugewandtheit von Politikern muss man umgehen lernen. Ein besonderer CSU-Kandidat etwa lässt sich gern von seinen Sprechern zuflüstern, welchen Fußballverein ein Journalist mutmaßlich unterstützt, um dann drei Sekunden später eine Charmeattacke zu reiten: «Respekt, Ihr FC Ingolstadt, tolles Spiel, habe mitgefiebert.» Die Gefahr, dass sich in solchen Fällen unbotmäßige Nähe entwickelt, ist eher abstrakt. Manchmal kommt es auch auf andere Art knüppeldick. Man begleitet Andreas Scheuer zu einem Firmenjubiläum in Niederbayern, was ganz praktisch bedeutet, dass man ihm die meiste Zeit hinterherläuft. Irgendwann haut einem ein Unbekannter kumpelhaft auf die Schulter und sagt: «Und du bist der Assi vom Andi?»

Die Nähe zur Macht ist ein Privileg, aber manchmal auch eine Zumutung. Es ist wie immer, wenn man mit Menschen zusammen ist: Manche mag man mehr, manche mag man weniger. Die Herausforderung des Journalisten ist es, sich in seinen Urteilen in keinem Fall davon leiten zu lassen. Es gibt übrigens auch Politiker, die haben erfrischend wenig Lust auf seichte Kommunikation. Oft sind sie allerdings nicht bei der CSU. Der Reporter war für seine Zeitung auch mal Korrespondent in Baden-Württemberg. Beim dortigen Ministerpräsidenten Winfried Kretschmann fällt der Small Talk oft arg small aus. So richtig in Fahrt kommt Kretschmann nur bei religionsphilosophischen Fragen, bei denen bloß mitreden kann, wer Thomas von Aquin im lateinischen Original gelesen hat.

Damit sich Journalisten und Politiker auch mal etwas zwangloser begegnen können, ist das sogenannte Hintergrundgespräch erfunden worden. Dieses ist sehr nützlich, aber auch ein Geschenk für Verschwörungstheoretiker. Ein Politiker lädt Journalisten ein, um bei Butterbrezen oder, bei der CSU sehr beliebt, Weißwürsten sein Denken zu erläutern – «im Hintergrund», also auf Basis der Abmachung, dass er nicht damit zitiert wird. Im «Hintergrund» können sich Politiker nicht so leicht hinter Posen und Worthülsen verstecken; die Beobachtungen, die man hier machen kann, sind unverzichtbar. Politiker reden dann manchmal wie ganz normale Leute, was man dann allerdings auf gar keinen Fall schreiben darf.

Was man wann schreiben darf, kapiert man vollends erst nach einem Mathematikstudium. Ist eine Aussage als «unter eins» gekennzeichnet, darf sie der genauen Quelle zugeordnet werden, etwa: «Markus Söder sagte …». Bei «unter zwei» wird es viel vager, der Name darf nicht fallen: «In der CSU-Spitze heißt es …». Und bei «unter drei» darf man gar nichts schreiben. Wenn es doch jemand tut, wird alles von Söder und der CSU-Spitze wütend dementiert – und der Journalist wird nie wieder zu Weißwürsten eingeladen. CSU-spezifisch ist eine seltene vierte Variante, eine Art sich selbst zerstörender Hintergrund, nennen wir sie mal «unter vier». Beispiel: Seehofer sagt streng «unter drei», dass CDU-Spitzenkandidat Norbert Röttgen die NRW-Wahl ganz allein vermasselt habe – ein Satz, der anderen schon zu denken zu brenzlig wäre. Plötzlich sagt Seehofer: «Sie können das alles senden.»

Es gibt natürlich auch Politiker, die sich selbst im Hintergrund nicht anhören wie ganz normale Menschen – da müssen dann schon ganz außergewöhnlich schmackhafte Weißwürste den Besuch rechtfertigen. Und damit zu einem schlimmen ethischen Dauerkonflikt für Reporter: Essen. Darf man sich auf einem Parteitag kostenlos Fleischpflanzerl mit Kartoffelsalat reichen lassen? Und wenn ja, darf man hinterher in seiner Reportage schreiben, die Fleischpflanzerl bei der CSU seien wieder hart gewesen wie Eishockeypucks? Man will unbestechlich sein, aber auch nicht komplett undankbar.

Im besten Fall ist das Verhältnis von Journalisten und Politikern sportlich. Man muss der CSU zugutehalten, dass sie diese Regel stärker verinnerlicht hat als andere Parteien. Es muss schon viel passieren, dass ein Söder oder ein Seehofer ernsthaft beleidigt sind. Der Sozialdemokrat Helmut Schmidt hat Journalisten einst «Wegelagerer» genannt, dem Grünen Joschka Fischer wird der Fachterminus «Fünf-Mark-Nutten» zugeschrieben, allerdings nur von bösartigen Fünf-Mark-Nutten. Söder hat früher abschätzig von «Feuilletonisten» gesprochen, deren Stimmen er eh nicht brauche, doch das hat weitgehend aufgehört, als er merkte, dass er die Stimmen von Feuilletonisten braucht. Ein ziemlich guter Zustand ist es, wenn einen manche in der CSU für einen gefährlichen Kommunisten halten und zugleich manche in der SPD für einen menschgewordenen Anschlag auf die bayerische Sozialdemokratie.

Viele AfD-Fans sind ja überzeugt, dass Journalisten allmorgendlich von Merkel oder Söder in den Block diktiert bekommen, was sie gefälligst schreiben sollen. CSU-Leute würden so etwas nie glauben. CSU-Leute glauben höchstens, dass Redakteure der «Süddeutschen Zeitung» allmorgendlich vom Chefredakteur in den Block diktiert bekommen, was sie gefälligst schreiben sollen.

Gelegentlich hatte man sogar den Eindruck, als würden einige CSUler das Diktieren am liebsten selbst übernehmen. Als der Reporter vor fast zwanzig Jahren in seiner Ingolstädter Heimat erstmals über eine CSU-Veranstaltung berichtete, freute er sich über die herzliche Begrüßung gleich nach dem Pfarrer und über das ehrliche, aber erfolglose Bemühen des Ortsvorsitzenden, den Reporter zu siezen. Mit auf den Weg bekam man die aktuelle Ausgabe des «Bayernkurier» und den Zuruf, man solle «was Gscheits schreiben» – eine Herausforderung, der man sich bis heute mit ehrlichem, aber erfolglosem Bemühen stellt.

Was ist was Gscheits? Da gehen die Meinungen auseinander. Das zumindest bleibt überall gleich, egal, wo man in so einem Journalistenleben auf die CSU trifft: im Gemeinderat in Moorenweis, im Stadtrat in Ingolstadt, im Landtag in München. Manchmal wird der sportliche Umgang natürlich getestet. In der Nacht nach der Landtagswahl 2008, bei der die CSU erstmals seit 1957 die absolute Mehrheit verlor, stand der Reporter um zwei Uhr morgens am Pissoir einer Kneipe am Sendlinger Tor in München, als ein CSU-Mann ihn von der Seite anblaffte: «Habt's es jetzt endlich gschafft? Habt's uns endlich runtergschrieben?»

Die CSU geriert sich als bayerische Staatspartei, das ist eine Anmaßung, aber auch eine Einladung an Journalisten, sich an ihr abzuarbeiten. Diesen Punkt kann man selbst am Pissoir um zwei in der Früh begreiflich machen: dass man einer Partei, die ein Land so lange so sehr dominiert, besonders genau auf die Finger schauen muss. Recht machen kann man es unterm Strich dann eh nie allen, auch den Lesern nicht. Der eine Leserbriefschreiber wirft einem vor, einen «publizistischen Feldzug gegen die CSU» zu führen; der nächste fordert ohne Aufschub, man möge «endlich aufhören, die CSU in Watte zu packen». Vielleicht kann man sich ja auf einen Minimalkonsens einigen: Die CSU verdient weder Heiligsprechung noch Verteufelung, aber unbedingt Betrachtung.

Von der CDU-Vorsitzenden Annegret Kramp-Karrenbauer stammt die Beobachtung, dass Politiker sich zu sehr «um sich selbst drehen». Man muss natürlich zugeben, dass Journalisten da oft kräftig anschieben. Zumal im Fall der CSU mit ihrem Faible für Theatralik, im Fall einer Partei, die niemanden kaltlässt, die unwiderstehlich anzieht und unvermeidlich abstößt, die das Publikum von Garmisch bis Flensburg fesselt. Wie eine dieser Doku-Soaps im Fernsehen, deren Figuren so unglaublich sind, dass sie eigentlich nicht echt sein können. Die Aufmerksamkeit, die die CSU in den Medien bekommt, ist vermutlich noch größer als ihre eh schon bemerkenswert große politische Bedeutung.

Eines zumindest weiß man sicher nach zwei Jahrzehnten: Die CSU versteht sich als bayerische Dynastie, und die größte Beleidigung für sie ist es, wenn man sie als ganz normale Partei beschreibt. Nun muss man fragen: Ist das nicht ihr Schicksal in diesen Umbruchzeiten – eine ganz normale Partei zu werden? Früher redeten CSU-Leute allzeit so, als gehöre ihnen die Welt oder wenigstens dieser kleine Flecken, der sich Bayern nennt. Heute hören sich manche CSUler so verzagt an, dass man sie beinahe in den Arm nehmen möchte.

Für sich selbst hat der Reporter irgendwann beschlossen: Die CSU ist eine Partei, der man nur mit einer guten Mischung aus Ernst und Witz beikommt. Häufig kann man bloß den Kopf schütteln über sie, und dann muss man auch mal anerkennend nicken. Immer fühlt man sich bestens unterhalten. Klar: Unterhaltung ist keine Kategorie der Politik und sollte es auch nicht sein. Unterhaltung ist aber eine Kategorie des Berufslebens. Mit der CSU wird es einem Journalisten nicht langweilig, man blickt von einem Logenplatz aufs bayerische Welttheater. Ein ganzes Buch kann man vollschreiben über die CSU. Was Gscheits wird halt vermutlich nicht drinstehen.

Einleitung:

Bayerische Götterdämmerung: Aufstieg und Fall der letzten Volkspartei

Eine Bierzeltrede ist eine persönliche Prüfung für einen Politiker, man muss es ja überhaupt erst mal schaffen, eine Stunde in einem Dunst aus Bier, Schweiß und Bratfett zu sprechen, ohne heiser zu werden. Vor allem ist eine Bierzeltrede ein ständiges Ringen um die Aufmerksamkeit von Hunderten oder Tausenden Menschen, die sich an ihrem Tisch auch ganz gut selbst beschäftigen könnten mit ihrer Maß oder ihrem Hendl. Hier stellt sich der Redner dem Urteil des Volkes, und das Volk ist gnadenlos in seinem Rauschzustand, der ein bisschen mit Politik und ein bisschen mehr mit Alkohol zu tun hat. Zustimmung fühlt sich nirgends so gut an. Und Ablehnung nirgends so furchtbar.

Das Bierzelt war für die CSU immer ein mythischer Ort, an dem sie sich selbst ihrer Verwurzelung in der Gesellschaft vergewisserte. Die «Lufthoheit über die Stammtische» hat sie stets für den Schlüssel ihres Erfolgs gehalten – und was ist so ein Bierzelt schon anderes als ein riesiger Stammtisch, an dem geredet, gestritten und auch mal gerauft wird. Von «unserem Politiktempel» spricht Markus Söder gern, der Ministerpräsident und Parteivorsitzende. Im für ihn unglückseligen Landtagswahlkampf 2018 hatte man den Eindruck, dass der gebeutelte Spitzenkandidat Söder regelrecht Zuflucht suchte in seinem Tempel, diesem einen Ort, an dem die Welt der CSU wenigstens für ein paar Stunden noch heil wirkte. Die Leute klatschten für Söder, ein paar jubelten sogar, und hinterher postete er alles bei Instagram.

Eine alte CSU-Regel besagt, dass sich im Bierzelt der Querschnitt der Gesellschaft versammele. Das Bierzelt sei demnach der Ort, an dem die politische Wahrheit liegt. An diesen Glauben klammerte sich die CSU, bis der schwarze Ergebnisbalken am Abend der Wahl bei 37,2 Prozent jäh zu wachsen aufhörte. Das Bierzelt mag immer noch eine politische Wahrheit bergen; es ist allerdings die Wahrheit einer 37,2-Prozent-Blase.

Bayern ist ein schönes und wohlhabendes Land, das viele Menschen anlockt, denen kein CSU-Parteibuch in die Wiege gelegt war. Das ist misslich für die CSU: Bei den Zugezogenen erreicht sie bei Wahlen im Schnitt nur etwa 25 Prozent. Aber auch viele Ur-Bayern emanzipieren sich von ihrer selbsternannten Staatspartei, unter anderem, weil deren Vorstellung von Heimat nicht mehr ihrer eigenen entspricht. Der Freistaat wird von Jahr zu Jahr bunter – so bunt, dass Menschen gern hier leben und trotzdem nicht ins Bierzelt gehen, jedenfalls nicht in eines der CSU. Das Land verändert sich, und die Frage, ist, ob die CSU da hinterherkommt.

Es sind Schicksalsjahre für die Christlich-Soziale Union. Die 37,2 Prozent bei der Landtagswahl waren ein Höllensturz für die nüchtern betrachtet erfolgreichste Partei in der Geschichte der Bundesrepublik Deutschland, mit deren Wahlbilanz auch in Europa allenfalls die Südtiroler Volkspartei vergleichbar ist. 2020 wird die CSU 75 Jahre alt – und nur in vier dieser 75 Jahre hat sie den Freistaat nicht regiert. Es ist noch nicht lange her, dass das oberbayerische Leben für ein aus dem Norden zugezogenes Pädagogen-Ehepaar ungemütlich wurde, weil in ihrem 200-Seelen-Dorf genau zwei Stimmen auf die SPD entfallen waren. Heute brauchen die christsozialen Ortschefs mit der Fahndung nach den Abweichlern gar nicht mehr anzufangen. Der CSU setzen in der Mitte die Grünen zu, rechts der Mitte die AfD und irgendwo zwischendrin die Freien Wähler.

Trotzdem sind die 37,2 Prozent der Landtagswahl ein Ergebnis, von dem andere Parteien in Deutschland und Europa nur träumen können, die Schwesterpartei CDU eingeschlossen. Bei der Bundestagswahl 2017 kam die CSU in Bayern auf 38,8 Prozent, die CDU in den 15 anderen Ländern auf 26,8. Selbst in der vielleicht schwersten Krise ihrer Geschichte darf sich die CSU noch als Volkspartei rühmen. Aber kann sie das auch bleiben? Oder wird auch sie vollends von der großen Vertrauenserosion erfasst, die anderswo die Parteienlandschaft längst umgegraben hat?

Die CSU ist eine bayerische Dynastie, und wie bei den Wittelsbachern ist das Drama nie weit. Die Christsozialen sind die Hauptdarsteller im bayerischen Welttheater unserer Tage, das seit jeher das Publikum in der ganzen Republik fesselt. Die CSU ist eine spezielle Partei, faszinierend in ihren Widersprüchen: provinziell und weltläufig, piefig und innovativ, konservativ und liberal, kleingeistig und großkotzig, kraftstrotzend und verletzlich. In einem Moment ist sie zu größter Hybris fähig und im nächsten zu schlimmstem Selbstzweifel. Ihr Selbstverständnis als bayerische Staatspartei ist allzeit prekär: Die CSU braucht die absolute Mehrheit im Bayerischen Landtag, um ihrem Anspruch Glaubwürdigkeit zu verleihen. Sie steht auf dem Gipfel, aber sie ist bei jedem Schritt vom Absturz bedroht. Es ist ein Indiz für ihre Beharrungskraft, dass sie sich vom Schock der Landtagswahl 2008, bei der sie auf 43,4 Prozent der Stimmen fiel, erholt hat. 2013 eroberte sie die absolute Mehrheit der Mandate zurück. Aber schafft sie das ein zweites Mal? Unter schwierigeren Bedingungen? Es spricht viel dafür, dass in Bayern die politische Götterdämmerung begonnen hat.

Die Krise hat die CSU zunächst keineswegs demütig gemacht. So ist es eigentlich immer bei ihr: Wenn sie mit dem Rücken zur Wand steht, schlägt sie um sich. Sie hat auf – selbst für ihre gehobenen Standards – brachiale Weise ihren Anführer gewechselt, von Horst Seehofer zu Söder; nach außen ein bayerisches «House of Cards», nach innen der Beweis, dass die CSU weiterhin zur Selbsterneuerung fähig ist. Und sie hat im selbstzerstörerischen Flüchtlingsstreit mit der CDU die Fraktionsgemeinschaft der Union im Bundestag aufs Spiel gesetzt, die seit 1949 das Fundament ihres Erfolgs bildet. Oder präziser: die erste Schicht des Fundaments. Die CSU profitiert massiv von ihrer Doppelrolle als Landes- und Bundespartei, die in Berlin politische Beute machen kann, um in München ihre Herrschaft zu sichern. Die Macht im Land wiederum braucht sie zwingend, um sich im Bund durchsetzen zu können. Es ist ein einzigartiger institutioneller Vorteil, den man, wäre er nicht historisch ins Regelbuch gewachsen, für Wettbewerbsverzerrung halten müsste.

Die CSU ist ein Sonderfall der deutschen Politik, sie lässt niemanden kalt. Ihre Freunde stilisieren sie zur strahlenden Schöpferin und Hüterin aller Bayernherrlichkeit, womit sie der Sache ebenso wenig gerecht werden wie die Gegner, die nur ein dunkles Zerrbild von reaktionären Separatisten zeichnen. Fest steht: Die CSU erhält nicht nur in Garmisch, sondern eben auch in Flensburg eine Aufmerksamkeit, die man gemessen an ihrer Größe für absurd halten könnte. Und selten zuvor hat Deutschland so fassungslos nach Bayern geschaut wie in den vergangenen Jahren. Ob «Obergrenze» für Flüchtlinge oder «Ausländermaut»: Mit ihrem aufreizenden Selbstbewusstsein und ihrer unverhohlenen Rauflust ist die CSU eine stete Provokation. Über Grandiosität oder Lächerlichkeit entscheidet oft nur der Wahlerfolg.

Aber so wie Bayern kein ganz normales Land ist, ist die CSU auch keine ganz normale Partei – mit ihrem Sinn für Theatralik, ihrer Neigung zum Größenwahn und ihrer periodisch aufflammenden Lust an der Anarchie. Bayern, hat die Augsburger Historikerin Marita Krauss mal erklärt, sei immer so groß gewesen, dass seine Herrscher glaubten, «mit den Großmächten mitspielen zu können» – aber doch zu klein, als dass es richtig geklappt hätte. Krauss zieht den Bogen von Herzog Tassilo im achten Jahrhundert über Heinrich den Löwen im zwölften und Kurfürst Max Emanuel im 17., bevor sie in der Gegenwart bei den Herren Seehofer und Söder landet. Ein Buch über die CSU ist auch ein Buch über Bayern.

Die Bayern gelten in der ganzen Welt als beneidenswert glückliches Alpenvolk, ein Sehnsuchtsbild, in das sich jedoch vor allem im Rest Deutschlands schon immer Vorurteile über zivilisatorisch zurückgebliebene Schuhplattler mischten. Das präpotente Gebaren der CSU lädt im Besonderen zu Missverständnissen ein, es nährt geradezu die eh schon ausgeprägte Bereitschaft vieler Menschen, die CSU schrecklich zu finden. Es ist dennoch das wohl größte aller Missverständnisse, dass die CSU eine konservative Partei ist. Selbst wenn sich viele ihrer Vertreter konservativ nennen, ist sie als Ganze damit nicht umfassend beschrieben.

Nach dem Krieg war die CSU sogar eine revolutionäre Schöpfung, eine Partei neuen Typs – nicht die einzige, aber die erfolgreichste. Sie gründete sich 1946 als Sammlungsbewegung, die zusammenführte, was bis dahin keineswegs zusammengehörte: die Katholiken und die Protestanten, die kleinen Leute und die Unternehmer, die Landbevölkerung und die Städter. Einst hat die CSU sie alle im Bierzelt versammelt. Sie hat manchen Spagat hinbekommen, den andere lieber gar nicht versucht haben, sie gab sich traditionell und fortschrittsgläubig, heimatverbunden und weltoffen, christlich und säkular. Dass sie auch Wähler rechts der Mitte integrierte, wurde ihr zuweilen vorgeworfen, war aber auch immer eine Leistung im Sinne der Demokratie. Diese Breite: Das ist die zweite Schicht des Fundaments, auf das sie ihren Erfolg gebaut hat.

Die CSU musste nie Koalitionen schließen, weil sie in sich eine Koalition war, die sehr unterschiedliche Interessen im Sinne des gesellschaftlichen Gleichgewichts austarierte.

Gelegentlich hört man, die CSU sei eben eine Projektionsfläche für beinahe alles und jeden gewesen; das ist nur bedingt richtig. Die CSU bot reale Andockpunkte für beinahe alles und jeden. Einerseits weltanschaulich: die christliche Soziallehre hier, die strenge Leistungsorientierung da, das in Teilen tatsächlich reaktionäre Gesellschaftsbild dort. Andererseits personell: Wo sich ein Edmund Stoiber für die Konservativen fand, fand sich auch ein Theo Waigel für die Liberalen. Im «Spiegel» stand mal ein Satz über das Land, den man auch als Satz über die Partei lesen kann: Bayern sei zu widersprüchlich, um sich selbst zu verstehen, geschweige denn, um von anderen verstanden zu werden.

Weil die letzten Geheimnisse als unerforscht gelten müssen, hieß die offizielle Landesausstellung zum hundertsten Geburtstag des Freistaats sehr zu Recht «Mythos Bayern», und es ist bezeichnend für das Selbstverständnis der CSU, dass sie Glanz und Gloria dieses Anlasses mit niemandem teilen wollte, schon gar nicht mit einem Sozialisten. Der Ministerpräsident Söder brachte es also allen Ernstes fertig, beim Festakt zum Jubiläum des Freistaats den Gründer des Freistaats, Kurt Eisner, mit keinem Wort zu erwähnen. Die hemmungslose Vereinnahmung und konsequente Verkörperung bayerischer Geschichte, Identität und Folklore: Das ist die dritte Schicht des Fundaments ihres Erfolgs. Herbert Riehl-Heyse von der «Süddeutschen Zeitung» hat dafür eine unübertreffliche Formulierung geprägt: «die Partei, die das schöne Bayern erfunden hat».

Häufig ist auch von einer «Symbiose» der CSU mit Bayern zu lesen, der Begriff impliziert einen gegenseitigen Nutzen, was zumindest insofern nicht falsch ist, als das Land unter der Regierung der

CSU einen spektakulären ökonomischen Aufstieg vom Agrar- zum High-Tech-Staat erlebt hat. Die von der CSU beschworenen Traditionen waren für die Menschen Haltegriffe im Sturm der Veränderung. Die CSU selbst war in Organisation und Kommunikation schon Ende der Fünfzigerjahre eine sehr moderne Partei – das wiederum war die Grundlage für ihre flächendeckende Durchdringung des Landes und ihre Dominanz im vorpolitischen Raum, vom kleinen Schützenverein bis zum großen Wirtschaftsverband. Es hat der CSU freilich auch nicht geschadet, dass die bayerischen Spitzenbeamten seit Montgelas das Land am Laufen halten, egal, wer unter ihnen Minister ist.

Die CSU-Hegemonie in Bayern ist nicht vom weiß-blauen Himmel gefallen, sie gründet auf Glück und Geschick, und vor allem auf dem Fundament mit den drei Schichten: der Doppelrolle in Land und Bund, der Monopolisierung des Bayerntums und der breiten Anlage als echte Volkspartei. Nach einer Weile hat der CSU-Erfolg auch begonnen, sich selbst zu verstärken. In der Soziologie nennt man das den Matthäus-Effekt: «Denn wer hat, dem wird gegeben.» Bayern ist heute das deutsche Vorzeigeland, und genauere Betrachtung verdient sicher die Frage, ob dies wirklich nur wegen der CSU so ist. Lange konnte sie sich jedenfalls auf eine simple Gleichung verlassen: Wenn es Bayern gut geht, wird die Regierungspartei vom Wähler dafür belohnt. Doch genau diese stille Abmachung scheint nun nicht mehr zu gelten.

Die CSU hat ihre Politik immer auch an den Gefühlen der Menschen ausgerichtet. Das war keine Tugend, aber eine Stärke. Sie hat die stolzen Bayern unterhalten, berührt, umschmeichelt und, wenn sie es für nötig hielt, aufgewiegelt. Wenn Kritiker aus Hamburg oder Berlin die CSU angriffen, dann hat ihr das daheim gewöhnlich mehr genützt als geschadet: Von Fischköpfen und Saupreißen wollten sich die Einheimischen nicht sagen lassen, wen sie wählen sollten. Die CSU hat die Bedürfnisse der Leute schneller erkannt und bedient als die politische Konkurrenz – auch mal ohne übertriebene Berücksichtigung von Sachargumenten. Die Region um Hof im letzten Eck des Landes fühlt sich abgehängt? Dann bekommt sie einen Flughafen, auch wenn es eklatant an Menschen mangelt, die dorthin oder von dort fliegen wollen. Die CSU hat Bedürfnisse bedient, aber in unschöner Regelmäßigkeit und mit verstörender Selbstverständlichkeit auch Ressentiments, wie zuletzt im Asylstreit 2018. Sie hat nicht differenziert, wo Differenzierung geboten gewesen wäre: das Bierzelt-Prinzip.

Über viele Jahrzehnte hat die CSU so unterm Strich das Lebensgefühl einer Mehrheit der Bayern getroffen. Aber dieses eine Lebensgefühl gibt es nicht mehr. Das Volk, das die Volkspartei CSU einst hinter sich versammelt hat, ist in kleinere Völkchen zerfallen. Säkularisierung und Individualisierung haben auch Bayern grundlegend verändert – weder Kirche noch Wirtshaus halten die alte Kernklientel der CSU zusammen. Die Teilung der Gesellschaft ist von Soziologen wie Heinz Bude, Andreas Reckwitz oder Cornelia Koppetsch erhellend beschrieben worden. Die zentrale Bruchlinie, die in Bayern von besonderer Relevanz ist, ist kein Wohlstandsgefälle. Sie verläuft am ehesten zwischen Stadt und Land, sie prägt den Blick auf die großen Debatten der Zeit, auf Migration und Klimaschutz. Diese Bruchlinie erwächst aus einem diametral gegensätzlichen Blick auf Globalisierung und Digitalisierung: Die einen sehen zuversichtlich die Chance, die anderen ängstlich das Risiko. Die einen umarmen die Veränderung, den anderen wäre es am liebsten, wenn sich gar nichts ändert. Für die einen tun sich neue Welten auf, die anderen fürchten den Verlust der alten Heimat. Die CSU muss mitansehen, wie beide Gefühle plötzlich für andere Parteien arbeiten: hier für die Grünen, dort für die AfD.

Die CSU hat sich schon immer über ihren Anspruch definiert, die absolute Mehrheit der Wähler für sich zu gewinnen. Nicht nur in Bayern übrigens, sondern lange auch im Bund, wo genau das der große strategische Dissens zwischen CSU und CDU war, zwischen Franz Josef Strauß und Helmut Kohl: Strauß wollte allein regieren, Kohl mit der FDP. Noch vor wenigen Jahren gab auch der aufstrebende Söder die Parole aus, die CSU wolle sich keine Mehrheit von Demoskopen herbeikonstruieren lassen wie Angela Merkel. Sie wolle die Wähler nicht einschläfern, sondern aufwecken. Das Ziel war eine bürgerliche Mehrheit; Rote oder Grüne, von Söder gern als «Feuilletonisten» zusammengefasst, interessierten nicht. Der Spruch dazu lautete: «Stammkundschaft geht vor Laufkundschaft.» Aber ist die alte Stammkundschaft der CSU überhaupt noch groß genug, um sie zu Mehrheiten zu tragen, absoluten oder auch nur einfachen?

Unter dem breiten Dach der CSU versammelten sich früher Bauern und Beamte, Bandarbeiter und Professoren, Flüchtlingshelfer und Grenzzaunfans. Viele von ihnen sind auch noch da, aber das Dach wackelt bedrohlich, weil die große Klammer bayerischer Identität und Erfahrung sie nicht mehr so stark aneinanderbindet. Es allen gleichzeitig einigermaßen recht zu machen: Das scheint in polarisierten Zeiten beinahe unmöglich geworden zu sein. Die einzige gesellschaftliche Klammer, der man im Jahr 2019 beim Wirken zusehen kann, ist das Bewusstsein für die ökologische Frage. Die CSU war die Partei des kleinen Mannes, sie war die Partei der Wirtschaft. Sie war nie die Partei der Umwelt. Durch dieses Tor gehen nun die Grünen.

Die Söder-CSU hat zuerst versucht, gegen den Wandel der Gesellschaft anzuarbeiten, sie hat Kreuze in Behörden aufhängen lassen, als könnte sie damit die Zeit darin hindern, zu vergehen. Sie hat sich auf ihre Stammkundschaft konzentriert, sie hat sich auf das Bierzelt verlassen als den Ort, an dem die politische Wahrheit liegt. Irgendwann ist Söder wohl aufgegangen, dass das so nicht mehr stimmt. Seitdem erlebt die CSU eine spektakuläre Ergrünung, sie ist jetzt selbst eine Gesellschaft im Wandel, und der Ausgang ist ungewiss. Bis zur nächsten Landtagswahl 2023 wird sich erweisen, ob sie ihre alten Stärken in ein neues politisches Zeitalter retten kann.

Wie lange kann eine Partei in einer Demokratie eigentlich ein Land regieren? Haben die Leute nicht irgendwann genug? 2008 gab es eine legendäre Umfrage, in der sich sogar eine Mehrheit der CSU-Anhänger das Ende der schwarzen Alleinregierung wünschte. Die Arroganz der Macht hat dazu beigetragen, dass es viele Menschen in und noch mehr außerhalb Bayerns narrisch freuen würde, wenn es die CSU mal so richtig zerlegt.

Die Prognosen über den Niedergang der CSU waren indes schon oft voreilige. Sie wird gewiss nicht so rasend schnell dahinschmelzen und verschwinden wie andere ehemalige Volksparteien in Europa. Aber es wäre für die CSU ja schon schlimm genug, wenn sie irgendwann mal nur noch eine ganz normale Partei sein sollte – eine Partei, die mal regiert und mal nicht.

Erstes Kapitel

Die Gegenwart der CSU

1. Am Abgrund: Der Asylstreit und der Abschied von Horst Seehofer

Bundesinnenminister hatte Horst Seehofer eigentlich gar nicht werden wollen. Man könnte fast sagen: Den Job hat ihm die SPD eingebrockt. Finanzen, das war das Ressort seiner Wahl. Vielleicht Soziales. Doch in der letzten Nacht der Koalitionsverhandlungen von Union und SPD im Februar 2018 musste er das Innenministerium akzeptieren. Natürlich hatte die Personalie auch einen gewissen Charme für die CSU: Als Innenminister würde Seehofer von Berlin aus über die deutsche Flüchtlingspolitik wachen können. Er sollte die fleischgewordene Garantie sein, dass die CSU im bayerischen Landtagswahlkampf die AfD im Zaum halten kann. Es war eine Versuchsanordnung, die katastrophale Ergebnisse zeitigte.

Seehofer hatte Angela Merkels Flüchtlingspolitik seit dem Herbst 2015 mit Überzeugung, aber nicht mit Vornehmheit bekämpft. Für die einen war er der Aufrechte, der sich mit Realismus dem «Wir schaffen das» der Kanzlerin entgegenstellte. Für die anderen war er der Finsterling, der gut mit Viktor Orbán konnte und von einer «Herrschaft des Unrechts» fabulierte. So oder so, die Flüchtlingsdebatte gab Seehofer, den viele Parteifreunde nach der miserablen Europawahl 2014 schon aufs Altenteil geleiten wollten, noch einmal eine Hauptrolle in der deutschen Politik. Er stieß in ein Vakuum, das Merkel hatte entstehen lassen, er war jetzt, was CSU-Chefs am liebsten sind. Die konservative Stimme der Union.

Doch statt lange Linien zu ziehen, schlug Seehofer Haken. Das Desaster der CSU bei der Bundestagswahl 2017, die Vertreibung als Ministerpräsident durch den missliebigen Markus Söder – das schien ja schon der Tiefpunkt für Seehofer zu sein. Es ging weiter bergab. 2018 wird erinnert werden als das Jahr, in dem die CSU und ihr Vorsitzender Seehofer die Republik an den Rand einer Staatskrise rückten. In dem Seehofer in einer dramatischen Nachtsitzung in der CSU-Zentrale seinen Rücktritt antäuschte und dann nicht vollzog. In dem viele Menschen in Deutschland kopfschüttelnd nach Süden blickten: Jetzt spinnen sie endgültig, die Bayern. Horst Seehofer wurde in diesem Jahr zum Watschenmann der deutschen Politik, dem jeder mal unter Applaus eine runterhauen konnte.

Wenn man heute zurückblickt auf das Geschehen von 2018, schält sich deutlicher denn je heraus, dass die CSU ihren strukturellen Vorteil durch Maßlosigkeit überreizte: das faktische Vetorecht in der Fraktionsgemeinschaft mit der CDU. All das stand an einigen glühend heißen Tagen im Juni und Juli auf dem Spiel, weil die Selbstgewissheit der CSU sich in Hochmut auswuchs. Die Christsozialen waren schon immer gut darin, kleine Sachfragen zu großen Schlachten zu erheben: Beim Betreuungsgeld oder der Pkw-Maut erstritten sie so in Berlin spektakuläre, symbolische Siege – na ja, zumindest vorläufig. Den spektakulärsten, symbolischsten aller Siege hatte Seehofer für den Sommer 2018 eingeplant. Es war das Endspiel eines Streits, in den er und Merkel sich in fast drei Jahren verrannt hatten.

Die kleine Sachfrage, an der sich die große Schlacht Mitte Juni entzündet, ist die Zurückweisung von Asylbewerbern, die schon in anderen EU-Staaten Asyl beantragt haben. Nach den Dublin-Regeln ist jenes EU-Land für Schutzsuchende zuständig, in dem sie zuerst europäischen Boden betreten haben. Seehofer will also bereits Registrierte an der deutschen Grenze abweisen, notfalls in einem nationalen Alleingang. Merkel will eine europäisch abgestimmte Lösung. Der Konflikt wird prächtig illustriert, als die Kanzlerin und ihr Innenminister beinahe parallel Pressekonferenzen abhalten. Seehofer sagt in München, er wolle Anfang Juli mit den Zurückweisungen beginnen. Merkel sagt in Berlin, wenn Seehofer das tue, wäre das ein Verstoß gegen ihre Richtlinienkompetenz. Von nun an liegt der ganz große Knall in der Luft. Es wirkt, als wären die Kompromisskünstler

Merkel und Seehofer am Ende aller Kompromisse angekommen. Als könnte der politische Weg des Einen oder der Anderen hier enden.

Seehofer hat einen selbstbewusst betitelten «Masterplan Migration» vorgelegt, ein Maßnahmenpaket mit 63 Punkten. Laut Seehofer ist er in 62,5 Punkten einig mit Merkel. 0,5 Punkte, das ist jetzt die mathematische Größe, an der die Bundesregierung zerbrechen könnte. Die CSU stellt der Kanzlerin eine Art Ultimatum – Ende Juni ist EU-Gipfel, und von dort müsse Merkel Zusagen der Partner mitbringen, die «wirkungsgleich» mit Zurückweisungen an der Grenze seien. Es ist Freitag, der 29. Juni, als Merkel aus Brüssel wiederkommt. Sie hat mehr im Gepäck, als manche zu hoffen wagten: wenigstens den Anfang jener «europäischen Lösung», die Seehofers Zurückweisungen unnötig machen würde. Die Kanzlerin stellt bilaterale Vereinbarungen mit mehreren Staaten in Aussicht, sie sollen die Rückführung von Asylbewerbern beschleunigen.

Aber reicht das der CSU? Es wird viel telefoniert in der Parteispitze. Klare Tendenz: Europa wolle jetzt die Asylwende, das sei doch was. Und die CSU könne es als ihren Erfolg verkaufen, dass es zu diesem Gipfel kam. «Bayern hat da viel bewegt», sagt Markus Söder. Für einen Augenblick am Samstag, den 30. Juni, scheint sich die Lage zu entspannen. Dann lässt die Kanzlerin über einen Sprecher präzisieren, dass Zurückweisungen von der Gipfeleinigung nicht gedeckt seien: «Unilaterale staatliche Maßnahmen zu Lasten anderer Staaten sind gerade nicht gemeint.» In der CSU wachsen wieder Sorge und Wut. CSU-Landtagsfraktionschef Thomas Kreuzer, ein Hardliner, nordet seine Abgeordneten in interner Runde ein. Er spricht von einem «großen Bluff» Merkels. Die Liberalen in der CSU, Leute wie Theo Waigel, hoffen dennoch auf einen Formelkompromiss: Merkels Ergebnisse seien gut genug, damit Seehofer sich damit gesichtswahrend zufriedengeben könne.

Die Gefühle in der CSU haben natürlich eine Geschichte. Viele Funktionäre sind sauer darüber, wie wenig sich Merkel um die Landtagswahl in Bayern schere – obwohl die CDU im Bund ohne den bayerischen Stimmenblock längst in gefährliche SPD-Nähe drifte. Andererseits, warum sollte Merkel der CSU nach drei Jahren Attacken etwas schenken? Manche glauben, Merkel arbeite vielleicht nicht gezielt darauf hin, die CSU klein zu halten, aber sie nehme es billigend in Kauf. Die CSU war in Berlin schließlich nie so zahm wie zwischen 2008 und 2013, als sie in München eine Koalition mit der FDP eingehen musste.

Verärgert sind die Christsozialen auch, weil Merkel es mit ihrer sehr beherrschten Hartnäckigkeit wieder mal geschafft hat, die Stimmung gegen die Schwestern und Brüder aus Bayern zu wenden. Die CSU gilt einer breiten Öffentlichkeit als Aggressor – und das, obwohl die CSU-Linie in der Unionsfraktion im Bundestag mehr Zustimmung hat als Merkels Position. Man erinnert sich an 2015, als Seehofer am CSU-Parteitag Merkel vorführte wie ein Lehrer vor der ganzen Klasse eine Schülerin. In der Sache gaben ihm viele recht, aber die meisten sagten: So geht man mit der Kanzlerin nicht um. Was 2015 im Kleinen stattfand, wiederholt sich jetzt im Großen: Inhaltlich hätte die CSU viele Unterstützer, doch stilistisch hat sie so überzogen, dass sich viele Leute von ihr abwenden.

Am Abend des 30. Juni kommen Merkel und Seehofer im Kanzleramt zusammen, um die Brüssler Gipfelresultate zu besprechen. Sie zeigen sich gegen 21 Uhr kurz auf einem Balkon, sonst dringt nichts nach draußen. Haben sie den großen Knall doch noch abgewendet? Und wenn ja, warum sagen sie es nicht? Das sind die Fragen, die an diesem Samstagabend auch den bayerischen Ministerpräsidenten umtreiben. Söder besucht das Schlossgartenfest in Erlangen, weiß gedeckte Tafeln unter Bäumen, Menschen tanzen im Schein der Lampions. So richtig kann Söder das alles nicht genießen, er hängt die meiste Zeit am Handy. Später wird es in seinem Umfeld heißen, Seehofer habe an jenem Abend nicht mal ihn über den Ausgang des Merkel-Gesprächs informiert.

Um 15 Uhr beginnt am Sonntag in der CSU-Zentrale eine Vorstandssitzung, die in die Geschichtsbücher der CSU eingehen wird. Mehr als acht Stunden wird sie dauern. Es ist der Abend, an dem es den Journalisten nicht vergönnt sein wird, das Elfmeterschießen zwischen Kroatien und Dänemark bei der Fußball-WM bis zum Schluss zu sehen. Sie werden entschädigt mit einem großen politischen Schauspiel, das dummerweise hinter dem Vorhang stattfindet. Die Reporter sind angewiesen auf SMS oder Mails aus dem Saal.

Es dauert 42 Minuten, bis die erste Nachricht nach außen dringt.

Merkels Gipfelergebnisse, sagt Seehofer laut Sitzungsteilnehmern, seien nicht wirkungsgleich mit Grenzkontrollen und Zurückweisungen. Länder, mit denen Merkel angeblich Vereinbarungen schließen wolle, hätten diese bereits abgelehnt: Polen, Ungarn, Tschechien. Und was ist mit Italien? Und Österreich? Ständen nicht mal auf Merkels Zettel. «Abenteuerlich» seien die vermeintlichen Erfolge, sagt Seehofer, voll von «groben Schnitzern». Viele Vorstandsmitglieder haben jetzt keinen Zweifel mehr: Die Sache eskaliert, Seehofer wird die Zurückweisungen anordnen.

Dann macht Seehofer eine Ankündigung. Zum Ende der Sitzung werde er eine «persönliche Erklärung» abgeben. Eine persönliche Erklärung des Parteichefs – es wäre untertrieben, das als unüblich zu bezeichnen. Doch die Anwesenden müssen noch Stunden auf Seehofers Erklärung warten. Das ganze Land muss warten. 56 Wortmeldungen gibt es. Der Berliner Landesgruppenchef Alexander Dobrindt widerspricht Merkels Interpretation der Brüsseler Einigung. Kaum jemand in der Runde erhebt die Stimme für Merkel. Dann ist Manfred Weber an der Reihe, der liberale Europapolitiker.

Weber betont, die CSU habe schon sehr viel erreicht, man dürfe die Zerrissenheit der eigenen Anhänger nicht noch verstärken. Webers Appell: mehr über die eigenen Erfolge reden. Seehofer tut das als «kurzsichtig» ab. Wenig später knallt es zwischen ihm und Bundesentwicklungsminister Gerd Müller. Müller warnt vor dem Ende der Regierung Merkel. Seehofer sagt, das sei nicht fair, das wolle er auch nicht. Aber was will er dann?

Ein Redebeitrag wird besonders erwartet, der von Markus Söder. Er sagt dann, es sei nicht entscheidend, wer Recht behalte, sondern was richtig sei. «Die Leute spüren, ob wir aus Angst oder Überzeugung handeln. Und wenn ich vor der Wahl stehe, fällt die Entscheidung eindeutig aus», wird Söder zitiert. Man wolle die Regierung nicht stürzen: «Wir sind keine Hasardeure.» Söders Beitrag wird im Gegensatz zu Seehofers als besonnen wahrgenommen. Im Rückblick weiß man, dass Söder in diesem Moment einbiegt in die Kurve, die zu einem ziemlich tollkühnen Imagewechsel führt.

Es ist etwa Viertel vor elf, als Seehofer zu seiner Erklärung ansetzt. Teilnehmer beschreiben sie als emotional. Es wird eine Generalabrechnung mit Merkel. Es ist der Moment, in dem sich Seehofers

Nacht über München: Am 1. Juli 2018 blickt wieder mal die ganze Republik gebannt auf die CSU-Zentrale, es ist der Höhepunkt des Asylstreits mit der CDU. Parteichef Horst Seehofer tritt nach der Vorstandssitzung vor die Presse. Viel zu sagen hat er allerdings nicht.

Wut und Frust aus drei Jahren Bahn bricht. Seehofer, hört man aus dem Saal, weist Merkel die komplette Verantwortung zu. Die Kanzlerin habe mit ihrer Flüchtlingspolitik Europa gespalten und die Union noch dazu. Sie habe das Aufblühen der AfD ermöglicht. Auch das Debakel bei der Bundestagswahl 2017 habe sie so verschuldet. Die Ursache für all das liege im Herbst 2015.

Er ist noch nicht fertig: Es mache ihn rasend, sagt er, dass man die Dinge – etwa Straftaten durch Flüchtlinge – nicht im Griff habe. Sein Asylplan sei der Versuch, alles unter Kontrolle zu bringen. Doch die Kanzlerin bewege sich einfach nicht. Dabei gehe es nur um einen halben Punkt von 63 in seinem Papier. Seehofer, so empfinden das die Zuhörer, spricht hier ein Schlusswort seiner Laufbahn. Auch seine Partei knöpft er sich vor. Es sei dumm, sagt Seehofer, öffentlich über eigenes Nachgeben zu spekulieren. Seehofer hat ein Wort für Leute, die nicht um die Ecke denken können: «Pyjama-Strategen».

Was Seehofer zum Ende seiner Tirade genau sagt, das ist an diesem historischen Sonntag um kurz vor Mitternacht zunächst nicht stichfest belegt. Hat er seinen Rücktritt erklärt? Oder doch nur angeboten? Man kann ihn auch nicht selber fragen, er und sein engster Führungszirkel kommen aus dem Saal und steigen sofort in den Aufzug. Söder ist dabei, Dobrindt, Generalsekretär Markus Blume. Im ersten Stock ziehen sie sich zur Beratung zurück. Die CSU-Zentrale steht unter Schock, sagen Vorstandsmitglieder. Etwa zwei Drittel der Teilnehmer hätten in der Sitzung Seehofers harten Kurs gestützt; ein Drittel war für einen Kompromiss. Seehofer soll drei Optionen genannt haben. Erstens: Nachgeben und die Glaubwürdigkeit der CSU für immer zerstören. Zweitens: Stehen bleiben und so die Regierung sprengen. Oder drittens: Seehofer geht als Parteichef und Innenminister. So scheint es gekommen zu sein. Kaum jemand in der CSU zweifelt zu diesem Zeitpunkt noch daran, dass Seehofers halbem Rücktritt der ganze folgen wird. Alexander Dobrindt indes hat dem Vernehmen nach noch einmal zum Handy gegriffen. Er hat die Bundeskanzlerin angerufen. Am nächsten Tag wollen CDU und CSU noch einen letzten Anlauf für eine Einigung nehmen.

Am Montagmorgen ist das politische Deutschland in einem Schwebezustand. Den Ton in der CSU gibt nicht mehr Horst Seehofer vor. Sondern Markus Söder. Die Stabilität der Bundesregierung stehe für die CSU nicht zur Debatte, sagt er am Rande eines Termins in Niederbayern. Auch ein Verlassen der Fraktionsgemeinschaft mit der CDU sei nicht der richtige Weg. «Man kann in einer Regierung viel erreichen, aber nicht außerhalb», sagt Söder. War es das jetzt für Seehofer? Formal ist er an diesem Montag noch Parteichef, er ist Teil der Gruppe, die Merkel am Abend beim Krisengipfel in der CDU-Zentrale gegenübersitzen soll. Doch die CSU beginnt schon, sich neu zu sortieren. Zu früh – wie sich einige Stunden später zeigen wird. Aus dem CDU-Vorstand, der am Vormittag tagt, dringt ein Satz von Bundestagspräsident Wolfgang Schäuble: «Wir stehen am Abgrund.»

Auf dem Weg nach Berlin tut Seehofer wenig, um mit Blick auf den Abend eine gelöste Gesprächsatmosphäre zu schaffen. «Ich lasse mich nicht von einer Kanzlerin entlassen, die nur wegen mir Kanzlerin ist», hat er schon morgens am Telefon Wolfgang Wittl von der «Süddeutschen Zeitung» gesagt. Er bezieht sich da auf die Wahlergebnisse der CSU in Bayern, die deutlich besser sind als die der CDU im Rest der Republik. Und er meint wohl auch die quälenden Koalitionsgespräche, die Merkel und er gemeinsam durchgestanden haben. Seehofer sagt, eines sei für ihn unvorstellbar: «Die Person, der ich in den Sattel verholfen habe, wirft mich raus.» Wie ein Lauffeuer verbreiten sich Seehofers Worte. Was soll nun diese Attacke wieder? Welche krasse Taktik steckt dahinter? Die Antwort ist: gar keine Taktik. Seehofers Ausbruch entspringt Verletzung und Wut.

Seehofer, der Fliegen, aber auch Bahnfahren vermeidet, steht auf der A9 noch im Stau, als sich am Nachmittag im Bundestag die Unionsfraktion trifft. Die Stimmung, sagen Teilnehmer im Rückblick, habe sich zwischen Unglauben und Fatalismus bewegt. Es sei wie in einer griechischen Tragödie, wird der frühere Bundestagspräsident Norbert Lammert (CDU) zitiert: Jeder kenne das Ende, aber keiner verhindere es. Ausgerechnet Dobrindt beschwört dann die Einigkeit der Union – ein Mann, der als freies Radikal gilt, das zu einer Deeskalation lange dezidiert nichts beigetragen hatte. In siebzig Jahren habe man «viele Höhen und Tiefen erlebt». Diese Erfahrung habe «ein starkes Band entstehen lassen, das auch die Kraft haben kann, einen Konflikt über eine lösbare Sachfrage zu bestehen und zu beherrschen».

Als Seehofer Berlin endlich erreicht, fährt er nicht direkt in die CDU-Zentrale, wo die Verhandler warten. Er fährt zum Bundestag. In Schäubles Büro trifft er Merkel. Schäuble, der mit Merkel in der Flüchtlingspolitik oft über Kreuz lag, drängt die Kanzlerin zu einem Kompromiss. Hier löst sich der Knoten. Das Treffen in der CDU-Zentrale beginnt mit Verspätung, viele rechnen mit einer weiteren Nachtsitzung. Aber um kurz nach zehn steht Seehofer schon draußen vor den Kameras. Er sagt, CDU und CSU hätten sich geeinigt. Es gebe nun eine klare Vereinbarung, um illegale Migration an der deutsch-österreichischen Grenze zu verhindern. Drei Punkte hat man festgeschrieben, sie füllen in Großschrift kein ganzes Blatt Papier. Transitzentren, Rücknahmeabkommen mit möglichst vielen Staaten, Zurückweisungen in Absprache mit Österreich. Nach einem schmutzigen Streit eine saubere Lösung, in der sich beide Seiten wiederfinden.

Den Kracher des Abends hat sich Seehofer jedoch noch aufgehoben: So herausragend sei dieser Kompromiss, dass er ihm ermögliche, Innenminister zu bleiben. Horst Seehofer war schon auf dem Weg von der politischen Bühne. Nun hat er kehrtgemacht und steht wieder im Rampenlicht.

Und dennoch: Der Asylstreit des Sommers 2018 hat Seehofer schwer beschädigt. In der Öffentlichkeit, aber auch in der CSU. Er ist jetzt Parteichef auf Abruf. Der neue Anführer der CSU ist Söder, der wahlkämpfende Ministerpräsident. Und Söder, gerade noch Brandstifter, macht plötzlich den Feuerwehrmann. Er gibt einen neuen, milderen Ton vor, in der Flüchtlingsdebatte und im Umgang mit der CDU.

Für Seehofer ist der Sommer seines Missvergnügens noch lange nicht vorbei. Just an seinem 69. Geburtstag, sagt er bei einer Pressekonferenz, seien 69 abgelehnte Asylbewerber nach Afghanistan abgeschoben worden. Das sei von ihm «nicht so bestellt worden», fügt er schmunzelnd hinzu. Es ist ein Moment, in dem sich Fernsehzuschauer in ihren Sofas festkrallen vor Fremdscham. Horst Seehofer führt die Volkspartei CSU an, doch das ist gefühlt der Punkt, an dem ein Band reißt zwischen dem Volk und dieser Partei. Die Republik erlebt eine Selbstdemontage, wie sie in diesem Tempo und in dieser Gründlichkeit noch kaum ein Spitzenpolitiker hinbekommen hat. Seehofer schleppt schon eine ganze Weile den Schimpfnamen «Crazy Horst» durchs Leben, doch lange wurde der ihm nicht gerecht. Jetzt tut er alles dafür, dass er zutrifft.

Wenn man zurückblickt, liegt ziemlich offen, dass Seehofer im Sommer 2018 wieder einmal den Moment verpasst hat, den Fuß vom Gas zu nehmen. Schon im Bundestagswahlkampf 2017 war es irgendwann zu spät gewesen für den Schulterschluss, den Seehofer und Merkel dann nur noch notdürftig inszenieren konnten. Seehofer hatte die Frage, ob er Merkel als Kanzlerkandidatin unterstützen würde, so lange offengehalten, bis ihm die Unterstützung niemand mehr abnahm. In ihrer Angst vor der AfD hat die CSU in den vergangenen Jahren ein absurdes Kunststück vollbracht: Sie hat aus dem Thema Flüchtlingspolitik, bei dem sie eine Mehrheit der Bevölkerung hinter sich glaubte, durch eine überzogene Konfrontationsstrategie ein Verliererthema gemacht. Des nächtens mit Rücktritt wedeln; die Bundeskanzlerin quasi erpressen; ohne Not eine Staatskrise heraufbeschwören: So was halten auch viele konservative Menschen in Bayern für nicht gerade verantwortungsvoll.

Festzuhalten ist, dass Seehofer nicht der einzige Vertreter eines scharfen Kurses war, er war nicht mal der schärfste. Der Zorn auf Merkel hatte sein Epizentrum in der CSU-Landtagsfraktion, verkörpert von ihrem Chef Kreuzer. «Die großen Treiber waren eigentlich Kreuzer und Söder», sagt ein Fraktionsmitglied. Söder war es auch, der im Asylstreit mit der CDU das «Endspiel um die Glaubwürdigkeit» ausrief, bevor er es heimlich, still und leise im letzten Moment wieder absagte. Von 101 CSU-Abgeordneten im Landtag, schätzt ein Fraktionskenner, hätten nur fünf oder sechs Zweifel an der harten Linie angemeldet. In Berlin gehörte Landesgruppenchef Dobrindt zu den unerbittlichsten Stimmen. Seehofer war also nicht allein. Erst hinterher taten alle anderen so, als wären sie zwei, drei Jahre auf Auslandsreise gewesen.

Seehofer und Söder, die starken Männer der CSU, haben in den Jahren 2015 bis 2018 die Balance verloren. Sie berücksichtigten kaum mehr, was die CSU immer zur Volkspartei gemacht hat: das breite Dach, unter dem sich Grenzzaunfreunde und Flüchtlingshelfer gleichermaßen tummeln. Die beiden haben mit ihrer scharfen Rhetorik den rechten Flügel bedient in der Hoffnung, eine Abwanderung zur AfD zu bremsen. Zugleich haben sie Wähler der Mitte verstört und vergrault. Es war eine Kalkulation, und beide Männer waren offenbar lange sicher, dass der Saldo dabei positiv sein würde.

Die CSU versuchte da durchaus, eine Aufgabe zu erfüllen, die sie sich im Parteiensystem selbst zugeteilt hat: rechte Wähler im demokratischen Spektrum zu halten. Man kann das für eine wichtige Aufgabe halten, eine Aufgabe, an der sich die Grünen nicht die Finger schmutzig machen würden. Und nüchtern betrachtet war Seehofers Position, es kämen zu viele Flüchtlinge zu ungeordnet ins Land, natürlich legitim, zumal Merkel ihre Politik einer breiten Bevölkerung lange nicht hinreichend zu erklären vermochte.

Durch seine Unbeherrschtheit im Konflikt mit Merkel hat Seehofer jedoch den Blick auf Sachfragen verstellt. «Seehofer hat damals ein berechtigtes Anliegen aufgegriffen», sagt Theo Waigel, der CSU-Ehrenvorsitzende und Merkel-Unterstützer. «Dass die Debatte dann in eine falsche Richtung gelaufen ist, dazu hat er mit seiner Wortwahl und Semantik beigetragen.» Seehofer hatte seine Flüchtlingspolitik stets als Dreiklang von «Ordnung, Humanität und Integration» beschrieben – dummerweise war der einzige Aspekt, mit dem er wahrgenommen wurde, die Ordnung. Als «Gesamtkonzept» sei der Dreiklang nicht zur Geltung gekommen, sagt mit etwas Abstand Alois Glück, der alte Vordenker der CSU. «Wir haben selbst dazu beigetragen, dass ein Zerrbild unserer Flüchtlingspolitik entstehen konnte. Unsere Kommunikation war viel zu oft zu einseitig, unscharf und missverständlich.»

Dabei hätte sich ein ganz anderes Narrativ geradezu aufgedrängt: Die deutsche Willkommenskultur wurde am Münchner Hauptbahnhof geboren und in den bayerischen Grenzregionen zu Österreich mit Bedeutung gefüllt. Die Bayern packten an, der Landkreis Passau etwa trug sicher mehr zur Bewältigung des Flüchtlingszustroms bei als die französische Republik. Die Willkommenskultur wurde dort gelebt, während sie anderswo in Deutschland nur ziemlich abstrakt zelebriert wurde. Eine Politik und eine Rhetorik, die den Menschen Mut macht statt Angst, ein bayerisches «Wir schaffen das» – hätte das nicht ohnehin besser zum zupackenden und zuversichtlichen Wesen der Bayern gepasst?

Dass viele in Berlin, auch Merkel, die Anstrengungen der Bayern nicht sichtbar würdigten, und dass sie vorher auch nicht gefragt worden waren, ob sie die Hauptlast der humanitären Operation tragen wollten – das nagte an Seehofer und anderen CSU-Leuten. Seehofer kanalisierte bis zu einem gewissen Grad auch den Druck, den er aus den Kommunen bekam. Martialisch sprach die Staatsregierung von «Notwehr». Seehofer ließ sich in seiner Politik schon immer von Gefühlen leiten, von seinen eigenen und denen, die er bei den Menschen wahrzunehmen glaubt.

Es gab durchaus Unmut über den Seehofer-Söder-Kurs bei den Liberalen in der Partei, aber es waren nur die Alten, die ihrem Ärger Luft machten. Hans Maier, Alois Glück, Theo Waigel – sie konnten sich direkte oder indirekte Wortmeldungen leisten. Die CSU ist eine Partei, die sich ihren Anführern vollends anvertraut. Beinahe blind. Erwin Huber war selbst mal Parteichef, er sagt: «In der CSU werden Strategien exekutiert, nicht diskutiert.» Gerade unter Seehofer – von dem man wissen muss, dass er Hubers Intimfeind ist – habe es keine

«Diskussionskultur» gegeben. «Da war alles gleich eine Majestätsbeleidigung.»

Sowohl die inhaltliche als auch die personelle Breite der CSU wurde nicht sichtbar. Intern gab es ganz zarte Versuche der Mäßigung. Barbara Stamm, die Grande Dame der Partei, soll sich einmal im Vorstand gemeldet und gemahnt haben: «Wir tragen das C im Namen.» Aber von den Jüngeren begehrte niemand auf. Welcher Minister hätte dem Ministerpräsidenten Söder widersprechen sollen? Noch dazu im Wahlkampf, wo die CSU Geschlossenheit zum höchsten Gut erklärt – und sei es Geschlossenheit im Irrtum.

Die Debatte über die Flüchtlinge litt von Anfang an darunter, dass sie von den Lautsprechern an den Rändern bestimmt wurde. Die ruhige, vernünftige Mitte, die mehr an Lösungen als an Parolen interessiert ist, wurde kaum wahrgenommen. Mal freundlich formuliert: Die Seehofer-CSU hat mit ihrer Rhetorik nicht gerade zur Stärkung dieser Mitte beigetragen. Die existenzielle Furcht der CSU vor der AfD hat nicht ihre nobelsten Seiten zum Vorschein gebracht. Andererseits ist es auch naiv zu glauben, die AfD wäre ohne Politik und Rhetorik der CSU nicht erfolgreich gewesen. Die Sorgen und Ängste vieler Menschen hätten auch existiert, wenn sie nicht von der CSU aufgegriffen oder bedient worden wären.

Am 14. Oktober 2018 ist Landtagswahl in Bayern, die CSU rauscht hinab auf 37,2 Prozent. Ein Höllensturz. Schnell wird klar: Das ist gerade noch genug für Söder, um sich zu retten. Dem Ministerpräsidenten wird sein Einsatz im Wahlkampf angerechnet, auch sein Strategiewechsel. Die Schuld bleibt an Seehofer hängen. Die Partei wendet sich ab vom alten Löwen und wirft sich dem jungen an den Hals. Als Söders Koalition steht und es Herbst wird in Bayern, wartet die CSU auf das erlösende Signal von Seehofer: Ich gehe. Aber Seehofer wäre nicht Seehofer, wenn er es seiner Partei so leichtmachen würde.

Der Abend legt sich schnell und garstig über Berlin, es ist kalt geworden, und auch drinnen fühlt es sich nicht viel wärmer an. Die Flure des Bundesministeriums des Innern sind düster und verlassen, nur aus einem einzigen Büro dringt noch Licht. Der Minister ist beinahe allein zu Haus. Das mag an der Uhrzeit liegen, aber es ist auch nicht so, dass das Bild falsch wäre: Es empfängt ein Mann, um den es einsam geworden ist. «Grüß Gott», sagt Horst Seehofer mit diesem aufreizenden Seehofer-Lächeln, das ihm offenbar immer noch nicht vergangen ist. Andere Leute blinzeln, er reißt die Augen auf, als würde er Scheinwerfer einschalten.

Es ist Allerheiligen, der Tag, an dem man in der katholischen Kirche der Toten gedenkt. Seehofer spricht über sein politisches Leben und auch über die Frage, wie lange es wohl noch dauern wird. Er spricht nicht so sehr als Innenminister, sondern als Vorsitzender der CSU. «Ich war der letzte deutsche Politiker, der eine absolute Mehrheit geholt hat», sagt Seehofer, 2013 als bayerischer Ministerpräsident. Dafür hätte er in Erinnerung bleiben können. Aber Seehofer ist ein Spieler, einer wie er steht nicht auf und nimmt zufrieden seinen Gewinn vom Tisch. Er spielt weiter, auch auf die Gefahr hin, alles zu verlieren.

Seehofer hat dann das Ministerpräsidentenamt verloren, an Söder, an den einen Mann, den er unbedingt als Nachfolger verhindern wollte. Er hat bei vielen seinen guten Ruf verloren, in einem rekordverdächtig unglückseligen Jahr 2018 als Innenminister und Problembär der Republik. Und jetzt wendet sich auch noch seine Partei von ihm ab. Seehofer sagt: «Ich bin 47 Jahre Mitglied der CSU, ich bin 38 Jahre in herausgehobenen Positionen. Ich bin total frei.» Frei? Frei zu bleiben, frei zu gehen. Hatte Seehofer sich an Allerheiligen schon in die Einsicht gefügt, dass er seinen Parteivorsitz nicht würde retten können? Seehofer geht, das ist die Nachricht, die zehn Tage später aus einer dramatischen Abendsitzung der CSU-Spitze in der Parteizentrale dringt.

Seehofer ist der Entfesselungskünstler der deutschen Politik, schon so manches Mal fand er sich gut vertäut auf dem Meeresboden wieder, mit Gewichten an den Füßen. Der Houdini-Horst tauchte jedes Mal wieder auf: nach seiner schweren Krankheit 2002; nach seinem Rücktritt als Vizefraktionschef der Union im Bundestag 2004; nach seiner Niederlage bei der Wahl zum CSU-Chef 2007. Aber diesmal kann er die Fesseln nicht lösen. Wobei: So ganz geht er ja nicht. Irgendwie schafft er es, zumindest Bundesinnenminister zu bleiben. In den trüben Novembertagen 2018 wirkt das ein wenig unwürdig. Was will Seehofer denn noch erreichen? Eingeklemmt zwischen seinen beiden vormals größten Rivalen Markus Söder und Angela Merkel, deren Kabinettsdisziplin er jetzt ernsthaft unterworfen ist.

An Allerheiligen in Berlin sitzt Seehofer am Besprechungstisch in seinem auch nicht gerade strahlend hellen Büro: «Alles, was in den nächsten Wochen und Monaten gemacht wird, muss mit Anstand und Stil geschehen.» Das ist wohl der eine Gewinn, auf den Horst Seehofer da noch hofft: einen Abschied in Würde. Zehn Tage später, bei der entscheidenden Sitzung in der CSU-Zentrale, lotet Seehofer erst mal aus, wie energisch der Widerstand gegen ihn ist. Die Wucht und Brutalität des Urteils seiner Parteifreunde habe Seehofer schockiert, berichten Teilnehmer. So ist es kühler Brauch bei der CSU: Wenn ein Anführer nicht mehr liefert, weist ihm seine Partei den Weg zur Tür.

Ein würdiger Rücktritt ist nicht erzwungen, sondern selbst gewählt. Ein würdiger Rücktritt erfolgt, wenn einer noch nicht alles verloren hat, sondern noch auf etwas verzichten kann. Ein würdiger Rücktritt ist ein letzter Akt von Selbstbestimmung. So hatte sich Seehofer das ausgemalt: die Macht geordnet übergeben. Noch vor der Landtagswahl 2013 verkündete er, 2018 sei für ihn Schluss. Doch je näher der Termin rückte, desto weniger geheuer war ihm die Idee.

Noch ein gutes Jahr vor seinem Sturz war Horst Seehofer der Alleinherrscher der CSU. Ein Schwergewicht im Bund, das den damaligen Finanzminister Schäuble beim Länderfinanzausgleich vorführte und 15 Ministerpräsidenten und eine Kanzlerin auf seine Seite zog. Alle bei Kapitän Seehofer im Boot, das muss gefühlt ein Schwarz-Weiß-Foto sein. Wie kann Macht so schnell verfallen? Seehofer knipst die Scheinwerfer an und sagt: «Natürlich könnte man sagen: Die Welt ist ungerecht. Aber davon wird sie nicht gerechter.» So sieht Seehofer das: Er vertritt seine Überzeugungen, und die anderen kommen damit einfach nicht klar.

Horst Seehofer sitzt allein im Abendlicht seiner Karriere. «Das tut mir schon weh», sagt Alois Weger, mit 72 Jahren ein stattlicher Mann, dem man seine Vergangenheit als Bodyguard abnimmt. Auch heute ist Weger noch ein verlässlicher Leibwächter für seinen früheren Chef: «Alles, was Horst Seehofer für die Partei und für das Land getan hat, soll plötzlich nichts mehr wert sein. Das wird einfach weggewischt.» Weger und Seehofer kennen sich seit vierzig Jahren, dreißig davon war Weger auch Seehofers Fahrer, vier Millionen gemeinsame Kilometer, auf denen Seehofer – auch das eine politische Qualität – nur ein einziges Mal aufs Klo musste.

«Er ist für mich ein Freund», sagt Weger in einem Café in Ingolstadt, wo sie beide herkommen. Vor Jahren hatte Weger Seehofer geraten: «Mach den Ministerpräsidenten zu Ende und dann geh.» Seehofer hörte nicht auf ihn. Weger sagt: «Er braucht die Politik wie andere Leute die Luft zum Atmen.» Wenn Weger über Seehofer spricht, den Menschen, für den er eine Kugel gefangen hätte, klingt stets so etwas wie Liebe mit. Aber auch ein Hadern damit, dass Seehofer sich manchmal selbst im Weg steht: «Er zieht sich ins Schneckenhaus zurück, wenn es besser wäre, rauszugehen und sich zu erklären.»

Seehofer ist ein Politiker, dem früher selbst Gegner zubilligten, die Menschen zu verstehen. Heute packt er jede Chance am Schopf, sich unverstanden zu fühlen. Es gab immer wieder Phasen in seiner Karriere, in denen er das Handy ausschaltete und sich tagelang mit Tütensuppen, Dosenravioli und ein paar Kartons Milch in seinem Berliner Appartement verschanzte. So ungefähr kann man sich das auch jetzt vorstellen: Während Söder seine Kritiker umschmeichelt, bricht Seehofer Brücken ab. Er beantwortet nur noch sehr ausgewählt SMS. Wenn Zeitungen von «mehreren Vertrauten» Seehofers berichten, die dies oder jenes sagen, dann fragt man sich: Welche Vertrauten sollen das sein? Hochrangige CSU-Leute erkundigen sich bei Journalisten, ob sie zufällig wissen, was Seehofer denkt.

Auf Seehofers Schreibtisch stehen an Allerheiligen eine Schale mit Äpfeln und ein voller Krug Milch. «Ich habe nie Netzwerke gepflegt, nie jemanden angerufen, nie mit der JU Unterstützungsaktionen dirigiert», sagt Seehofer. «Was ich erreicht habe, habe ich immer aus eigener Kraft erreicht.» Im Machtkampf im Herbst 2017 hatte sich Söder mit Fans von der Jungen Union und Schildern fotografieren lassen, die ihn als neuen Ministerpräsidenten auswiesen. Seehofer hatte den Termin abgesagt, er hatte in Berlin zu tun. «Wenn ich das gemacht hätte, wäre ich vielleicht noch Ministerpräsident. Ich bin nicht zur JU gefahren, das war mir wurscht», sagt er. «Entweder man hat das Zeug, sich zu behaupten – oder nicht.» Was ist das: alte Schule? Oder doch nur ein Alibi? Das Prinzip des CSU-Chefs Seehofer war immer: Verteile und herrsche. Jetzt, wo er nichts mehr zu verteilen hat, ist seine Macht geschwunden. Die Posten verteilt nun Söder.

Bei Abschieden ist es oft das letzte Bild, das bleibt. Und das letzte

Bild von sich will Seehofer so nicht stehen lassen. Seehofer ist für viele in Deutschland gerade der Mann, der an allem schuld ist, an der Spaltung der Gesellschaft, am Aufstieg der AfD, am Niedergang der SPD und sicher auch an der Unpünktlichkeit der Münchner S-Bahn.

Es gibt auch andere Bilder von Horst Seehofer, jene, die Alois Weger im Kopf hat. Seehofer hat diese Bilder seit dem Herbst 2015 selbst übermalt, aber man darf sie noch einmal hervorkramen am Ende eines langen Weges. 2004 trat er als Unionsfraktionsvize in Berlin zurück, weil er Merkels Kopfpauschale in der Krankenversicherung für unsozial hielt. Er ging aus Frust, aber auch aus Prinzip. Seehofer sagt: «Das habe ich als wahrscheinlich einziger lebender Spitzenpolitiker wirklich gemacht.»

Einst war er vor allem bekannt als Mann der Leberkäs-Etage, als Anwalt der kleinen Leute, in den Kohl-Jahren von den eigenen Leuten verspottet als «Sozialdemokrat» und «Herz-Jesu-Sozialist». Als der Gesundheitsminister Seehofer sich mit der Medizin- und Pharmalobby anlegte, erhob ihn die «Bild am Sonntag» zum «Drachenbezwinger» und «Siegfried der Sozialpolitik». Als Ärztevertreter seinen Rücktritt forderten, bettelte die «Bild»: «Bitte nicht, Herr Seehofer.» Die «Bunte» verlangte: «Schau mir in die Augen, Kanzler.» Nun sind auch diese Einlassungen merklich mit Übermut getränkt, aber sicher ist: Je mehr einer geliebt wurde, desto mehr schmerzt es ihn, wenn ihm die Liebe entzogen wird.

Die Flüchtlingsfrage hatte dem Spieler Seehofer eigentlich ein politisch gutes Blatt in die Hand gegeben. Aber selbst das hat er überreizt. Alois Weger hat das präzise analysiert: «Am Anfang hatte er mehr als 70 Prozent Zustimmung. In der Sache standen die Leute hinter ihm. Aber irgendwann wurde es ihnen zu viel. Ich habe ihm geschrieben: Such den Kompromiss mit Merkel, die Leute wollen das nicht mehr.» Den Kompromiss mit Merkel bekam Seehofer nie wirklich hin. Die Kanzlerin erfüllte zwar inhaltlich viele seiner Forderungen, aber sie sagte nie den einen Satz, der Seehofer befreit hätte: Du hast recht gehabt. So verhedderte er sich hoffnungslos in einer Mischung aus Stolz und Besserwisserei, aus Trotz und Verletzung.

Aber ist er deshalb schon ein Rechtspopulist und Menschenverächter, wie manche ihn rufen? Man muss kein Alois Weger sein, um das absurd zu finden. Seehofer ist ein Egozentriker und Narzisst, der immer schon arg um sich selbst kreiste. Er erzählt gern von sich, mal charmant, mal verschroben. In der Rolle des bayerischen Ministerpräsidenten, des Oberhäuptlings eines seltsamen Südvolks, war das irgendwie in Ordnung. Nicht mehr in Ordnung ist es, seit Seehofer Bundesinnenminister ist, und das in bewegten Zeiten.

Seehofer war seinen Mitmenschen schon immer mit Begeisterung ein Rätsel. Das ist ein Problem in einem Amt, das Nüchternheit in der Botschaft und Präzision in der Sprache verlangt. Seehofer, sagt Weger, «redet gern frei, macht gern Witze, liest nicht gerne vom Blatt ab». Wenn er den Innenminister heute im Fernsehen sehe, dann denke er oft: «Das ist jetzt nicht leicht für ihn.» Vielleicht hat Seehofer nicht begriffen, was das Amt von ihm erfordert. Oder er hat es begriffen und ist nicht in der Lage, sich zu ändern, jetzt noch, mit 69. In einem neuen, auch körperlich fordernden Amt.

Nur manchmal schien der alte Menschenfischer Seehofer durch. Ein Auftritt im Ingolstädter Theater, kurz vor der Landtagswahl. Nach seiner Rede bahnen ihm die Leibwächter den schnellsten Weg nach draußen. Doch Seehofer will nicht raus. Er biegt ab zu einer jungen Frau mit grünen Haaren und Totenkopf auf der Lederjacke. Vorhin hat sie draußen mit Trillerpfeife und Schreien gegen seine «menschenverachtende Politik» protestiert. Seehofer bittet die junge Frau zur Seite, er setzt sich auf einen Tisch und hört erst mal zu. Seine Asylpolitik, sagt die junge Frau, sei schrecklich. Er lässt sie minutenlang reden, dann sagt er: «Ich respektiere Ihre Meinung, aber ich würde Sie bitten, kurz zu versuchen, sich auch in mich hineinzuversetzen.» Zuwanderung brauche Ordnung und Steuerung, sagt er, andernfalls überfordere man die Gesellschaft.

Der Seehofer-Charme funktioniert noch im persönlichen Gespräch. Aber fast nur noch da. Frage an Allerheiligen: Hat er denn gar keine Angst vor einem bösen Ende? «Politik ist so, das weiß man», sagt Seehofer. «Man erlebt Glanz und Gloria, aber auch schlimme Zeiten. Ich kenne keine Ausnahme: Stoiber, Schröder, Kohl.» Hat er zu den schlimmen Zeiten nicht beigetragen, mit eigenen Fehlern? Doch, sagt er, der Stil im Streit mit Merkel. «Als es um die Zurückweisung der Richtlinienkompetenz ging. Da fanden die Menschen, das gehe gegen die Kanzlerin.» Seehofer beteuert, er habe auch die Bloßstellung Merkels auf dem Parteitag 2015 nicht beabsichtigt gehabt: Er habe Merkel hinter sich auf der Bühne «gar nicht gesehen». Das Problem habe er erst erkannt, als er sich wieder setzte und sein Nachbar sagte: «Das gibt morgen schlechte Presse.» Und die «Mutter aller Probleme» und andere nicht maximal ausgereifte Debattenbeiträge? Seehofer sagt: «Vieles war nicht so gemeint oder wurde böswillig zugespitzt.»

Seehofer ist es wichtig, die Ernsthaftigkeit seiner Ablehnung von Merkels Flüchtlingspolitik deutlich zu machen. Er habe Merkels Entscheidung von September 2015 von Anfang für falsch gehalten und die Folgen für kaum beherrschbar. Merkel sollte also einen aus seiner Sicht kapitalen politischen Fehler rückgängig machen. Seehofer sagt: «2015 hat Auswirkungen bis heute. Europa ist gespalten, die AfD ist aufgeblüht, die Volksparteien zerfallen. Ich war in einer Sandwich-Position: Streiten oder nicht streiten? Ich glaube fest: Man muss stehen und klar sagen, was man vertritt. Übertünchen ist nicht meine Art.» Probleme, sagt er, gingen nicht weg, nur weil man über sie schweige: «Es gibt Politiker, die wollen über das Jahr 2015 nicht mehr reden. Das wird aber nicht funktionieren, solange Dinge passieren, die mit 2015 kausal in Verbindung stehen.»

Persönliche Bitterkeit kam dazu. Merkel und Seehofer, dieses seltsame Paar – es ist eine Beziehungsgeschichte, die im Kabinett von Helmut Kohl begann und fast drei Jahrzehnte überspannt. Seit dem Herbst 2015 haben sie sich einen politischen Boxkampf geliefert, ohne Regeln. Je mehr Merkel Seehofer hat abtropfen lassen, desto energischer wurden seine Angriffe auf sie. So sehr Seehofer die Kanzlerin zu provozieren versucht hat, so sehr fühlte er sich auch von ihr provoziert. Seine Vertrauten sagen, Seehofer habe einmal in einem Duell mit Merkel zurückgezogen – 2004 im Streit um die Kopfpauschale. Und auch im Bundestagswahlkampf 2017 habe er sich auf einen Kompromiss mit ihr eingelassen. Ihn habe das eine Menge gekostet, seine Glaubwürdigkeit und die Staatskanzlei. Und Merkel? Regiere fröhlich weiter, obwohl sie ihm das alles eingebrockt habe.

Was Seehofer da sagt an Allerheiligen in Berlin, klingt im Rückblick schon wie ein Vermächtnis. Niemals dürfe seine Partei die «kleinen Leute» vergessen. Doch in der Gesellschaft sei die CSU schon lange nicht mehr so verankert wie früher. Die Breite sei verloren gegangen, Umwelt, Soziales, da sei die CSU blank. Das müsse auch er als Parteichef sich ankreiden. Und: «Wir brauchen auch wieder die Fähigkeit, uns gegenseitig zu ertragen.» Horst Seehofer und die CSU, sie ertragen sich nicht mehr. Im Januar 2019 wird er abtreten als CSU-Chef. Die Partei gewährt ihm im Gegenzug das Recht, Innenminister zu bleiben. Das ist das bisschen Würde, das Seehofer hat retten können.

Die Politik sei eine «angenehme Sucht», hat Seehofer einmal gesagt, da war das Ende noch weit weg. Jetzt kommt er wirklich schwer davon los. Vielleicht, weil im Ruhestand außer Lesen und dem Ausbau seiner berüchtigten Modelleisenbahn nicht gar so viele Hobbys auf ihn warten. Freizeit war noch nie Seehofers Sache: Der Motorroller, den er für Ausfahrten ins schöne Altmühltal angeschafft hatte, verstaubte in der Garage. Aber was will er eigentlich noch als Innenminister? Der alte Spieler, der früher Parteifreunde wie Schachfiguren hin und her geschoben hat, ist selbst zur Schachfigur geworden.

Als Seehofer im Januar 2019 beim Parteitag in München den CSU-Vorsitz an Söder übergibt, ist es, als lege er einen Schalter um. Er wirkt fast befreit. Im Herbst 2019 erklärt er, dass Deutschland jeden vierten Flüchtling aufnehmen werde, der im Mittelmeer vor Italien aus Seenot gerettet wird: «Es ist unglaublich, dass man sich als Bundesinnenminister für die Rettung von Menschen vor dem Ertrinken rechtfertigen muss.» Horst Seehofer hat wohl schon den Wunsch, das letzte Bild von sich noch ein wenig zu korrigieren.

Der Punkt, an dem die Regierung im Sommer 2018 zu zerbrechen drohte, ist im Rückspiegel geradezu lächerlich klein. Der Kompromiss, den CDU, CSU und SPD fanden, sah vor, an der deutsch-österreichischen Grenze jene Flüchtlinge zurückzuweisen, die schon in Griechenland, Italien oder Spanien Asyl beantragt hatten. Zumindest Griechenland und Spanien erklärten sich zur Wiederaufnahme bereit. Im März 2019 teilt das Innenministerium mit: Auf dieser Grundlage sind in sieben Monaten elf Menschen an der Einreise gehindert worden.

2. Höllenritt:
Markus Söder und der Landtagswahlkampf 2018

Das Jahr 2018 war für die CSU, was man gemeinhin ein Schicksalsjahr nennt. Das Schicksal behandelte jedoch nicht alle Christsozialen gleich. Es war hart, aber womöglich gerecht mit Horst Seehofer. Es war, am Ende, sehr, sehr milde mit Markus Söder. Im März war er zum Ministerpräsidenten aufgestiegen, er war am Ziel seiner Träume – und wenig später schon wieder gefangen in einem sehr realen Albtraum. Die Geschichte des Landtagswahlkampfes 2018 ist die Geschichte eines politischen Überlebenskampfes, für Söder persönlich und für die CSU, die ihre Zukunft zur Jahresmitte ganz in seine Hände legte. Der Boom der Grünen und die Bedrohung durch die AfD, die «Ausgehetzt»-Demos und der Asylstreit, all das ist der Hintergrund einer frenetischen Wahlkampagne, wie sie kaum ein Bundesland je erlebt hat.

Die Rekonstruktion dieses atemlosen bayerischen Jahres muss im April 2018 beginnen, im Bayerischen Landtag, an dem Tag, an dem der neue Ministerpräsident Söder seine erste Regierungserklärung abgibt. Es ist der erste Augenblick, in dem den Zuhörern schlicht die Luft wegbleibt. Mehr als eine Stunde lang hat Söder schon das Füllhorn des Glücks über sein Bayernland ausgeschüttet, die Millionen an Investitionen haben sich zu einer guten Milliarde getürmt. Er hat ein Familiengeld angekündigt und ein Pflegegeld, dazu die Weltführerschaft bei Flugtaxis und Feldrobotern. Da sagt Söder: «Dies ist keine Regierungserklärung. Dies ist auch eine Liebeserklärung an Land und Leute.» Es ist Wahljahr in Bayern, und Söders Strategie scheint es zu sein, die Bürger mit seiner Liebe zu erdrücken.

Die erste Regierungserklärung ist für einen neuen Ministerpräsidenten stets der Moment des Bekennens. Er bekennt sich zu seinen Schwerpunkten und zu seinen Leuchtturmprojekten. Bei Söder ist alles Schwerpunkt, alles Leuchtturm. Zwei Jahrzehnte hat Söder auf dieses eine Amt hingearbeitet: Ministerpräsident. Jetzt, wo er es hat, mit gerade mal 51 Jahren: Was macht er damit? Söder schließt sein Sakko, in etwa so, als wolle er sich anschnallen. Dann nimmt er Fahrt auf. Bayern, sagt er, solle «modern sein und bayerisch bleiben».

Was er da vorträgt, ist ein Waschzettel des bayerischen Exzeptionalismus: «Familienland Nummer eins», «Studentenland Nummer eins», «Tourismusland Nummer eins». Ein Festival der Superlative soll wohl den Stolz der Bürger stärken. Aber stärkt das auch seine Glaubwürdigkeit? Bald kommt der Moment, in dem die Opposition Sauerstoffgeräte brauchen könnte. Söder will das Oberste Landesgericht wiedereinrichten. Dieses hatte Stoiber, immerhin Söders Ziehvater, 2006 abgeschafft, aus Kostengründen. Söder ruft trotzig: «Ein Oberstes Landesgericht gibt es nur in Bayern!» Hubert Aiwanger, der Fraktionschef der Freien Wähler, plärrt dazwischen, dass jetzt nur noch eine «eigene Währung» für Bayern fehle. Wenn nicht alles täuscht, gucken einige bei der CSU recht aufgeschlossen.

Kaum hat sich bei SPD, Grünen und Freien Wählern eine regelmäßige Atmung wiedereingestellt, berichtet Söder über die Aufstellung einer «bayerischen Kavallerie». Na gut, er richtet nur bei jeder Großstadtpolizei eine Reiterstaffel ein, aber Söder war schon immer gut in der Verkaufe. Bayern, fährt er fort, bekomme auch ein Raumfahrtprogramm: «Bavaria One». Während die Opposition noch überlegt, wen man da zeitnah zum Mond schießen könnte (Aiwanger mit Blick auf Söder: «Da müssen die Besten ran»), hat Söder schon ergänzt, dass die Expeditionen unbemannt stattfinden sollen.

Trotz des komödiantischen Faktors mancher Redepassagen macht Söder das alles ziemlich clever: Er vergisst nie zu betonen, wie sehr die kleinen Leute von den großen Entwicklungen profitieren sollen. Bei Wohnen, Verkehr, Sicherheit, den brennenden Themen der Stunde: Alle Bayern sollen teilhaben am weiß-blauen Paradies. Manchmal dringen Glucksláute aus den Reihen der Opposition, es ist schwer zu sagen, ob sie Ausdruck von Belustigung oder von Verzweiflung sind. Söder teilt jetzt mit: «Wir starten das 1000-Feldroboter-Programm», teilt er mit. Während vielen im Saal die genaue Funktion eines Feldroboters unklar sein dürfte, hegt niemand Zweifel daran, dass Bayern über kurz oder lang das Feldroboter-Land Nummer eins sein wird.

In der CSU-Fraktion klatschen sie sich die Hände wund, zumindest bei diesen Vertretern des Bayernvolkes hat Söder den Stolz schon merklich gestärkt. Wenn man genau hinsieht, sieht man aber auch ein paar Abgeordnete leiden. Ludwig Spaenle etwa, den früheren Kultusminister, den Söder überraschend nicht weiterbeschäftigt hat, um sein Kabinett jünger und weiblicher zu machen. Spaenle ist der Taufpate von Söders Sohn, und wenn man ihn da inmitten ekstatischer Fraktionskollegen lustlos und nur sehr gelegentlich auf den Tisch patschen sieht, kann man sich vorstellen, dass das Weihnachtsgeschenk für Söder junior dieses Jahr mal etwas kleiner ausfällt.

Söder wirft immer noch Bonbons unters Volk: Freiberufliche Hebammen bekommen 1000 Euro Bonus im Jahr. «Einen solchen Hebammen-Bonus gibt's nur in Bayern», macht Söder deutlich. Man sitzt auf der Pressetribüne und stellt sich schon mal vorsorglich darauf ein, dass er gleich noch einen Journalisten-Bonus verkündet. Am Ende bekräftigt Söder seinen Plan, die Amtszeit des Ministerpräsidenten auf zehn Jahre zu begrenzen: «Das wird in die Verfassungsgeschichtsbücher eingehen.» Die Prognose löst Gelächter aus. Söder klingt sehr ernst, als er erwidert: «Natürlich ist das so.»

Zehn Jahre Söder? Im Frühjahr 2018 ist plötzlich denkbar, dass es gerade mal ein halbes Jahr werden wird. Söder stellt sich zwar gern in die Ahnenreihe von Strauß, Stoiber und – etwas weniger enthusiastisch – Seehofer: jenen Männern, die den ausladenden Stolz der CSU mit Landtagswahlergebnissen unterfütterten. Aber schon zu seinem Amtsantritt ist die absolute Mehrheit weit weg, die CSU liegt in den Umfragen knapp über vierzig Prozent. Söder tut, was er körperlich tun kann, 300 Termine in den ersten 100 Tagen, 40 000 Autokilometer. Seine Geldgeschenke treffen alle, die nicht schnell genug in Deckung gehen. Wer im Freistaat als Drilling zur Welt kommt, wird der Patenschaft des Ministerpräsidenten nicht entrinnen. Doch die Umfragezahlen bewegen sich nicht.

Man könnte die entgeltfreien Darbietungen des fränkischen Entertainers mit Gelassenheit betrachten, wenn die Republik nicht mal wieder am Abgrund stünde. Und wenn sich nicht die Frage stellte, wie viel Söder damit zu tun hat. Die CSU schlägt eine Art Entscheidungsschlacht gegen Bundeskanzlerin Angela Merkel in der Flüchtlingspolitik. Bei Söder hat sich die Eskalation zuletzt auch rhetorisch vollzogen: Neuerdings führt er die Begriffe «Asyltourismus» und «Asylgehalt» sehr natürlich im Munde, und dem Kontrollfreak Söder passiert das gewiss nicht zufällig. Söder will wohl beschreiben, dass es Asylbewerber gibt, die innerhalb Europas nach dem für sie attraktivsten Land suchen. Katharina Schulze sagt: «AfD-Sprech vom Ministerpräsidenten, das ist ein Schaden für unser Land.»

Das Münchner Grünen-Büro ist nicht beeindruckend, was Katharina Schulze so nicht stehen lassen will. Hier, sagt sie, hätten sie große Pläne gefasst: wie man Olympische Spiele in München verhindert. Wie man eine dritte Startbahn am Flughafen verhindert. Und jetzt wollen sie halt Söder verhindern. Schulze, 33, pinkes Oberteil, blauer Rock, ist Fraktionschefin der Grünen im Landtag, und sie steht Söder in Energie nichts nach. Sie sagt: «Ich will nicht, dass uns Europa um die Ohren fliegt, nur weil Söders Umfragewerte schlecht sind. Da hab ich keinen Bock drauf. Ich stelle mich jedem in den Weg, der an unserer Demokratie sägt.» Söder rudert, die CSU kommt nicht von der Stelle, Söder rudert noch wilder. Es gibt diesen Fassbinder-Film, Schulze zitiert den Titel: Angst essen Seele auf. «Bei Söder ist es die Angst vor der AfD.»

Eigentlich läuft es ausgezeichnet für die Opposition, Söder hat mehr Achillesfersen als echte Fersen. Gegen sein scharfes Polizeigesetz demonstrierten am Münchner Odeonsplatz 30 000 Menschen, es war ein Fanal. «Bei der Demo waren Leute, die sonst nie demonstrieren», sagt Schulze. «Sogar meine Mutter.» Söder ängstigen die neuen Freizeitoptionen von Schulzes Mutter nicht. Für ihn sind die Demonstranten «Feuilletonisten», Menschen, die ihn eh nicht wählen. Er macht Politik für seine konservative Kernklientel, für die kleinen Leute. Aber muss ein Ministerpräsident nicht für alle da sein?

Die Wahl am 14. Oktober ist eine Prüfung für das Prinzip Söder. Genau genommen ist es die erste echte Prüfung. Was das Prinzip Söder bedeutet, hat man in der Staatskanzlei rasch gemerkt. Söder traut niemandem, seine Minister waren so ahnungslos wie der Rest des Landes, als er in seiner Regierungserklärung hundert bunte Projekte vorstellte. Unter Seehofer wurden Kabinettsvorlagen an alle Ministerien verschickt, jetzt sind nur noch drei Stellen eingebunden: das jeweils zuständige Haus, das Finanzministerium mit dem Söder-Vertrauten Albert Füracker und die Staatskanzlei.

Jeden Montag werden alle Pressesprecher der Ministerien in die Staatskanzlei einbestellt. Söder pickt sich dann die schönsten Termine heraus, seine Minister bestreiten, was übrig bleibt. Man erlebe eine reine «One-Man-Show», stöhnen selbst Söder-Getreue. «Jede Stunde hat er eine neue Idee», so wie als PR-orientierter Finanz-

Bild des Anstoßes: Ministerpräsident Markus Söder will, dass Behörden Kreuze aufhängen. Am 24. April 2018 macht er in seiner Staatskanzlei den Anfang. Winfried Kretschmann, der grüne Kollege aus Stuttgart, fühlt sich von dem Foto an «Vampirfilme» erinnert.

minister. Söder hat jetzt maximale Freiheit. Aber auch maximale Verantwortung.

Söder macht handwerkliche Fehler, die man nicht von ihm kennt. Dreimal hat er seinen Kreuzerlass angekündigt, doch Ärger gibt es erst, als er zur Tat schreitet. Erst sagt er nach dem Kabinettsbeschluss, das Kreuz sei «nicht ein Zeichen einer Religion», sondern stehe für die kulturelle Prägung Bayerns. Dann hagelt es Vorwürfe, weil er im Eingangsbereich der Staatskanzlei selbst ein Kreuz aufhängt, umringt von Kameras, fahl beleuchtet, es sieht aus, als kündige Bram Stoker ein Remake von «Dracula» an.

Söder ist nervös, und er macht viele Menschen nervös. Ihn aber als Krawallmacher abzutun hieße, die Kühle seiner Kalkulation zu unterschätzen. Söder will die bürgerliche Mehrheit, und er glaubt, dass er mit seinem harten Kurs rechts mehr gewinnt, als er in der Mitte verliert. Es ist auch nicht so, dass Söder auf diesem Weg nicht bestärkt würde. Einmal tritt er in Nürnberg bei einem Forum der «Nürnberger Nachrichten» auf, seiner sozialdemokratisch geprägten Heimatzeitung, die ihn einst zur Weißglut trieb, weil sie keine Fotos von ihm druckte. Und jetzt? Auch bei der Flüchtlingspolitik mehrheitlich Beifall der Leserschaft.

In der CSU-Landtagsfraktion berichtet Söder von einem Telefonat mit dem anderen Ministerpräsidenten der Union, der im Herbst zur Wahl steht: dem Hessen Volker Bouffier. Ruhig bleiben, sei Bouffiers Botschaft gewesen, aber Bouffier habe leicht reden, der liege bei dreißig Prozent und sei damit schon zufrieden. Bouffier, schloss Söder, wolle sich nach Merkels Vorbild irgendeine Koalitionsmehrheit bauen. Für die CSU dagegen zählt nur die absolute Mehrheit. Söder sagte seinen Abgeordneten: «Niemand wird uns helfen.»

Dirk Metz empfängt in einem Konferenzraum mit viel Fenster und wenig Wand. Er hat einst einen anderen harten Hund beraten, elf Jahre lang war er Sprecher von Roland Koch in Hessen. Koch war Bouffiers Vorgänger zu einer Zeit, als die Hessen-CDU sogar die Stoiber-CSU rechts überholte. Metz war der Koch-Flüsterer, heute berät er Unternehmen. Er hat selbst robuste Kampagnen gefahren, er war der Kopf, der die Hessen-CDU als konservative Kampftruppe verkaufte. Zwischentöne waren nicht sein Ding. Jetzt ist Metz nachdenklich, er blickt auf die Bankentürme von Frankfurt. «Unser Parteiensystem ist nicht in Stein gemeißelt.» Man müsse nur in die Niederlande schauen: «Das Pendant der deutschen SPD: bei unter zehn Prozent. Das Pendant der Union: knapp über zehn Prozent.» Auch in Frankreich sei die Zahl der Wechselwähler so gestiegen, dass «die politische Statik ins Wanken geraten ist». Metz sagt: «Und auch die Stabilität Deutschlands ist keineswegs selbstverständlich.»

Metz will sich raushalten aus der Tagespolitik, er formuliert es grundsätzlich: «Ich habe eine natürliche Sympathie dafür, alles zu versuchen, um eine Zersplitterung des Parteiensystems zu verhindern.» Die gute Nachricht für Söder ist, dass Metz die Sache für aussichtsreich hält: «Politiker vom Typus Markus Söder setzen auf klare Ansagen, streben nach klaren Mehrheiten und tragen auch dem Umstand Rechnung, dass eine Gesellschaft geführt werden will.» Ob die Gesellschaft aber in einen Kanzlersturz geführt werden will? In der CSU heißt es, auch Söder wisse, dass CSU-Wähler der Mitte die eher anlasslose Sprengung einer Bundesregierung kaum goutieren würden. Dennoch erhöht er selbst jetzt noch den Druck.

Mitte Juni, ein Bierzelt in Marktredwitz im Nordosten Bayerns. Der Freistaat werde nun selbst abschieben, und zwar «nicht mit Linienflugzeugen, wo oft alles wieder rückgängig gemacht werden muss». Applaus. «Wir setzen Recht konsequent durch, mehr und härter als woanders», sagt Söder: «Der Schutz der einheimischen Bevölkerung steht für mich an erster Stelle.» Donnernder Applaus. «Wer bei uns falsch parkt, bekommt einen Strafzettel. Der Rechtsstaat funktioniert super, wenn es um uns geht», ruft Söder: «Aber er scheint nicht die gleiche Durchsetzungskraft zu haben, wenn es um andere geht.» Hier die Einheimischen, dort die anderen. Dazwischen: nichts. Man kann nicht behaupten, dass Söder an der Stimmung im Zelt vorbeiredet. Kritiker wie Schulze finden: Er redet sie herbei.

Söders Leute wehren sich gegen den Vorwurf: Die vergangenen Wochen hätten etwas verändert, sagen sie. Das Chaos im Bundesamt für Migration und Flüchtlinge (Bamf), der Mord an der 14-jährigen Susanna mutmaßlich durch einen (inzwischen rechtskräftig verurteilten) irakischen Aslybewerber, die Tumulte in der Flüchtlingsunterkunft Waldkraiburg. Aus ihrer Sicht wäre es fahrlässig, würde Söder nicht darauf reagieren. Söders Fazit: «Die Bevölkerung erwartet sich mehr Entschlossenheit in der Politik.» Viele in der CSU sehen das so, aber nicht alle. Einige fragen sich, ob das alles wahr sein kann – hat der Mann wirklich das Ende des Multilateralismus verkündet? Alois Glück hat einen Brandbrief geschrieben, in dem er Söder indirekt in eine Reihe mit Putin und Trump stellt. Aber sonst begehrt kaum jemand offen auf. Die CSU hat sich in Söders Hand begeben. Bis zur Wahl.

Ein Problem des Ministerpräsidenten Söder ist jedenfalls, dass er auch Bierzeltreden hält, wenn er sich gerade nicht in einem Bierzelt befindet. Bayerische Wirtschaftsnacht, die Unternehmer-Elite labt sich am Tartar vom Bachsaibling. Das Steuer-Eintreiben vergesse der Staat nie, empört sich Söder, aber Einreiseverbote auszusprechen, das sei tabu: «Glauben Sie nicht, dass wir uns als Rechtsstaat lächerlich machen?» Ein paar der feinen Gäste glauben eher, dass Söders Rede zu rechtslastig ist. Als Minister hat er sich so was erlauben können. Aber als Ministerpräsident? Söder kennt es nicht anders, er macht seit jeher Politik im Konflikt. Schon in der Jungen Union gab er ständig den Rebellen gegen das Parteiestablishment. Im Konflikt, so sieht er das, gewinnt man Aufmerksamkeit. Aber gewinnt man auch Verbündete?

Unlängst hatte er sein Debüt auf der Berliner Bühne, in der Ministerpräsidentenkonferenz (MPK), eine kollegiale Runde eigentlich. Söder, berichtet einer, der dabei war, machte dann ein paar rustikale Wortmeldungen, Bayern hier, Bayern dort – und nach einer halben Stunde fuhr er zur CSU-Landesgruppe weiter: «Da war noch kein entscheidender Punkt besprochen.» Söder hinterließ noch eine Protokollerklärung, in der er Zustimmung zum Asylplan der CSU forderte. Abstimmungsergebnis: 1:15. Seehofer hatte beim Länderfinanzausgleich ein 16:0 für den bayerischen Vorschlag organisiert.

Hinterher hätten sich viele Regierungschefs «am Tisch und beim Kaffee über Söder mokiert», sagt der Beobachter. Die MPK agiere ja immer im Bewusstsein, dass allein Konsens den Ländern Macht gibt: «Söder hat das nicht verstanden.» Söder konzentriert sich auf Bayern, aber er muss in Berlin und Brüssel Dinge für Bayern erreichen. Davon haben Strauß, Stoiber und Seehofer gelebt. Was, wenn er, der Rowdy, dort keine Beute macht? Wenn er über die Größe Bayerns redet und an dessen Verzwergung arbeitet?

Manche hatten darauf gehofft, dass Söder mal wieder eine wundersame Wandlung hinlegen würde – zum Landesvater. Dirk Metz sagt: Wenn jemand ein neues Amt antrete, habe er «eine gewisse Chance, sein Image neu zu prägen». Das sei aber besonders schwierig, «wenn eine Wahl bevorsteht und jedes Verhalten im Licht dieser Wahl bewertet wird». Die Amtszeitbegrenzung auf zehn Jahre war so ein Versuch – der Machtmensch Söder verzichtet auf Macht. Von «Mut und Demut» hat Söder am Anfang oft gesprochen. Mut kann man ihm nicht absprechen. Aber Demut? In der CSU heißt es, Söder sei klar, dass ein Ministerpräsident das Urvertrauen seiner Bürger braucht. Er wolle es nur auf kurzem Wege erwerben: Er hat die Flüchtlingspolitik zum Prüfstein seiner Glaubwürdigkeit erklärt.

Günther Beckstein weiß, wie das ist, wenn die Erwartungen der CSU auf einem lasten. In der Sache hat er sich hinter Seehofer und Söder gestellt, aber für die Verhältnisse der CSU ist er ein Mahner in diesen Tagen. «Wenn man etwas anfängt, muss man auch das Ende bedenken», sagt Beckstein, denn ein Ende der Fraktionsgemeinschaft würde sowohl CDU als auch CSU beschädigen. So gern sich Söder mit Strauß und Stoiber vergleicht: Die Figur aus der CSU-Geschichte, an der er sich jetzt messen lassen muss, ist Beckstein. Auch er hat 2007 mit einer Landtagswahl am Horizont die Staatskanzlei übernommen. Auch er galt als harter Hund, er war Innenminister. «In der Politik bekommt man oft ein Etikett», sagt Beckstein. «Also lieber ein Hardliner für Recht und Ordnung als ein Weichei für Unrecht und Unordnung.»

Söder sei alarmiert, berichten Eingeweihte. Die Wahl, glaubt er, werde aber erst in den letzten vier Wochen entschieden. Was passiert, sollte die CSU unter 40 Prozent landen? Dann dürfte es eng werden für Söder. Ein CSU-Mann legt ihm die Latte auf: «42 Prozent hätte der Horst auch wieder geholt.» Und noch ein Referenzpunkt wird gern genannt: Wenn Söder die 43,4 Prozent Becksteins verfehlen würde, wäre sein Name mit einem historischen Tief der CSU verbunden. Beckstein schickt vorsorglich eine Botschaft in die Partei: «Auch wenn es nicht zur absoluten Mehrheit reicht, sollte Markus Söder Ministerpräsident bleiben und eine Koalition führen.» So weit ist es gekommen für den Siegertypen Söder: Vier Monate vor der Wahl wird über die Folgen einer Niederlage verhandelt.

«Es gibt in der Politik nichts Schwierigeres als einen Wahlkampf nach so kurzer Amtszeit», sagt Markus Söder, als er im Sommer 2019 zurückblickt auf diesen Höllenritt von Kampagne. «Man denkt sich dann schon mal: Wirst du der Ministerpräsident mit der kürzesten Amtszeit?» Aber man wisse auch: «Wenn alle um mich rum nervös werden, muss ich ruhig bleiben. Ich habe viel gelernt in diesem Wahlkampf.» Es gibt zwei große Einschnitte in seiner Strategie, zwei Wenden, die diesen Lernprozess dokumentieren.

Die erste Wende vollzieht Söder Anfang Juli, ein paar Tage nach der Implosion des Asylstreits. Söder will seine Beteiligung an diesem Debakel am liebsten vergessen machen. Über München hat sich bereits Dunkelheit gelegt, als er in einer Landtagsdebatte den ersten Schritt zu seiner Neuerfindung macht. Söder spricht über Dinge, die viele nicht auf Anhieb mit ihm verbinden: Stil, Respekt, Anstand. Die Metamorphose des Markus Söder beginnt.

Es sind Tage, in denen die CSU von Austritten gebeutelt wird, weil viele den Streit mit der CDU nicht mehr ertragen. Mitglieder schreiben an hohe Funktionäre, dass sie sich schämen für ihre Partei. Es ist der Moment, in dem Söder den Rollenwechsel zum seriösen Staatsmann vollziehen will. Gerade sahen manche in ihm noch einen fränkischen Trump. Dann hat er früher als andere erkannt, dass die CSU überzieht. Er hat eine Vollbremsung hingelegt, und jetzt versucht er, aus der Kurve heraus zu beschleunigen.

Er wolle ein paar Gedanken zu Demokratie und Stil formulieren, hebt er an. Als der Machtmensch Söder darüber spricht, die Leute hätten von Machtfragen genug, dröhnt aus den Oppositionsbänken schallendes Gelächter. «Über Bürger zu lachen ist kein guter Stil», sagt Söder. Da reicht es dem Grünen Sepp Dürr: «Über Sie lache ich», schreit er, «über Sie!» Söder tut unbeirrt. Er werde das Wort «Asyltourismus» nicht mehr verwenden, verspricht er. Niemand solle verletzt werden, er wolle eine sachliche Debatte führen. Was Söder nicht über die Lippen kommt: das Eingeständnis, dass die Wendung Ressentiments gegen Asylbewerber bedient hat. Der Effekt ist auch so groß genug. Wenn Söder in Selbstkritik bade, sagt ein CSU-Mann, zeige das nur das Ausmaß der Verzweiflung. Eine Hoffnung bleibt Söder: die Zeit. Drei Monate noch bis zur Wahl. Drei Monate, in denen die Wähler vergessen können.

Aber sie vergessen nicht. Obwohl Söder sich jetzt milde gibt, gehen die Umfragewerte der CSU Anfang Juli in den Sinkflug. Die Zielmarken, die Söder in der Partei insgeheim gesetzt werden, werden immer weiter nach unten korrigiert: erst Becksteins 43,4 Prozent. Dann heißt es, vorne müsse eine Vier stehen. Nächster Halt: die 38,8 Prozent, die Seehofer bei der Bundestagswahl 2017 holte.

An einem prächtigen Julitag steht Markus Söder im Münchner Hofgarten vor seiner Staatskanzlei inmitten von Flugtaxi-Modellen und Transport-Drohnen, die bald in Schwärmen den weiß-blauen Himmel erfüllen sollen. «Das ist eine ziemlich coole Sache», sagt er, endlich mal ein Söder-Satz, den man nicht misstrauisch hinterfragen muss, sondern einfach mal glauben kann. Es ist ein Termin, der Söders nicht gerade unterentwickeltem Spieltrieb entgegenkommt. Doch selbst hier bekommt er vom Schicksal hingerieben, dass es ihm in diesem Wahlkampf nicht wirklich gewogen ist.

Ein Drohnen-Entwickler schreitet zur Vorführung, Anzug, Krawatte, die Fernbedienung etwas unruhig in der Hand. Söder und die von ihm persönlich dirigierten Foto- und Fernsehreporter («Kommt mal hier rüber!») nehmen Aufstellung, die Drohne hebt ab, und im sanften Wind entrollt sich eine Bayernfahne, die an der Unterwand befestigt ist. Ahs und Ohs aus dem Publikum, was für ein Bild mal wieder. Da reißt die Fahne ab und fällt zu Boden, dem Ministerpräsidenten praktisch vor die Füße. Mit einer Sekunde Verzögerung schlagen auch noch zwei Metallteilchen auf, pling, pling. Der Entwickler schaut so geschockt, dass man fürchten muss, bei Siemens oder sonst wo wird jetzt irgendwer entlassen.

Die beste Hoffnung der CSU in diesem Sommer ist es, dass sich die bayerischen Landeskinder – etwa beim Baden in kristallklaren Seen, in denen sich lieblich die Berge spiegeln – schon noch daran erinnern werden, in welchem Paradies sie leben und wem sie das zu verdanken haben. «Wenn es den Leuten gut geht, wird die Regierung bestätigt», diese alte Regel haben ihre Strategen immer wieder angeführt, erst belehrend, dann beschwörend. Und als schließlich der Herbst kühl und unerbittlich übers Land kommt, beinahe verzweifelt.

Wer sich durch den Wahlkampf treiben lässt, der kann mitansehen, wie einer Volkspartei das Volk von der Stange geht. Söder ist ein fast tollwütiger Handelsreisender seiner selbst, 18 Stunden am Tag, 250 000 Menschen haben allein seine Bierzelt-Auftritte besucht, so hat das sein Team errechnet. Im Endspurt geht er dazu über, sogar noch die freien Minuten vor oder nach Auftritten für eine CSU-Variante von Guerilla-Marketing zu nutzen. Das ist das Bild dieses Wahlkampfes: Markus Söder bricht in Fußgängerzonen über verdutzte Wähler herein und stalkt sie mit Geschenken. Brezen und «Söder-Water», ergänzend zu Familien-, Pflege- und Baukindergeld, die Anträge waren schon in der Post. Die Menschen bedanken sich artig, und dann wählen sie die Grünen oder die AfD.

Die Söder-CSU kämpft an zwei Fronten, in der Mitte und rechts der Mitte. Flüchtlingsfreunde von den Grünen und Grenzzaunfans von der AfD zugleich zurückholen: Das schließt sich aus. Also hat sich die CSU mit bemerkenswertem Fatalismus eingerichtet in ihrer Unter-40-Prozent-Blase. Es wirkt ein bisschen, als würde die Watschn, die sie am 14. Oktober kassieren wird, weniger schmerzen, weil sie die flache Hand ja in Zeitlupe kommen sieht. Bei den anderen sechs Parteien, die eine realistische Chance haben, in den Landtag einzuziehen, können sie den Einschlag kaum erwarten. Wenn man mal von der tapfer-traurigen SPD absieht, sind die Kundgebungen der Opposition Flashmobs der Zuversicht, und wie historisch die Stunde im Freistaat ist, erkennt man daran, dass das sogar für die Linke gilt.

Würzburg, tief im Gewölbe der Bürgerspital-Weinstuben. Der Raum, in dem gleich Gregor Gysi seinen Parteifreunden Wahlkampfhilfe leisten wird, ist längst voll, vor der Tür stauen sich Dutzende Enttäuschte. Ein Würzburger Linker versucht, ihnen die positive Seite der Lage aufzuzeigen: «Gregor Gysi wird an Ihnen vorbeilaufen.» Gysi, vorbildlich mit Carsharing reisend, ist spät dran, so haben die örtlichen Kandidaten Zeit zur Vorstellung. Sie reden viel über die «kleinen Leute», die definitiv noch etwas kleiner sind als jene, die Söder meint, wenn er von «kleinen Leuten» spricht: Mütter, die einen ganzen Monat lang auf ein Eis für ihre Kinder sparen müssen, Senioren, die nicht das Geld für den Bus in die Innenstadt haben.

Die Linke will sich der Menschen annehmen, die nicht teilhaben an Söders weiß-blauer Herrlichkeit; dass ihre Reichweite darüber hinaus begrenzt sein könnte, ahnt man, als der Würzburger Direktkandidat keine zwei Minuten braucht, um von Müttern und Senioren auf den Sozialismus in Chile zu kommen und den Putsch gegen Allende 1973. Hernach schlägt Gysi einen eher weiten Bogen von Trump zu Söder, wofür er gebührend gefeiert wird. Gleichzeitig fragen sich die Systemgegner im Raum schon, warum der Genosse Gysi eigentlich Geschichten aus der VIP-Loge des Berliner Olympiastadions erzählt. Am Ende sagt Gysi: «Wenn es die bayerische Linke in den Landtag schafft, können wir die Welt verändern.»

Damit ist die Bedeutung dieser Landtagswahl durchaus akkurat vermessen, auch wenn die Linke am Ende auf die Gelegenheit zur Weltveränderung doch noch wird warten müssen. Seit 1957 regiert die CSU den Freistaat, immer im Besitz oder allerwenigstens in der Nähe der absoluten Mehrheit. Wenn die CSU-Bastion Bayern fällt – was bleibt dann noch von der alten Ordnung im deutschen Parteiensystem? Und wie sieht die neue aus – falls man von Ordnung überhaupt noch sprechen kann?

Ein alter Gigant hat den Sturz, der nun womöglich der CSU bevorsteht, schon hinter sich. Ismaning bei München, die SPD trifft sich in der Hainhalle. Die hiesige Landtagskandidatin hat eine Idee zur Rettung der Sozialdemokratie: drei Monate vor der Wahl keine Umfragen mehr zulassen. Sie höre das am Infostand immer wieder: Die SPD sei inzwischen doch so schwach, dass die Stimme verschwendet wäre. Deshalb wählten die Leute die Grünen, die neue zweite Kraft im Land. Der prominente Parteifreund, den die SPD an diesem Abend in Ismaning empfängt, bemüht sich behutsam um Widerspruch. Nicht die Umfragen seien schuld. «Der Trend zu den Grünen ist seit einiger Zeit da. Für gut situierte Leute drücken sie ein Lebensgefühl aus, und wir nicht.» Das Problem der SPD sei, dass sie nicht mehr als Schutzmacht der – jawohl – «kleinen Leute» wahrgenommen werde.

Die Genossen applaudieren ausdauernd, sie bejubeln eine «scharfsinnige, leidenschaftliche Analyse». Die Kandidatin sagt: «Du hast mein rotes Herz gewärmt.» Martin Schulz nickt zufrieden. Analyse, das ist das, was dem noch ziemlich jungen Elder Statesman Schulz so bleibt. Seine Niederlage bei der Bundestagswahl 2017 und der Streit um den Eintritt in die große Koalition hängen wie Spinnweben in der Hainhalle, gleich neben der Agenda 2010. Die SPD ist eine stolze Partei, aber mit sich im Reinen ist sie nicht.

Natascha Kohnen, die respektable SPD-Spitzenkandidatin, will der Flüchtlingspolitik kein zu großes Gewicht geben: «Lassen Sie uns mal über die Dinge sprechen, die wirklich jeden im Alltag beschäftigen.» Wohnen ist ihr Thema. Aber wenn man sich im Bierzelt nach einer Kohnen-Rede mit Genossen von der Basis unterhält, sagen die: «Mir reicht die Rente eh schon nicht. Und jetzt kommen noch die ganzen Ausländer dazu.» Viele SPD-Funktionäre wollen bei der Einwanderung die besseren Grünen sein, viele SPD-Wähler teilen diese Ambition nicht.

Münchner Hauptbahnhof, kurz vor Mitternacht, der S-Bahn-Steig ist in kollektive Herbstdepression getaucht. Es ist kalt, keiner redet. Gespensterstunde. Und dann redet doch einer, er singt beinahe in sein Handy, unverschämt gut gelaunt, so, als wäre der Tag gerade erst angebrochen. Der junge Mann federt den Bahnsteig entlang, Frisur und Sakko sitzen. Wenn man Martin Hagen so zuschaut, dem verdächtig Lindner-haften Spitzenkandidaten der Bayern-FDP, muss man zugeben, dass der Wahlslogan der Freien Demokraten authentisch ist: «Frisches Bayern». Ein paar Tage später, in Krailling im

FDP-affinen Landkreis Starnberg, merkt man jedoch, dass auch in der FDP die Vergangenheit nicht vergangen ist.

Vor der Brauereigaststätte ist am Sonntagvormittag das knallgelbe «Faktomobil» vorgefahren. Der FDP-Kandidat Helmut Markwort, 81, verteilt Kugelschreiber und Haarbürsten, die FDP-Insidern zufolge «der Renner bei Damen» sein sollen. Eine kontroverse Rolle in der Markwort-Kampagne spiele dagegen Emil, der Mischlingshund von Markworts Lebensgefährtin Patricia Riekel. Emils Fortschritte in der Hundeschule seien nicht so groß wie vom Kandidaten gewünscht, schon mehrmals habe Emil potenzielle FDP-Wähler, die sich dem Faktomobil näherten, angesprungen und einmal eine Nylonstrumpfhose ruiniert.

Beim politischen Frühschoppen in der Gaststätte schlägt sich Markwort gut. Sogar im Vergleich mit anderen Großjournalisten besitzt er ein robustes Sendungsbewusstsein, das ihm den Wechsel in die Politik erleichtert. Er feile schon an seiner ersten Rede als Alterspräsident des Landtags, sagt Markwort, eine Mühe, die sich andere angesichts von Listenplatz 16 eher nicht machen würden. Er wird am Ende Recht behalten mit seinem Optimismus, er wird in den Landtag einziehen; seiner Rede wird man das viele Feilen eher nicht anmerken. Fragen aus dem Publikum. Eine Dame mittleren Alters stellt sich als Parteimitglied vor, sie sei bitter enttäuscht: Sie habe Christian Lindner bei der Bundestagswahl nicht gewählt, damit er dann Jamaika platzen lasse. Markwort sagt, das höre er ständig. Man hätte in den Sondierungen «eine rote Linie ziehen müssen, damit die Leute das verstehen». Auch das bleibt hängen, auf dieser kleinen Tour durch Bayern im Wahlkampf: Berlin ist immer und überall nah.

Na gut, einmal, da ist Berlin weit weg. Der Münchner Marienplatz ist groß, aber auch nicht riesengroß, jedenfalls nicht groß genug, als dass es ein gutes Zeichen wäre, dass man die Abschlusskundgebung der Freien Wähler erst suchen muss. Dennoch ist es nicht unwahrscheinlich, dass der Mann, der jetzt die Bühne (die ehrlicherweise ein Autoanhänger ist) entert, demnächst morgens im niederbayerischen Rahstorf von einer Ministerlimousine abgeholt wird. «Wir sind nicht links, wir sind nicht rechts», sagt Hubert Aiwanger. Die Freien Wähler seien die Vertreter des «gesunden Menschenverstands». Raumfahrtprogramm *Bavaria One*, bayerische Kavallerie?

«Das brauchen wir nicht», sagt Aiwanger, in Statur und Sprache ein Vorzeigebayer, der am Marienplatz von asiatischen Touristen ganz selbstverständlich als Teil des Folkloreprogramms fotografiert wird. Die Freien Wähler sind Fleisch vom Fleische der CSU, konservative Besserwisser, weshalb sie Söder tendenziell nerven. Doch wenn es am Sonntag doch für eine Zweier-Koalition mit ihnen reichen sollte, wären sie durch die weltanschauliche Nähe wohl der stressfreieste Partner für die CSU. Und damit zu den Grünen.

Gegen Ende des Oktoberfests haben die Grünen geneigte Fans auf die Oide Wiesn geladen, wo zu echter Volksmusik vegane Käsespätzle gereicht werden. Die Grünen haben in diesem Wahlkampf das Momentum. Momentum ist, wenn Journalisten die grüne Spitzenkandidatin Katharina Schulze arg selbstgewiss und ein bisschen anstrengend finden, aber dann doch schreiben, sie sei das supersympathische Gesicht der neuen Volkspartei. Die Grünen sind in einer komfortablen Lage, weil sie sich im Gegensatz zu CSU – und, in Bayern eher theoretisch, SPD – nicht die Finger schmutzig machen müssen beim Versuch, AfD-Wähler ins demokratische Spektrum zurückzuholen. Holen müssen sie eigentlich überhaupt niemanden. Die Leute kommen ja fast von selbst.

Wenn man Ludwig Hartmann, Schulzes supersympathischen Co-Spitzenkandidaten, am Biertisch mit den Leuten reden hört, ist schnell klar, was die Grünen gerade von der CSU unterscheidet: Lockerheit, Optimismus, Lebensnähe. Die Bayern hätten dieses «Anpacker-Gen», sagt Hartmann, und die CSU habe verlernt, es anzusprechen. Hartmann hat einen Tisch erwischt, an dem man zunächst von den Grünen bezahlte Kleindarsteller vermutet. Josef Angermeier ist in Aresing in der CSU, aber diesmal, sagt er, wähle er die Grünen. Glyphosat, Diesel, ihm fallen viele Gründe ein. Für die CSU haben sich die Tore der Hölle geöffnet: Alles kommt auf den Tisch, was sie je verbrochen hat. «Das G 8 war auch Murks», sagt Angermeier. Und die Flüchtlinge? «Wenn einer arbeiten will, lass ich ihn arbeiten.» Hartmann kommt aus dem Nicken nicht mehr heraus. Es klingt allerdings auch nicht so, als hätte die CSU ihr Mitglied Angermeier auf ewig verloren. Über Gendersternchen redet Hartmann mit ihm lieber nicht. Angermeier sagt: «Diesmal bin ich Protestwähler.»

Die beiden Herren, die sich da angesprochen fühlen dürfen, treffen eines Wahlkampfabends im Theater Ingolstadt aufeinander. Markus Söder und Horst Seehofer haben ihre Rivalität nie ganz offen ausgetragen, deshalb vergiftet sie nun wie programmiert den Wahlkampf. Für einige Minuten ziehen sie sich zu zweit in eine Garderobe zurück, sieben Sicherheitsleute stehen davor, man fragt sich, ob sie drinnen nicht dringender gebraucht würden.

Söders Glück im Unglück dieses Wahlkampfes ist, dass die CSU die Schuld an ihrer Misere eher dem Alten anlastet als dem Jungen. Das ändert nichts daran, dass sie beide das gleiche Problem haben. Ihre Reden in Ingolstadt haben nichts Anstößiges, Internet-Empörte würden sich ungläubig die Ohren reiben. «Enthemmte Bierzeltreden», wie sie Seehofer von wütenden Kulturschaffenden vorgeworfen wurden, hat er nie gehalten. Wenn in diesem Wahlkampf Maß und Mitte verloren gingen, dann nicht immer nur bei der CSU. Und trotzdem waren es natürlich Seehofer und Söder selbst, die, jeder für sich, mit dem Kopf voraus in den Sumpf der Missverständlichkeit gesprungen sind. Sie müssen jetzt gar nichts mehr falsch machen. Es reicht, dass die Leute es ihnen zutrauen.

Die Vorfreude der Landtagsopposition auf das Stolpern des Riesen CSU wird getrübt von der verlässlichen Aussicht, sich das Maximilianeum bald mit Abgeordneten der AfD teilen zu müssen. Wenn man einen Preis zu vergeben hätte für die wirkungsvollsten Plakate des Wahlkampfs, man müsste ihn unter Schmerzen der AfD zusprechen. Was waren das noch für selige Zeiten, als die Damen und Herren von der CSU als schlimme Vereinfacher galten! Heute wirbt die AfD mit dem Slogan «Islamfreie Schulen» und mit Bildern von finsteren Gestalten, vor denen sich «unsere Frauen und Töchter» fürchten sollen. Einen Wettlauf um Wähler, die sich von so etwas beeindrucken lassen, konnte die CSU nicht gewinnen. Sie hätte ihn, das immerhin hat Söder auf der Höhe des Asylstreits erkannt, nie beginnen dürfen.

Bei der AfD fiebern sie dem Heraufdämmern einer neuen Zeit regelrecht entgegen. Wer in diesem Wahlkampf mit ihren Sympathisanten spricht, sieht sich erschreckend oft mit dem Hinweis konfrontiert, man werde, wenn es ans «Ausmisten» gehe, als Merkel-treuer Systemschreiberling natürlich Berücksichtigung finden. Oft trifft man dann auf der gleichen Veranstaltung zwei Minuten später einen extrem zugewandten AfD-Vertreter, der sich für die Entgleisungen

Einzelner entschuldigt und versichert, dass die AfD eine bürgerliche Kraft sei.

Eines Abends, in Rohrdorf bei Rosenheim, gehört das freundliche Gesicht der AfD dem jungen Landtagskandidaten Andreas Winhart. In der Woche vor der Wahl wird man ihm wieder begegnen, in einem Social-Media-Video, in dem Winhart sich sorgt, von Flüchtlingen mit Tuberkulose oder Krätze angesteckt zu werden: «Ich möchte wissen, wenn mich in der Nachbarschaft ein Neger anküsst oder anhustet, dann muss ich wissen, ist er krank oder ist er nicht krank.» Vielleicht darf man sogar froh sein, dass es solche Ausfälle bei der AfD immer wieder gibt – weil sie echt bürgerliche Wähler abschrecken.

Am 1. September, einem Samstag, ruft die AfD in Chemnitz zu einer Großveranstaltung auf, gemeinsam mit der fremdenfeindlichen Pegida-Bewegung. 8000 Menschen treffen sich zu einem sogenannten Trauermarsch für Daniel H., der kurz vorher mutmaßlich von einem Asylbewerber erstochen wurde. Führende AfD-Politiker zeigen sich bei der Demonstration ungeniert mit dem vorbestraften Pegida-Gründer Lutz Bachmann. Es ist ein symbolischer Schulterschluss und eine gezielte Provokation. All das beobachtet auch Markus Söder. Und er beschließt, dass das der Zeitpunkt ist für die zweite große Wende in seiner Kampagne.

Am Montag nach der rechten Verbrüderung von Chemnitz spricht Söder auf dem Volksfest Gillamoos im niederbayerischen Abensberg. Bis dahin hat er es vermieden, die AfD bei Bierzeltreden überhaupt zu erwähnen. Jetzt, im langen Schatten von Chemnitz, kommt er daran nicht mehr vorbei. Söder attackiert die AfD namentlich und in ungekannter Direktheit. Was man in Chemnitz erlebe, sagt er, habe schon eine neue Qualität. Es gebe da eine versteckte Agenda, ruft Söder: «AfD, NPD, Hooligans: Seit' an Seit' sind sie marschiert.» Söder rückt die AfD in die Nähe des Nationalsozialismus, denn man darf davon ausgehen, dass er seine Worte bewusst wählt. «Der heimliche Führer der AfD ist Herr Höcke», sagt er. Nicht Frontmann. Nicht Anführer. Führer. Söder meint den Thüringer Fraktionschef Björn Höcke, den prominentesten Vertreter des rechtsnationalen Flügels der AfD.

Die CSU hat es bisher nicht mal im Ansatz geschafft, die AfD kleinzumachen. Sie hat sich bisher nicht mal auf eine Strategie gegen die AfD festgelegt. Im Bundestagswahlkampf 2017 hat sie es mit

Ignorieren versucht, dann mit gelegentlichen Scharmützeln. Auf dem Gillamoos gibt Söder seinen Wahlkämpfern das Signal zum Angriff. Es ist eine Entscheidung, die den Wahlkampf verändert. Die Werte der CSU in den Umfragen sinken zwar weiter. Aber auf einmal spüren die Christsozialen wieder Boden unter den Füßen.

Vier Wochen vor der Wahl beschwört die CSU bei einem Parteitag im schwülen Münchner Postpalast noch einmal alte Stärke. «Ich schwitze wie ein Tier», sagt Söder absolut faktentreu, als er von der Bühne steigt. Zusammenrücken, kämpfen: Etwas anderes bleibt der CSU auch nicht mehr, bei 35 Prozent in den Umfragen. Es regiert die Angst, aber es regt sich auch Hoffnung. Zuerst spürt man die Angst: In einem Gang hat sich ein Pulk um einen Landtagsabgeordneten gebildet. «Weißt du, wie's in meinem Wahlkreis zugeht?», sagt der Mann, es ist mehr ein Bellen. «Ich werde beschimpft von den Leuten.» Weswegen? «Ministerpräsident, Parteivorsitzender, GBW-Wohnungen.» Und jetzt? «Zehn Prozent Vorsprung Grüne. Ich bin weg.» Der Mann wird sich nicht täuschen.

Dann keimt die Hoffnung. Bloß ein paar Schritte vom Postpalast liegt der berühmte Circus Krone, und auch die CSU hat ein kleines Showprogramm zusammengestellt. Der Tag soll dem Spitzenkandidaten Söder gehören, nicht Horst Seehofer, dem Parteichef und – freundlich formuliert – glücklosen Bundesinnenminister. Söder first: Von dieser Choreografie musste die Parteitagsregie die knapp 1000 Delegierten nicht erst überzeugen. Die Kräfteverschiebung ist schon nach der Begrüßung durch Generalsekretär Markus Blume unzweideutig illustriert. Wie dünn der Applaus für Seehofer ist, merkt man so richtig erst Sekunden später bei dem Donner, den der Name Söder auslöst.

Die Vorstufe von Zuversicht war in der CSU stets die Geschlossenheit – Seehofer hat seine zentrale Botschaft schon nach drei Worten gesetzt: «Lieber Markus Söder!» Es folgen weitere Schmeicheleien («erstklassiger Ministerpräsident»), die ihm einst nicht mal unter Folter über die Lippen gegangen wären. Die CSU neigt bisweilen zu übertriebener Inszenierung, diesmal versucht sie es mit Realismus. «Horst und ich, wir haben unsere Geschichte», sagt Söder, «aber wir sind uns unserer Verantwortung für das Land bewusst.» Manche Delegierte fragen sich: Warum erst jetzt?

Söder, das merkt man im Postpalast, hat nach irrlichterndem

Suchen eine Balance in seinen Reden gefunden. Er appelliert an den Stolz der Basis: Es sei doch die CSU, die Bayern vom Agrar- zum Industrie- zum Hightechland gemacht habe. «Wir sind die letzte verbliebene Volkspartei.» Nur die CSU könne politische Stabilität garantieren. In Erinnerung an den Unionsstreit des Sommers mag man das für eine verwegene These halten – die Delegierten aber sind dankbar, sich als Teil einer echten Staatspartei fühlen zu dürfen. Der emotionalste Moment des Tages kommt, als Söder sich die «Strauß würde AfD wählen»-Plakate vornimmt. Er gerät nun fast ins Schreien: «Franz Josef Strauß würde diese AfD bekämpfen, und wir sollten es auch tun.»

Am Ende des Parteitags sagt ein Delegierter, vielleicht sei ja doch ein Ergebnis über 40 Prozent möglich. Von anderen hört man, es gebe keinerlei Anlass zur Zuversicht: Das, was Söder da mache, sei gut, aber es komme zu spät. So ein Negativ-Momentum sei kaum aufzuhalten. Sie fürchten eher, dass die CSU die Dreißiger-Zone am falschen Ende verlässt. Kurz vor der Wahl notiert dann der Bayerntrend von Infratest dimap die CSU bei 33 Prozent. Es ist ein historischer Tiefpunkt, und für die CSU das Ende aller Gewissheiten.

3. Überleben: Ein historisches Debakel und Söders zweite Chance

Sie haben sich lange vorbereitet auf diesen Moment. Als um kurz nach 18 Uhr bei der ersten Prognose der Balken der CSU bei 35,5 Prozent stehen bleibt, ist das kein Schock für die CSU-Leute, die sich in ihrem Fraktionssaal im Landtag versammelt haben. Die absolute Mehrheit ist weg, so viel war klar. Abgeordnete und Minister bangen nun vor allem um ihre eigenen Karrieren, die an diesem 14. Oktober 2018 zu einem jähen Ende kommen könnten.

Die Latte, die dem Spitzenkandidaten Markus Söder in der CSU aufgelegt wurde, war zuletzt tiefer und tiefer gerutscht. Am Morgen der Wahl, heißt es später aus Söders Umfeld, habe der Kandidat selbst das Allerschlimmste für möglich halten: den Sturz unter die dreißig Prozent. Am Ende werden es 37,2 Prozent sein. Damit dürfte Söder sich gerettet haben. Aber was ist mit Parteichef Horst Seehofer? Sein politischer Überlebenskampf hat um 18 Uhr begonnen, und seine Chancen stehen nicht gut.

Es ist ein großes politisches Drama, das da am 14. Oktober 2018 geboten wird – in die Stille der Christsozialen hinein dringen von fern die Jubelschreie der Grünen. Bei 17,6 Prozent liegen sie. Man könnte sich keine imposantere Bühne für dieses Schauspiel vorstellen als das Maximilianeum mit seiner Renaissance-Fassade, die sich am Hochufer der Isar über die Stadt erhebt. Vom Landtagssitz blickt man über Münchens Dächer und Türme, und natürlich auch in den vorbildlich weiß-blauen Himmel, den die untergehende Sonne mit perfektem Timing dramatisch rötet. Als Söder hier im Landtag am 16. März zum Ministerpräsidenten gewählt wurde, hatte er die Fotografen auf die prächtige Terrasse geführt und staatsmännisch in das Land geschaut, das nun irgendwie seines war. Es war ein Bild des Anfangs. Und jetzt, sieben Monate später, kann er froh sein, dass er das Ende wohl gerade noch abwenden kann.

Es gibt ein Wort, das man in Gesprächen mit CSU-Leuten am Wahlabend oft hört: «Regierungsauftrag». Es ist ein Wort, das im Sprachschatz der CSU bislang keinen Platz hatte. Regierungsauftrag heißt übersetzt: mit Hängen und Würgen stärkste Kraft werden. 37,2 Prozent: Sicher ist, dass die christsoziale Herrlichkeit, ihr Nimbus der Unverwundbarkeit, der 2008 schon Risse bekommen hatte, an diesem Sonntag in sich zusammenfällt. Es gibt jetzt das, was es nach dem Diktum des CSU-Übervaters Franz Josef Strauß nie geben durfte: eine demokratisch legitimierte Partei rechts von der CSU. Die AfD zieht mit 10,2 Prozent in den Landtag ein.

Im Maximilianeum spiegelt sich am Wahlabend in den Größen der Parteiräume vielleicht ein letztes Mal die alte Ordnung. Die CSU trifft sich im großen Saal. Der zweitgrößte Raum ist der SPD vorbehalten, die am Ende nur noch fünftstärkste Kraft sein wird. 9,7 Prozent – hinter AfD, Freien Wählern (11,6) und Grünen. Trotz des politischen Bebens folgt das Geschehen einem strengen Protokoll. Das sieht vor, dass nach der für sie günstigen 18-Uhr-Prognose auch Vertreter der AfD noch am Abend in den Landtag dürfen. Genau zehn Personen, keiner mehr. Es ist so etwas wie die Vorhut.

Seit 1957 regiert die CSU den Freistaat, ein lange Zeit durch und durch schwarzes Land, in dem Vertreter der Dominanzpartei schon mal monarchische Gefühle entwickelten. Nun kehrt deutsche Normalität ein auch in Bayern. «Koalition», auch das ist ein Begriff, den Christsoziale bislang vor allem zur Beschreibung schrecklicher Verhältnisse in Berlin verwandten. Die bayerische Landtagswahl 2018 könnte erinnert werden als Wegmarke der Erosion der Volksparteien. In diesem Fall ist es europäische Normalität, die in Deutschland einkehrt – inklusive etablierter Rechtspopulisten. Es ist etwas ins Rutschen geraten, dieses Signal strahlt aus München in die Weite der Republik. Das Signal ist ein Alarm.

Mehr als 1000 Journalisten sind akkreditiert im Landtag, auch viele aus dem Ausland, was parteiübergreifend als weiterer Beleg für die Weltgeltung des Freistaats gewertet wird. Auf Schuldzuweisungen an Merkel aus der CSU muss man am Wahlabend nicht lange warten. Söder sagt, dass es nicht leicht sei, sich vom Bundestrend abzukoppeln. Ob sich diese Klage auch an seinen Parteichef Seehofer mit Arbeitsplatz Berlin richtet?

Unter Söder und Seehofer ist das große gesellschaftliche Zelt, das die CSU mal war, zusammengeklappt. Seehofers kauzige Außendarstellung hat sich als ungeeignet für das Amt des Innenministers erwiesen. Söder haftet das Polarisierer-Etikett an, auch wenn er seit Sommer den freundlichen Landesvater gibt. Die CSU hat sich verheddert in der Flüchtlingspolitik, in einer strategischen Falle, die sie sich – mit gütiger Beihilfe der Bundeskanzlerin – selbst gestellt hat. Sie verliert Wähler der Mitte, die sich von ihrer zeitweise überscharfen Flüchtlingsrhetorik abgestoßen fühlen. Sie gehen zu den Grünen. Sie verliert Wähler rechts der Mitte, die ihr vorwerfen, dass sie den scharfen Worten keine Taten hat folgen lassen. Sie gehen zur AfD. Ein Dilemma, das die CSU nicht auflösen konnte.

«Die Konzeption der letzten zwei Jahre ist total gescheitert», sagt ein CSU-Vorständler. Alle seien da in der Verantwortung: Seehofer und Söder, aber auch Alexander Dobrindt, der Landesgruppenchef im Bundestag, und Thomas Kreuzer, der Landtagsfraktionschef. Trotzdem ist das Mantra am Wahlabend: Es werde jetzt keine Rücktritte geben. Aber was ist mit später? Söder und Seehofer treten am Abend getrennt auf, Seehofer nach Söder. Sie hatten sich eigentlich nicht begegnen wollen. Das passiert dann zufällig, im Getümmel des Steinernen Saals. Die alten Rivalen geben sich unter Blitzlichtgewitter die Hand. Die Partei, das zeichnet sich klar ab, weist die Schuld für die Misere Seehofer zu. Aber Söders Leute sorgt, dass ein stürzender Seehofer ihn mitreißen könnte.

Söder hat für sich noch einige Sicherheitsseile angelegt. Am Abend geht er zuerst zur eigenen Fraktion. Sie ist das Fundament seiner Macht, sie wählt den Ministerpräsidenten. Schon für den nächsten Tag hat sich der Fraktionsvorstand verabredet, schon am Dienstag soll die erste Sitzung der ganzen Fraktion stattfinden. Die Strippenzieher haben es eilig, wichtige Verabredungen in die Tat umzusetzen: Thomas Kreuzer, intern nicht unumstritten, soll Fraktionschef bleiben. Im Gegenzug soll er Söder wieder als Ministerpräsident vorschlagen. Ilse Aigner soll Landtagspräsidentin werden. Damit ist auch dem berüchtigten Regionalproporz der CSU Genüge getan: Es werden die Bezirksverbände Franken (Söder), Oberbayern (Aigner) und Schwaben (Kreuzer) bedient. Bis all das in trockenen Tüchern ist, kümmert sich niemand um Seehofer. «Wir haben wieder eine Chance», sagt einer seiner letzten Vertrauten.

Wenn Seehofer fällt: Wer könnte ihm als Parteichef folgen? Drei Kandidaten kommen in Frage: Söder, Dobrindt und der Europapolitiker Manfred Weber. Der erste Name, der gleich nach der ersten Prognose aussortiert wird, ist der Söders. Er werde nicht stark genug sein, die ganze Macht in der CSU an sich zu reißen, das ist die Mehrheitsmeinung. Ein Verbleib Seehofers käme Söder nun sogar gelegen: Das würde wenigstens seine Kontrahenten Weber und Dobrindt fernhalten vom Chefsessel. Weber gegen Dobrindt, das könnte ein neues Duell werden in der CSU, auf Jahre hinaus.

Die beiden sind sich in herzlicher Abneigung verbunden, und auch politisch sind sie sich eher fremd: Hier der liberale Diplomat Weber, der EU-Kommissionspräsident werden will, dort der konservative Hardliner Dobrindt, der sich in Berlin bei Feind und manchmal auch Freund unbeliebt macht. Weber ist in der CSU populärer als Dobrindt, und auch Söder, hört man, würde ihn eher als Parteichef akzeptieren als den kühlen Machtmenschen Dobrindt.

Weber hat einflussreiche Unterstützer in der CSU: Glück, Huber, Waigel. Für sie würde ein Parteichef Weber die CSU im Duo mit Söder wieder breiter machen, den liberalen Flügel stärken. Das große

Zelt, es könnte wieder stehen. Die Skeptiker sehen Webers Dienstort Brüssel als Handicap: Wie wolle er in Berlin wirklichen Einfluss auf die große Koalition entwickeln? Weber hält sich zurück am Wahlabend. Will er gerufen werden? Oder hat er Bedenken?

Klar ist: Die CSU wird die Macht in Bayern teilen müssen, diese Schmach hat sie in sechs Jahrzehnten bislang nur einmal erdulden müssen: zwischen 2008 und 2013 mit der FDP. Applaus gibt es im CSU-Fraktionssaal, als die erste Prognose die Perspektive eröffnet, dass es für eine Koalition mit den Freien Wählern reichen könnte. Das wäre Söder am liebsten. Er ist zwar genervt von Freien-Chef Aiwanger, aber man hat einen ähnlichen Blick auf die Welt. Im Land wird viel über Schwarz-Grün geredet – für die Basis beider Parteien wäre das ein weiter Weg. Wie weit für die CSU, war noch einmal bei der Abschlusskundgebung im Münchner Löwenbräukeller zu beobachten. Den größten Beifall des Abends erhielt Söder, als er das Programm der Grünen für «nicht koalitionsfähig» erklärte.

Der Morgen nach der Wahl in der CSU-Zentrale. Vorstandssitzungen sind eigentlich kein Ort für große Gefühle, aber diesmal lassen sie sich nicht verbergen. Abends zuvor ist das Ergebnis der Landtagswahl wie ein mittelgroßer Asteroid eingeschlagen. Nun sieht man im Sitzungssaal, wie sich Alexander Dobrindt und Ilse Aigner mit etwas begrüßen, das man als zärtlichen Kuss beschreiben muss. Die Staatsministerinnen Melanie Huml und Kerstin Schreyer umarmen sich auffällig innig. Sie alle haben überlebt. Das kann nicht jeder von sich behaupten. Ludwig Spaenle, der frühere Bildungsminister, versinkt betrübt in sein Handy. Mit 13 Prozent Rückstand hat er seinen Münchner Stimmkreis an einen Grünen verloren.

Auch Staatssekretär Hans Reichhart, Landeschef der Jungen Union und eines der wenigen echten Talente in der Partei, muss sein Mandat abgeben. Sein Abschiedsgruß auf Facebook, frei von Jammerei, hat an diesem Morgen die Parteiseele berührt. Jetzt klopfen ihm alle auf die Schultern. Landtagsfraktionschef Thomas Kreuzer humpelt auf Krücken als Letzter in den Raum. Angeschlagen, aber immer noch im Vorwärtsgang – das ist die CSU am Morgen danach.

Nun hat die CSU am Sonntag für jeden nachlesbar ihre Ausnahmestellung in Bayern verloren. Und das mit einem Ergebnis, das nur höchst beispielsweise unter dem liegt, das Annegret Kramp-Karrenbauer und die CDU 2017 im Saarland holten. Die CDU! Im Saarland! Und was macht die CSU jetzt mit ihren Anführern? Mit Söder und Seehofer? Nichts. Im Handel würde man wohl von einer Produktenttäuschung sprechen. Nicht mal Generalsekretär Markus Blume wird am Montag in Frage gestellt, was dem netten Menschen Blume gegönnt sei, aber allen Automatismen der CSU widerspricht. Blume jedenfalls gibt bereits in aller Früh die Sprachregelung vor, die er mit Söder und Seehofer, diesem kuriosen Survival-Duo, verabredet hat: «Geschlossenheit und Stabilität». Damit da nicht doch noch was ins Schlittern gerät.

Denn irgendwo in den Weiten dieser anarchiebegabten Partei muss es doch ein Aufbegehren geben, eine klitzekleine Rücktrittsforderung nur? Und, ha, siehe da: Der CSU-Ortsverband im mittelfränkischen Neuendettelsau schreibt in einem offenen Brief, Seehofer müsse weg. Man weiß nun nicht, ob da etwas beginnt in Neuendettelsau, oder ob es damit schon wieder endet. Im Vorstand schlägt Seehofer persönlich Söder als Ministerpräsidenten-Kandidaten vor. Abstimmung per Handzeichen. Einstimmiges Ja. Die CSU-Spitze hat es eilig, ihre Macht zu sichern.

Was passiert da drinnen? Geht es Seehofer an den Kragen? Durch drei Glasscheiben sieht man, wie Söder mit Umweltminister Marcel Huber spricht. Über was? Wird Huber CSU-Chef? Söder gestikuliert wild mit den Armen. Schmeißt er Huber raus? Jedenfalls wird Huber später bei der Ämterverteilung leer ausgehen.

Stundenlang redet der CSU-Vorstand mit Beflissenheit und Ausdauer um den heißen Horst herum. Der lauscht der Debatte eher unbeeindruckt. Es gibt substanzielle Kritik, wie jene vom Facebook-Helden Reichhart, der fordert, diesmal dürfe nichts unter den Tisch gekehrt werden. Der Ehrenvorsitzende Theo Waigel stellt fest, dass es ein Fehler gewesen sei, die Asyldebatte zu beginnen. Ein «Vertrauens- und Glaubwürdigkeitsproblem» diagnostiziert der ehemalige Parteichef Erwin Huber, durchaus mit Verweis auf den Schauplatz Berlin. Doch es liegt keine Revolution in der Luft. Noch nicht. Der CSU-Vorstand einigt sich auf ein geordnetes Vorgehen, ein rührender Plan. Er sieht vor, dass zunächst die Koalitionsverhandlungen in Bayern abgeschlossen werden und Markus Söder als Ministerpräsident wiedergewählt wird. Das ist nun Seehofers Gnadenfrist.

Mitte November läuft die Frist ab. Der letzte Akt des Machtkampfes zwischen Söder und Seehofer ist kein echter Kampf mehr, zu sehr ist Seehofers Macht schon geschwunden. Was war das noch für ein Spektakel gewesen 2017, als Söder Seehofer aus dem Ministerpräsidentenamt vertrieb! Peter Gauweiler hatte Rilke zitiert, den «Herbsttag»: Herr, es ist Zeit, der Sommer war sehr groß. Das, fand Gauweiler damals, gelte nun auch für die CSU: «Horst, es ist Zeit.» 2018 wissen alle, dass es Zeit ist, wobei Seehofer es als Letzter erfährt. Als überhaupt gar kein Fluchtweg mehr offen ist, kündigt er seinen Rückzug vom Parteivorsitz für Januar 2019 an.

Wer folgt Seehofer nun nach? Die Gründe für Webers Zurückhaltung werden langsam klarer. Für ihn hat die Spitzenkandidatur bei der Europawahl Priorität, der Griff nach der EU-Kommissionspräsidentschaft. Er fürchtet, dass der Parteivorsitz ihn nicht beflügeln würde, sondern belasten. Weil auch Dobrindt nicht aufzeigt, geht dann doch alles ganz schnell. An einem Samstag im November teilt Weber auf Facebook mit, dass er sich nicht um den Parteivorsitz bewerben wird. Damit ist der Weg frei für Söder. Tags darauf kündigt er seine Kandidatur an. Die Größen der CSU hat er vorab informiert, die meisten telefonisch: Seehofer, die mächtigen Bezirkschefs, die Ehrenvorsitzenden. Und wer keinen Anruf bekam, erhielt am Sonntag eine SMS. Söder ist bekannt für seine Handy-Rundbriefe: «Wollte dich informieren. Nachdem Manfred gestern seinen Verzicht erklärt hat, werde ich mich um den Vorsitz bewerben. Schönen Sonntag noch. MS». Söder sei ein Taktiker, sagt einer aus der Partei, aber er habe schon auch einen gewissen Sinn für Etikette.

Andere Christsoziale nehmen erleichtert zur Kenntnis, dass Weber und Söder offenbar zu Absprachen fähig sind. Selbstverständlich ist das nicht: Seit der JU gelten die beiden als Rivalen. Aber sie sind professionell genug, um zu erkennen, was die Partei jetzt will: Ruhe und Klarheit. Und vielleicht imponiert es Söder ja sogar wirklich, wie eigenständig Weber in Brüssel Karriere macht. Für Weber hat sich die Chance auf den Parteivorsitz zur Unzeit aufgetan. Sein Interesse an dem Posten darf als verbürgt gelten; seine Ambition hatte er schon im Herbst 2017 in Seehofers engstem Führungszirkel angemeldet. Nach der Landtagswahl hielt er die Tür immerhin vier Wochen offen, bevor er sie zuschlug – vielleicht ja, um als hoch gehandelter Kandidat an Statur zuzulegen. Und auch in Webers Verzichtserklärung ist eine Stelle bemerkenswert: Er stehe «im Moment» nicht zur Verfügung.

Ein wenig paradox ist die Lage nun schon: Die CSU setzt ihre ganze Hoffnung auf Söder, einen Mann, der in der Partei schon immer umstritten war – und an dem auch weiterhin große Zweifel bestehen. Die Zukunft der Partei, sagt ein Söder-Skeptiker, hänge von dessen Bereitschaft ab, sich vom Einzelspieler «zum Teamplayer» zu wandeln. Die Zweifel erstrecken sich auch auf Söders Parkettfähigkeit in Berlin. Dort wird er bald mit den Spitzen von CDU und SPD viele Koalitionsfragen im kleinen Kreis klären müssen. Gewiss, sagen die Kritiker, Söder werde immer ein harter Vertreter bayerischer Interessen sein. Aber auch ein geschickter?

Söder hat sich in seiner Karriere konsequent als «Münchner» verstanden – und Seehofers Versuche, ihn als Minister ins Berliner Kabinett wegzuloben, stets ins Leere laufen lassen. Schon aus dem Jahr 2009 sind von ihm die Sätze überliefert: «Jeder muss wissen, wo er hingehört. Ich gehöre nach Bayern.» Dort, in der Landtagsfraktion, hat er seine Machtbasis aufgebaut. Es wäre Söder wohl sogar wirklich nicht unlieb gewesen, hätte er mit der Fokussierung aufs Land seinem Image etwas mehr Solidität verleihen können. Aber er weiß auch, dass es in der Politik Momente gibt, in denen man nicht Nein sagen kann.

Das verrückte Jahr 2018 geht für die CSU so richtig erst Mitte Januar 2019 zu Ende, beim Parteitag in München. Das politische Schicksal hat Markus Söder eine zweite Chance gewährt, so viel Glück hat selten einer in der Politik. Er löst Seehofer als Parteichef ab, es endet damit der wahrscheinlich längste, vielleicht erbittertste Machtkampf in der CSU-Geschichte. Söder trägt Seehofer in München den Ehrenvorsitz der Partei an, es ist wirklich eine große Ehre. Aber eine Ehre, die nur Gewesenen zuteilwird.

Zweites Kapitel

Die Geschichte der CSU

1. Der Staat macht Staat: Die Partei, die das schöne Bayern erfunden hat

Es ist anheimelnd eng vor der Bühne im Kaisersaal der Münchner Residenz, es drängeln sich die Minister und die Manager, die Trachtler und die Schornsteinfeger, die Bier- und nicht zuletzt die Honigkönigin. Und hat sich da nicht auch die Spargelkönigin gerade zwischen Gloria von Thurn und Taxis und dem Herrn Kardinal durchgedrückt? «Vor dem Gesetz sind alle gleich», sagt Horst Seehofer, sein graues Haar funkelt silbern im Schein der tief hängenden Kronleuchter, «und vor dem Ministerpräsidenten auch.» Seehofer blickt vom Pult aus zufrieden auf das Bayern, das sich da in Frack und Abendkleid geworfen und hier zu seinen Füßen versammelt hat.

Neujahrsempfänge sind immer ein Spiegel eines Landes, und Bayern zeigt sich in vollem Ornat und mit aufgepumpten Muskeln. Edle Teppiche am Boden, edle Teppiche an der Wand, an der Decke ein paar opulent gemalte Gedanken zur Tugend des Fürsten, dazu feinster Tafelspitz: Die Demokratie bedient sich zu Repräsentationszwecken des Prunks der Monarchie, die bayerische noch viel stärker als jene anderer Länder, wo in Glasfoyers Butterbrezen bereitliegen, solange der Vorrat reicht. Anderswo reden Ministerpräsidenten über Lehrerzahlen oder Straßensanierung – Seehofer redet über Trump, Putin und die Brexit-Briten. Seine Zuhörer machen nicht den Eindruck, als würden sie das seltsam finden.

Vielleicht ist Bayern ja ein Beispiel dafür, dass Größenwahn, wenn er nur lange genug durchgehalten wird, am Ende wirklich zu einer gewissen Größe führt. Die CSU wurde am 8. Januar 1946 gegründet, und seitdem arbeitet sie daran, den Bayern glauben zu machen, dass der weiß-blaue Himmel und alles darunter einer engen Zusammenarbeit des lieben Gottes mit der CSU zu verdanken ist. Die Alpen, händisch aufgefaltet von Alfons Goppel. Die Seen, mit klarstem Wasser befüllt von Franz Josef Strauß. Die Biergärten, mit Kastanienbäumen bepflanzt von Edmund Stoiber. Und die Schlösser, Stein für Stein gemörtelt von Horst Seehofer. Irgendwie hat es die CSU in den nun 75 Jahren ihres Bestehens geschafft, für viele Bayern eins zu werden mit dem Land.

Es ist gar nicht so leicht, sich überhaupt nicht blenden zu lassen von dem Schauspiel aus staatsbayerischem Glanz und Gloria, das nicht nur, aber besonders schön beim Neujahrsempfang des Ministerpräsidenten zu bewundern ist. Eine sinnbildliche Tradition dort, die Horst Seehofer hatte einschlafen lassen, hat sein Nachfolger Markus Söder wieder zum Leben erweckt: das Defilee. «Haben Sie defiliert?», so lässt sich jeder Ratsch in der Residenz gut einleiten, egal ob mit dem Chef des Landesamts für Digitalisierung oder mit der Spargelkönigin. Die meisten Gäste defilieren – obwohl das bedeutet, dass man eineinhalb oder auch mal zwei Stunden und auf jeden Fall bis zur Auslaugung anstehen muss, um Markus Söder die Hand zu schütteln. Beim Anstehen bewegt man sich fast unmerklich durch die Residenz, von einem feudalen Zimmer ins andere, und immer wenn man glaubt, im nächsten warte endlich Söder, wartet doch nur ein livrierter Diener mit kalten Getränken.

In Söders Fall mögen es manche noch schaffen, den Mann vom hochwürdigen Amte zu trennen. Die Partei zu trennen vom vornehmen Spektakel, das mag schon des Gewöhnungseffekts wegen schwerer fallen. Die Dreistigkeit, mit der die CSU ihre Gleichsetzung mit Bayern herbeiführte, erkennt man allein daran, wie sie staatliche Symbolik erst gekapert und dann praktisch monopolisiert hat. Den Löwen und die Raute, die das offizielle Logo der CSU zieren, hat sie irgendwann mal dem bayerischen Staatswappen entliehen und offenbar vergessen zurückzugeben. «Wer heute an Bayern denkt, die Farbe Weiß-Blau vor Augen hat, der denkt doch nicht an die SPD, das erscheint ja fast widernatürlich», hat Strauß mal gesagt. «Der denkt

«Haben Sie defiliert?»: Beim Neujahrsempfang in der Münchner Residenz stehen die Besucher am 9. Januar 2015 Schlange für einen Handschlag mit Horst Seehofer. Die Ministerpräsidenten von der CSU sonnen sich gern im Glanz der bayerischen Monarchie.

automatisch, sozusagen als Impulsivreaktion, an die Christlich-Soziale Union.»

Auf dem Weg dorthin kam der CSU entgegen, dass es, obwohl sich Altbayern und Franken gern aneinander reiben (die Franken etwas mehr an den Altbayern als anders herum), eine gesamtbayerische Identität gibt, die in anderen Bundesländern so nicht existiert. Schon gar nicht in Bindestrich-Kreationen wie Nordrhein-Westfalen oder Baden-Württemberg, die erst nach dem Krieg am Kartentisch der Besatzungsmächte entstanden. Bayerns Territorium ist dagegen im Wesentlichen seit mehr als zweihundert Jahren beständig. Und staatlich immer herausragend organisiert auf dem Verwaltungsfundament, das Graf Maximilian Montgelas, der «Schöpfer des modernen Bayern» (so sein Biograf Eberhard Weis), Anfang des 19. Jahrhunderts gelegt hatte. Das deutsche Beamtenrecht etwa fußt bis heute auf Montgelas' Entwürfen. Auch seine erste Verfassung hatte Bayern schon 1808, vierzig Jahre vor Preußen.

Selbstbewusstsein und Stolz der Bayern wurden über zwei Jahrhunderte hinweg – das Dritte Reich ausgenommen – von den jeweiligen Herrschern gut genährt, angefangen bei den Kurfürsten über die Könige bis zu den Ministerpräsidenten der CSU. Historiker führen als Beleg für ein besonderes bayerisches Identitätsempfinden an, dass sich die Bayern nach Kriegsende 1945 trotz materieller Not sofort anschickten, ihre Denkmäler und historischen Gebäudeensembles zu restaurieren. Auch der Begriff «Freistaat» verstärkt das Gefühl bayerischer Unabhängigkeit, obwohl er von Kurt Eisner 1918 wohl eher zufällig und nur als deutsche Übersetzung des Wortes «Republik» gewählt wurde.

Der Historiker Walter Demel hat den Gedanken, dass am bayerischen Wesen Deutschland genesen solle, in den unterschiedlichsten politischen Kontexten festgestellt, links wie rechts. Der sozialistische Revolutionsführer Eisner genau wie die reaktionären Nationalkonservativen in der Weimarer Republik mit ihrer Idee von der «Ordnungszelle Bayern»: Alle hofften darauf, dass ihr bayerisches Modell ins ganze Reich abstrahlen würde. Von 1946 an definierte die CSU den Freistaat als «christliches Bollwerk» gegen den Kommunismus, als «Festung Bayern».

Hans Ehard, Ministerpräsident von 1946 bis 1954, erklärte: «Auf bayerischem Boden kann sich sehr wohl entscheiden, unter welcher Flagge das neue Deutschland starten wird, ob unter dem immer noch roten sozialistischen Banner oder im Zeichen einer christlichen und sozialen Gesellschafts- und Kulturidee.» Nur der Erfolg der CSU in Bayern könne «unser Volk und die anderen Völker gegen die Gefahr des seelenmordenden östlichen Kollektivismus sichern». Das Motiv zieht sich bis in die Gegenwart, mit etwas weniger Pathos. Das Motto des CSU-Parteitags 1970 lautete «Deutschland braucht Bayern». Heute sagt Söder in vielen seiner Reden: «Deutschland geht es gut, weil es Bayern gut geht.»

Das bayerische Sendungsbewusstsein korrespondierte schon immer mit einem «anti-preußischen Affekt», das hat Alf Mintzel, der Nestor der CSU-Forschung, sehr schön belegt. Alois Hundhammer, der Anführer des katholisch-bäuerlichen CSU-Flügels, war in den Nachkriegsjahren massiv besorgt ob der «Infiltration von gewissen Menschen» aus dem Norden, die sich Arbeitsstellen in Bayern erschleichen würden. Dass die Einheimischen die Zuzügler auch mal etwas gröber anfassten, konnte Hundhammer verstehen. Es handele sich da um eine «Frage der bayerischen Selbstbehauptung», sagte er. «Der sogenannte Preußenhass ist entstanden, weil die Norddeutschen die maßgebenden Stellen besetzt haben. Die Reaktion des bayerischen Volkes ist berechtigt, ja eine Pflicht.»

Auch diese Ressentiments halten sich in spielerischer Form bis heute, vielleicht, weil es weiterhin zum bayerischen Eigensinn gehört, sich von draußen oder gar aus Berlin nicht dreinreden zu lassen. Wenn der «Bayernkurier» in den Siebzigerjahren die DDR besonders übel brandmarken wollte, nannte er sie «Rotpreußen». Von Söder hört man heute ständig, dass «bayerisches Geld besser in Bayern aufgehoben ist als in Berlin». Im Speziellen hat die politische Mobilisierung gegen Fremdbestimmung aller Art in Bayern eine lange Tradition. Früher fürchtete man sich vor Frankreich (schlimm), Österreich (schlimmer) und Preußen (am schlimmsten), in unserer Zeit fürchtet man sich eben vor der Bundesregierung oder der Europäischen Kommission.

Nach dem Krieg ist Bayern nur haarscharf daran vorbeigeschrammt, sich als Symbol bayerischer Eigenständigkeit einen Staatspräsidenten anzuschaffen. Auf die Einrichtung dieses Amtes drängte der konservative CSU-Flügel um Alois Hundhammer, vor allem als Signal nach außen. «Dass wir etwas brauchen, um die Staatspersönlichkeit Bayerns ganz stark herauszustellen, ist sonnenklar», sagt der CSU-Mann Hans von Lex 1946. Der liberale CSU-Flügel fürchtete eher einen Ersatz-König und lehnte den Vorschlag ab, genau wie die SPD. Bei der Abstimmung in der Verfassunggebenden Landesversammlung setzten sich die Gegner durch – mit 85 zu 84 Stimmen. Für Hundhammer war das Ergebnis «finis Bavariae», das Ende des unabhängigen Bayern.

Über die Idee eines Staatspräsidenten kann man heute schmunzeln angesichts all des Geweses, das ja schon um das Amt des Ministerpräsidenten gemacht wird. Es wäre aber falsch, nur Chauvinismus im Bayern-Überschwang der frühen CSU zu sehen. Dieser erwuchs schon auch aus der Überzeugung, dass Bayern im Nachkriegsdeutschland der Hüter des Föderalismus sein müsse. Ministerpräsident Hans Ehard erkannte darin eine besondere «bayerische Aufgabe», die durchaus konstruktiver Natur war. «Selbst wenn es in Bayern da und dort einen verträumten Separatisten geben sollte», stellte Ehard klar, dürfe kein Zweifel bestehen, dass Bayern «schicksalsmäßig mit Gesamtdeutschland verbunden und verwoben» sei.

Im Juni 1947 lud Ehard die anderen deutschen Ministerpräsidenten zu einer Konferenz nach München ein, um für den föderalistischen Gedanken zu werben. Im Parlamentarischen Rat drängte die CSU dann darauf, den Finanzausgleich zwischen Bund und Ländern zugunsten der Länder zu regeln – am Ende wurde eine Teilung der Finanzhoheit vereinbart. Das zweite große Anliegen der CSU war, dass neben dem Bundestag noch eine Länderkammer geschaffen wird, der Bundesrat. Die SPD stellte sich allerdings quer, bis Ehard bei einem etwas mysteriösen Abendessen den SPD-Innenminister aus Nordrhein-Westfalen von seinem Plan überzeugte. Adenauer soll geschäumt haben: ihm wäre ein indirekt gewählter Senat lieber gewesen als eine lästige Ländervertretung. Auf jeden Fall wollte Adenauer aber vermeiden, dass die CSU das Grundgesetz ablehnt.

Obwohl ja niemand anderes als Bayern 1948 Gastgeber des Verfassungskonvents in Herrenchiemsee gewesen war, hatte Ehard für die bayerische Position die Formel «Nein zum Grundgesetz und ja zu Deutschland» gefunden. Die CSU fühlte sich in ihrer Skepsis bestärkt, als die Gleichberechtigung des Bundesrats mit dem Bundestag aus dem Entwurf getilgt wurde. Dennoch wollte Bayern das Grundgesetz nicht zu Fall bringen; sein Nein gründete auf der Rechnung, dass eine Zwei-Drittel-Mehrheit der Länder auch ohne Bayern erreicht werden würde. Der CSU-Mann Anton Pfeiffer erklärte die Sache so: «Das Nein gilt nicht dem zu schaffenden Staat. In dem Moment, wo demokratisch die Entscheidung gefallen ist, wollen wir die eifrigsten Mitarbeiter im Bunde sein.» Zweimal reiste Adenauer nach München, um für Zustimmung zu werben. Er möchte, sagte er, «an unsere Freunde aus Bayern noch ein ganz besonders warmes Wort und eine sehr dringende Bitte richten». Die Freunde aus Bayern erhörten ihn nicht.

Schon bei der Abstimmung im Parlamentarischen Rat lehnten sechs von acht CSU-Abgeordneten das Grundgesetz ab. Ein interessantes Detail ist, dass die zwei CSU-Abgeordneten, die Ja sagten, aus Franken kamen. «Der fränkische Volksstamm, der mit seinen ehemaligen freien Reichsstädten in seiner ganzen Geschichte treu zum Reich stand», erklärte der Abgeordnete Karl Sigmund Mayr, besitze «keinen Sinn für die überspitzte bayerische Eigenstaatlichkeit» und werde «sich in der Stunde der Not immer zu dem wiedererstehenden Deutschland bekennen». Es sollte noch einige Jahrzehnte dauern, bis der gesamtbayerische Patriotismus auch Franken in Wallung versetzte – dann aber richtig, wie ein Ministerpräsident aus Nürnberg beweist, der nicht Günther Beckstein heißt. Der Bayerische Landtag wies das Grundgesetz in den frühen Morgenstunden des 20. Mai 1949 mit 101 zu 63 Stimmen ab.

Der CSU hat dieses historische Nein zumindest nicht geschadet. Auch im Wandel Bayerns vom Agrar- zum Industrieland gelang es ihr, alle erfreulichen Themen für sich zu reklamieren – die Traditionen der alten bäuerlichen Welt genau wie die Segnungen des Fortschritts. Ein Plakat für die Landtagswahl 1970 zeigt ein entzückendes Kirchlein neben einer mächtigen Radarstation – die Frühfassung von Laptop und Lederhose. Dass zur bayerischen Eigenständigkeit endlich auch bayerischer Wohlstand trat, konnte die CSU als alleinige Regierungspartei gänzlich für sich vereinnahmen. Die weniger erfreulichen Aspekte blieben beim politischen Gegner hängen: «Wenn am Morgen die Sonne lacht, hat's die CSU gemacht. Gibt es aber Eis und Schnee, war's garantiert die SPD.»

Zu besonderer Blüte verhalf der Symbiose von Land und Partei der Ministerpräsident Alfons Goppel, der von 1962 bis 1978 regierte und den Typus des Landesvaters in der bayerischen Politik etablierte. Historiker attestieren Goppel, dass er durch den sehr bewussten und offensiven Einsatz bayerischer Staatsinsignien die Eigenständigkeit des Landes deutlich gemacht habe. In Bonn echauffierte man sich über diese bayerische Impertinenz, was sehr schön vom Hymnen-Streit des Jahres 1965 veranschaulicht wird. Da verlangte der Bundespräsident Heinrich Lübke (CDU), dass beim Besuch ausländischer Staatsgäste in München das Abspielen der Bayernhymne zu unterlassen sei – das Protokoll erlaube einzig das Lied der Deutschen. Goppel beantwortete den Brief zwei Wochen nach Erhalt auf eigene Art: Als er die britische Königin Elisabeth II. empfing, erklang die Bayernhymne.

Goppel unternahm ausgedehnte Reisen durch Bayern, die damals oft als «Staatsbesuche» beschrieben wurden. Sein Sinn für Repräsentation brachte Goppel den Ruf, er würde eine Art bayerischen Ersatz-König geben. Peter Jakob Kock und Manfred Treml schreiben von einem «geschichtspolitischen Programm» Goppels, das «parteipolitischen Nutzen» zeitigte.

Es ist auch kein Zufall, dass es Vertreter der CSU waren, die Dirndl und Trachtenanzug zur erst akzeptierten, dann fast geforderten Berufskleidung für bayerische Politiker erhoben. Wenn man sich alte Fotos anschaut, zum Beispiel vom Oktoberfest-Anstich in den Fünfzigerjahren, dann sieht man den hochgradig volkstümlichen SPD-Oberbürgermeister Thomas Wimmer, den «Wimmer Damerl», den Schlegel schwingen – in einem ganz normalen weißen Hemd mit Krawatte. Trachtenkundler glauben, dass es tatsächlich Franz Josef Strauß war, der die Tracht in der Nachkriegspolitik bierzelt- und salonfähig machte.

Als Meilenstein gilt ihnen das Jahr 1975, als Strauß in Mittenwald zum Ehrenleutnant der Gebirgsschützen ernannt wurde und fortan von seinem nun verbrieften Recht auf Nutzung der Schützenmontur weidlich Gebrauch machte. Max Streibl und Edmund Stoiber hielten das genauso, auch wenn böse Zungen behaupteten, Stoiber sehe mit Filzhut aus wie ein preußischer Tourist. Günther Beckstein hingegen verzichtete mit dem Argument auf die Schützenkluft, dass er kein Mensch sei, der in eine Uniform passe. Politisch vorangeworfen hat ihn das nicht; noch weniger hilfreich war, dass seine Gattin Marga Beckstein sich auf der Wiesn 2008 weigerte, ein Dirndl zu tragen. Die aufrechten Becksteins mal außen vor: Im Regelfall erkennt man bei Veranstaltungen in Bayern den örtlichen Landtagsabgeordneten der CSU immer am feschsten Janker.

Nun kann man den Trachten-Trick der CSU natürlich als billiges Manöver abtun. Historisch gesehen entbehrt es jedoch nicht einer Spur von Raffinesse, wie der Gebirgsschütze Strauß Signale des Verwurzelt- und Geborgenseins per Dresscode ans Bayernvolk sandte. Er schloss damit nahtlos an König Max II. an, der zur Mitte des 19. Jahrhunderts die Härten des industriellen Umbruchs mit der Schärfung des «bayerischen Nationalgefühls» abfedern wollte – unter anderem durch die Förderung identitätsstiftender Tracht.

Zu Strauß' Zeiten war es für die CSU jedenfalls noch einfacher,

Schütze Strauß: Seit 1975 durfte Franz Josef Strauß sich Ehrenleutnant der Gebirgsschützen nennen, hier tritt er in voller Montur in Rottach-Egern am Tegernsee an. Strauß gilt als der Mann, der die Tracht zu einer Art Uniform für CSU-Politiker machte.

sich als Wächterin bayerischer Eigenheiten Ruhm zu erwerben, auch Stoiber konnte sich noch im Schulterschluss mit dem Volk profilieren. Er demonstrierte Seit an Seit mit Zehntausenden für das Kruzifix im Klassenzimmer und für großzügige Biergartenöffnungszeiten. Als Markus Söder 2018 mit dem Kruzifix hantierte, musste er lernen, dass die Bayern in Identitätsfragen inzwischen sehr unterschiedlich denken. Allzu plumpe Anbiederung funktioniert nicht mehr. 1986 warb die CSU mit einem Plakat, auf dem «Sommer, Sonne, Bayern» stand, die Kampagne galt als sehr erfolgreich. 2008 holte die CSU den Slogan wieder aus dem Keller – und selbst viele eigene Leute fanden ihn peinlich. Die CSU und Bayern gleichzusetzen, das ist heute schon deshalb schwierig, weil es zumindest bei den Jüngeren gar kein einheitliches Bild von Bayern mehr gibt.

Was immer noch gut klappt: das Prinzip Neujahrsempfang. Wenn der Staat Staat macht und alle Gäste in Bayern-Herrlichkeit baden. Die zweite rituelle Gelegenheit dazu ist der Sommerempfang des Bayerischen Landtags. Das geht schon damit los, dass man das Schloss Schleißheim, seinen Hofgarten und seine Wasserspiele bei günstiger Sichtachse leicht für Versailles halten kann. Wobei sich geografische Fehlannahmen spätestens klären, wenn die Weißwurstkönigin auf der großen Freitreppe aufmarschiert. Ihre Hoheit trägt ein Zepter und das wiederum eine Weißwurst an seiner Spitze. Glückliches Bayern! Wem das nicht deutlich genug ist, der sei auf die Wäscheklammer verwiesen, die sich der ehemalige CSU-Chef Erwin Huber an diesem Julitag 2017 ans Revers geheftet hat. Darauf steht: «Bayern is a Weltmacht». Und genau das ist ja die Botschaft, die von diesem Tag und dieser Stunde ausgeht.

Wie beim Neujahrsempfang gilt auch hier: An ihren Festen sollt ihr sie erkennen. Zur Erklärung des bayerischen Sonderwegs Markus Söder, der Finanzminister, der bald Ministerpräsident sein wird: «Wir sind eben eine monarchische Demokratie.» Oder hat er «demokratische Monarchie» gesagt? Für heute ein Kini, das ist das Grundgefühl der 3000 Gäste, zumal der vielen Ehrenamtlichen, die als Dank für ihr Engagement eingeladen sind. Die Frage ist natürlich, ob der royale Aspekt ähnlich stark ausgeprägt wäre, wenn die Grünen oder die SPD regieren würden. Mit Sicherheit kann man nur sagen: Auch die Oppositionsvertreter haben in Schleißheim ihre Gaudi. Vielleicht ist auch das ein Geheimnis des CSU-Erfolgs: dass selbst in ihrem Schatten ein bisschen Bayernsonne übrig bleibt.

Das politische Bayern ist bei allem Größenwahn eine kleine Welt, und in Schleißheim kann man beobachten, wie sie funktioniert. In der entlegensten Ecke des Hofgartens tauschen sich die Staatskanzleichefin, der Präsident der Technischen Universität und der BR-Intendant aus, vermutlich eher nicht privat. Ein paar Schritte weiter dankt eine bayerische Verlegerpersönlichkeit Markus Söder stürmisch für seinen Einsatz gegen den Mindestlohn. Die Grüne Claudia Roth nestelt an Innenminister Joachim Herrmanns Trachtenjanker herum – die innere Sicherheit ist für einen langen Moment akut gefährdet. Der Chefredakteur eines Lokalfernsehsenders redet so lange auf Horst Seehofer ein, dass eine Protokolldame ihm den Stuhl unter dem Hintern wegzieht. Und was sagt eigentlich der Rechnungshof zu dieser Sause? Der Rechnungshof, sagt eine kundige Dame, sitze dort drüben.

Als die Sonne angemessen malerisch versunken ist, steht im Getümmel zwischen den Ehrentischen sehr abgeklärt die Kabarettistin Lisa Fitz und macht sich Gedanken über das Grunddilemma eines jeden aufgeklärten Bayern: dass man die Herrlichkeit dieses Fleckens

Erde kaum leugnen, aber auch kaum ertragen kann. Fitz hat einen hübschen Begriff für das Phänomen gefunden: den «König-Ludwig-Effekt». Ein paar Meter weiter, am Rand eines Wasserspiels, lässt ein weiterer, anerkannt kritischer Bayern-Exeget den Blick schweifen: Statuen, Pavillons, dazwischen polierte Hybrid-Fahrzeuge aus örtlicher Produktion. Was sagt man jetzt zu so einem Spektakel? Bruno Jonas nimmt sich Zeit für die Analyse. Dann fügt auch er sich in die Erkenntnis: «Schee ist des scho.»

2. Bruderkampf: Wie die CSU die Bayernpartei niederrang

Das Volksfest Gillamoos im niederbayerischen Abensberg ist – immer Anfang September – ein Höhepunkt des politischen Jahres in Bayern. Der Montagvormittag gehört dem «Politischen Frühschoppen», einem Kräftemessen der Parteien, die sich in benachbarten Festzelten treffen und mit prominenten Rednern um Zuhörer wetteifern. Im September 2019 spricht Markus Söder für die CSU im Hofbräu-Zelt, 3800 Leute drängen sich auf den Bierbänken, die Luft ist schon um zehn in der Früh nicht mehr frisch. Es ist, selbst in Krisenzeiten, eine Machtdemonstration der bayerischen Dominanzpartei. Auf dem Gillamoos kann man aber auch lernen, dass diese Dominanz keineswegs selbstverständlich ist.

Wenn man aus dem CSU-Zelt herausspaziert, weil ja vielleicht sogar eine Söder-Rede mal Längen hat, passiert man die Zelte der SPD und der Grünen, den «Weißbierstadel» der Freien Wähler und den Biergarten der FDP. Es geht vorbei an der AfD und der Linken, die sich außerhalb des Festgeländes treffen. In der Abensberger Altstadt steht man dann vor dem «Kuchlbauer», einem Wirtshaus aus dem Bilderbuch. Am Eingang: ein paar Dutzend Bayern-Fähnchen und ein weiß-blaues Plakat, das den «Bayxit» proklamiert.

Im Gewölbe des «Kuchlbauer» begeht die Bayernpartei vor etwa achtzig Leuten ihren Gillamoos-Frühschoppen. Blaskapelle, Fahnenabordnung, überragende Trachtenquote, hoher Weißwurstverzehr.

Die politische Tradition am Gillamoos, wird später ein Redner sagen, sei ja vor mehr als fünfzig Jahren von der Bayernpartei begründet worden. Bevor die Trittbrettfahrer von der CSU sich ihrer schamlos bemächtigten, und des Politischen Aschermittwochs ja gleich mit. Die Bayernpartei ist eine stolze Partei, eine Partei mit großer Geschichte. Sie war an zwei Landesregierungen beteiligt, bei der Landtagswahl 1950 erreichte sie 17,9 Prozent. Hier in Niederbayern hatte sie mal fünf von sechs Bundestagsmandaten. Sie war beinahe auf Augenhöhe mit der CSU, auf jeden Fall deren gefährlichste, weil strategische Konkurrenz. Parole: «Bayern den Bayern». Und jetzt sitzt sie eher luftig beim Kuchlbauer, während die CSU drüben die Massen ins Hofbräuzelt pfercht.

Wenn man die Augen zumacht und nur zuhört, klingt bei der Bayernpartei vieles wie bei der CSU, noch mehr wie bei den Freien Wählern. Dazu Spurenelemente von der Linken und – in der Flüchtlingspolitik – von der AfD. Wenn hier jemand von Greta Thunberg spricht, dann von dem «jungen Trutscherl, das übern Atlantik schippert». Das größte Thema ist die EU, und welche Zumutung sie für Bayern ist, für den Metzger etwa, der schon dreißig Jahre arbeitet und plötzlich eine Schlachterprüfung machen soll. «Bayerische Intelligenz gegen Berliner Dummheit» wird als Motto des Tages ausgerufen, verglichen damit geht es bei der CSU geradezu subtil zu.

Wie stellt man sich den Vorsitzenden der Bayernpartei vor? Dialekt, Trachtenjanker, Schnupftabak! Florian Weber ist damit allen Ernstes korrekt beschrieben, aber irgendwann, findet er, reicht es auch mit den Klischees. «Wir sind keine Monarchisten», das muss er ständig klarstellen. Weber war mal in der CSU, doch ihn ärgerte Mitte der Neunzigerjahre die Abschaffung des bayerischen Senats. Die Bayernpartei sieht er als die wahre Hüterin des Föderalismus und der Subsidiarität. Ein Zentralabitur, das bayerische Schüler zwangsrelegiert auf NRW-Niveau: «Wie irre ist das denn?» Er glaubt: «Wir müssen die Einheiten überschaubar halten. Dann funktioniert Demokratie.»

Weber ist ein ruhiger Mann, aber am Ende seiner Rede wird er laut: «Es braucht die Bayernpartei, alle anderen können es nicht, so schaut's aus!» Allein: An Wahlabenden hat die Bayernpartei in den

Ergebnisgrafiken nicht mal mehr einen eigenen Balken. Bei der Landtagswahl 2018 holte sie 1,7 Prozent, wenigstens genug, um sich staatliche Parteienförderung und damit das mittelfristige Überleben zu sichern. «Es ist nicht so, dass mir jedes Mal das Messer in der Hose aufgeht, wenn ich CSU höre», beteuert Weber. Doch dass die große Geschichte der Bayernpartei nicht in eine große Gegenwart mündete, das schreibt er schon auch der CSU zu. Und zu Recht. Von Ende der Vierzigerjahre bis Anfang der Sechzigerjahre lieferten sich die beide Parteien ein Duell darum, welche bayerischer war. Hätte sich die Bayernpartei in nennenswerter Größe behauptet, wäre die CSU-Vorherrschaft, wie wir sie heute kennen, praktisch unmöglich gewesen.

Die CSU war nach ihrer Gründung 1946 eine innerlich zerrissene Partei, immer wieder aufgewühlt vom Flügelkampf, doch am Ende aller Kämpfe und Häutungen war sie eine Volkspartei neuen Typs. Sie war Heimat für Katholiken und Protestanten, für Arbeiter und Unternehmer, für Land und Stadt. In der CSU kamen Menschen zusammen, deren politisches Denken höchst unterschiedliche Ausgangspunkte hatte: hier die persönliche Freiheit, da die staatliche Obhut; hier die Heimatverbundenheit, da die Weltoffenheit. Die CSU war gesellschaftlich von Anfang an breiter verwurzelt als die CDU, und sowieso als die SPD. Diese Breite ist es, aus der sie bis heute schöpft.

Das Selbstverständnis als Sammlungsbewegung war freilich nicht gesetzt, es wurde in erbitterten Auseinandersetzungen erstritten. Beide Seiten in diesem Richtungskampf glühten vor Bayernliebe, doch sie zogen daraus andere Schlüsse. Die Liberalen um Josef Müller wollten die konfessionelle Öffnung der CSU und sahen den Platz des Landes in einem gesamtdeutschen Gefüge. Die Konservativen um Alois Hundhammer und den späteren ersten Bundesfinanzminister Fritz Schäffer verstanden die CSU als katholische Kraft und forderten eine größtmögliche Eigenstaatlichkeit Bayerns. Hundhammer – Ritter vom Heiligen Grab zu Jerusalem mit Prinzregenten-Vollbart – knüpfte mit seinem Konzept an die Tradition der Bayerischen Volkspartei (BVP) der Weimarer Jahre an. Seiner Vorstellung nach sollte die CSU zuvorderst auf die alteingesessenen katholischen Milieus zielen. Diese waren allerdings längst ins Rutschen geraten, ein Prozess, der durch den Zustrom von fast zwei Millionen Vertriebenen noch beschleunigt wurde.

Müller – auch als «Ochsensepp» bekannt, weil er als Bub in Oberfranken mit Ochsenkarren Mist transportierte – lehnte eine Neuauflage der BVP schon deshalb ab, weil deren Abgeordnete 1933 im Reichstag für das «Ermächtigungsgesetz» gestimmt haben. Im Dritten Reich war Müller Teil des Widerstandskreises um Admiral Wilhelm Canaris gewesen. Bald nach Kriegsende rief er stets am Mittwochnachmittag eine Runde Gleichgesinnter zusammen, um die Gründung der neuen Partei vorzubereiten. Auch ein junger Mann namens Franz Josef Strauß stieß dazu. Müller favorisierte zunächst den Parteinamen «Bayerisch Christlich-Soziale Union»; die Amerikaner taten ihm den Gefallen, dass «Bayerisch» zu streichen. Heute wird ja viel über das «C» im Namen der CSU gesprochen – damals war eher das «S» bemerkenswert. Es symbolisierte den Anspruch der CSU, nicht über Konfessions-, sondern auch über Klassenschranken hinweg eine Massenpartei zu sein.

«Beim Blick in die CSU-Geschichte», sagt Theo Waigel, «dreht sich immer alles um Franz Josef Strauß. Josef Müllers wird viel zu wenig gedacht.» Der Ochsensepp, findet der CSU-Ehrenvorsitzende, sei ein «Visionär» gewesen: «Er hat die CSU nicht an die Bayernpartei angepasst, obwohl das viele andere für das Erfolgsrezept hielten. Das war eine Grundsatzentscheidung, die der CSU eine Zukunft als Volkspartei eröffnet hat.» Waigel, 2019 80 Jahre alt geworden, hat ein Auge dafür, dass sich Geschichte manchmal wiederholt. Müsse die CSU in der Gegenwart nicht ebenfalls auf rapiden Wandel in Gesellschaft und Politik reagieren? Waigel sagt: «Mit der Welt von gestern kann man die Zukunft nicht gewinnen.»

Die CSU der Nachkriegszeit, hat Strauß später gesagt, sei ein «verzankter, abenteuerlicher Haufen» gewesen, und dass er froh war, als er endlich Ruhe hatte «von diesem Dreck in unserer Partei». Der Flügelkampf wurde alles andere als kultiviert geführt. Hundhammer schmähte Müller als «Parteidiktator», Müller-Freunde beschimpften Hundhammer als «Weißwurstfaschisten». Es war so etwas eine zeitgenössische Blaupause für die legendären Machtkämpfe, die bis heute folgen sollten, auch institutionell: Müller war zum Gründungsvor-

Der «Ochsensepp»: Josef Müller, hier 1949 als Redner bei einer Parteiveranstaltung, wurde 1946 der erste Vorsitzende der CSU. Die Liberalen um Müller setzen sich im Flügelkampf der jungen Partei gegen die Konservativen durch.

sitzenden der CSU gewählt worden, doch Hundhammer hatte sich mit dem Fraktionsvorsitz in der Verfassunggebenden Versammlung eine eigene Machtbasis sichern können.

Am 21. Dezember 1946 trat in der Aula der Ludwig-Maximilians-Universität in München der frisch gewählte Bayerische Landtag zusammen. Hinterher sprach man von einer «eiskalten Regierungsbildung», und das nicht nur, weil die Heizung nicht funktionierte und viele mit hochgeschlagenem Mantelkragen im Saal saßen. Die CSU hatte die erste Landtagswahl am 1. Dezember mit 52,3 Prozent gewonnen, sie stellte 104 Abgeordnete. Josef Müller, der einzige Kandidat, durfte damit rechnen, zum Ministerpräsidenten gewählt zu werden. Dann der Schock: Müller erhielt nur 73 Stimmen, 69 Abgeordnete votierten gegen ihn. Auf 33 weiteren Wahlzetteln stand der Name des CSU-Staatssekretärs Hans Ehard. Der Bamberger Jurist Ehard war kein Mann eines Flügels, er war der geborene Kompromisskandidat. Müller wusste jetzt, dass eine Intrige der Konservativen gegen ihn lief.

Nach der Ergebnisverkündung, berichteten später die Zeitungen, sei es im Landtag zugegangen wie in einem «Münchner Bierkeller». Müller argumentierte, er sei mit einfacher Mehrheit gewählt – tatsächlich hätten die 33 Stimmen für Ehard nach den Statuten wohl als ungültig gewertet werden müssen. Doch Landtagspräsident Michael Horlacher insistierte, dass eine absolute Mehrheit nötig sei. Wütend verließ Müller mit seinen Anhängern die Aula. Um das Fiasko einer gescheiterten Wahl zu vermeiden, wählten die Abgeordneten in Müllers Abwesenheit Hans Ehard zum Ministerpräsidenten.

Ehard, der bis dahin ganz hinten gesessen hatte, trat vor und sagte, er nehme die Wahl «trotz schwerer Bedenken» an. Weil der Katholik Ehard mit einer Protestantin verheiratet war, hatte während der Sitzung ein Bote zum Münchner Kardinal Michael Faulhaber eilen müssen, um dessen Einverständnis einzuholen. Ehard, der keinesfalls der Treiber des Komplotts gegen Müller war, sollte sich als redlicher, ausgleichender «Beamten-Politiker» erweisen – als Glücksfall für Bayern und für die CSU.

Der interne Konflikt des liberalen und des konservativen Flügels spiegelte sich im «Bruderzwist» mit der Bayernpartei, wobei «Zwist» ein allzu nettes Wort ist, um die Brutalität der Sache zu beschreiben. Die Bayernpartei holte genau jene CSU-Wähler ab, die damit haderten, dass sich der konservative Flügel nicht gegen den liberalen durchsetzen konnte. Sie warb vor allem um die Landbevölkerung, die Bauern und Handwerker, aber auch um Beamte. Sie stand der CSU also brettlbreit im Weg, sie war, wie Strauß analysierte, der «strategische Gegner» in der eigenen Kernwählerschaft. An der Bekämpfung der Bayernpartei sieht man alles, was die CSU noch heute auszeichnet – und was sie für den neutralen Beobachter schwer genießbar macht: Weitsicht und Entschlossenheit, aber auch Härte und Skrupellosigkeit.

Es war die Landtagswahl 1950, die der CSU die existenzielle Dimension der Bedrohung durch die Bayernpartei eindrillte. Die Christsozialen stürzten auf 27,4 Prozent ab, die SPD wurde mit 28 Prozent zum ersten und bislang einzigen Mal die stärkste Kraft im Freistaat. Die SPD war aber nicht das Problem; durch Überhangmandate lag die

CSU nach Sitzen sogar vorn. Das perspektivische Problem war die Bayernpartei. Wegen ihres separatistischen Drangs war sie von den Amerikanern zunächst nicht zugelassen worden. 1950 erreichte sie auf Anhieb 17,9 Prozent. Auch dank ihres charismatischen Frontmannes, der von der CSU übergelaufen war. Der frühere Landwirtschaftsminister Josef Baumgartner war ein «bäuerlicher Volkstribun», von Hemmungen völlig ungeplagt. Er wollte Bayern von preußischen Einflüssen «säubern», darunter verstand er die Ausweisung der 400 000 Preußen, die im Freistaat lebten. Zum Helden der Landbevölkerung war der Minister Baumgartner geworden, als er den «Kartoffelkrieg» gegen die Militärregierung proklamierte – er weigerte sich, bayerische Kartoffeln nach Hessen und Württemberg zu liefern, weil die Bayern ja selbst hungerten.

Bei der Landtagswahl 1954 erzielte die CSU Terraingewinne gegen die Bayernpartei: Sie wurde mit 38 Prozent wieder stärkste Fraktion, sie drückte die Bayernpartei auf 13,2 Prozent. Der bisherige Koalitionspartner SPD stagnierte bei 28,1 Prozent. Was dann geschah, wird in den Parteichroniken der CSU nicht gerade überbetont. Die CSU verfiel in eine Überheblichkeit, die später für sie charakteristisch wurde, die sie sich aber 1954 noch nicht leisten konnte. Sie verprellte ihre möglichen Koalitionspartner so lange, bis der SPD-Vorsitzende Waldemar von Knoeringen die unverhoffte Chance erkannte. Er schloss ein nächtliches «Geheimabkommen» mit Baumgartner, der sein Glück kaum fassen konnte. Zusammen mit FDP und BHE (Bund der Heimatlosen und Entrechteten) bildeten SPD und Bayernpartei am 9. Dezember 1954 die «Viererkoalition». Als der Münchner Korrespondent der «Augsburger Allgemeinen», Max-Hermann Bloch, die Nachricht an seine Redaktion übermittelte, glaubte man ihm dort nicht.

Inhaltlich verband die vier Koalitionspartner zunächst nicht viel außer der Losung: «Es geht auch ohne die CSU». Ministerpräsident wurde der Sozialdemokrat Wilhelm Hoegner, der das Amt schon unter der amerikanischen Militärregierung kurz innegehabt hatte, eine in allen Lagern respektierte Persönlichkeit. Die CSU changierte trotzdem zwischen Ohnmacht und Zorn. «Widernatürlich» sei so ein Bündnis, sogar der damalige Bundeswirtschaftsminister Ludwig Erhard (CDU) sprach von «Unzucht». Andere verglichen die Regierungsbildung mit der Machtergreifung der Nazis. Die Zeitung des Bistums Passau bemühte sich, ihren Lesern Mut zu machen: «Gottes Vorsehung hat es zu unserer Prüfung und Bewährung zugelassen.»

Die Viererkoalition wurde schließlich zu einem ersprießlichen Kapitel der bayerischen Geschichte, sie machte sich besonders um die Förderung von Wirtschaft und Wissenschaft verdient. Hoegner lotste, übrigens im Zusammenspiel mit dem Bonner Atomminister Strauß, den ersten deutschen Forschungsreaktor nach Bayern. Das Garchinger Atom-Ei avancierte im Freistaat zum Fortschrittssymbol schlechthin. «Jeder Preuße, der über die Autobahn nach München kommt, kann sehen, dass bei uns etwas los ist», soll Hoegner gejubelt haben.

In Erinnerung geblieben ist von der Viererkoalition freilich am nachhaltigsten ihr Ende, das einem Anschlag der CSU auf die Bayernpartei entsprang. Im April 1955 beschloss die Regierungskoalition gegen die Stimmen der CSU die Zulassung privater Spielbanken in Bayern. Bald kamen Gerüchte auf, dass ein Geschäftsmann namens Karl Freisehner, unter anderem Besitzer eines Fischlokals, sich auf illegale Weise um Spielbank-Lizenzen bemüht habe. Es hieß, er habe zwei Minister der Bayernpartei bestochen: Baumgartner, den stellvertretenden Ministerpräsidenten, und den Innenminister August Geislhöringer. Die CSU setzte einen Untersuchungsausschuss durch, der aber im Nichts versandete. Freisehner hatte versichert, es habe keine Bestechung gegeben.

Die CSU fand einen anderen Weg, den Vierertrupp zu sprengen. Sie griff zu Arglist und Täuschung, wie man es eher bei Shakespeare vermutet hätte und nicht im Bayerischen Landtag. Zuerst bezirzte sie plötzlich die Bayernpartei mit dem Versprechen reicher Belohnung für einen Koalitionsbruch und ein neues Bündnis mit der CSU. Doch Baumgartner biss nicht an. Jetzt versuchte es die CSU mit Erpressung: Wenn die Bayernpartei nicht aus der Viererkoalition austrete, gelange Belastungsmaterial in der Spielbankenaffäre an die Öffentlichkeit. Im Oktober 1957 legten die Bayernpartei-Minister geschlossen ihre Ämter nieder. CSU-Chef Hanns Seidel wurde zum neuen Ministerpräsidenten gewählt – in einer Koalition mit FDP und BHE. Die CSU hatte die Bayernpartei unsanft aufs Kreuz gelegt. Bei der Landtagswahl 1958 kletterte die CSU auf 45,6 Prozent – und die Bayernpartei schrumpfte weiter auf 8,1 Prozent.

Der CSU war auch das noch zu viel. Im Januar 1959 überraschte Karl Freisehner mit einer Selbstanzeige: Er habe im Spielbanken-Ausschuss einen Meineid geschworen. Die Wahrheit sei: Ja, er habe Baumgartner bestochen. Zum Beweis präsentierte er drei Quittungen über 3000 Mark, die angeblich Baumgartner unterschrieben hatte. Die Unterschriften auf den Quittungen erwiesen sich noch während des Prozesses als gefälscht, was das Landgericht München aber nicht davon abhielt, Baumgartner zu zwei Jahren Zuchthaus zu verurteilen. Statt wegen Bestechung wurde er einfach wegen angeblicher Falschaussagen im Untersuchungsausschuss bestraft.

Karl Freisehner legte kurz vor seinem Tod 1967 die CSU-Verschwörung gegen die Bayernpartei offen. CSU-Generalsekretär Friedrich Zimmermann, so Freisehner, habe ihm eine Konzession für die Spielbank in Bad Wiessee angeboten, wenn er durch seine Selbstanzeige ein Verfahren gegen Baumgartner in Gang bringe. Letztlich ging Freisehner übrigens leer aus: 1965 beschloss der Landtag, die Spielbanken zu verstaatlichen. CSU-General Zimmermann musste sich selbst noch für einen Meineid verantworten, den er im Spielbankenprozess geschworen hatte. Na ja, verantworten ist vielleicht das falsche Wort: Das Gericht sprach ihn frei, weil er bei der Eidesleistung wegen einer «Unterzuckerung» nicht im Vollbesitz seiner geistigen Kräfte gewesen sei.

«Das war eine rücksichtslose Dreckkübelkampagne», sagt Bayernpartei-Chef Florian Weber heute. «Der CSUler hat sich rausgetrickst, der Unsere hat einfahren müssen.» Baumgartner starb 1964, die Haft hatte er aus gesundheitlichen Gründen nicht mehr antreten müssen. Alois Hundhammer legte für die CSU einen Kranz auf seinem Grab nieder. «Pharisäer! Ihr habt ihn auf dem Gewissen!», soll einer aus der Trauergemeinde gerufen haben. Der Roider Jackl, ein bayerischer Gstanzlsänger, machte keinen Hehl daraus, was er von der Anteilnahme der CSU hielt: «Wie der Schimmel tot is gwen, ham's ihm no a Büschl Heu hingebn.» Bei der Landtagswahl 1966 verpasste die Bayernpartei den Einzug in den Landtag.

Der Bruderzwist hat der CSU noch auf eine andere Weise den Weg geebnet, zumindest indirekt. Alf Mintzel hat herausgearbeitet, wie schwer das Aufkommen der Bayernpartei Ende der Vierzigerjahre die CSU auch organisatorisch zurückgeworfen hat. Weil viele

Mitglieder von der CSU zur Bayernpartei wechselten, geriet die CSU in finanzielle Schwierigkeiten, ein Effekt, der noch von der Währungsreform verstärkt wurde. Sie musste sparen und den Parteiapparat drastisch verkleinern, Geschäftsstellen auf dem Land wurden geschlossen und der Versand von Mitteilungsblättern eingestellt.

Die CSU entwickelte sich zurück zu einer Honoratiorenpartei alter Prägung. Erst in den Jahren der Viererkoalition, in der Opposition, konnte sie sich neu aufstellen. Der 1955 gewählte Parteichef Hanns Seidel und sein Generalsekretär Friedrich Zimmermann waren es, die die CSU radikal reformierten. Zimmermann, der später der Spielbankenaffäre wegen den Spitznamen «Old Schwurhand» tragen sollte, straffte Strukturen und Finanzen, baute aber die Öffentlichkeitsarbeit und die Präsenz in der Fläche aus. Zentral war die Einführung von 42 Bundeswahlkreisgeschäftsstellen mit hauptamtlichen Geschäftsführern. Die CSU, schreibt Mintzel, habe sich so zu einer «Massen- und Apparatepartei modernen Typs» gewandelt. 1957 erreichte sie erstmals bei einer Bundestagswahl mehr als 50 Prozent der Stimmen. 1970 übersprang sie diese magische Grenze auch bei einer Landtagswahl. Es folgten goldene Jahrzehnte für die CSU.

3. Laptop und Lederhose: Der Fortschritt Bayerns und der Beitrag der CSU

Zu den angenehmeren Pflichten des bayerischen Innenministers gehört es, einmal im Jahr vor die Kameras zu treten und der Welt ein Zahlenwerk von der Dicke eines Telefonbuchs zu präsentieren: das neue Statistische Jahrbuch des Freistaats. Nun muss man über den Innenminister Joachim Herrmann wissen, dass er sehr beliebt ist, weil er sein schwieriges Amt mit extrem niedrigem Ruhepuls verrichtet. In seinen Bewegungen hat er in etwa den Wendekreis eines Flugzeugträgers, angesichts seines Sprechtempos fragen sich ältere Zuhörer womöglich, ob sie das Ende des laufenden Satzes noch erleben. Aber wenn es um die wieder mal höchst erfreulichen Dinge geht, die im Statistischen Jahrbuch stehen – dann klingt auch ein

Joachim Herrmann beinahe euphorisch. Mehr Einwohner, weniger Arbeitslose. Nummer eins in Deutschland! Mehr Einnahmen, weniger Schulden. Nummer eins in Deutschland! Bayern, sagt Herrmann beschwingt, sei «erfolgreich und begehrt wie nie».

Seit 1945 ist der Freistaat von acht Millionen Einwohnern auf 13 Millionen gewachsen. Bayern lockt mit dem Versprechen von Sicherheit, Schönheit und vor allem Wohlstand, es ist fast so etwas wie ein deutsches Amerika – das Gelobte Land. Die Frage ist nur: Wegen der CSU? Oder trotz der CSU? «Wir wissen ja nicht, wie das Land aussähe, wenn zwischendurch mal andere regiert hätten», hat der große Bayern-Prophet Gerhard Polt mal dem «Spiegel» gesagt. «Ich könnte jetzt behaupten, es gäbe mit Sicherheit noch das eine oder andere Moor, noch das eine oder andere Gebäude, den einen oder anderen Ausländer.» Aber, fragt Polt, wenn man das Ganze mal – höchst beispielsweise – aus dem lebensfrohen Neapel betrachte: Wirke da das SPD-regierte München nicht «genauso steril wie irgendeine CSU-verwaltete Stadt in Niederbayern»?

Am Ende des Zweiten Weltkriegs war Bayern ein ziemlich abgehängtes Agrarland, das Armenhaus der Bundesrepublik. Noch 1957 lagen von den 34 ärmsten Landkreisen in Deutschland 32 im Freistaat. Und heute? Muss man diese Tabelle eigentlich nur umdrehen. «Die Entwicklung der bayerischen Wirtschaft ist eine einzigartige Erfolgsgeschichte, wie sie in der Geschichte sonst nur selten zu beobachten ist», hat der renommierte Ökonom Hans-Werner Sinn festgestellt. So viel ist leicht gesagt. Schwerer zu bestimmen ist, wie groß der Anteil der dauerregierenden CSU an dieser Entwicklung ist. Die CSU findet naturgemäß, dass er gigantisch ist, und hält mit dieser Ansicht auch nicht hinterm Berg. Die Opposition hingegen vertritt die These, dass die Bedingungen in Bayern einfach so brillant waren, dass nicht mal die CSU die Sache hat versauen können.

Zu einem abschließenden Urteil in dieser Frage wird man kaum kommen, aber man kann sich ja zumindest zwei Dinge mal näher ansehen: die bayerische Wirtschaftsgeschichte und die Geschichte der Wirtschaftspartei CSU. Am Anfang von beidem steht ein Mythos, der besagt, dass das bayerische Wirtschaftswunder 1945 bei null begann; dass Bayern ein Land der von Bauernfünfern bestellten Äcker war, bar jeder Industrie; und dass es schlicht vom Glück geküsst wurde, als ostdeutsche Unternehmen wie Siemens, Allianz, Osram oder die Auto Union aus Angst vor den Russen dorthin umzogen. Da geht es schon los: Dieses Bild ist zumindest ergänzungsbedürftig. BMW wurde ja bereits 1922 gegründet, der Anlagenbauer Linde gar 1879. Schon Anfang des 20. Jahrhunderts wurden Glas und Spielzeug aus Bayern in die ganze Welt exportiert.

Siemens und die Allianz siedelten sich auch nicht völlig zufällig in Bayern an, beide hatten eine bayerische Vergangenheit. Siemens hatte durch die Fusion mit dem Nürnberger Lampenhersteller Schuckert seit 1903 ein fränkisches Standbein. Die Allianz war 1899 in München gegründet worden, bevor sie ihren Sitz nach Berlin verlegte. Einige Wirtschaftshistoriker argumentieren sogar, dass das Fundament für Bayerns späteren Aufstieg schon 1868 von König Ludwig II. gelegt worden sei: mit der Gründung der Polytechnischen Hochschule, der späteren TU, einer Kaderschmiede für Ingenieure und Unternehmer. Aber okay: Beflügelt haben wird es den bayerischen Steigflug schon, dass zwischen 1945 und 1955 mehr als 800 Betriebe aus dem Osten nach Bayern zogen.

Einen Vorteil hatte Bayern, den zunächst kaum jemand als solchen erkannte. Der Technikhistoriker Helmuth Trischler nennt ihn den «Vorteil des unbeschriebenen Blattes»: Die Bayern sprangen von der Agrargesellschaft direkt in die industrielle Moderne, aus dem Stall direkt in die Hochtechnologie. Die Zwischenetappe Kohle und Stahl ließen sie weitgehend aus. Im Ruhrgebiet garantierte die Montanindustrie nach dem Krieg schnelle Prosperität, doch diese Prosperität hatte bereits ein Ablaufdatum.

Um 1800 arbeiteten in Bayern drei Millionen Menschen in der Landwirtschaft. 1950 waren es immer noch zwei Millionen – und 1970 nur noch eine. In den zwanzig Jahren dazwischen traf die Spätindustrialisierung den Freistaat mit voller Wucht. Auf dem Land ging eine wohlgeordnete, bäuerliche Welt unter. Eine neue, gewöhnungsbedürftige entstand: Die Männer mussten nun zur Arbeit in die nächste Stadt fahren, genau wie die Kinder zur Schule. Es ist das historische Verdienst der CSU, diesen Wandel betrieben und seine Härten wenigstens gedämpft zu haben. Sie war, in einem Wort von Alf Mintzel, der «politische Agent des Industrialisierungsprozesses».

Die CSU machte die Menschen glauben, dass das schöne Bayernland strahlend neu erstehen könne und die guten, alten Zeiten trotzdem nicht vorbei seien. Sie vermählte zu diesem Zweck eine moderne Wirtschaftspolitik mit einer traditionellen Gesellschaftspolitik. So viel gestehen ihr heute auch politische Kontrahenten zu, Theresa Schopper zum Beispiel, die von 2003 bis 2013 Landeschefin der Grünen war. «Die CSU hat bei der Industrialisierung nach dem Krieg viele richtige Entscheidungen getroffen, das muss man auch anerkennen», sagt Schopper. «Und sie hat auch erfolgreich dieses Bayern-Gefühl für sich besetzt.» Schopper findet natürlich, das mit dem Bayern-Gefühl müsse nicht für ewig gelten.

Die CSU war – sehr verkürzt gesagt – schon eine Partei der sozialen Marktwirtschaft, bevor das Konzept als Selbstbezeichnung für Ludwig Erhards Wirtschaftspolitik bekannt wurde. Nebenbei: Den CDU-Mann Erhard verbuchen viele Christsoziale heute qua Fürther Geburt einfach mal als einen der Ihren. Von 1945 an fahndete die CSU nach einem Mittelweg zwischen Liberalismus und Sozialismus, es gab verschiedene und sich wandelnde Ideen, wie die Balance zwischen der Freiheit der Märkte und der Kontrolle des Staates auszugestalten war. Im Unterschied zur CDU spielte die Kontrolle eine etwas größere Rolle. Hanns Seidel, erst bayerischer Wirtschaftsminister, dann Ministerpräsident, fasste die Sache Ende der Vierzigerjahre so zusammen: «Die so genannte soziale Marktwirtschaft kann nur dann funktionieren, wenn ein Minimum von sittlichen Normen vom Wirtschaftsvolk anerkannt und eingehalten wird.»

Die CSU schaffte es, sowohl als Partei des kleinen Mannes als auch als Partei der Unternehmer Glaubwürdigkeit zu erlangen. Das engste Verhältnis hatte sie zum Mittelstand, doch sie konnte immerhin verhindern, dass die FDP die Partei der bayerischen Großindustrie wurde. Die FDP hatte nur in Franken einige Hochburgen, sie schien der Wirtschaft als Interessensvertreterin zu schwach zu sein. Auch hier profitierte die CSU wieder mal vom Phänomen des sich selbst verstärkenden Erfolgs.

Keiner vereinte die Wirtschafts- und die Sozialorientierung der CSU so stimmig in einer Person wie Franz Josef Strauß. Er war ein Volkstribun und hatte stets ein offenes Ohr, wenn der kleine Mann seine Nöte vortrug. Zugleich genoss er die Nähe von Großunternehmern wie dem «Hendlkönig» Friedrich Jahn oder dem «Bäderkönig»

Eduard Zwick und reiste später als eine Art ehrenamtlicher Auftragssammler für Airbus durch die Welt. In unbeständiger Dosierung sind diese beiden Elemente bis heute in der CSU wirkmächtig: Selbst als sich Edmund Stoiber zum «Manager der Bayern AG» erklärte, glichen Sozialpolitiker wie Horst Seehofer oder Barbara Stamm den Marktdrall wenigstens ein bisschen aus. Auch Spurenelemente von Misstrauen ins Großkapital sind 2019 noch nachzuweisen.

Zum Verständnis der Wirtschaftspolitik der CSU ist auch noch ein in vielen programmatischen Schriften bestätigter Selbstanspruch zentral: in ganz Bayern gleichwertige Lebensbedingungen zu schaffen, also eine Partei für Land und Stadt zu sein. Das Schlagwort dafür war schon in den Fünfzigerjahren die «dezentrale Industrialisierung», die Klein- und Mittelstädte zu Wirtschaftszentren aufwerten sollte. Vollends gelungen ist das der CSU zwar nicht – dauerkriselnde Problemgebiete blieben. Aber der ländliche Raum dankte ihr allein den Bau von Straßen, Gymnasien und Krankenhäusern lange Zeit mit unverbrüchlicher Treue. Für Arbeitsplätze auf dem Land waren CSU-Regierungen auch immer wieder zu staatlichen Interventionen bereit, etwa beim traditionsreichen Stahlwerk Maxhütte in der Oberpfalz, das bis 2002 aus München beatmet wurde.

In einem Bereich hat die CSU das Marktprinzip ganz und gar verraten, und das über Jahrzehnte hinweg: in der Landwirtschaft. Sie beherzigte damit eine alte, wirklich alte Regel der bayerischen Politik: Wer im Land des Ackerbaus und der Viehzucht herrschen wollte, musste die Bauern auf seiner Seite haben. Diesen Kern ihrer Klientel, vor allem die kleinen Familienhöfe, wollte die CSU nicht ungeschützt dem Sturm der Veränderung aussetzen. Mit dem «Bayerischen Weg» – im Gegensatz zum europäischen – konnte sie den Strukturwandel dämpfen, aber nicht aufhalten: Von 37,4 Prozent 1950 sank die Zahl der Erwerbstätigen in Land- und Forstwirtschaft auf 6,9 Prozent 1989.

Einige Weichenstellungen gab es, an deren grundsätzlicher Sinnhaftigkeit auch heute niemand zweifelt. Da sind die Landesentwicklungsprogramme und Gebietsreformen, die das Land erst effizient regierbar machten. Da sind die Universitätsgründungen, erst in Regensburg, dann in Augsburg, Bayreuth, Passau, Bamberg und Eichstätt, die den Boom mit hochqualifizierten Arbeitskräften speisten. Und da ist die Sicherung der Rohstoffversorgung, unter anderem durch eine 650 Kilometer lange Ölpipeline aus Italien nach Ingolstadt.

Atomkatastrophen waren damals nicht mal eine ferne Ahnung. 1957 ging der Forschungsreaktor in Garching, das «Atom-Ei» in Betrieb, bald folgten die ersten kommerziellen bayerischen Kernkraftwerke. Die CSU setzte massiv auf die Atomenergie, übrigens Seit an Seit mit der SPD. Der Anteil der Sozialdemokraten am bayerischen Aufbruch ist überhaupt ein Detail, das CSU-Leute in der Gegenwart geflissentlich übergehen. Dabei hat gerade die Vierer-Koalition unter dem roten Ministerpräsidenten Wilhelm Hoegner Bayern in Forschung und Bildung vorangebracht. Daran, dass Hoegner seinen siegreichen Landtagswahlkampf 1954 mit dem atomar glühenden Slogan «Licht übers Land» bestritt, wird indes in der SPD nicht öfter als zwingend nötig erinnert.

Bei der CSU waren im Besonderen zwei Ministerpräsidenten von Technik- und Fortschrittsgläubigkeit beseelt. Bei der Zusammenführung von Forschung und Wirtschaft, sagt der Historiker Helmuth Trischler, hätten in Bayern «Politiker in der Tat eine größere Rolle gespielt als andernorts». Strauß holte mit der Passion des Flugzeugnerds die Luft- und Raumfahrttechnologie nach Bayern. Und Stoiber entflammte auf Studienreise im Silicon Valley derart für Biotechnologie und Datenverarbeitung, dass er hernach das halbe Land mit einschlägigen Forschungsinstituten und Firmen zuclusterte. So wurde etwa das Bauerndorf Martinsried am Münchner Stadtrand zu einem Biotech-Standort von Weltruf. Seine High-Tech-Offensiven finanzierte Stoiber mit dem Verkauf von Staatsbeteiligungen, etwa am Bayernwerk, dem Flugzeugbauer Dasa oder der Bayerischen Versicherungskammer. Er würde das «Tafelsilber» verscherbeln, lautete damals der Vorwurf der Opposition – dass der Schritt eher richtig war als falsch, hat erst die Zeit erwiesen.

«Gestalten statt besitzen», das sei der Plan gewesen, sagt Stoiber heute, «eine Veränderung der Politik von Goppel und Strauß. Bis auf das Hofbräuhaus haben wir alles auf den Prüfstand gestellt, um in die Zukunftsoffensive investieren zu können.» Wie wacklig der Erfolg damals gewesen sei, werde oft vergessen, findet Stoiber: «Wir hatten die Wiedervereinigung, ein Minus-Wachstum in Deutschland, eine wachsende Verschuldung der Haushalte, eine hohe Arbeitslosigkeit.» Wegen der neuen Länder seien die Bundesmittel für Länder wie Bayern zurückgestellt worden. «Die Frage war: Wie kann ich da den Aufholprozess Bayerns fortführen? Wie kann ich aus dem Mittelfeld heraus deutscher Meister werden?» So gesellte sich also zur Lederhose der Laptop, wobei die Begriffe nicht von Stoiber gepaart wurden, sondern vom Bundespräsidenten Roman Herzog, immerhin gebürtiger Landshuter.

Dirk Götschmann schreibt in seinem Standardwerk zur bayerischen Wirtschaftsgeschichte, dass Hanns Seidels Diktum, die Wirtschaft müsse «Dienerin des Volkes» sein, spätestens unter Stoiber ins Gegenteil verkehrt wurde. Der Staat habe sich vielmehr in den Dienst der Wirtschaft gestellt. Auch auf Kosten der Umwelt: Der Naturschutz war für die CSU, wenn es hart auf hart kam, nur ein lästiges Hindernis für den Fortschritt. Andere Kritiker führen zu Lasten der CSU die Pleiten von Grundig, Quelle und des Medienimperiums von Leo Kirch an. Bayern sei eben nur glücklicherweise stark genug gewesen, diese Rückschläge zu verkraften. Und was bringe all der Reichtum, wenn nicht alle etwas davon haben – wenn der Bildungserfolg der Kinder vom Einkommen der Eltern abhängt? Erwähnt werden muss auch, dass sich CSU-Regierungen auffällig oft an überehrgeizigen Projekten verhoben, wofür am Ende der Steuerzahler aufkommen musste – von der staatlichen Wohnbaugesellschaft LWS bis zur Landesbank.

Hans-Werner Sinn hat gesagt, dass die bayerische Erfolgsgeschichte mit zwei Sachverhalten zu erklären sei, mit «politischen Weichenstellungen» – und mit «günstigen Umständen». Günstig ist etwa schon mal, dass es sich in Bayern gut leben lässt, am Fuße der Berge, am Ufer der Seen. Einst sollen es die Ehefrauen der Siemens-Vorstände gewesen sein, die auf das Umzugsziel München drängten. Auch zur Attraktion des Silicon Valley mag ja beitragen, dass es in Kalifornien Strände und viel Sonne gibt.

Weitere günstige Umstände haben Thomas Schlemmer und Helmut Wörle in ihrer Studie über Bayern nach dem Krieg herausgearbeitet: den weltweiten wirtschaftlichen Boom bis Anfang der Siebzigerjahre, die großzügigen Gelder aus dem Marshall-Plan, das außergewöhnliche Engagement des Bundes etwa für die Zonenrand-Förderung. Bis 1987 ist Bayern auch Nehmerland beim Länderfinanzausgleich gewesen, worauf später zu Recht verwiesen wurde, wenn Stoiber oder Seehofer mal wieder rumjammerten. Bei einer fairen Bewertung sollte man aber auch berücksichtigen, dass die Dimension dieser Transferleistungen explodiert ist: Zwischen 1950 und 1987 erhielt der Freistaat insgesamt umgerechnet knapp 3,4 Milliarden Euro – allein im Jahr 2018 bezahlte er knapp 6,7 Milliarden.

Und es gibt noch eine Besonderheit, die Bayerns Paradieswerdung wesentlich erleichterte. Kein anderes Bundesland hat direkt nach dem Krieg mehr Flüchtlinge und Vertriebene aufgenommen als Bayern; in wenigen Monaten wuchs 1946 die Bevölkerung von sieben auf neun Millionen Menschen. Die meisten kamen aus dem Sudetenland, viele aus Schlesien, andere aus ganz Osteuropa. Fast täglich erreichten Elendstrecks oder organisierte Transporte die Aufnahmelager in Hof oder Furth im Wald. Es fehlte der Wohnraum, es fehlten die Lebensmittel. 1,9 Millionen Menschen kamen in privaten Notquartieren und Flüchtlingscamps unter. Es gab große Hilfsbereitschaft, aber auch heftige Ablehnung. Von «Blutschande» sprachen manche Bayern, wenn sich eine Einheimische auf einen Vertriebenen einließ.

Anders als siebzig Jahre später erkannte die CSU in dieser Massenzuwanderung nicht die Gefahr, sondern die Chance. Sie sandte ein klares Signal an die eigene Bevölkerung: 1954 ernannte die Staatsregierung die Sudetendeutschen offiziell zum vierten bayerischen Stamm neben Altbayern, Franken und Schwaben. Natürlich band die CSU damit auch eine Wählergruppe, die ein wichtiger Baustein ihrer Dominanzrechnung wurde. Es folgten Stadtgründungen auf der grünen Wiese, in Geretsried oder Waldkraiburg. Es zeigte sich bald, dass die Neu-Bayern zwar mit leeren Händen, aber dafür mit «geistigem Fluchtgepäck» gekommen waren. Dirk Götschmann kommt zu dem Schluss, dass die Arbeitskraft und das Knowhow der Flüchtlinge den Wandel Bayerns entscheidend dynamisierten.

Wenn man über die CSU und die Wirtschaft nachdenkt, kommt man an einem Mann nicht vorbei. Erwin Huber war über viele Jahrzehnte der profilierteste und strammste Wirtschaftspolitiker der CSU, natürlich auch mal Minister. Seine Heimat Niederbayern ist eine der Regionen, die sich so schnell und grundlegend verändert haben, als hätte man sie mit dem Katapult in die Moderne geschossen. Bei Stoibers Offensiven marschierte Huber in der ersten Reihe mit. «Investitionen stehen immer unter Risiko», sagt er heute. Dass es bei Stoiber funktioniert hat: «eine Kombination von Weitblick und Glück.»

Jetzt ist es der Ministerpräsident Söder, der ins Risiko geht. Im Herbst 2019 kündigte er an, den Schuldenabbau zu drosseln und stattdessen zwei Milliarden Euro in Forschung und Technologie zu stecken. Wenn Bayern wettbewerbsfähig bleiben wolle, so Söder, müsse man «die nächste Stufe der Rakete zünden». Die «Rakete», kleiner macht es Söder nicht. Der bayerische Wohlstand, sagt Huber, sei jedenfalls in den vergangenen siebzig Jahren «nicht vom Himmel gefallen wie das Manna». Wer politische Verantwortung trage, müsse handeln, gestalten, mutig sein – immer im Bewusstsein, scheitern zu können. Dafür, sagt Erwin Huber, dürfe man dann auch guten Gewissens ein altes politisches Naturgesetz in Anspruch nehmen: «Gegen das Glück des Tüchtigen kann man sich nicht wehren.»

4. Das schönste Amt der Welt: Über die Prägekraft der Ministerpräsidenten

Zu Beginn des Gottesdienstes hatte sich der Pfarrer noch zurückgehalten. «In Gedenken an Franz Josef Strauß beten wir für unser Land», hatte er gesagt, und schon da hat man sich ausmalen können, um was sich alles Bitten und Flehen der etwa fünfzig CSU-Mitglieder in der kleinen Deggendorfer Spitalkirche drehen könnte. Es ist der Abend des 3. Oktober, der für die meisten Menschen der Tag der Deutschen Einheit ist, für die hier versammelten aber auch und vielleicht sogar vor allem der Todestag des Partei-Übervaters Strauß. Der dreißigste inzwischen, doch im Trübsinn der Gegenwart klammert sich die CSU mehr denn je an die Vergangenheit. Man schreibt das Jahr 2018, es sind noch zehn Tage bis zur Landtagswahl.

Als der Gedenkgottesdienst in der Spitalkirche zum Ende kommt, wird der Pfarrer etwas deutlicher. Er sagt, er wünsche der Festgemeinde bei der Wahl ein genehmes Ergebnis: «Da wird Franz Josef

Strauß im Himmel schon seinen Einfluss geltend machen.» Die Putten strahlen von den Wänden, und aus fünfzig Kehlen erklingt: «Gott mit dir, du Land der Bayern.»

Der Einfluss des Franz Josef Strauß mag ausweislich des Landtagswahlergebnisses 2018 etwas gelitten haben, nicht aber die Heiligenverehrung für ihn in seiner Partei. Zugleich gibt es wohl keinen anderen Politiker, der die Bayern und noch viel mehr die Deutschen so gespalten hat wie Strauß. Sie liebten und sie hassten ihn, auch deshalb steht er bis heute stellvertretend für seine CSU, die in der Geschichte der Bundesrepublik so polarisiert hat wie keine andere der Volksparteien.

An Strauß war alles ein bisschen größer: sein scharfer Intellekt und seine humanistische Bildung, seine ebenso mitreißende wie verstörende Redegabe, die fürs Bierzelt wie für den Bundestag taugte, seine politische Gestaltungskraft, mit der er Bayern in die Zukunft wuchtete, seine Gier, Dreistigkeit und Skrupellosigkeit, mit der er sich gleich selbst für sein segensreiches Wirken belohnte. Beim Politikerderblecken am Nockherberg wurde Strauß 1983 von seinem Double, dem Schauspieler Walter Fitz, zum Bayernkönig gekrönt. Fitz warf ihm einen Hermelinmantel über und drückte ihm eine stattliche Krone aufs Haupt. Die Szene sollte ironisch sein, aber die CSU-Leute im Saal tobten wie sehr reale Hofschranzen.

Gegenüber Strauß müssen alle seine Thronfolger blass wirken, was niemanden je davon abhielt, sie mit ihm zu vergleichen, sie selbst oft eingeschlossen. Strauß hat das Amt des Ministerpräsidenten, obwohl er es erst im Herbst einer langen Karriere übernahm, aus Sicht der CSU idealtypisch ausgefüllt: Er befriedigte die Nostalgie der Bayern für die untergegangene Welt der Monarchie und flog zugleich als «Global Player» durch die Welt. In München gab er den Landesvater, in Bonn den Anwalt bayerischer Interessen.

Strauß war zeitgleich auch Parteichef, doch es ist stets der Ministerpräsident, der in der christsozialen Logik die Symbiose der CSU mit Bayern zu verkörpern hat. Das Amt des Ministerpräsidenten ist für die CSU als bayerische Partei das, was für andere Parteien das Amt des Bundeskanzlers ist. Es vereinigt, da den Bayern ein Staatspräsident ja nicht vergönnt war, die Rollen des Regierungschefs und des Staatsoberhaupts. Es verleiht seinem Inhaber nicht nur formelle, sondern auch informelle Macht. Letztere ist wahrscheinlich größer als in allen anderen Bundesländern, eben weil der Ministerpräsident den bayerischen Anspruch auf Eigenständigkeit verkörpert und der Hauptdarsteller einer vom Defiliermarsch unterlegten politischen Folklore ist.

Muss man in Bayern anders regieren als in Niedersachsen oder Brandenburg? Ja, sagt Edmund Stoiber, Ministerpräsident von 1993 bis 2007. «Schauen Sie nur in die Präambel der Verfassung»: Da finde sich der Verweis auf «unsere tausendjährige Geschichte». Bayern, sagt Stoiber, sei «viel mehr als nur ein Bundesland». Bayern sei dort, wo die anderen hinwollen. «Wir sind die Benchmark. Damit muss man als Ministerpräsident umgehen, das muss man auch ausstrahlen.» Da kommt einem Lion Feuchtwanger in den Sinn, der in seinem Roman «Erfolg», einem Münchner Sittenbild der Zwanzigerjahre, die Besonderheit bayerischer Politik zeitlos beschrieben hat: «In Bayern muss man, damit die Volksseele kocht und wieder still wird, simplere Mittel anwenden als in der übrigen Welt. Anderswo muss man krumm regieren. In Bayern senkrecht.»

Es heißt in der Politik ja oft, es müsse mehr um Inhalte gehen und weniger um Personen. Aber natürlich muss es auch um Personen gehen. Personen haben schon immer bestimmt, welche Richtung das Land nahm und welche Partei die CSU sein wollte. Die CSU ist eine bayerische Dynastie, ihr Erbe ist die Macht. Sie hat sich stets dem Anführer ausgeliefert, dem sie die Sicherung dieser Macht zutraute. Parteitage waren bei ihr selten Debattenorte, Parteiprogramme meistens nur lose Leitplanken. Der langjährige Bundestagsabgeordnete Josef Göppel sagt: «Die Abgeordneten der CSU sind wie ein Kometenschweif, sie werden immer nur hinterhergezogen. Sie haben es nie wirklich geschafft, Dinge selbst zu bestimmen und zu gestalten.» Komet Franz Josef, Komet Edmund, Komet Horst: Wenigstens den Ministerpräsidenten dürfte Göppels Vergleich gefallen.

Es gibt in der Zeitrechnung der CSU ein «vor Strauß» und ein «nach Strauß». Was das Amt des Ministerpräsidenten betrifft, wäre inhaltlich zielführender: vor und nach Goppel. Vor Alfons Goppel, der den Posten am 11. Dezember 1962 antrat, stellte die CSU drei Ministerpräsidenten, wenn man Fritz Schäffer mitzählt, der 1945 – zunächst parteilos – von der amerikanischen Militärregierung eingesetzt wurde.

Die anderen waren Hans Ehard (1946–1954 sowie 1960–1962) und Hanns Seidel (1957–1960): Beide definierten sich weniger über den großen öffentlichen Auftritt, sondern mehr über die Arbeit im Hintergrund. Sie entsprachen noch nicht dem Typus des bayerischen Ministerpräsidenten, den wir heute kennen. Der wurde erst mit Goppel geboren. Seidel, notiert sein Biograf Hans Ferdinand Groß, habe etwa die Aschermittwochs-Bühne stets bereitwillig dem jungen Strauß überlassen.

Weder Seidel noch Ehard sind heute im kollektiven Gedächtnis der Bayern präsent, an Seidel erinnert immerhin der Name der CSU-Parteistiftung. Verdienste um das Land – und um die CSU, der sie vorsaßen – haben sie indes beide erworben. Ehard lotste den Freistaat durch die stürmischen Nachkriegsjahre und drängte in der Entstehung des Grundgesetzes auf starke föderale Elemente. Als Parteichef gelang es ihm, einem Mann der Mitte, die Kämpfe zwischen dem liberalen und dem konservativen Flügel zu beruhigen. Auch Seidel wirkte außerhalb wie innerhalb der Partei als Vermittler. Er führte grundlegende Fragen des christsozialen Selbstverständnisses einer verbindlichen Klärung zu: Die CSU verstand sich etwa fortan als christliche, aber nicht klerikale Kraft. Seidels organisatorische Reformen machten die CSU zu der schlagkräftigen Partei, die sie bis heute ist. Die Folgen eines schweren Autounfalls mit seiner Dienstlimousine auf der A9 zwischen München und Nürnberg zwangen ihn zum vorzeitigen Rückzug aus seinen Ämtern.

Dann kam Goppel, der von sich behaupten konnte, was seither kein bayerischer Ministerpräsident behaupten kann: dass er sich um das Amt nicht gerissen hat. Der Innenminister Goppel war der Kompromisskandidat, als sich die Ehrgeizigen in der CSU gegenseitig blockierten. Er blieb dann mit 16 Jahren länger im Amt als alle Ministerpräsidenten vor und nach ihm, und 1974 erzielte er mit 62,1 Prozent das beste Landtagswahl-Ergebnis der Geschichte. Doch auch er wird heute von Strauß überstrahlt. «Alfons Goppel wird unterbewertet, er hat schon vor Strauß wichtige Weichen für die Modernisierung Bayerns gestellt», sagt Waigel. «Etwa mit den Uni-Gründungen, der Gebietsreform und der Entscheidung über den Flugplatz München II.»

In der Ära Goppel machte Bayern in seiner industriellen und gesellschaftlichen Entwicklung keine Schritte, sondern Sprünge. Schotterwege wichen Landstraßen, Mädchen drängten in die Gymnasien. Gemeinsam mit dem Oberbürgermeister Hans-Jochen Vogel (SPD) holte Goppel die Olympischen Spiele 1972 nach München. Ein Orkan der Veränderung zog über Bayern hinweg, und Goppels größte Leistung war es vermutlich, den Bayern in dieser Phase Sicherheit und Identität zu geben. Mit «leutseliger Volksverbundenheit», schreibt sein Biograf Stefan März, wurde Goppel zum «Prototypen des demokratischen Landesvaters». Journalisten verglichen ihn mit dem Prinzregenten Luitpold, der von den Bayern für Pflichtbewusstsein und Volksnähe verehrt worden war. Goppel wusste sich durchaus zu inszenieren, aber er musste sich nicht verstellen. Der programmatische erste Satz seiner ersten Regierungserklärung vom 19. Dezember 1962 hat die Zeit überdauert: «Im Mittelpunkt aller staatlichen Tätigkeit steht der Mensch.»

Es war in den Goppel-Jahren, als sich die Wahlkreis-Karte des Freistaats fast vollständig schwarz färbte. Schon 1962 errang der Spitzenkandidat Goppel mit 47,5 Prozent zwar nicht die absolute Mehrheit der Stimmen, aber die der Mandate im Landtag. Bei der Landtagswahl 1974 eroberte die CSU 100 von 104 Direktmandaten. Darunter alle elf in München. Die Sammlungsbewegung CSU hatte knapp dreißig Jahre nach ihrer Gründung so ziemlich alle eingesammelt: die fränkischen Protestanten, den neuen Mittelstand in den Großstädten, die versprengten Nationalkonservativen, die Vertriebenen. Während die SPD im Kern eine evangelische Arbeiterpartei blieb, wuchs die CSU zu einer gesamtbayerischen Volkspartei heran.

Zum Erfolgsgeheimnis des Landesvaters Goppel gehörte zwingend die Doppelspitze, die er mit dem Parteichef Strauß bildete. Strauß hatte noch 1955 bei seiner Kandidatur für den CSU-Vorsitz gegen Seidel den Kürzeren gezogen; 1961 war er dann gewählt worden. Er sollte bis zu seinem Tod 1988 CSU-Chef bleiben. Goppel und Strauß ergänzten sich formidabel. Zusammen personifizierten sie die Landespartei mit bundespolitischem Anspruch: Während der eine in München als ausgleichender Moderator auftrat, konnte sich der andere in Bonn als politischer Straßenkämpfer für bayerische Interessen austoben. Auch in der Wähleransprache war das praktisch: Die Vertriebenen etwa band Strauß durch seinen Furor gegen die neue Ostpolitik des SPD-Kanzlers Willy Brandt. Der Ministerpräsident kümmert sich um Bayern, der Parteivorsitzende um den Bund – diese Arbeitsteilung hat sich auch später für die CSU bewährt, vor allem mit dem Duo Stoiber und Waigel.

Für noch bewährter halten es allerdings viele in der CSU, die beiden Ämter in eine einzige starke Hand zu legen. Seit knapp 75 Jahren gibt es die CSU, und sechs Männer waren zugleich Ministerpräsident und Parteichef: Hans Ehard, Hanns Seidel, Franz Josef Strauß, Edmund Stoiber, Horst Seehofer und nun Markus Söder. Man darf sagen: Der Doppeljob ist nur etwas für besonders abgehärtete und sendungsbewusste Charaktere. Auf dem Gipfel der CSU-Macht kann es nämlich auch schnell empfindlich kühl werden, wie Stoiber aus Erfahrung berichtet: «Man hat Druck von allen Seiten. Von der Schwesterpartei, vom Koalitionspartner und von der Opposition.» Und am meisten von den Parteifreunden, denen man es nie recht machen kann zwischen München und Berlin. Das Arbeitspensum in der Doppelrolle sei irre, sagt Stoiber, der nicht für ein besonderes Freizeitbedürfnis bekannt ist. Man entscheidet eben nicht mehr nur über Düngerichtlinien in Bayern, sondern in einer Bundesregierung auch über Auslandseinsätze deutscher Soldaten. «Das ist die stärkste Rolle, die man haben kann in der CSU», sagt Stoiber. Aber auch die einsamste.

Strauß folgte Goppel 1978 in der Staatskanzlei nach, er war nun auch offiziell der Alleinherrscher der CSU und schwang sich auf zum Erfinder des High-Tech-Landes Bayern. Es dauerte nicht lang, da wurde er zumindest auf dem Nockherberg zum König gekrönt. Dreimal errang Strauß die absolute Mehrheit: 59,1 Prozent bei der Landtagswahl 1978, 58,3 Prozent 1982 und 55,8 Prozent 1986. Ministerpräsident, versicherte Strauß oft, sei für ihn «das schönste Amt der Welt». Angesichts seiner Begeisterung für die Bonner Bühne – 1980 versuchte er sich erfolglos als Kanzlerkandidat der Union – mag er da ein klein wenig geschwindelt haben. «Die Behauptung habe ich ihm nie abgenommen», sagt Theo Waigel heute. «Das war vor allem eine schöne Formel für das Selbstbewusstsein der Bayern.»

Mit dem Aufstieg des Metzgerssohns Strauß aus der Münchner Maxvorstadt ins höchste bayerische Staatsamt gab die CSU ganz nebenbei ihrem Versprechen als Volkspartei ein Gesicht. Auffallend viele Ministerpräsidenten und Vorsitzende der CSU arbeiteten sich aus einfachen Verhältnissen nach oben: Goppels Vater musste als Bäcker aufgeben, Erwin Hubers Mutter brachte den Sohn als Näherin durch, Horst Seehofers Vater war Lastwagenfahrer. Markus Söder legt die Erzählung arg dramatisch an, wenn er von seiner Kindheit in einem angeblichen Nürnberger Scherbenviertel berichtet. Vorgezeichnet war sein Pfad in die Staatskanzlei freilich auch nicht.

Die Ära Franz Josef Strauß endete am 3. Oktober 1988, als er mit 73 Jahren nach einem Kollaps auf der Hirschjagd bei Regensburg verstarb. Sein Leichenzug führte von der Münchner Residenz zum Siegestor, ein Weg, der ehedem den bayerischen Königen vorbehalten war. Zehntausende säumten die Straßen, 1400 Gebirgsschützen gaben ihm das letzte Geleit. Die CSU war da schon längst mit ihrer Neuordnung befasst. Zu viel Macht wollte die Partei nun offensichtlich nicht in eine Hand geben. Max Streibl wurde Ministerpräsident, Theo Waigel Parteivorsitzender. Es begann ein langer Moment der Ungewissheit für die CSU. «Nach dem Tod von Franz Josef Strauß haben viele das Ende der Bundespartei CSU prognostiziert, den Abstieg zur Regionalpartei», erinnert sich Alois Glück, der damals der CSU-Fraktionschef im Landtag war. «Die Wiedervereinigung hat man in der CSU auch durchaus mit der Sorge gesehen, dass wir damit an Bedeutung verlieren könnten.»

Die Sorge erwies sich zunächst als unbegründet. Waigel wurde 1989 Bundesfinanzminister, die CSU hatte mit ihm einen Protagonisten von Rang in einer historischen Umbruchszeit. Streibl, bis dahin ein souveräner Finanzminister, stilisierte sich zum freundlich-biederen Landesvater, was anfangs seine Wirkung nicht verfehlte. Streibl genoss sogar genug guten Willen, um das Konfliktprojekt Wackersdorf einigermaßen elegant abräumen zu können. 54,9 Prozent holte er bei der Landtagswahl 1990. Doch dann zerstörte er sein präsidiales Image Stück für Stück selbst. Den aus dem Ruder gelaufenen Polizeieinsatz beim Weltwirtschaftsgipfel 1992 in München verteidigte er als «etwas Stärkerhinlangen bayerischer Art». Die Amigo-Affäre zwang ihn schließlich 1993 zum Rücktritt. Der Politikwissenschaftler Andreas Kießling nennt Streibls Intermezzo in der Staatskanzlei die «gescheiterte Renaissance der Ära Goppel».

Edmund Stoiber, der neue Ministerpräsident, prägte dann seine

«Gefällt wie eine Eiche»: So rühmt Kurienkardinal Joseph Ratzinger den verstorbenen Franz Josef Strauß. Am 7. Oktober 1988 führt ein Trauerzug durch München, der nur mit jenen der bayerischen Könige vergleichbar ist. Hier passiert die Prozession den Odeonsplatz.

eigene Ära. Zuerst mit dem Parteichef Waigel an der Seite, eine günstig ausbalancierte Kombination für die CSU: hier der Dynamiker Stoiber, Held der Konservativen, dort der Denker Waigel, Galionsfigur der Liberalen. 1998 hatte Waigel genug von den internen Streitereien, nach der verlorenen Bundestagswahl trat er zurück. Damit konnte Stoiber nach der ganzen Macht in Bayern greifen. Und er fand schnell sein Projekt.

Goppel hatte die Industrialisierung des Freistaats beschleunigt und deren Zumutungen abgefedert. Strauß hatte Bayern zum Hochtechnologie-Standort weiterentwickelt. Stoiber leitete eine dritte Stufe der Modernisierung ein, die Behauptung Bayerns in der globalisierten Welt, komprimiert im Schlagwort von «Laptop und Lederhose». Wenn er Balderschwang und Bangalore in einem Atemzug nannte, wussten seine Landeskinder zwar nicht immer, was er genau meinte, zweifelten aber nie daran, dass alles schon seine Richtigkeit hatte.

Stoiber führte die CSU aus dem Amigo-Tal in ungeahnte Höhen, die selbst Strauß nie erreicht hatte. Nach zwei absoluten Mehrheiten in Bayern 1994 und 1998 drängte es ihn auf die Bundesebene. Als zweiter CSU-Mann nach Strauß wurde er 2002 Kanzlerkandidat der Union. Am Wahlabend durfte er sich ganz kurz als Sieger fühlen, bevor die SPD von Amtsinhaber Gerhard Schröder doch noch vorbeizog. Seine Bayern bereiteten ihm freilich große Genugtuung: 60,7 Prozent für die CSU bei der Landtagswahl 2003, die Zwei-Drittel-Mehrheit im Landtag. Das Detail, dass die CSU in absoluten Zahlen verglichen mit 1998 100 000 Stimmen eingebüßt hatte und massiv von Nicht-Wählern profitierte, versank im Jubeltaumel.

Die CSU malt ihre Anführer gern als überlebensgroße Superhelden, was die Gefahr birgt, dass die Betroffenen das irgendwann selbst glauben. Stoiber wollte nun mit einer brachialen Reformpolitik beweisen, welcher Kanzler der Republik an ihm verloren gegangen war. Fast tollwütig jagte der selbsternannte Klassensprecher der deutschen Ministerpräsidenten einem schuldenfreien Haushalt hinterher. Die Sparmitteilungen aus der Staatskanzlei brachten in allen Ecken Bayerns Menschen auf die Straße, die bis dahin treu zur CSU gestanden waren: Förster, Polizisten, Lehrer. Sie hatten den Eindruck gewonnen, dass Stoiber der Laptop plötzlich doch wichtiger war als die Lederhose. 2007 wurde er zum Rücktritt als Ministerpräsident und Parteichef gezwungen.

Die CSU war bei aller Offenheit stets eine oberbayerisch und katholisch orientierte Partei geblieben, doch jetzt war die Not so groß, dass sie mit Günther Beckstein einen evangelischen Franken auf den Stuhl des Ministerpräsidenten hievte. Dem redlichen und zurückhaltenden Beckstein gelang es nicht, die bayerische Eigenwilligkeit so zu verkörpern, wie das Goppel, Strauß und Stoiber lange geschafft hatten. Erschwerend hinzu kam die gründlichste Fehlkonstruktion einer Doppelspitze in der Geschichte der CSU: Erwin Huber wurde Parteichef, verharrte aber als Minister in Becksteins Münchner Kabinett. Schon hierarchisch warf das Fragen auf, vor allem aber war die Rolle des obersten Bundespolitikers der CSU sträflich verwaist.

Während Stoiber ein Überschuss an Tempo und Energie vorgehalten wurde, beklagte man in der CSU, kaum war er weg, bei Beckstein und Huber eine Unterversorgung mit genau diesen Dingen. Stoiber hatte so sehr Gas gegeben, dass er irgendwann aus der Kurve flog; Beckstein und Huber traten den Parteifreunden zu sehr auf die Bremse. Die Landtagswahl 2008 wurde zur historischen Zäsur für die CSU: Mit 43,4 Prozent verpasste sie zum ersten Mal seit 1958 die absolute Mehrheit. Die CSU hatte den Nimbus der Unverwundbarkeit verloren. Die Zeitungen waren voll von Nachrufen auf eine einst große Volkspartei.

Als Ritter in scheinender Rüstung zog Horst Seehofer in München ein; die Verzweiflung der CSU-Landtagsfraktion war schon daran abzulesen, dass sie einen Bundespolitiker als Erlöser akzeptierte. Zunächst war Seehofer nur als Parteichef gesetzt gewesen, doch der Wahlschock hatte das Bedürfnis nach starker Führung geweckt. Was Seehofer mit Strauß und Stoiber gemeinsam hatte, war der offenbar unerschütterliche Glaube an sich selbst. In Berlin gab Seehofer der CSU ihre Stimme zurück. In München trat er als Ein-Mann-Volkspartei auf, er drehte sich stets dorthin, wo er das Volk in seiner Mehrheit wähnte – egal, ob das Thema der Donauausbau, die Kernenergie oder die Wehrpflicht war. Die demoskopische Grundlage seiner Entscheidungen war meistens sein Bauchgefühl. Er nannte das eine «Koalition mit dem Bürger». Seehofer kreierte einen neuen Typ des Landesvaters, einen politischen Monaco Franze, einen Filou der Macht. Die Landtagswahl 2013 wurde zu seinem Triumph: 47,7 Prozent der Stimmen reichten für die Wiedererlangung der absoluten Mehrheit im Landtag.

Es war ein Erfolg gegen alle Expertenprognosen, und dessen heller Schein verdeckte für einen Moment, dass Seehofers Stärken schnell zu Schwächen werden konnten. Der Bürgerkoalitionär Seehofer war zugleich ein Autokrat, der es genau wie der späte Stoiber nicht für nötig hielt, seine Entscheidungen groß zu begründen – nicht mal im engsten Führungskreis der CSU. Er gefiel sich als das große Rätsel von Ingolstadt, er genoss es, dass seine Worte exegiert wurden wie die eines Propheten. Die Dechiffrierung des Seehofer war für das politische Bayern ein Ganztagsjob.

Strauß, Stoiber und Seehofer waren alle Machtmenschen, doch Strauß und Stoiber hatten genauere Vorstellungen davon, was sie mit der Macht anfangen wollten. Kaum jemand könnte ernsthaft bestreiten, dass die Seehofer-Jahre unterm Strich gute Jahre waren für Bayern. Sein Eintrag in die Geschichtsbücher wird wohl dennoch kleiner ausfallen als der von Strauß und Stoiber. Seehofer löste Probleme, wie sie anfielen, aber er vermittelte den Menschen keine übergreifende Idee von ihrem Land. Ihm fehlte das große Projekt, das seiner fast zehnjährigen Amtszeit eine Überschrift geben könnte.

Es ist auch kein Zufall, dass seine Parteifreunde zwischendurch drauf und dran waren, sich einen anderen Erlöser zu suchen. Viel mehr als Seehofer ließ Karl-Theodor zu Guttenberg die CSU an eine Rückkehr zu altem Glanz glauben; er besaß die Weltläufigkeit, die viele andere in der CSU nur simulieren konnten. Es war Seehofers Glück, dass er mit seiner Einschätzung, Guttenberg sei ein «Glühwürmchen», nicht völlig danebenlag. Guttenberg war die Supernova der deutschen Politik: maximale Leuchtkraft, dramatische Explosion.

Strauß hatte seinen politischen Erben den Ratschlag hinterlassen, dass ein Wahlsieg gefährlicher sein könne als eine Niederlage. Sowohl bei Stoiber als auch bei Seehofer war es ein Wahlsieg, der sie übermütig machte. Der Gipfelsturm von 2003 war der Anfang von Stoibers Sturz 2007; der Höhepunkt 2013 war der Beginn von Seehofers Abstieg 2017. Stoiber regierte, Seehofer reagierte; Stoiber wollte Bayern verändern, Seehofer wollte die Leute bei Laune halten. Beide hielten es irgendwann nicht mehr für nötig, die Partei bei ihren plötzlich angezogenen Sprints und rasanten Wendungen mitzunehmen. Seehofer und Stoiber waren bald dort, und die CSU noch ganz woanders. Beide verpassten den idealen Moment für einen Abschied.

Strauß ist wenigstens dieses Schicksal durch seinen frühen Tod erspart geblieben. Er ist heute immer noch die Sonne, um die sich die CSU dreht. Und nicht nur die CSU, wie man an einem goldenen Sommerabend in Rott am Inn beobachten kann. Vom ehemaligen Gasthof zur Post, in dem Strauß einst die aus Rott stammende Marianne Zwicknagl heiratete, führt der Weg hinüber zu Klosterkirche und zum Friedhof. Zur Strauß-Gruft geht es ein paar Stufen hinunter, und dann steht man im Halbdunkel eines eher schmucklosen Raums. Neben einem Marmorkreuz dörrt ein Trauerkranz vor sich hin. Es ist nicht schmutzig hier, aber sauber auch nicht. Ein Paar um die vierzig ist noch da, die beiden klingen eher nach Leipzig als nach München. Ausdauernd studieren sie die Grabplatte an der Wand. Dann sagt der Mann hörbar beeindruckt: «Und Doktor war er auch noch.»

5. Schicksalsstunden: Wie die CSU ihre Macht erhält

Wenn eine Partei so lange regiert wie die CSU, ununterbrochen seit 62 Jahren, dann stellt sich die Frage, wie sie das geschafft hat. Einen wichtigen Teil der Antwort kann ein Blick auf Situationen liefern, in denen die Macht der CSU gefährdet war, ernsthaft und dauerhaft. Wie die Partei auf diese Gefährdungen reagiert hat, verrät viel über ihre Überlebensstrategie. Der CSU wird häufig der unbedingte Wille zur Macht attestiert, es geht dabei indes ein wenig unter, dass sich dieser Wille in der Parteigeschichte auf zwei sehr unterschiedliche Arten manifestiert hat. Wohlbekannt sind die Entschlossenheit und Brutalität, mit der die CSU nach dem Krieg die direkte Konkurrenz der Bayernpartei niederwarf. Oder später die Republikaner, worüber noch zu sprechen sein wird. Weniger gut ausgeleuchtet sind die Konsequenz und Härte, zu der die CSU auch gegen sich selbst fähig ist, wenn die Lage es wirklich erfordert. Offenbar schmerzfrei wirft sie Positionen über Bord, die sie bis dahin bis aufs Blut verteidigt hat.

Als Markus Söder ein Teenager war, hat er sich – das kann er sogar mit Fotos belegen – daheim in Nürnberg ein Franz-Josef-Strauß-Plakat übers Bett gehängt. Seinen Schulfreunden mag das Sorge ob seiner seelischen Gesundheit bereitet haben, sie griffen eher zu Nena, Falco oder Che Guevara. Söder erzählt gern, wie er den Kanzlerkandidaten Strauß im Bundestagswahlkampf 1983 am Nürnberger Hauptmarkt reden gehört habe. Ein kalter Januartag sei das gewesen, und ihm sei warm geworden ums Herz. Er war 16 Jahre alt damals, und, wenn man seiner Geschichte glauben darf, wurde er in diesem Moment aufgesogen von der Politik. Heute ist Söder ein Mann, der keinen Vergleich scheut, und im Besonderen hat er nichts dagegen, in einem Atemzug mit seinem Idol Strauß genannt zu werden. Wenn es niemand für ihn tut, übernimmt Söder das umständehalber auch mal selbst.

2019 ist das Jahr, in dem Söder recht plötzlich und ungestüm ergrünt. Vielen seiner Parteifreunde wird fast schwindlig angesichts des Tempos, in dem der Vorsitzende die CSU umgestaltet. Waren sie nicht eben noch Mitglieder einer Wirtschaftspartei? Und jetzt sollen sie plötzlich die Ober-Ökos sein? Wenn Markus Söder seine persönliche Klimawende erklärt, hat er oft einen Vergleich parat. Einen Strauß-Vergleich: Indem er seiner Partei das «Jahrhundertthema» Klimaschutz zwangsverordnete, sagt Söder, habe er die CSU wieder in Einklang gebracht mit den Zeitläuften – so wie es ihm Strauß in den Sechzigerjahren mit der Abschaffung der Bekenntnisschule vorgemacht habe.

Katholische und evangelische Kinder besuchten damals in Bayern und anderswo streng getrennte Volksschulen. Dieses Konfessionsprinzip hatte die CSU nach dem Krieg gegen die amerikanische Besatzungsmacht durchgesetzt. Es war ja nicht zuletzt die enge Bindung an die Kirche, vor allem die katholische, die ihr half, sich als bayerische Mehrheitspartei zu etablieren. Als die SPD-geführte Viererkoalition zwischen 1954 und 1957 eine bekenntnisunabhängige Lehrerbildung durchsetzen wollte, nahm die CSU das als Anlass zu einem inbrünstigen Kulturkampf. Unterstützung fand sie naturgemäß bei vielen katholischen Bischöfen, die es auch für eine bewahrenswerte Sitte hielten, dass CSU-Politiker wichtige Entscheidungen stets vorab mit der Geistlichkeit abstimmten.

Allein: Die Bekenntnisschule stand der Moderne sowohl abstrakt als auch konkret im Weg. Abstrakt, weil die Säkularisierung immer stärker in die bayerische Gesellschaft einsickerte – einschließlich des Bewusstseins, dass Staat und Kirche getrennt sein sollten. Konkret, weil die vielen konfessionellen Zwergschulen auf dem Land für den Staat ein teures Vergnügen waren und sie die Schaffung größerer Schulzentren behinderten. In der CSU gab es freilich weiterhin einen Kern ultrafrommer Kräfte um Landwirtschaftsminister Alois Hundhammer, die dem politischen Katholizismus in seiner Reinform nachtrauerten und kein bayerisches Kind kampflos teuflischen Bildungsexperimenten überlassen wollten.

Strauß jedoch erkannte, dass die CSU nicht dauerhaft gegen den gesellschaftlichen Wandel würde anregieren können. Während Strauß bei den Linken als übler Reaktionär verschrien war, gilt er den Traditionalisten in seiner Partei als brandgefährlicher Modernist. Das Land veränderte sich von selbst, die Veränderung der CSU musste Strauß mit eigener Hand vorantreiben. Eine christliche Partei, das sollte sie sein, da war Strauß an Bord. Aber keine Kirchenpartei. Andernfalls, fürchtete er, komme irgendwann der Punkt, an dem die CSU im liberal-bürgerlichen Milieu nicht mehr anschlussfähig wäre.

Es war dann die FDP, die als Erste einen Vorstoß wagte und ein Volksbegehren mit der Forderung anstrengte, das Konfessionsprinzip abzuschaffen. 9,7 Prozent der Wähler unterzeichneten bis Januar 1967 das Begehren, die Liberalen scheiterten nur knapp an der Zehn-Prozent-Hürde. Ein sensationelles Ergebnis für eine Partei, die zu diesem Zeitpunkt nicht mal im Landtag vertreten war. Nun war das Volksbegehren eigentlich ein Instrument, um die Staatsregierung zu piesacken – für die CSU war es freilich damals wie heute auch ein praktisches Alarmsystem. So wie Söder sich ein halbes Jahrhundert später das Volksbegehren für den Artenschutz zu eigen machte, so trat auch Strauß 1967 die Flucht nach vorne an. Er leitete ein eigenes Volksbegehren ein, was die SPD indes auch tat. Um weitere Kalamitäten zu vermeiden, ließ Strauß sich dazu herab, den bayerischen SPD-Chef Volkmar Gabert erstens «sympathisch» zu nennen und ihn zweitens anzurufen. CSU und SPD einigten sich auf einen gemeinsamen Entwurf, der die Bekenntnisschule als Regelschule abschaffte, aber sicherstellte, dass die bayerischen Schüler auch fürderhin «nach den Grundsätzen der christlichen Bekenntnisse unterrichtet und erzogen» würden.

Möglichem Ärger mit den «Sozis» war Strauß elegant entkommen, es setzten ihm jedoch die eigenen Leute zu, allen voran der erzkatholische Kultusminister Ludwig Huber, der verlautbarte, dass er nicht bereit sei, den Kompromiss «gegen den Widerstand des Heiligen Stuhls durchzusetzen». Bei einer CSU-Vorstandssitzung musste Strauß seine bockigen Kollegen daran erinnern, dass die CSU eine «Sachverantwortung» trage, «die nicht durch Bitten und Ratschläge des Kardinals oder seiner Prälaten ersetzt» werden könne. Es kam Strauß dann zupass, dass in der öffentlichen Debatte die liberalen Stimmen die Oberhand gewannen und sich sogar die Kirchen langsam in die Einsicht fügten, dass die Bekenntnisschule nicht mehr zu retten war. Am 7. Juli 1968 schritten die Bayern zum allerersten Volksentscheid, 78,4 Prozent stimmten für den schwarz-roten Plan. Die Gesellschaft war weiter als die frömmelnden Teile der CSU.

«Strauß hat die Bekenntnisschule gegen den Mainstream der CSU abgeschafft», sagt der ehemalige Parteichef Erwin Huber, in jenen bewegten Zeiten war er daheim in Niederbayern Kreischef der Jungen Union. Wie geht das, dass ein Mann fast allein eine ganze Partei wieder auf Augenhöhe bringt mit diesem seltsamen Wesen namens Zeitgeist? Das sei kein Zufall, sagt Huber. Der CSU-Vorsitzende habe einen «in der deutschen Parteienlandschaft einmaligen Freiraum. Wir geben unserem Vorsitzenden Handlungsvollmacht.» Die CSU sei keine «dogmatische Partei», sie hänge nicht an jedem Buchstaben im Parteiprogramm. Wie habe Strauß immer gesagt? «Man muss seine Grundsätze so hoch hängen, dass man drunter durchschlüpfen kann», ein Spruch übrigens, den Strauß sich so lange vom Landtagspräsidenten Michael Horlacher geliehen hatte, bis er ihm gehörte. Strauß hat ähnlich disruptive Entscheidungen auch beim Volksbegehren zum Rundfunkrat oder bei der Korrektur der Gebietsreform getroffen. Auf keinen Fall, versichert Huber, habe Strauß damit jedoch der Beliebigkeit das Wort reden wollen. Er habe sich vielmehr nur «gegen ideologische Verranntheit» verwahrt. Huber sagt: «Von Zeit zu Zeit muss man einfach größere Kurskorrekturen vornehmen.» Die Partei zu ihrem Glück zwingen, genau wie Söder 2019 beim Klimaschutz.

Wahrscheinlich wird man erst in zehn oder zwanzig Jahren seriös beurteilen können, ob Söders Weichenstellung 2019 tatsächlich so schicksalhaft war wie jene von Strauß 1968. Bemerkenswert ist jedenfalls, dass Söder seinem Vorbild Strauß in einem anderen Fall keineswegs so konsequent nacheiferte. Da brauchte er quälend lange, um die richtigen Lehren aus der Parteigeschichte zu ziehen. In diesem Fall ging es nicht um das Erzwingen eines inneren Wandels, sondern um die Abwehr einer äußeren Bedrohung. Die AfD ist in der Gegenwart für die CSU das, was die Republikaner in den Achtziger- und frühen Neunzigerjahren waren: eine Partei rechts der CSU, ein Wettbewerber um Stimmen, die fast unverzichtbar sind, wenn die CSU die bayerische Hegemonialpartei bleiben will.

Es war Strauß selbst, der mit seiner Vermittlung des Milliardenkredits an die DDR die beiden CSU-Bundestagsabgeordneten Franz Handlos und Ekkehard Voigt derart empörte, dass sie aus der Partei austraten und die Republikaner gründeten. Ein dritter Gründer sollte das Duo aber schnell in den Schatten stellen: Franz Schönhuber war ebenfalls ein CSU-Mann gewesen, ein Strauß-Mann, ein glühender sogar, Mitglied im legendären «Franzens-Club» des CSU-Chefs, ein Metzgerssohn auch er. Mit Nebenrollen wollte sich Schönhuber langfristig freilich nicht begnügen; als Moderator der Bürgersendung «Jetzt red i» im Bayerischen Fernsehen war er zu einer Bekanntheit gelangt, die ihn übermütig machte. Weil er seine Eitelkeit innerhalb der CSU nicht entfalten konnte, versuchte er es außerhalb.

Schon zuvor war Schönhuber beim BR entlassen worden und auch bei Strauß in Ungnade gefallen, weil er ein Buch («Ich war dabei») über seine Zeit bei der Waffen-SS geschrieben hatte, in dem er sich selbst nicht nur als strammer Soldat in der Leibstandarte Adolf Hitler porträtierte, sondern auch ein paar halbliterarische Erotikmomente einstreute. In seiner neuen Rolle als sprachgewaltiger Volksverführer schimpfte er auf den Zentralrat der Juden, Brüssel und das «Politikerkaff Bonn». Er drohte «Gastarbeitern», dass «die Zeiten der Ruhe und des Friedens» in Deutschland bald vorbei seien. Der SZ-Reporter Michael Stiller schrieb: «Schönhuber umgarnte all, die schon immer glaubten, dass die Deutschen die Deppen der Welt, die Ausländer ihr Untergang und die Juden ihre ewigen Zuchtmeister seien.» Den Vorwurf, er sei ausländerfeindlich, erdreistete er sich im «Spiegel» mit dem Argument zurückzuweisen, er habe «wahrscheinlich die Hälfte meines Lebens auch arbeitsmäßig im Ausland verbracht», unter anderem als «Soldat, Dolmetscher und Ausbilder der Waffen-SS».

Schönhuber füllte die Bierzelte, das kräftigste aller Alarmsignale für die CSU. Bei ihm saßen Alt- und Neonazis, aber auch Leute, die bis dahin bei der CSU gesessen hatten. Eines Aschermittwochs zirkulierte die Kunde, dass zu Schönhubers Auftritt im oberpfälzischen Cham mehr Zuhörer gekommen waren als zu Strauß' in Passau. Die Meldung wurde alsbald von der Polizei zugunsten des Ministerpräsidenten korrigiert. Die Republikaner, sagt Erwin Huber, seien nicht nur erkennbar «Wettbewerber» der CSU gewesen um Stimmen rechts der Mitte. Sie waren noch mehr: «Strauß hat Schönhuber als persönlichen Gegner gesehen», einmal nannte er den einstigen Vertrauten ein «Arschloch». Auch dass die Republikaner bayerischen Ursprungs waren, verschärfte die Konfrontation. Während die CSU dreißig Jahre später beim Aufkommen der AfD seltsam zögerlich blieb und lange vor direkten Angriffen zurückschreckte, zog Strauß unverzüglich und energisch gegen die Republikaner zu Felde.

Die klare Linie faserte zwar an der einen oder anderen Stelle aus: Die größte Torheit leistete sich später der frisch demissionierte Ministerpräsident Max Streibl, der nichts dabei fand, Schönhuber in seinem Privathaus in Wildsteig zu empfangen. Doch die neuen Führungsfiguren Theo Waigel und Edmund Stoiber, sonst selten einig, waren beide auch nach Strauß' Tod in dessen Sinne wild entschlossen, die Etablierung der Republikaner zu verhindern. Bei den Europawahlen im Juni 1989 hatten die «Rep» bundesweit 7,1 Prozent der Stimmen geholt – in Bayern 14,6 Prozent. Ihr möglicher Einzug in den Landtag im Herbst 1990 galt der CSU als Horrorszenario. Wie heute die AfD profitierten die Rechtspopulisten von Ängsten, die aus internationaler Unsicherheit erwuchsen. Schönhuber malte düstere Bilder einer Masseneinwanderung aus Osteuropa, die unweigerlich dem Zerfall der kommunistischen Regime folgen würde. Manche Meinungsforscher wähnten die Republikaner auf dem Weg zur Volkspartei. Als Schönhuber vom «Spiegel» gefragt wurde, ob es sein Ziel sei, Bundeskanzler zu werden, antwortete er: «Nein, nicht zum derzeitigen Zeitpunkt.»

Im Mittelpunkt der CSU-Strategie gegen die Republikaner, sagt Erwin Huber, sei Abgrenzung gestanden. «Wenn wir irgendwo in einer Lokalzeitung gelesen haben, dass ein CSU-Bürgermeister sich ein Bündnis mit den Republikanern vorstellen kann, hat derjenige sofort einen Anruf vom Generalsekretär gekriegt.» Der Generalsekretär hieß damals Erwin Huber. Er habe den Leuten gesagt: «Wir akzeptieren das nicht, nirgendwo. Wer das macht, fliegt aus der Partei.» Die Angerufenen seien dann am Telefon leiser und leiser geworden, sagt Huber. Am Ende habe es keine einzige Zusammenarbeit der CSU mit den Republikanern gegeben. Zum Gesamtbild der Abgrenzungsstrategie gehört indessen auch, dass der Innenminister Stoiber die Republikaner zwar vom Verfassungsschutz beobachten ließ, aber zugleich selbst überhitzte Reden gegen das «schrankenlose» Asylrecht hielt. Später drückte die CSU in Bonn den Asylkompromiss durch, der vom Recht auf Asyl nur noch ein Rechtchen übrigließ.

Am Abend der bayerischen Landtagswahl 1990 saß Schönhuber schon siegesgewiss im Studio des Bayerischen Fernsehens, als der Republikaner-Balken bei der ersten Hochrechnung jäh zu wachsen aufhörte. 4,9 Prozent, am Ende fehlten den Republikanern 4000 Stimmen zum Einzug in den Landtag. Schönhuber scheiterte an der CSU, aber auch am Jubeltaumel, der sich ob der deutschen Einheit übers Land legte – und an sich selbst. Die Republikaner stritten irgendwann vor allem um Fragen wie die, welches Auto ihrem Vorsitzenden zustand, bisweilen sogar vor Gericht. Die Rechtsextremen in der Partei wurden stärker, die bürgerliche Fassade bröckelte, 1995 trat Schönhuber aus. Nur im baden-württembergischen Landtag hielten sich die Republikaner noch bis 2001.

Die CSU profitierte davon, dass die Erosion der Milieus, die wir heute beobachten, damals erst begann. So hat sie damals ihren Platz im Parteiensystem gegen die Republikaner verteidigen können, ohne Rücksicht auf Stilnoten, aber in jedem Fall konsequenter und geschickter als in der Gegenwart gegen die AfD. Strauß-Fan Söder versuchte – genau wie Seehofer – von 2015 an zunächst, AfD-Themen zu bedienen, die AfD selbst aber zu ignorieren. Zum Erfolg führte das nicht. Erst im Herbst 2018 änderte Söder das Herangehen der CSU, er gab das Fanal zur direkten Attacke auf die AfD. Seitdem hört man vom ihm in Variationen den Satz: «Franz Josef Strauß hätte die AfD bis aufs Blut bekämpft, und wir tun das auch.» Strauß hätte nur früher damit angefangen.

6. «Hund san's scho»: Affären, Skandale und fast keine Folgen

Man muss nicht mit Franz Josef Strauß anfangen, es tut auch der CSU-Landtagsabgeordnete Alexander König. Der Abgeordnete König, Stimmkreis Hof in Oberfranken, hat offenbar verinnerlicht, dass moderne Politik weniger mit Worten als mit Bildern gemacht wird. Jedenfalls schaffte König höchst dienstlich in einer überschaubaren

Zeitspanne insgesamt fünf Digitalkameras an; eine davon schlug für den Steuerzahler mit 6000 Euro zu Buche. Der außergewöhnliche Shopping-Schwerpunkt fiel 2013 dem Bayerischen Obersten Rechnungshof auf. Doch König ließ sich nicht in Verlegenheit bringen.

Er führte zu seiner Verteidigung an, zunächst mehrere kleine Kameras gekauft zu haben, die allerdings immer wieder mal defekt gewesen seien, was in ihm den Entschluss reifen ließ, zu etwas «Gescheitem» zu greifen. Etwas Gescheites, in Königs Fall eine Leica, hat im Kamerasektor freilich seinen Preis, hier eben 6000 Euro. Der neue Apparat sollte «unverwüstlich» sein, erklärte König das Anforderungsprofil. Erst lang nach dem Kauf habe sich leider herausgestellt, dass die Leica für den Einsatz im politischen Tagesgeschäft zu schwer und unhandlich gewesen sei. Deshalb sah König sich gezwungen, eine vierte Kleinkamera anzuschaffen.

Die Leica übernahm König dann am Ende in seinen Privatbesitz und legte Wert darauf, dem Landtag dafür den vollen Kaufpreis zu erstatten. Überkritische Geister lancierten den Gedanken, dass man diesen Akt der Großzügigkeit eventuell im zeitlichen Zusammenhang mit der Verwandtenaffäre im Landtag einordnen müsse. In dieser geriet König nämlich zusätzlich unter Druck, weil er seine Frau als Mitarbeiterin angestellt hatte.

Inzwischen liegt all das die Ewigkeit von mehreren Jahren zurück. Bei der Landtagswahl 2018 gewann König im Stimmkreis Hof wieder das Direktmandat – die unerfreuliche Angelegenheit scheint für ihn ausgestanden zu sein. Die Kamera-Posse ist natürlich eine Petitesse, und dennoch haben sie und ihr glimpflicher Ausgang einen gewissen Symbolwert. Die Geschichte der CSU platzt vor Affären und Skandalen. Mal vorsichtig formuliert: Immer wieder haben ihre Würdenträger ein gesundes Bewusstsein dafür vermissen lassen, welche persönlichen Vorteile sie aus ihrem gewiss aufopferungsvollen Engagement fürs Bayernvolk ziehen dürfen. Die Intensivphase dieses Phänomens mag lange vorüber sein, doch bis heute unbeantwortet ist die Frage, warum all die Amigo-, Steuer- und Starfighter-Affären der unverbrüchlichen Treue der bayerischen Wähler zur CSU nichts anhaben konnten.

An dieser Stelle ist zunächst ein kleiner Exkurs angebracht. Die fast tägliche Ration Empörung über die CSU entspringt ja auch in unseren Tagen in den seltensten Fällen Affären, sondern anstößigen oder mindestens missverständlichen Wortbeiträgen. Söder spricht von «Asyltourismus», Seehofer plaudert über 69 Afghanen, die an seinem 69. Geburtstag abgeschoben werden. Franz Josef Strauß hatte eine ruinöse Präferenz für Vergleiche aus dem Tierreich – der berüchtigtste ist wohl der von kritischen Intellektuellen mit «Ratten und Schmeißfliegen». Das Zitat rief Jahre später sogar noch ein zweites Mal Entrüstung hervor, weil CSU-Generalsekretär Edmund Stoiber sich die Worte auf Nachfrage lieber zu eigen machte, als seinem Chef widersprechen zu müssen. Die arg freie Rede und das Prinzip Provokation sind Teil des Markenkerns der CSU, deshalb muss man im 75. Jahr ihres Bestehens feststellen, dass ihr Gesamtbeitrag zur deutschen Debattenkultur ausbaufähig war.

Stoiber hat in seiner langen Karriere einige schwer genießbare Dinge gesagt, doch ein Zitat klebt an ihm wie kein anderes: das von der «durchmischten, durchrassten Gesellschaft». Die SPD wütete 1988 über einen «Rasse-Fanatiker auf einem Ministersessel», Günter Grass und Franz Müntefering machten damit Wahlkampf. Das Zitat verfolgte Stoiber in seinen Kanzlerwahlkampf 2002 und taucht bis heute in Politikerreden und Kabarettprogrammen auf. Das Problem: Es ist nicht korrekt. Mehrere Journalisten, die bei dem verhängnisvollen Pressegespräch mit Stoiber dabei waren, bestätigten, dass dieser lediglich den Sprachgebrauch der Republikaner thematisiert habe. Weil das im «typisch Stoiberschen Wort-Steinbruch» zunächst etwas untergegangen sei, schrieb Michael Stiller in der SZ, habe Stoiber das wenige Minuten später noch einmal klargestellt. «Keiner der Journalisten stand schreckensbleich auf, um die Stätte zu verlassen, an der angeblich im Nazi-Jargon gesprochen worden sein soll. Jedem war klar, dass da kein Hasserfüllter gesprochen hatte.»

Das Problem Stoibers in diesem Fall ist das Problem der CSU im Allgemeinen: Viele trauen ihr einfach alles zu. Diesen Ruf hat sie sich hart erarbeitet. Und damit zurück zu den richtigen Affären und richtigen Skandalen, ins Jahr 1958, nach Bonn. Ebendort näherte sich an einem Aprilmorgen die Dienstlimousine des Verteidigungsministers Strauß einer Kreuzung, an der ein junger Hauptwachtmeister namens Siegfried Hahlbohm Dienst tat. Sehr gewissenhaft, wie Strauß feststellen musste. Der Minister-Chauffeur fuhr über die

Kreuzung, ohne dass Hahlbohm sie freigegeben hatte, eine Straßenbahn musste scharf bremsen. Als Hahlbohm darauf bestand, das Vergehen zur Anzeige zu bringen, rief Strauß laut Bonner «Generalanzeiger» wutentbrannt: «Geben Sie mir Ihren Namen, ich werde dafür sorgen, dass Sie von der Kreuzung verschwinden!» Der Minister zeigte seinerseits den Wachtmeister an, wegen «Gefährdung des Straßenverkehrs». Es entspann sich eine Gerichtsgroteske, in deren Verlauf Strauß als Zeuge nicht nur Hahlbohms Sattelfestigkeit in der «Verkehrszeichentechnik» anzweifelte, sondern gleich die grundsätzliche Verlässlichkeit der nordrhein-westfälischen Justiz.

Letztlich musste Strauß' Chauffeur 100 Mark Geldstrafe berappen, während Siegfried Hahlbohm noch Jahre später beim Dienst an ebenjener Kreuzung von stolzen Bonnern mit Cognac und Zigarren beschenkt wurde. Die Affäre Hahlbohm brandmarkte Strauß als Mann, der nur an das Recht glaubt, das er selbst erfunden hat. Diesem Strauß trauten fortan viele einfach alles zu. Die «Spiegel»-Affäre bewies dann 1962, dass die Annahme nicht falsch war. Einer Titelgeschichte des Nachrichtenmagazins über die Bundeswehr («Bedingt abwehrbereit») folgten ein Ermittlungsverfahren wegen Landesverrats, die Durchsuchung der Redaktion durch die Polizei und die Verhaftung der leitenden Redakteure. Strauß behauptete, er habe «mit der Sache nichts zu tun», er belog die Öffentlichkeit und den Bundestag. Bald erwies sich, dass der Minister etwa die Verhaftung des «Spiegel»-Mannes Conrad Ahlers in Spanien persönlich über den deutschen Militärattaché in Madrid veranlasst hatte.

Der Angriff der Staatsmacht auf den «Spiegel» war ein Großangriff auf die Pressefreiheit zu einem Zeitpunkt, als die junge deutsche Demokratie noch nicht gefestigt war. Strauß' Name, schreibt sein Biograf Peter Siebenmorgen, war nun untrennbar verbunden mit einer Affäre, «in der sich stures, autoritäres Staatsdenken einerseits und liberales Aufbegehren einer nach Mündigkeit strebenden Gesellschaft anderseits in einer Art Entscheidungsschlacht gegenüberstehen». Strauß stand in dieser Schlacht auf der falschen Seite. Es war die eine Affäre, die für ihn Konsequenzen hatte. Er stürzte als Minister, und dass er am Ende leidlich weich fiel, hatte er vor allem seinen ergebenen bayerischen Landsleuten zu verdanken. Daheim sahen sie ihrem Strauß alles nach.

Da war der Starfighter-Skandal: Warum drängte der Verteidigungsminister Strauß auf die Beschaffung eines Kampfflugzeugs, das als technisch unausgereift galt? Der Starfighter erhielt rasch den traurigen Kosenamen «Witwenmacher», von 916 Maschinen stürzten 269 ab, 116 Piloten kamen ums Leben. Bei Starfighter-Deals in Italien, Japan und den Niederlanden musste der amerikanische Hersteller Lockheed Schmiergeldzahlungen an höchste Regierungsvertreter zugeben. Im Bundestag kam ein Untersuchungsausschuss zu dem Ergebnis, dass sich im Fall Strauß keine Bestechung nachweisen ließ. Dann die Fibag-Affäre: Strauß empfahl dem US-Verteidigungsminister, den Bau von 5300 Army-Wohnungen in Deutschland an die Finanzbau Aktiengesellschaft (Fibag) zu vergeben. Die Fibag gehörte unter anderem dem Passauer Verleger Hans Kapfinger – einem Strauß-Freund. Wieder Untersuchungsausschuss im Bundestag, wieder das Resultat: keine Vorteilsnahme beweisbar.

Und so ging es weiter. Der «Bäderkönig» und Strauß-Spezi Eduard Zwick aus Bad Füssing floh ins Ausland, weil ihn 70 Millionen Mark Steuerschulden plagten. Strauß' Finanzminister Gerold Tandler gab sich am Ende mit acht Millionen zufrieden. Dass Tandler selbst Darlehen von Zwick bekommen hatte, spielte dabei gewiss keine Rolle. Oder die Schattengeschäfte bei Airbus: Der Aufsichtsratschef Strauß beauftragte den Lobbyisten Karl-Heinz-Schreiber, Flugzeug-Käufer in Nordamerika zu finden. Schreiber kassierte viele Millionen Mark an Provision. Fünf Millionen landeten auf einem Schweizer Konto mit dem Codenamen «Master», später «Maxwell». Die Vermutung, dass hinter «Maxwell» Strauß' Sohn Max steht, konnte die Staatsanwaltschaft am Ende nicht beweisen.

Die CSU erlebte noch einige andere Affären, doch keine hatte nennenswerte Folgen, schon gar keine negativen. Im Bayerischen Landtag endeten Untersuchungsausschüsse dank der kundigen Leitung eines Ausschussvorsitzenden von der CSU stets in radikaler Uneindeutigkeit, die sich wiederum mit etwas künstlerischer Freiheit locker als Freispruch erster Klasse interpretieren ließ. Hans Holzhaider hat in der SZ mal geschrieben: «Die CSU schüttelte sich, wie ein Hund, der aus dem Wasser kommt, und machte weiter wie gehabt.»

Wenn man sich das System Strauß heute vergegenwärtigt, das

dichte Netzwerk von Parteifreunden und Geschäftspartnern, von Spezln und Amigos, alle solide aneinander gebunden durch gemeinsame Interessen, Abhängigkeiten und Geheimnisse – dann kann man selbst als patriotischster Bayer kaum den Spruch leugnen, dass der Balkan in München beginnt. Franz Josef Strauß war der Nabel, um den sich alles drehte im Freistaat und sowieso in der CSU. Es gab Zeiten, in denen die Altersvorsorge in der Partei so geschmeidig funktionierte, dass es der Opposition ganz schwindlig wurde. War ein CSU-Mann am Ende der Karriereleiter angekommen oder stand ebendort vielleicht sogar noch einem anderem im Weg, fand sich stets ein warmer Platz am Feuer des wachsenden bayerischen Wohlstands. Die neuen Positionen, die sich umständehalber auch ohne Rücksicht auf fachliche Vorerfahrungen besetzen ließen, waren meist deutlich besser dotiert als die Fronarbeit im Kabinett.

Allein die wilden Sechziger- und Siebzigerjahre: der Finanzminister Rudolf Eberhard? Wurde 1964 Präsident der Bayerischen Staatsbank. Der Innenminister Heinrich Junker? Präsident der Bayerischen Landesbodenkreditanstalt, 1966. Der ehemalige Bayernpartei-Vorsitzende Robert Wehgartner, der mit seinem Übertritt zur CSU seine alte Partei politisch beerdigte? Präsident der Bayerischen Versicherungskammer, 1967. Der langjährige Landtagsfraktionschef Ludwig Huber, der mit Strauß nicht konnte und der nicht mit ihm? Präsident der Bayerischen Landesbank, 1977. Der Innenminister Bruno Merk, der in Sachen Strauß im gleichen Dilemma gefangen war wie Huber? Präsident des Bayerischen Sparkassen- und Giroverbands, 1977.

Es war eine Zeit, in der Politik in Bayern noch ohne allzu große juristische oder ethische Skrupel betrieben wurde. In der auch mal ein bis zwei Augen zugedrückt wurden, bevor ein Geschäft an irgendeinem seltsamen Paragrafen scheiterte. In der man sich überhaupt als Mitglied der Exekutive an einen Rechtsrahmen nur sehr fakultativ gebunden fühlte. Es gibt einen Satz des CSU-Mannes Hermann Höcherl, der hier gut passt, auch wenn man ihn ein bisschen aus dem Zusammenhang reißen muss: «Die Beamten können nicht den ganzen Tag mit dem Grundgesetz unter dem Arm herumlaufen.» Der Bundesinnenminister Höcherl verteidigte so 1963 Mitarbeiter des Verfassungsschutzes, die das Telefongeheimnis verletzt hatten.

Das System Strauß hat den Mann Strauß um einige Jahre überlebt.

Max Streibl, seinem Nachfolger im Amt des Ministerpräsidenten, ging freilich die Strauß'sche Unverwundbarkeit ab. Zwei Urlaubsreisen auf eine brasilianische Hazienda hatte sich Streibl vom Allgäuer Flugzeugbauer Burkhart Grob spendieren lassen. Streibl machte geltend, er sei mit Grob seit Schulzeiten befreundet, und von einem Freund dürfe man sich doch wohl noch einladen lassen. Bald wurde klar, dass Grob sich ergänzend zur Freundschaft für einen Auftrag des Bundesverteidigungsministeriums interessierte und Streibl sich dort für ihn verwendet hatte. Streibl fegte die «Amigo-Affäre» 1993 aus dem Amt, und damit ihm nicht Ähnliches widerfuhr, unternahm sein Innenminister Stoiber eine atemraubende Flucht nach vorn. Er gab bei einer Pressekonferenz die kostenlose Nutzung von MBB-Flugzeugen und von BMW- und Audi-Fahrzeugen für private Urlaube zu, zeigte plötzlich wucherndes Problembewusstsein und gelobte radikale Besserung.

Stoiber rettete durch das Geständnis seine Karriere und gebärdete sich fortan als Aufräumer. Als er Ministerpräsident wurde, strich er allen Regierungsmitgliedern die Zusatz-Entlohnung für Mandate in staatlichen Aufsichtsräten. Die Medien erkoren ihn zum «Saubermann», anfangs mit Ironie, was Stoibers Gefallen an seinem neuen Ehrennamen nicht minderte. Ähnlich entschlossen gab Horst Seehofer 2013 den Aufklärer in der Verwandtenaffäre; persönlich betroffen war er von den Vorwürfen aber nicht. Seehofer gilt als Mann, der zum Leben nicht mehr braucht als gelegentlich eine Wurstsemmel ohne Salatblatt. Herbert Riehl-Heyse hat mal den Gedanken erwogen, dass die CSU sich «ihre Affären vielleicht gerade zu dem Zweck organisiert, um sie dann um so gnadenloser bewältigen zu können».

Die bayerische Opposition hat aus all den Schmählichkeiten praktisch nie Kapital schlagen können. Auch später nicht. Nach den Milliardenverlusten bei der Landesbank etwa litt zwar der Nimbus der CSU, sie gehe höchst verantwortungsvoll mit Geld um. Aber das bedeutete keineswegs, dass die Bayern deshalb der SPD oder den Grünen da plötzlich mehr Kompetenz zutrauten. Bei der Landtagswahl 1994, knapp eineinhalb Jahre nach Streibls Rücktritt, verteidigte die CSU mit dem Spitzenkandidaten Stoiber locker ihre absolute Mehrheit. Was ist das bei den Bayern, das sie so milde und geradezu gnädig macht gegenüber der CSU?

Vielleicht spielt eine Rolle, dass die Bayern sich sehr ungern von draußen reinreden lassen. Wenn also etwa ein Kommentator aus Hamburg einen Vorgang in München höchst problematisch findet – dann könnte es sein, dass die Bayern sich schon aus Fleiß nicht groß aufregen. Dazu kommt das Kunststück der Bayern, gleichzeitig brave Untertanen und schlimme Anarchen sein zu können. Sie bringen es fertig, Politiker für die Gewährleistung von Recht und Ordnung zu wählen und den Räuber Kneißl oder den Wilderer Jennerwein zu bewundern. Ein Gedankenspiel: Wenn man Joachim Herrmann und den Räuber Kneißl kreuzt, ist man dann nicht ziemlich nah an Franz Josef Strauß?

Die Bayern halten einiges aus, und wenn's ihnen wirklich reicht, hauen sie halt mal ordentlich auf den Tisch. Aber dann passt's auch wieder. Oskar Maria Graf hat diese bayerische Schizophrenie in der herrlichen Anekdote von dem Arbeiter zusammengefasst, der im Herbst 1918 eine linke Versammlung im Münchner Mathäserbräu besucht. Der Mann wird bedrängt, sich den Aufständischen anzuschließen, er ist erst unwillig, dann lenkt er ein: «Nacha mach ma halt a Revolution, damit a Ruah ist.»

Nachfrage bei zwei Bayern-Deutern, die aus sehr unterschiedlichen Warten weiterhelfen können. Warum haben die Menschen die Affären der CSU zumeist hingenommen? Ferdinand Kramer ist Professor für bayerische Geschichte an der Ludwig-Maximilians-Universität in München. Der erste Punkt, den er macht, ist sehr grundsätzlicher Natur. Bei Franz Josef Strauß, sagt Kramer, sei ja immer wieder umstritten: «Was ist Skandal und was ist Skandalisierung?» Diese Differenzierung falle oft sogar Historikern schwer, «da die Vorgänge meist von den zeitgenössischen politischen Auseinandersetzungen überlagert wurden und die Quellenlage dazu in der Regel sehr schwierig ist». Bei den Bürgern würden Beschuldigungen wohl immer auch «in Relation zur Leistung für das Land gesehen, die sie mit dem Betroffenen verbindet». Kramer sagt: «Je mehr die Bürger den Einsatz für das Land schätzten, desto größer war wohl die Bereitschaft zu vergeben. Zumal in einer Zeit, als viele Menschen, die noch ein sehr ärmliches Auskommen kannten, dann die Verbesserung der Lebensverhältnisse in Bayern auch im persönlichen Bereich spürten.»

Der Kabarettist Hans Well von der Biermösl Blosn hat diese spezielle Spielart von Toleranz auch beobachtet. «Solang es den Leuten selber nicht direkt wehtut, nehmen sie viel hin», sagt Well. Und so ein Grundverständnis, dass man aufs Geld schauen muss und auf seine Freunde, das würden manche Bayern ja teilen. «Bei Strauß war das für viele sogar eine Qualität: sich nicht erwischen lassen.» Die Spezlwirtschaft, die Leitartikler oft beklagten, war für viele Leute eine bewährte Einrichtung. Die Bewunderung für das Bazi-Hafte, sagt Well, verdichte sich im oft auf die CSU gemünzten Ausruf «Hund san's scho», ungeachtet der Tatsache, dass das Bazi-Hafte auch mal ins Verbrecherische abgleite.

Heute, hofft Hans Well, könne sich die CSU nicht mehr ganz so viel leisten. Weil die Öffentlichkeit kritischer sei, die mediale Beobachtung noch genauer. Und weil Hemdsärmeligkeit als Politikstil nicht mehr in die Zeit passe. Gemessen an heutigen moralischen Maßstäben wäre Strauß Schongauer Landrat geblieben, und auch das nicht lange. Andererseits, sagt Well, sei es ja noch nicht lange her, dass die Staatsministerin Christine Haderthauer im Rahmen eines «von Idealismus getragenen Engagements» einen Häftling wertvolle Modellautos bauen ließ. Wenigstens über den bekennenden Strauß-Verehrer Markus Söder kann man sagen, dass er sich zwar für so gut wie jeden persönlichen Vorteil interessiert, nicht aber für den finanziellen.

Für Alexander König übrigens, den Landtagsabgeordneten und Hobbyfotografen aus Hof, hatte sein politisches Wirken sechs Jahre nach der Kamera-Affäre Konsequenzen. In der Münchner Residenz wurde er mit dem Bayerischen Verdienstorden ausgezeichnet, ein weiß-blaues Kreuz, das für «herausragenden Einsatz» für das «Gemeinwesen» vergeben wird. König erhielt den Orden aus den Händen seines Ministerpräsidenten und Parteifreunds Söder, der den herausragenden Einsatz Königs vermutlich ganz besonders zu schätzen weiß: Im Herbst 2017 war König einer der ersten CSU-Abgeordneten, der in Söders Machtkampf mit Horst Seehofer dessen Rücktritt forderte.

7. Das Schauspiel vom Königsmord: Machtkämpfe in der CSU

Edmund Stoiber und Theo Waigel sind beide Ehrenvorsitzende der CSU, das birgt für sie das Problem, dass sie dem Protokoll nach bei Parteitagen immer in der Nähe des anderen sitzen müssen, eigentlich sogar: nebeneinander. Zum Glück ist die Parteitagsregie in dieser Angelegenheit inzwischen sowohl erfahren als auch alert, sie platziert zuverlässig immer eine Art Ein-Mann-Blauhelmtruppe zwischen den beiden.

Das Verhältnis von Stoiber und Waigel wird von Vertrauten als «Dreißigjähriger Krieg» beschrieben, in den Neunzigerjahren haben sich die zwei einen Machtkampf geliefert, der selbst in der einiges gewohnten CSU als brutal erinnert wird. Wenn der eine heute zu einer Veranstaltung eingeladen wird, so hört man das, sagt er erst zu, wenn er sicher ist, dass der andere nicht kommt. Als Waigel zu seinem 80. Geburtstag im April 2019 seine «Erinnerungen» veröffentlichte, 330 Seiten bayerische und deutsche Geschichte, interessierten sich die Journalisten nur für Waigels Einlassungen zu Stoiber. Sie fielen dann auch in der Tat nicht sehr schmeichelhaft aus.

Die CSU rühmt sich oft und gern ihrer legendären Geschlossenheit, doch ihre Zerstrittenheit ist mindestens ebenso legendär. Eine reine Erfindung sind die Momente der Geschlossenheit keineswegs, zum vollständigen Bild gehört nur, dass ihnen meistens Phasen schmutzigen Konflikts vorausgehen. Peter Fahrenholz schrieb in der SZ mal vom «parteiinternen Dschungelkrieg», was einen guten Hinweis darauf gibt, wie geregelt und gesittet Konflikte in der CSU ausgetragen werden.

Der Streit ist in der CSU allerdings nicht Selbstzweck, oder nicht nur Selbstzweck. Er ist auch das Prinzip, nach dem in der Partei die mehr oder minder regelmäßige Selbsterneuerung vollzogen wird. Die CSU war stets zu jeder Grausamkeit fähig, wenn es darum ging, Anführer loszuwerden, denen sie die Sicherung ihrer Ausnahmestellung nicht mehr zutraute. Die CSU attestiert sich selbst so eine Art kollektive Intelligenz, die souverän Zeitpunkt und Modus für den Austausch des Führungspersonals vorgibt.

Andere Parteien häuten sich in Phasen, in denen sie nicht regieren, eine Möglichkeit, die der CSU ja bislang nicht zur Verfügung steht. Andere Parteien werden von der Opposition zur Erneuerung getrieben, auch das funktioniert in diesem Fall eher mäßig. Wenigstens war das viele Jahrzehnte so. Die CSU muss ihre eigene Opposition sein, inhaltlich und personell – eine Aufgabe, die etwas leichter fällt, weil in der Partei mehrere Akteure in Konkurrenz zueinander stehen. Andreas Kießling hat in seiner Studie der CSU vier «Machtzentren» identifiziert: den Parteivorsitzenden, den Ministerpräsidenten, die Landtagsfraktion und die Landesgruppe im Bundestag. «Die Selbstregenerationsfähigkeit, die die CSU seit dem Tod von Strauß auszeichnet, ist maßgeblich auf diese Art des innerparteilichen Konfliktaustrags zurückzuführen», schreibt Kießling. «Bevor die Lage für die ganze Partei brenzlig wird, trennt sie sich von maroden oder anfälligen Teilen» – der marodeste oder anfälligste Teil ist halt häufig der Anführer.

In Zeiten der quasi zementierten absoluten Mehrheit war dieser innerparteiliche Wettbewerb der CSU beinahe schon Demokratie genug. Nicht zu Unrecht wird sie mit einer bayerischen Dynastie verglichen, wobei ihr ein Element der Dynastie eben schlichtweg fehlt: die fest geordnete Machtweitergabe, der Übergang von einem Ministerpräsidenten (oder auch Parteichef) zum nächsten. Alfons Goppel war 1978 der letzte Ministerpräsident, der am Ende einer Wahlperiode planmäßig und friedlich gehen durfte, wobei selbst ihm ein gewisses Drängen des Parteifreunds Franz Josef Strauß beim Gehen half.

Bei allen anderen Transfers der Macht verzichtete die CSU umständehalber auf ein geregeltes Verfahren: Strauß starb im Amt, Max Streibl wurde in der Amigo-Affäre zum Rücktritt gezwungen, Edmund Stoiber in Kreuth weggeputscht, Günther Beckstein nach dem Wahldesaster 2008 aus der Staatskanzlei entfernt und Horst Seehofer in einem epischen Duell von Markus Söder zermürbt. Man weiß nicht, wie Söder eines Tages aus dem Amt scheiden wird, man weiß bloß, dass die Wahrscheinlichkeit eines rustikalen letzten Akts hoch ist. Auch wenn Söder die Cleverness besaß, bereits zu Amtsantritt seinen Rückzug nach maximal zehn Jahren in Aussicht zu stellen.

Söder, dem fränkischen Philosophen, wird ein Zitat zugeschrieben, das die beiden Handlungsoptionen in jeder politischen Beziehung ohne überflüssige Romantik auf den Punkt bringt: «Stützen oder stürzen». Söder, das fürs Protokoll, leugnet beharrlich die Urheberschaft. Jedenfalls: Wenn die Zeit des Stürzens gekommen ist, entfaltet sich fast routinemäßig eine Mischung aus Komödienstadel und Tragödie, ein politisches und menschliches Schauspiel, das es so nur in der CSU gibt, im Herrscherhaus der bayerischen Moderne. Und auch dort nur etwa alle zehn Jahre. Man weiß vorher nie, wie viele Akte das Drama vom Königsmord hat. Man weiß nur um das schlimme Ende. Alle kennen diese Gesetze, auch Horst Seehofer kannte sie im Duell mit Söder. Er fand nur: Sie gelten für mich nicht. Bis er eines Besseren belehrt wurde, und zwar auf die harte Tour.

In der CSU führen sie ihre Machtkämpfe nie auf offener Bühne, aber natürlich schon offen genug, dass die Welt davon Notiz nimmt. Der Blick hinter die Kulissen offenbart Protagonisten, die auf bemerkenswerte Weise Überhitzung und Eiseskälte verbinden. Bisweilen sind sie sogar sehr ergriffen, nicht zuletzt von sich selbst. Schon immer haben sich die Christsozialen dem Genre des politischen Entertainments verpflichtet gefühlt, sie wollen dem Publikum etwas bieten, auch im Wissen, dass Aufmerksamkeit unterm Strich Bedeutung steigert. Das Risiko dabei ist es, die Masche zu überreizen und den womöglich ja sogar korrekten Eindruck zu erwecken, dass Sachpolitik nicht ganz so die Priorität hat. Alois Glück, ein Mann, der zwar in Machtfragen versiert, an Sachfragen aber glaubhaft interessiert ist, mahnt im Rückblick auf die Söder-Seehofer-Sitcom: «Wir haben bisweilen den Eindruck gefördert, dass Politik vor allen Dingen das Management der eigenen Macht ist.»

Kennzeichnend für die Machtkämpfe in der CSU ist es, dass es stets um die Macht an sich geht und weniger darum, was irgendwer mit ihr anfangen könnte. Es geht um Karrieren, nicht um Inhalte, aber gut: Das hat die CSU gewiss nicht exklusiv. In ihren Anfängen war das noch anders. Da ging es in den Konflikten des Führungspersonals um die Richtung der Partei. Der liberale Josef Müller gegen den konservativen Alois Hundhammer, die überkonfessionelle Sammlungspartei gegen die katholische Bauernpartei. Die Flügel blockierten sich am Ende gegenseitig, Hans Ehard wurde als Kompromisskandidat Ministerpräsident. Auch Franz Josef Strauß, Müllers Ziehsohn und bald selbst Anführer der Liberalen, wurde in den Fünfzigerjahren gleich zweimal von den Konservativen als Parteichef verhindert. Es setzten sich aber nicht direkte Antipoden durch, sondern mit Ehard und Hanns Seidel Männer des Ausgleichs. 1961 wurde Strauß letztlich an die Parteispitze gewählt.

Um die Staatskanzlei konkurrierten 1962 Landwirtschaftsminister Hundhammer – 62 Jahre alt, Katholik, Konservativer, Oberbayer – und Finanzminister Rudolf Eberhard – 47, Protestant, Liberaler, Franke. Wieder setzte sich ein Vermittler durch. Zuerst hatte es so ausgesehen, als würde Strauß dieser dritte Mann sein, er entschied sich aber am Ende, Bundesverteidigungsminister zu bleiben. Eberhard war es schließlich, der einsah, dass er selbst keine Mehrheit finden würde, und «Freund Goppel» vorschlug. Alfons Goppel war zwar Innenminister, aber kein Mann der ersten Reihe, und Strauß sagte, dass wohl «niemand verdutzter» über die Wahl gewesen sei als dieser selbst. Goppel erklärte: «Ich habe diese Stellung nie angestrebt. Wenn mir dieses hohe Amt angeboten wird, halte ich mich für verpflichtet, Ja zu sagen.» Alfons Goppel hatte die Demut, die viele seiner Nachfolger spielen mussten. In der CSU hielt man ihn für einen Ministerpräsidenten des Übergangs. Der Übergang währte dann 16 Jahre.

Als Strauß sich Anfang der Siebzigerjahre dem Entschluss näherte, als Ministerpräsident von Bonn nach München zurückzukehren, war Goppel alles andere als begeistert. Je abstrakter Strauß' Kanzlerambitionen wurden, desto konkreter wurde für ihn die strategische Option München. Goppel, schreibt sein Biograf Stefan März, «zeigte keinerlei Neigung, Strauß kampflos das Feld zu überlassen». 1973 sprach Goppel schon von «Spannung» und «Misstrauen», weil Strauß zu seiner Zukunft nicht klar Stellung bezog. Selbst nach Goppels triumphalem Wahlsieg 1974 verstummten die Spekulationen nicht, was Goppel zu der Verlautbarung veranlasste, er bleibe im Amt, «falls nicht eine höhere Macht mich abberuft». Die höhere Macht war seinem Verständnis nach explizit nicht Franz Josef Strauß. Vorübergehend war Strauß dann ohnehin mit einer anderen innerparteilichen Fehde ausgelastet: Der Landesminister Franz Heubl wurde ihm zu ehrgeizig. Also ließ er ein 41-seitiges Dossier mit buntem Belastungsmaterial anfertigen: Heubl unterhalte Kontakte zum tschechoslowakischen Geheimdienst und sei überdies «bodenlos faul».

Doppelspitze: Der volksnahe Ministerpräsident Alfons Goppel (links) und der bundespolitisch ehrgeizige Parteivorsitzende Franz Josef Strauß, hier beim CSU-Parteitag 1974, teilen sich die Macht in der CSU lange auf. 1978 löst Strauß Goppel in der Staatskanzlei ab.

Als die Union 1976 die Bundestagswahl verlor, wuchs Strauß' Wunsch nach einem Job mit echter Macht. Es war ein junger Landtagsabgeordneter, der als Erster öffentlich dafür plädierte, dass der hochverdiente, aber doch sehr bedächtige Goppel die Staatskanzlei alsbald für den dynamischen Strauß freimachen solle. Der Abgeordnete hieß Edmund Stoiber. Strauß' Unterstützer forcierten fortan die Bemühungen, Goppel durch lautes Bitten und stilles Drängen aufs Altenteil zu manövrieren. Goppel beendete das Drama, bevor es richtig begann. Im Sommer 1977 schlug er Strauß als seinen Nachfolger vor – jedoch erst nach der Landtagswahl 1978, womit er Strauß definitiv eins ausgewischt hatte. Der Abschied wurde Goppel noch zusätzlich mit einem Sitz im Europäischen Parlament versüßt. Goppel war 73 und trug so dazu bei, dass sich der Spruch «Hast du einen Opa, schick ihn nach Europa» im politischen Sprachschatz etablierte.

Nach dem Tod von Strauß 1988 wurden seine Ämter geteilt: Finanzminister Streibl wurde Ministerpräsident, Landesgruppenchef Waigel Parteivorsitzender. Es war kein Machtkampf, der Wellen schlug, doch es gab einen markanten Verlierer: Fraktionschef Gerold Tandler, von Strauß selbst favorisiert, musste zurückziehen. Als Streibl 1993 durch die Amigo-Affäre zu einer Belastung für die Partei wurde und sich in der CSU die Furcht vor dem Verlust der absoluten Mehrheit breitmachte, drängten ihn seine alten Weggefährten unsanft zum Rücktritt. Der junge Bundesgesundheitsminister Horst Seehofer fiel mit der nur auf den ersten Blick fürsorglichen Frage auf, ob Streibl den Wahlkampf 1994 körperlich und psychisch überhaupt noch durchstehen könne.

Für seine Anstrengungen, sich doch irgendwie im Amt zu halten, wurde Streibl mit dem Spitznamen «Max Bleibl» belohnt. Es half alles nichts. Streibls Verbitterung über die Kühle, mit der seine Partei ihn fallen ließ, wirkt bis heute nach. Nicht mal zu Weihnachten oder zum Geburtstag habe es Glückwünsche gegeben, hat sein Sohn Florian Streibl berichtet, der heute Landtagsfraktionschef der Freien Wähler ist. Aus der CSU ist er damals ausgetreten. 2014 besuchte Parteichef Seehofer Max Streibls Witwe Irmingard in ihrem Haus in der Nähe von Oberammergau. Es war der erste Versuch, eine alte Wunde zu heilen.

Nach Streibls Rücktritt nahm der Dschungelkrieg zwischen Stoiber und Waigel seinen Lauf, Krisensitzungen und Schreiduelle, das volle Programm. Ja, Stoiber stand für die Konservativen in der CSU, Waigel für die Liberalen. Stoiber für Bayern, Waigel für den Bund. Stoiber für die reine Lehre, Waigel für den vernünftigen Kompromiss. Aus politischen Unterschieden erwuchs jedoch eine zutiefst persönliche Aversion. Parteichef Waigel hatte spät beschlossen, auch nach dem Ministerpräsidentenamt zu greifen. Zu spät, weil Stoiber schon längst eine Mehrheit in der Landtagsfraktion hinter sich gebracht hatte – genau die Strategie, mit der später auch Söder erfolgreich war. Waigel tat alles, das Rennen über den Parteivorstand und die Bezirksverbände offenzuhalten. Beim Nürnberger Bezirksparteitag wurde er von Stoibers Alliiertem Günther Beckstein vorgeführt: In Waigels Anwesenheit sprach sich der Parteitag klar für Stoiber aus. Dann tagten Partei- und Fraktionsvorstand gemeinsam, um das

Patt zu lösen. Sieben Stunden, kein Ergebnis. Am Ende einer weiteren Marathonsitzung erklärte Waigel seinen Verzicht.

Der Machtkampf zwischen Stoiber und Waigel belegt eine Spitzenposition auf der Schmutzrangliste, weil in der CSU auch Waigels Trennung von seiner ersten Frau und die Beziehung zu seiner jetzigen Frau Irene Epple instrumentalisiert wurden. Waigel hat das erstens nicht vergessen und zweitens Stoiber nie aus der Verantwortung dafür entlassen. Die Vergangenheit ist nie vergangen in der CSU, sie ist eine Partei, in der immer noch die eine oder andere Rechnung zu begleichen ist. Stoiber wiederum hat es seinen Ex-Ministern Günther Beckstein und Erwin Huber nie verziehen, dass sie übernahmen, als er 2007 nach der Klausur in Kreuth seine Ämter aufgab. Das Wort «Putsch» war damals verboten in der CSU, zur Wahrung der legendären Geschlossenheit musste Stoibers Rückzug freiwillig erfolgt sein.

Fest steht: Es war eines der großen CSU-Dramen, das da Anfang Januar in Wildbad Kreuth, dem ehemaligen Kurort mit besonderem Heilerfolg bei Nervenleiden, seinen Lauf nahm. Bis in die Nacht tagte die Fraktion, und langsam, fast unmerklich zunächst, gerieten die Dinge ins Rutschen. Die Wortmeldungen der Abgeordneten gegen Stoiber wurden zahlreicher und schärfer. An einem Punkt, berichten Teilnehmer, habe Stoiber gerufen: «Wenn ihr glaubt, ihr könnt mich mürbe machen, habt ihr euch getäuscht.» Gegen eins in der Früh verkündete Fraktionschef Joachim Herrmann, man stehe zum Ministerpräsidenten. Keine eineinhalb Tage später gab Stoiber seinen Rücktritt bekannt. Auch der Aufstand gegen ihn hatte begonnen, als die Landtagsfraktion ihm den Sieg bei der nächsten Wahl nicht mehr zutraute. Das Kraftpaket Stoiber, Eroberer der Zweidrittelmehrheit von 2003, hatte durch seinen arg spät abgesagten Wechsel ins Bundeskabinett 2005 Schwäche verraten.

Dafür, heißt es, war Stoiber dann hinter den Kulissen höchst aktiv und engagiert, als es nach dem Wahldebakel 2008 darum ging, seine ungeliebten Nachfolger Beckstein und Huber gleich wieder abzusägen. Seehofer wollte zuerst eigentlich nur Parteichef werden, aber als sich die Gelegenheit bot, wurde er halt auch Ministerpräsident. Bei der Landtagswahl 2013 gewann er für die CSU die absolute Mehrheit zurück, aber das bewahrte ihn natürlich nicht davor, bis zur nächsten Wahl von den werten Kollegen abgemeiert zu werden. In seinem Minister Söder erwuchs Seehofer ein ebenbürtiger Gegner: zwei Alphas, zwei Egomanen, zwei politische Tiere. Seehofer und Söder lieferten sich über Jahre ein Duell wie Tom und Jerry, nur dass beide Tom waren, ständig zündeten sie sich gegenseitig den Schwanz an. Vielleicht waren sich der Alte und der Junge einfach zu ähnlich, Spieler alle beide, und Seehofer soll auch so seine Theorie gehabt haben, wer einst die «Bild» über sein uneheliches Kind in Kenntnis setzte. Söder wusste: Es durfte kein Weg an ihm vorbeiführen, denn wenn es einen gab, würde Seehofer ihn finden.

Seehofer probierte alles. Bei einer nicht maximal besinnlichen CSU-Weihnachtsfeier 2012 sprach er Söder die charakterliche Eignung für höhere Ämter ab und bereicherte die deutsche Sprache um die Wortschöpfung «Schmutzeleien», die selbstverständlich in großer Zahl von Söder begangen würden. Um Söder zu stoppen, brachte Seehofer Ilse Aigner ins Spiel. Mit dem gleichen Ziel schob er die Schachfiguren Joachim Herrmann und Karl-Theodor zu Guttenberg munter, aber erfolglos übers Brett. Söders Unterstützer machten derweil einen Sport daraus, Journalisten unverbindliche Hinweise auf Seehofers angebliche Blässe und Kurzatmigkeit zu geben. Am Ende war es das schlechte CSU-Ergebnis bei der Bundestagswahl 2017, das Seehofers Schicksal besiegelte. Anfang Dezember gab er auf und akzeptierte Söder als seinen Nachfolger in der Staatskanzlei. Hinterher sagte er, er sei «ordentlich von Parteifreunden demontiert worden».

Alle Machtkämpfe haben gemein, dass sie irgendwann vorbei sind, na ja, fast alle. Aber sogar Stoiber und Waigel haben sich mittlerweile mal zu einem gemeinsamen Auftritt gequält, als die CSU im Landtagswahlkampf 2018 mit dem Rücken zur Wand stand. Jedenfalls: Wenn einer gewonnen hat und einer verloren, kann die CSU endlich wieder ihre legendäre Geschlossenheit zur Aufführung bringen und so tun, als kannte die Schlacht ausschließlich Sieger. Die CSU hat ein Faible für das Kriegerische, aber eben auch einen nötigenfalls fanatischen Willen zum Frieden. Wahrscheinlich gibt es keine andere Partei in Deutschland, die fast gewohnheitsmäßig eine solche Meisterschaft in der Inszenierung von Harmonie erreicht.

Ein famoses Beispiel lieferte der CSU-Parteitag in Nürnberg kurz vor Weihnachten 2017, bei dem Seehofer das Ministerpräsidentenamt an Söder weiterreichte und dabei ständig von einem «lieben Markus» sprach. Noch zwei Wochen zuvor waren die beiden die Hauptdarsteller in einem erbarmungslosen, fiebrigen Duell gewesen, nun traten sie als einstimmiges Duett vors Publikum, als Meistersinger von Nürnberg. Während Seehofer Söders mannigfaltige Begabungen pries, sprang Söder vor jede Kamera, um Seehofers «souveräne Entscheidung» zur Amtsaufgabe zu loben. So innig liebten sich die beiden auf einmal, dass der neutrale Betrachter ihres Versöhnungsschauspiels froh war, dass es wenigstens nicht zum Bruderkuss und weiterführenden Zärtlichkeiten kam. Abzuwarten bleibt, ob sie in gut zehn Jahren, wenn sie beide Ehrenvorsitzende sind, bei Parteitagen ohne Blauhelmtruppe nebeneinandersitzen können.

Drittes Kapitel

Die CSU in Bayern

1. König Landrat: Der Meyer Franze und die Grasverwurzelung der CSU

Es ist gar nicht so leicht, sich mit dem Herrn Landrat zu unterhalten. Der Mann ist eigentlich ganz gut ausgelastet damit, einfach nur die freundlichen Grüße der anderen Gäste auf der Terrasse des Flughafenrestaurants Vilshofen zu erwidern. «Servus, servus», sagt Franz Meyer, «griaßdi, griaßdi». Für die meisten hier ist der Herr Landrat einfach nur der «Franze». Jeder kennt den Franze, und der Franze kennt eh jeden. Schon nach ein paar Minuten kann man getrost festhalten, dass die Welt der CSU im Landkreis Passau, dem kleinen Reich des Franz Meyer, auch im Sommer 2019 noch ziemlich in Ordnung ist. Mit 71,2 Prozent ist Meyer zuletzt wiedergewählt worden. Es gibt Gemeinden im Passauer Land, über die man sagt, sie seien so schwarz, dass man selbst am Tag mit Licht Auto fahren muss.

Wenn die Stärken der CSU beschrieben werden, ist oft von ihrer «Grasverwurzelung» die Rede, und wem das erst mal zu abstrakt klingt, dem sei die Begegnung mit Franz Meyer empfohlen. Er legt ein paar Blätter Papier auf den Tisch, sein ausgedruckter Outlook-Kalender. Aus dem Leben eines Landrats: Einweihung zweier neuer Tennisplätze beim TC Büchlberg, Gespräch mit dem Bürgermeister von Ruderting, Besuch des Vilshofener Volksfests, Jubiläumsfeier beim Deutschen Alpenverein, Unterzeichnung eines Kooperationsvertrags der Volkshochschule, Sitzung des AOK-Beirats, Ehrenzeichenverleihung in Thyrnau, Teilnahme an einer Geburtstagsfeier. «Näher am Menschen» ist der Slogan der CSU, und sie verdankt es Politikern wie Franz Meyer, dass der Spruch nicht ganz verkehrt ist.

Die CSU hat ein dichtes Netz der Macht über Bayern geworfen, von der Staatsregierung in München über die Landtagsabgeordneten bis in die Kommunen. Die schwarzen Landräte sind tragende Knoten in diesem Netz, sie sind so was wie gewählte Könige in ihren Kreisen. Sie leiten Behörden mit mehreren Hundert Mitarbeitern, sie sind zuständig fürs Baurecht und für die Wirtschaftsförderung, die Kreisstraßen und die Schulen. Und die Leute gehen sowieso davon aus, dass ihr Landrat für absolut alles zuständig ist. «Die kleinen Anliegen der Bürger», sagt Franz Meyer, «sind eine große politische Aufgabe.» Wenn die Kantine im Krankenhaus zu teuer ist oder an einer Kreuzung die Ampelphase zu lang. «Da musst du ein Kümmerer sein.»

Nun gibt es 71 Landräte in Bayern, ein paar wenige sind auch von den Freien Wählern, der SPD und den Grünen; nach der Kommunalwahl 2020 werden es vielleicht sogar ein paar mehr sein. Da sind jedenfalls gewiss auch Kümmerer darunter. Und dennoch lässt sich gerade am Typus Landrat der christsoziale Mechanismus der Macht schön beschreiben.

Frage an Franz Meyer: Was macht die CSU in den Dörfern und Kleinstädten anders als andere Parteien? Meyer sagt: «Wir gehen auch dann aufs Feuerwehrfest, wenn gerade kein Wahlkampf ist.» Um die 150 freiwilligen Feuerwehren gibt es im Passauer Land, und Franz Meyer hat sie natürlich alle schon besucht. Auf dem Land ist die bloße Anwesenheit eine bedeutende Kategorie der Politik, es ist eine Kategorie, in der Meyer niemand was vormacht. «Zuhören ist wichtig für einen Politiker, nur so erfährst du, wo den Leuten der Schuh drückt.» In den Großstädten mögen Sozialdemokraten noch Kümmerer sein und Grüne es gerade werden, aber in der bayerischen Fläche sind es wie eh und je die Christsozialen. Egal, ob irgendwo ein Fest gefeiert wird oder ein Elternabend stattfindet oder ein Wanderverein einen Ausflug macht: Irgendwer von der CSU ist immer dabei. «Wenn die Bürger eine Sorge haben, dann bekommen wir das mit», sagt Meyer.

Klar, auch im Passauer Land ziehen Leute zu, die nicht mehr ganz selbstverständlich dem Schützen- oder dem Sportverein beitreten und ohnehin nicht der Partei. Kirche, Wirtshaus, CSU, der Dreiklang vergangener Tage tönt nicht mehr. Auch Kirche und Wirtshaus müssen ja vielerorts ums Überleben kämpfen. «Wir brauchen keine Opposition, weil wir sind schon Demokraten», so hat Gerhard Polt mal das Selbstverständnis der CSU beschrieben. Der Spruch stammt aus einer Zeit, in der manche kleine Gemeinden Wahl für Wahl 90 Prozent und mehr für die CSU vermeldeten. Die berühmteste war die Gemeinde Balderschwang im Allgäu, gut 200 Einwohner, fast 100 Prozent CSU. «Wir haben wieder eine SPD-Stimme», wurde der zerknirschte CSU-Ortsvorsitzende einmal zitiert. Stets brachen dann Journalisten über das Dorf herein und fahndeten nach dem geheimnisumwitterten Sozi. Heute hat Balderschwang mehr als 350 Einwohner, bei der Landtagswahl 2018 wählten sieben von ihnen sogar die Grünen. Die CSU hat den Alleinvertretungsanspruch für die Heimat eingebüßt, fast überall in Bayern. Trotzdem sollte niemand glauben, dass sich ihre Dominanz im ländlichen Raum plötzlich in Luft aufgelöst hätte.

«Es ist schwieriger geworden, wirklich alle Bürger zu erreichen», sagt Franz Meyer. Aber er habe nicht den Eindruck, dass das gar nicht mehr funktioniere. Die Voraussetzung sei natürlich, «dass es den Menschen gut geht». Meyer hat auch deshalb ins Flughafenrestaurant gebeten, weil er an diesem Ort den Wandel seines Landkreises hübsch illustrieren kann. Meyer, 66, ist auf einem Bauernhof in Sichtweite aufgewachsen, die Älteren kennen ihn noch als «Meyer-Bua von Hirnschnell». Als er jung war, hat sich nur allgelegentlich mal eine Maschine auf den Luftlandeplatz Vilshofen verirrt. Franz Josef Strauß ist halt immer zum Aschermittwoch eingeflogen, und einmal auch Herbert Wehner. Die Wehner-Landung sei so laut gewesen, erzählt Meyer, dass ihnen in Hirnschnell die Kühe verrückt wurden. Heute habe der Flughafen 17 000 Flugbewegungen im Jahr. Geschäftsleute flögen in den Osten, Donaukreuzfahrt-Touristen nach Neuschwanstein.

In seiner Jugend, sagt Meyer, sei die Arbeitslosenquote im Passauer Land locker zweistellig gewesen. Jetzt liegt sie bei 2,3 Prozent. Der Landrat spricht nun öfter bei Firmenfeiern in Hallen und Foyers, die exakt so auch in Emden oder Wanne-Eickel stehen könnten. An solchen ortlosen Orten ist es natürlich anspruchsvoller geworden, ein Gefühl von Heimat zu vermitteln, aber Meyer müht sich tapfer. Für eine Weile war er mal Staatssekretär in München, daheim in Passau hat das viele beeindruckt, in München eher nicht ganz so viele. Der Staatssekretär Meyer klang halt immer noch sehr wie der Franze, man hat diesen Meyer deshalb oft unterschätzt. Als Landrat hat er jedenfalls das Amt gefunden, das am besten zu seinen politischen Talenten passt. Und nun ist ihm der Punkt besonders wichtig, dass eine volkstümliche Art eine moderne Politik nicht ausschließt.

Aus der Distanz Berlins oder Hamburgs halten viele die CSU ja für eine reaktionäre Hinterwäldlertruppe. Einspruch Meyer. Das Thema Klimaschutz habe er schon 2008 groß in seinem Wahlkampf gehabt, sein Landratsamt biete jedem Bürger praktische Umweltberatung: Energiesparen, Abfallvermeidung, nachhaltiges Bauen. «Andere reden, wir vor Ort tun was.» Oder 2015, der Herbst der Flüchtlinge. «Wir hatten hier jeden Tag 8000 Menschen an der grünen Grenze zu Österreich», sagt Meyer. «Aber in den Nachrichten war erst mal immer nur der Münchner Hauptbahnhof.» Meyer hat damals einen Brandbrief an die Kanzlerin geschrieben, die Passauer fühlten sich allein gelassen. Und doch haben sie es dann geschafft, alle Ankommenden zu versorgen. In jenen Wochen hat auch wieder das Netzwerk der Macht geholfen, dass einem CSU-Landrat gegeben ist. «Natürlich weiß man, wen man anspricht in einem Ministerium», sagt Meyer. «Oder welcher Unternehmer schnell helfen kann, Busse bereitzustellen.»

Auch parteipolitisch ist so ein Netzwerk natürlich von unschätzbarem Wert. Die Wähler haben die Zusammenhänge da messerscharf analysiert: Die Bürgermeister, Landräte und Landtagsabgeordneten der CSU profitieren von ihren Verbindungen zur Staatsregierung – und oft profitiert halt auch ihr Wahlkreis. Ob die Finanzmittel aus München noch fließen würden, wenn man einen Sozi oder einen Grünen ins Amt hieven würde? Auf dieses Experiment wollen sich viele dann doch nicht einlassen. Ihre Vorherrschaft macht die CSU natürlich auch sonst attraktiv: Wer Karriere machen will oder einfach das gute Gefühl genießen, bei den Siegern zu sein, geht zur CSU. Sollte der Kreislauf der schwarzen Macht im ländlichen Raum eines Tages durchbrochen werden – dann von ganz oben. Wenn die CSU in München nicht mehr regierte, wenn sie auf einmal kein Geld und keine Jobs mehr verteilen könnte, würden die Automatismen des Machterhalts leerlaufen.

Genau wie CDU und SPD hat auch die CSU in den vergangenen drei Jahrzehnten Mitglieder verloren, allerdings bei weitem nicht so massiv. Die Bayern-SPD zum Beispiel hat zwischen 1991 und 2019 eine Halbierung ihrer Mitgliedschaft hinnehmen müssen: von 113 154 auf 57 070 Mitglieder. Die CSU ist im gleichen Zeitraum von 184 513 auf 140 290 gefallen, also um gut zwanzig Prozent. 2019 verzeichnete sie sogar wieder leichte Zuwächse.

Die Grundlage für die Grasverwurzelung der CSU sind also auch heute noch ihre hohe Mitgliederzahl und flächendeckende Organisation. Sicher, mancher Ortsverband wird nur noch von wenigen Aktiven am Leben gehalten, insgesamt ist die Partei überaltert, der Frauenanteil ist eklatant gering. Doch die Statistik im September 2019 macht die Kräfteverhältnisse in Bayern sehr deutlich: Die CSU hat 140 290 Mitglieder und 2629 Ortsverbände. Die SPD: 57 070 Mitglieder und 1487 Ortsvereine. Die Grünen: 14 370 Mitglieder und 430 Ortsverbände. Die FDP: 6750 Mitglieder und 170 Ortsverbände. Die AfD: 5200 Mitglieder und knapp 60 Kreisverbände. Bei den Freien Wählern ist das alles nicht so leicht zu erfassen: Die Landesvereinigung hat offiziell nur 3500 Mitglieder, dazu kommen aber etwa 40 000, die in unabhängigen lokalen Verbänden gemeldet sind. Freie Wählergruppen sind seit Jahrzehnten der Grund, warum die CSU bei Kommunalwahlen in der Gesamtschau nie so stark ist wie bei Landtags-, Bundestags- und Europawahlen.

Dass die Grünen die SPD als neuer Hauptgegner der CSU abgelöst haben, kann man auch aus der Statistik herauslesen. Von Anfang 2018 bis Herbst 2019 haben die Grünen in Bayern etwa 5000 neue Mitglieder gewonnen, ein Gesamtzuwachs um ein Drittel. Allein seit der Landtagswahl konnten sie mehr als 100 neue Ortsverbände gründen, auch in Gegenden wie dem Bayerischen Wald, in dem Grüne noch vor ein paar Jahren wie exotische, womöglich gefährliche Tiere beäugt wurden. Das ist ein Anfang für die Grünen, aber die Überlegenheit der CSU im sogenannten vorpolitischen Raum, vom Burschenverein bis zur Stadtkapelle, werden sie so schnell nicht aufbrechen können.

Die CSU lebt auf dem Land von ihrer puren Präsenz, und diese Präsenz ist nicht nebenher entstanden. Bei ihren Strukturreformen Ende der Fünfzigerjahre hatte sich die CSU explizit das Ziel gesetzt, möglichst jede Gemeinde in Bayern organisatorisch zu durchdringen – ein Gedanke, der heute nicht sonderlich originell klingt, der aber damals als verwegen galt. Bis heute kommt der CSU auch zugute, dass sie nach der Gebietsreform Ende der Siebzigerjahre ihre Ortsverbände in Gemeinden, die ihre Selbständigkeit verloren hatten, einfach beibehielt. In kleinen Gemeinden, glaubt Franz Meyer, sei die Schwelle zum politischen Engagement niedriger als in großen Städten, weil sich die Leute stärker mit dem Ort identifizierten.

Die CSU-Generalsekretäre Friedrich Zimmermann und Anton Jaumann machten die CSU zu einer der modernsten Parteien Europas. Die Parteizentrale versorgte die Ortsverbände systematisch mit Plakaten, Broschüren und Leitfäden für Veranstaltungen, die Mitglieder bekamen zur werten Orientierung den «Bayernkurier» nach Hause geschickt. In den späten Fünfziger- und Sechzigerjahren waren das revolutionäre Ideen. Der organisatorische Vorteil der CSU in einer Momentaufnahme: 1979 beschäftigte die Bayern-SPD neun Mitarbeiter, wobei da das Reinigungspersonal schon inkludiert war. Bei der CSU waren es 160.

In der Mitgliederentwicklung der CSU spiegelt sich deutlich die Anziehungskraft des Erfolgs. Schon zwischen 1952 und 1970 konnte die CSU ihre Mitgliedschaft verdoppeln, was Parteienforscher in erster Linie auf den Niedergang der Bayernpartei zurückführen. Der spektakulärste Sprung, eine weitere beinahe Verdoppelung, vollzog sich dann jedoch innerhalb von knapp drei Jahren: zwischen 1970 und 1972. Bei der Landtagswahl 1970 holte Ministerpräsident Alfons Goppel erstmals die absolute Mehrheit der Stimmen, er gewann auch große Teile des protestantischen Frankens für die CSU. Dieser Effekt war nun auch massiv in der Mitgliedschaft zu beobachten. Es war der Moment, schreibt der Politikwissenschaftler Michael Weigl, in dem die CSU eine «schlagkräftige Volksbewegung» wurde.

Auch Franz Meyer kam zu dieser Zeit zur CSU, auf dem «klassischen Weg»: Er war bei der Landjugend, und irgendwann fragte ihn ein CSU-Mann, ob er nicht auch in die Partei kommen wolle. Mit 24 saß Meyer im Kreistag. Eine Stelle hatte der junge Meyer inne, die man als Schlüsselposition in der Organisationsstruktur der CSU sehen muss: die des Bundeswahlkreisgeschäftsführers. In jedem der 46 Bundestagswahlkreise in Bayern beschäftigt die CSU eine hauptamtliche Kraft – ein personeller Aufwand, den keine andere Partei betreibt. Die Grünen zum Beispiel haben in Bayern erst jüngst Bezirksgeschäftsführer-Stellen geschaffen: insgesamt sieben und jeweils in Teilzeit. «Der Bundeswahlkreisgeschäftsführer ist der verlängerte Arm des Generalsekretärs», sagt Meyer, «aber die Kommunikation funktioniert in beide Richtungen. Er ist auch der Hebel der Basis in Richtung Parteiführung.»

Obwohl die CSU von ganz oben meist recht autoritär geführt wird, ist das Selbstbewusstsein der Basis traditionell ausgeprägt. Inzwischen werden ihr sogar neumodische Instrumente wie Mitgliederbefragungen zugestanden. Der Grasverwurzelung der Partei schadet es bestimmt nicht, dass CSU-Mitglieder das Gefühl haben dürfen, personelle Entscheidungen vor Ort ohne Intervention aus München treffen zu können: Die Kreisverbände nominieren die Direktkandidaten für Landtags- und Bundestagswahlen, die Bezirksverbände stellen die Wahllisten auf. Die Bezirksverbände reflektieren auch das bayerische Regionalbewusstsein – was in anderen Parteien die Landesfürsten sind, sind in der CSU die Bezirksfürsten. Wer in der Partei ganz nach oben will, kann sich als Vorsitzender seines Bezirks entscheidende Hausmacht sichern.

Diese Spiele hat Franz Meyer hinter sich, 2020 hört er auf als Landrat, nach fast einem halben Jahrhundert in der Politik. Mal ein Feuerwehrfest auslassen, mehr Zeit für die Familie: Er freue sich drauf, sagt Meyer, aber er bleibe ja «ein politischer Mensch». Schon aus familiärer Anteilnahme. Die CSU sei eine bayerische Dynastie, heißt es oft, und die Familie Meyer leistet zweifellos ihren Beitrag. Franz Meyers Sohn Stefan ist bereits Kreisvorsitzender der Jungen Union.

2. Hochamt und Krönungsmesse: Der Politische Aschermittwoch im Wandel

Ein Tunnel tut sich auf vor Markus Söder, ein Tunnel aus klatschenden, johlenden Menschen. Der bayerische Finanzminister steht am Hintereingang der Passauer Dreiländerhalle, vor ihm liegt der Mittelgang, der 5000 begeisterungswillige CSU-Anhänger teilt, und an dessen Ende die Bühne mit dem Rednerpult. Dort oben wird Söder, zumindest gefühlt, ankommen in seinem neuen Amt. Es ist der 14. Februar 2018, ein denkwürdiger Aschermittwoch. Söder, 51 damals, soll in wenigen Wochen Horst Seehofer als Ministerpräsident nachfolgen, das weiß man seit Dezember. Die CSU-Landtagsfraktion hat es beschlossen, der CSU-Parteitag hat es bestätigt. Doch die CSU ist eine emotionale Partei und Markus Söder ein emotionaler Mensch. Für die CSU ist der Politische Aschermittwoch ein Ritual der Selbstvergewisserung; ihrem Anführer bietet er die höchste Kanzel im ganzen Jahreslauf. Das Ritual war ziemlich leer in manchen Jahren, aber das ist diesmal anders. An den Aschermittwoch 2018 wird man sich erinnern als den Moment, in dem die Macht in der CSU von Horst Seehofer überging auf Markus Söder.

Söder muss ein bisschen warten auf seinen Einzug, und wer seine Mimik in dieser ewig langen Minute aus der Nähe beobachtet, sieht, dass er schnaubt wie ein Rennpferd in der Startbox. Nur dass ein Rennpferd im Gegensatz zu Söder nicht die Möglichkeit hat, Nervosität und Erwartung auch zu kanalisieren, indem es an Hemd und Trachtenjanker herumnestelt. Der Aschermittwoch, größer geht es nicht in der CSU. Der eine Tag, an dem sie sich, egal wie kraftlos sie sonst durchs Jahr geht, so richtig aufmandlt. Es geht los, die Stadtkapelle bläst den Bayerischen Defiliermarsch, schon das ist eine vorauseilende Ehrerbietung, weil grundsätzlich dem Ministerpräsidenten vorbehalten. Der heißt im Februar 2018 noch Seehofer, aber eben nur noch auf dem Papier.

Hinter Söder laufen andere CSU-Größen der Bühne entgegen, Generalsekretär Scheuer, Bundeslandwirtschaftsminister Christian Schmidt und der Landesgruppen-Chef im Bundestag, Alexander Dobrindt. Aber die Leute links und rechts haben nur Augen für Söder, nur ihm klopfen sie auf die Schulter. Niemand ruft «Andi» oder «Christian» oder «Alex». Alle rufen: «Markus!» Vorne, am Fuß der Bühne, wo weitere Mitglieder der CSU-Spitze sitzen, sind auch Wirtschaftsministerin Ilse Aigner und der Europapolitiker Manfred Weber aufgestanden, beide hatten Söder als Ministerpräsidenten verhindern wollen, bis er nicht mehr zu verhindern war. Sie wussten vor diesem Aschermittwoch, dass sie verloren hatten. Jetzt können sie mit ansehen, wie hoch ihre Niederlage ausfällt.

Dass es der Aschermittwoch ist, an dem Söder sich zum ersten Mal als designierter Ministerpräsident so richtig beweisen muss, kommt ihm sehr entgegen. Wenn das Bierzelt sein politisches Wohnzimmer ist, wie er immer betont, was ist dann erst die Dreiländerhalle am Aschermittwoch für ihn? Passau, das erzählt er gern, ist für ihn mehr als jeder andere Ort mit Franz Josef Strauß verbunden, dem Ahnherren der CSU und seinem persönlichen Säulenheiligen. Strauß, Stoiber, Söder – so will er das irgendwann als alter Herr daheim im Nürnberger Ohrensessel in den Geschichtsbüchern lesen, für Seehofer muss in der Reihe nicht zwingend Platz sein.

Der Politische Aschermittwoch ist schon oft – praktisch jährlich – zum Anachronismus erklärt und in Worten zu Grabe getragen worden; bislang ist er aber stets sehr verlässlich wiederauferstanden. 2019 hat er seinen 100. Geburtstag gefeiert, schon diese Zahl weist aus, dass der Politische Aschermittwoch keine Erfindung der CSU sein kann. In der Partei hält sich beharrlich die Legende, dass der CSU-Aschermittwoch das «Original» sei, eine Lesart, die sich wunderbar einschmiegt in die christsoziale Überzeugung, dass alles, was gut ist, wahr und schön, von der Partei selbst geschaffen wurde, inklusive der Alpen.

Die Ursprünge des Aschermittwochs in der kleinen Stadt Vilshofen, von Passau gut zwanzig Kilometer die Donau hinauf, hat die SZ-Journalistin Annette Ramelsberger, die selbst von dort kommt, wunderbar beschrieben: wie dem größten Viehmarkt Niederbayerns, auf dem täglich bis zu 3000 Sauen, Kühe und Ochsen verkauft wurden, durch den Bayerischen Bauernbund 1919 eine politische Kundgebung zuwuchs. Wie bald in den Wirtshaussälen der Stadt immer mehr politische Gruppen zu Veranstaltungen luden, bei denen die Bauern mal hier und mal dort hinein hören konnten – ein wenig so, wie es heute noch am Volksfest Gillamoos in Abensberg ist. Ramelsberger schreibt: «Wortgewaltige Fernduelle entzündeten sich, oft diskutierten die Zuschauer mit. Bauern und Politiker von Angesicht zu Angesicht im unverstellten O-Ton-Süd.»

Die Nazis machten dem politischen Ritual von Vilshofen in den Dreißigerjahren ein Ende. Am 11. Februar 1948 war es nicht die CSU, sondern die Bayernpartei, die der Tradition neues Leben einhauchte. Genauer gesagt war es der Bayernpartei-Chef Josef Baumgartner, der – frisch aus der CSU ausgetreten – erstmals wieder in Vilshofen sprach. Tausend Menschen kamen, und einige Tausend mehr lauschten von draußen in Eiseskälte. Der Aschermittwoch gehörte der Bayernpartei, bis 1953 der junge Generalsekretär der CSU nach Vilshofen kam: Franz Josef Strauß. «Der Politiker wurde in seiner Rede mehrfach von kommunistischen Zwischenrufern unterbrochen», stand anderntags in der Zeitung. Deren «Parolen» seien jedoch «in erregten Zwischenrufen und im Gelächter der Versammlung» untergegangen. Baumgartner gegen Strauß, in den ersten Jahren war das ein Duell. Nach dem Niedergang der Bayernpartei, dem die CSU behände nachgeholfen hatte, gehörte die Bühne Strauß praktisch allein. Er kopierte, schrieb Albert Schäffer in der «Frankfurter Allgemeinen Zeitung», das Original so lange, bis er selbst als das Original galt.

Heute kann man in Vilshofen auf Strauß' Spuren wandeln, am Ende des Stadtplatzes geht es kurz vor der Vils ziemlich steil rechts hinauf, schon hat man den Geruch von Hopfen und Malz in der Nase. Der Weg führt vorbei an der Wolferstetter Brauerei – und dann steht man auch schon vor dem Eingang der Brauereigaststätte, des Wolferstetter Kellers. An der Hauswand prangen gleich mehrere Plaketten, die Besucher daran erinnern, dass der Wind der Geschichte diesen Ort einst streifte. Eine Metalltafel zeigt das Konterfei von Strauß. Dass es ein Jahr vor der CSU die SPD war, die den Wolferstetter Keller 1952 als Schauplatz ihrer Aschermittwochskundgebung wählte, bleibt unerwähnt.

Franz Meyer, der Landrat von Passau, ist ein stolzer Sohn der Stadt Vilshofen. Viele Jahre hat er die Kundgebung am Aschermittwoch organisiert. Meyer sagt: «Der Aschermittwoch gehört heute zu Passau. Aber Vilshofen ist der Ursprung.» 1971 war Meyer das erste Mal bei Strauß im Wolferstetter Keller, noch als Schüler der

Berufsschule, es war völlig normal, dass die Klasse da geschlossen rübermarschierte, natürlich als Teil des Unterrichts. Einmal, erzählt Meyer, habe ein Bursche, der anderswo die Schule geschwänzt habe, um Strauß zu sehen, dem großen Vorsitzenden mit der Bitte um ein Autogramm ein Entschuldigungsformular hingehalten. Strauß habe den Zettel unbesehen signiert. In Vilshofen und Passau kursieren jede Menge solcher Geschichten. Der Aschermittwoch mag nicht die Erfindung der CSU sein, aber was er ist: durch Strauß und seit Strauß die Domäne der CSU. Tausende Menschen pilgern Jahr für Jahr nach Passau, einige auch immer aus dem niedersächsischen Peine – die CSU-Fans aus dem Norden dürfen dann in jedem Fernsehbeitrag als Beleg für die bundesweite Ausstrahlung der CSU herhalten. Was die Gesandtschaft aus Peine in Passau erlebt, gibt es bei ihnen daheim wohl wirklich nicht: eine bierselige, ziemlich zügellose Eruption von Politik. Immer Angriff, nie Verteidigung. Der «größte Stammtisch der Welt», so der CSU-Werbesprech. Am Aschermittwoch ist die CSU ganz bei sich selbst, unbestreitbar groß, aber auch ein bisschen größenwahnsinnig.

Der Aschermittwoch hat an Rustikalität verloren in all den Jahren, 1975 zog die CSU aus dem Wolferstetter Keller um in die viel größere Passauer Nibelungenhalle – durchaus gegen Widerstand in der Partei. Strauß-Intimus Wilfried Scharnagl riet: «Bleibt da, das ist das Original.» Anderseits: Hatten die Vilshofener nicht trotz der regelmäßigen Besuche des großen Vorsitzenden mehrmals einen Sozi zum Bürgermeister gewählt und so ihren Undank eindrücklich bewiesen? Einige Christsoziale hofften, mit dem Umzug nach Passau das «bierselige und hemdsärmelige» Element der Veranstaltung zu reduzieren, weil das moderne Image der CSU darunter leide. Aber auch die Nibelungenhalle, «Niha» im Volksmund», füllte die Partei bis unters Dach mit Menschen, Bierdunst, Rauch und Schweiß.

Der Reiz des Aschermittwochs, sagt Parteichef Söder heute, bestehe nicht zuletzt in einer eintägigen «Pause von Political Correctness» – als ob die CSU an allen anderen Tagen des Jahres so viel Wert auf Political Correctness legen würde. Als Paradebeispiel für die ungezügelte Derbheit der Veranstaltung wird gern Strauß' Debüt in der Nibelungenhalle herangezogen, der 12. Februar 1975.

Strauß donnerte, die SPD habe einen «Saustall ohnegleichen» aus der Bundesrepublik gemacht, der SPD-Kanzler Helmut Schmidt sei ein «Sicherheitsrisiko ersten Ranges» und SPD-Minister Egon Bahr ein «dilettantischer Amateurdiplomat». Bleibend auch sein Resümee: «Sozis hoaßens, Kommunisten sans.» Zur Abrundung tat der CSU-Bundestagsabgeordnete Franz Xaver Unertl noch seine Analyse kund, dass die Sozialdemokraten nur regierten, «weil wir die roten Ochsen zu spät kastriert haben».

Strauß setzte die Maßstäbe beim Aschermittwoch, und das, obwohl er im kleinen Kreis schon mal durchblicken ließ, dass ihm die großen Bühnen der nationalen, gar internationalen Politik am Ende doch die lieberen waren. Fast wurde ihm der Erfolg der Veranstaltung selbst zur Last. Er sah sich in einem Aschermittwochs-Dilemma: «Entweder beschränkt man sich auf einige kraftvolle Aussagen, denen natürlich sofort der Ruch der Demagogie angehängt wird», sagte er in seinen späteren Jahren. «Oder man spricht sachgebunden. Dann heißt es, so ganz ist er auch nicht mehr der Alte. Er reißt sie auch nicht mehr hoch von den Stühlen.» Wenn man heute Videos von Strauß-Reden sieht, merkt man, dass das Publikum bisweilen lange Passagen mehr oder minder sachgebundenen Sprechens durchsitzen musste, bis er die Gelegenheit zu einigen kraftvollen Aussagen ergriff.

Der Aschermittwoch war nie ein politikwissenschaftliches Proseminar, doch Strauß' Kunst war es, das Grobe gelegentlich mit etwas Feinem zu durchweichen. «Im Vergleich zu den Sozialdemokraten war Kolumbus noch ein Anfänger», schimpfte er 1977. Auch Kolumbus habe «nicht gewusst, woher er kam; er hat nicht gewusst, wohin er fuhr; als er ankam, hat er nicht gewusst, wo er war; als er zurückkam, konnte er nicht sagen, wo er gewesen war.» Strauß sprach gern mal zwei Stunden, unterbrochen nur vom Applaus und ein paar Prosts ins Publikum. In Strauß' Krug war übrigens meistens Wasser, genauso haben es später Stoiber, Seehofer und jetzt Söder gehalten. Unten im Saal wird genug getrunken, und wenn man das Ganze als Journalist professionell nüchtern verfolgt, wird mancher Anflug von Ekstase nur durch den Faktor Alkohol erklärlich.

Zur Wahrheit gehört, dass der Wille der Anhänger, sich mitreißen zu lassen, in der CSU oft größer ist als die rhetorische Fähigkeit ihrer Anführer, das zu bewerkstelligen. Edmund Stoiber zum Beispiel trägt den Ehrennamen «Mister Aschermittwoch», und er hat in Passau wirklich viel erlebt. 2002 feierte ihn das Parteivolk etwas vorschnell als kommenden Kanzler, 2007 verabschiedete es ihn mit nicht enden wollenden «Edmund, Edmund, Edmund»-Sprechchören in den Ruhestand. Die Rufe begleiten Stoiber in Passau bis heute. Dabei war der Aschermittwoch für Stoiber eher eine Pflichtübung – in einer Disziplin, die nicht seine beste war. Der Zahlenmensch Stoiber referierte stets lieber über Beamtenstellen und Details des Landesentwicklungsplans. Dass man ihn manchmal zum Polemisieren tragen musste, stellte er besonders eindrucksvoll 2006 unter Beweis, als den Journalisten aus seinem Redemanuskript vor allem ein Satz als außergewöhnlich entgegenschrie: «Bayern ist nicht Botswana.» Das sollte Stoiber nach dem Willen seiner Redenschreiber einem UN-Sonderberichterstatter um die Ohren hauen, der es gewagt hatte, das Schulniveau in Bayern und Botswana in einen näheren Zusammenhang zu setzen. Aber als Redenschreiber für Stoiber machte man nur höchst unverbindliche Vorschläge. Der Chef ließ den besten Satz einfach mal weg.

Manchmal ist es ohnehin besser, sich mit Sprüchen zurückzuhalten, wenn man das Handwerk des Sprücheklopfens nicht wirklich beherrscht. Max Streibl etwa hatte eine von äußerster Glücklosigkeit geprägte Aschermittwochsgeschichte. Als er 1992 die bayerische SPD-Chefin Renate Schmidt eine «Krampfhenne» nannte, brachte ihm das sogar Ärger mit der Frauen Union ein: Die «Krampfhennen von morgen», teilte die Frauen-Union mit, würden die «Böcke von gestern ablösen». Im Jahr darauf ging Streibls Vorwärtsverteidigung in der Amigo-Affäre gründlich daneben. «Freude zu haben, ist das eine Schande bei uns in der CSU?», rief er in die Nibelungenhalle. «Deshalb: Saludos Amigos!» Er machte sich über eine ernste Affäre lustig, ein Berater hatte ihm diese seltsame Strategie empfohlen. Es war auch dieser Satz, der ihn wenig später politisch den Kopf kostete. Auch Horst Seehofer war nicht der geborene Aschermittwochsredner, er ist eher ein Meister der kleinen Form und des leisen Wortes, Wirtshaussaal, IHK-Foyer. Wobei man behaupten könnte, dass die Dreiländerhalle in einem Passauer Gewerbegebiet, in der sich die

CSU seit 2005 trifft, eine ebenso moderne wie ordinäre Mehrzweckhalle ist, dass man sie glatt mit einem IHK-Foyer verwechseln könnte.

Der Mythos Aschermittwoch hat einiges aushalten müssen, die scharfen Kanten wurden mit den Jahren sauber abgeschliffen. Statt Blasmusik hört man in der Dreiländerhalle auch mal etwas, das sich anhört wie der Soundtrack des neuen «Avengers»-Films. Man hat auch schon Kameramänner dabei beobachtet, wie sie Bierkrüge kunstvoll auf einen Biertisch drapieren, damit alles noch etwas zünftiger ausschaut. Dass der Aschermittwoch heute bisweilen wirkt wie eine Unterhaltungsshow im Fernsehen, dabei hat der heutige Parteivorsitzende Söder Regie geführt. Als CSU-Generalsekretär war Söder von 2004 bis 2007 Gastgeber in Passau, er reklamiert gewohnt bescheiden für sich, die Veranstaltung 2005 «revolutioniert» zu haben: weniger Dunst, mehr Show. Inspiration hatte er sich vorher bei einer Studienreise in die USA geholt, beim Parteitag der Republikaner. Sein George W. Bush war Edmund Stoiber, den er bekanntlich kaum weniger bewundert als Strauß. Söder ließ eine Bühnenzunge bauen, die weit in den Zuschauerraum hineinragte, Kameras überflogen am Spannseil die Szene. Um das Stammpublikum nicht zu sehr mit Innovationen zu verstören, versicherte Söder, dass weiterhin Fischsemmeln und nicht Sushi gereicht werden. An Fischsemmeln, Käse und Brezn hält man sich auch heute noch in der CSU, um sich von der SPD und anderen gottlosen Fleischfressern zu unterscheiden, schließlich ist der Aschermittwoch der Auftakt der Fastenzeit. Dass man Alexander Dobrindt mal direkt nach der Kundgebung beim McDonald's traf – na ja, er war da sicher, genau wie der Reporter selbst, nur auf der Toilette.

Im Jahr 2018, bei Söders Krönungsmesse, ist die Evolution des Formats noch weiter fortgeschritten. Auf der Bühne sind hinter dem Rednerpult Tische aus versierter Schreinerhand aufgebaut, serienmäßig ausgestattet mit weiß-blauen Deckchen und prall behängten Brezen-Ständern. Ausgewählte Mitglieder dürfen dort Platz nehmen als lebende Kulisse. Man fühlt sich, als hätte man sich ans Set des BR-Sonntagsstammtischs verirrt. Die Plakate, die an der Wand hängen, sind nicht mehr selbst gemalt: Die Mitglieder schicken Vorschläge an die Parteizentrale, die dann bunte Banner druckt. Nicht völlig auszuschließen auch, dass man sich in der Zentrale den einen oder anderen Vorschlag selbst ausdenkt. Einmal, als Söder noch Generalsekretär war und verglichen mit Bundeskanzler Gerhard Schröder von der SPD ein kleines Würstchen, hing da allen Ernstes: «Söder statt Schröder».

Söder, das Rennpferd, legt beim Aschermittwoch 2018 mit Beginn seiner Rede sofort alle Zügel ab. «Ich bin wieder hier in meinem Revier», ruft er, die Menge erhebt sich zum Applaus, man hat auf die Gelegenheit nur gewartet. Söder ist kein Rauschredner, aber den Rausch bringen ja viele Zuhörer mit. Aschermittwoch-Experte Franz Meyer sagt, dass die Aufgabe auch schwerer geworden sei: Neben den Menschen im Saal spreche man ja auch «an ein zweites, ganz anderes Publikum» – die Leute daheim vor den Fernsehern, die womöglich vormittags noch keine zwei Maß getrunken haben. In den intensivsten Momenten kann man auch 2018 noch nachfühlen, dass sich der Christsoziale manchmal unverwundbar vorkommt.

Seit Mitte der Siebzigerjahre ist der Politische Aschermittwoch auch bei anderen Parteien eine feste Marke im Kalender. Die SPD hatte nach dem Auszug der CSU den Wolferstetter Keller in Vilshofen übernommen, war dann in ein Bierzelt gezogen – und 2019 wieder zurück in die Gaststätte. Festzelte füllt die Bayern-SPD nicht mehr so leicht. Dabei durfte sie sich nur zwei Jahre zuvor beim Besuch des Kanzlerkandidaten Martin Schulz einmal als Mittelpunkt des Aschermittwochs fühlen, auch wenn CSU-Generalsekretär Scheuer tapfer behauptete, bei der CSU seien «gefühlt» 10 000 Besucher und damit mehr als bei Schulz. Aber so wie der Schulz-Hype ist auch dieser kleine Triumph nur noch blasse Erinnerung.

Die anderen Parteien verteilen sich über Niederbayern: Die Grünen kommen in Landshut zusammen, die FDP in Dingolfing, die Freien Wähler in Deggendorf. Die AfD hat sich für Osterhofen entschieden. Die Redaktionen im Land schaffen es kaum noch, alle diese Termine zu besetzen. Der Aschermittwoch ist immer noch ein Redewettstreit, aber einer auf Distanz.

Wenn sich Politiker aus anderen Ecken der Bundesrepublik an der Disziplin Aschermittwochsrede versuchen, endet das schnell in rhetorischen Unfällen. Der Aschermittwoch überfordert viele Redner, weil ihnen die Lust an der Provokation fehlt, das unverkrampfte Verhältnis zur Derbheit und der Wille zur Vereinfachung. Einer wie Söder bringt das alles mit. Anderen dagegen merkt man noch im Moment des Aussprechens an, dass ihnen dieses oder jenes Wort einfach nur peinlich ist. Manche Parteien tun sich schwer, ein gesundes Verhältnis zum Aschermittwoch zu finden. Die Grünen erprobten mal «politische Informationsabende», das lief nicht ganz so. Ihnen fehlt es auch ein wenig an Humor – das Prinzip Aschermittwoch funktioniert nur, wenn man das alles nicht ganz so ernst nimmt. Schön illustriert wurde das Fremdeln auswärtiger Gäste mit den hiesigen Traditionen, als die SPD 1999 stolz ihren neuen Bundeskanzler Gerhard Schröder präsentierte. Das Ganze lief schon beim Empfang beim Vilshofener Bürgermeister in eine ganz falsche Richtung. Zur Begrüßung des Kanzlers waren auch Klosterschwestern in voller Ordenskleidung erschienen, und Schröder fragte sie: «Ist bei Ihnen der Fasching noch nicht zu Ende?»

Der Politische Aschermittwoch ist ein bayerischer Exportschlager, es gibt ihn heute nicht nur bei fast allen Parteien, sondern auch in fast allen Ecken der Republik. Als CDU-Vorsitzende trat Angela Merkel am Aschermittwoch immer in Demmin in ihrem Wahlkreis in Mecklenburg-Vorpommern auf – in einer in CDU-Orange ausgekleideten Tennishalle, in der man neben Bier auch Schnaps der Marke «Roter Hengst» kaufen kann. Oder die Baden-Württemberg-CDU: Vor Jahren hat der Reporter in Fellbach bei Stuttgart erlebt, warum der Aschermittwoch wohl das ziemlich exklusive Fachgebiet der CSU bleiben wird. Die Veranstaltung fand in einem Weinkeller statt, neben Wein wurde auch sehr viel Tee gereicht. Dazu servierten die schwäbischen Christdemokraten ihren Gästen pünktlich zum Beginn der Fastenzeit Weißwürste. Der Senf war nicht süß, sondern hatte eine Balsamico-Note. Unnötig zu erwähnen, dass sich das ganze traurige Schauspiel auch noch weit nach dem Zwölf-Uhr-Läuten vollzog, das Weißwürste bekanntlich nach bayerischem Gesetz nicht mehr hören dürfen.

3. Flimmern in der Herzkammer: Thomas Kreuzer und die Landtagsfraktion

Die absolute Mehrheit war für alle Parteigliederungen der CSU eine feine Sache, aber für die CSU-Fraktion im Bayerischen Landtag war sie schon besonders fein. Als die CSU allein regierte, hieß das: Der Beschluss der CSU-Fraktion war der Beschluss des Landtagsplenums. Da konnten Grüne und Rote und Freie Wähler noch so viel schimpfen. Nach der Landtagswahl 2018 sahen sich die christsozialen Abgeordneten dann jäh mit der Widrigkeit aller Demokratie konfrontiert: einer Koalition. In der CSU hat man Koalitionen sehr lange für eine Angelegenheit anderer Leute gehalten, wenigstens in München. Von 2008 bis 2013 erduldete man ein Bündnis mit der FDP, ein lästiges Intermezzo, wie man hoffte. Und jetzt ist man also an die Freien Wähler gekettet, mit denen man sich erst einigen muss, bevor man irgendetwas beschließen kann. Die Landtagsfraktion versteht und vermarktet sich als «Herzkammer» der CSU, ihr Anspruch ist es, den Herzschlag der Partei vorzugeben. Das ist keinesfalls leichter geworden seit Herbst 2018.

«Natürlich ist es jetzt arbeitsintensiver», sagt Thomas Kreuzer, der Vorsitzende der CSU-Fraktion, «es gibt einfach mehr Abstimmungsbedarf.» Und Zeitdruck. Manchmal bekomme man abends einen Gesetzesentwurf, zu dem man morgens um acht Stellung nehmen müsse. Aber insgesamt, sagt Kreuzer, sei das Leben in der Koalition «nicht so problematisch, wie sich manche das vorgestellt haben». Die CSU und die Freien Wähler, das seien ja zwei bürgerliche Parteien: «Wir sprechen die gleiche Sprache und wollen in die gleiche Richtung. Das wäre mit einem linken Partner sicher schwieriger.» Kreuzer, muss man da wissen, ist ein CSU-Mann vom alten Schlag, ein Konservativer, der keinen Kompromiss eingeht, den er nicht wirklich eingehen muss. In der Debatte mit politischen Wettbewerbern ist ihm nicht erstrangig an Stilnoten gelegen, die Opposition im Landtag hat ihm schon vor Jahren den Spitznamen «Panzerkreuzer» gegeben. Angesichts von Söders Reformeifer gilt Kreuzer vielen in der Partei als Verteidiger der traditionellen CSU.

Dass dieser Kreuzer ein unbequemer Partner sein kann, hat – womöglich sogar mehr als jetzt die Freien Wähler – schon vor Jahren Horst Seehofer feststellen müssen. Der Ministerpräsident und Parteivorsitzende Seehofer hatte 2013 noch eigenhändig mitgeholfen, Kreuzer an der Spitze der Fraktion zu installieren, weil es im Duell der heißen Jobinteressenten Markus Söder und Ilse Aigner keinen Verlierer geben durfte und schon gar keine Verliererin. Nach einer Aufwärm- und Erhitzungsphase fanden sich Seehofer und Kreuzer in einem Dauerzoff wieder. Neunjähriges Gymnasium, dritter Nationalpark, neues Kommunalwahlrecht: Nirgends waren sie sich auf Anhieb einig. Zwischen dem Ministerpräsidenten und seinem Fraktionschef gab es mehr Abstimmungsbedarf als in mancher Koalition.

Einmal musste sich Seehofer besonders aufregen. Jahrelang hatte er sich bemüht, den Bürgerprotest gegen eine dritte Startbahn am Münchner Flughafen zu befrieden. Dann sagte der Startbahn-Fan Kreuzer zu Journalisten, der Protest werde sich schon erledigen, wenn erst die Bagger rollten. Das Verhältnis zwischen einem Ministerpräsidenten und seiner Fraktion kann sehr kompliziert und anstrengend sein. Seehofer ließ es sich in diesem Fall nicht nehmen, Kreuzer über ein Interview in dessen Allgäuer Heimatzeitung auszurichten, die Bagger-Äußerungen seien «schädlich für die CSU».

Die CSU-Landtagsfraktion ist ständig im Spagat: Sie will eine eigenständige Kraft sein, sie muss aber auch die parlamentarische Gehilfin ihres Ministerpräsidenten sein. Ein Ministerpräsident kann nicht dauerhaft an seiner Fraktion vorbeiregieren; er hätte rein formal nicht mal das Recht, den Landtag aufzulösen. Umgekehrt wird die Fraktion den Ministerpräsidenten kaum beschädigen wollen – von dessen Erfolg hängen schließlich auch die persönlichen Aussichten der Abgeordneten auf Wiederwahl ab.

Die Fraktion war im vergangenen Jahrzehnt die Machtbasis des aufstrebenden Ministers Söder, lange genug hatte er die Abgeordneten umschmeichelt, sich die Finger wund geschrieben mit freundlichen SMS («Bemerkenswerte Rede. Schönen Tag noch. MS»). Am Ende war es die Fraktion, die Seehofer zum Abschied drängte und für Söder die Türen zur Staatskanzlei aufriss. Jetzt, wo er im Amt ist, kann sein Verhältnis zu den Abgeordneten kaum gleich innig bleiben, man ist ja nicht immer einer Meinung. Für Söder ist die

Koalition da gar nicht so unpraktisch. Beispiel dritte Startbahn: Die Fraktion brannte immer noch für das umstrittene Projekt, Söder wollte es einfach nur vom Tisch haben. Da kamen ihm die Startbahn-Gegner von den Freien Wählern gerade recht. Söder beschied Kreuzer, das sei aus Rücksicht auf den Koalitionspartner leider nicht zu machen.

Immer dienstags treffen sich Kreuzer und Söder zum Frühstück. «Wir tauschen uns ständig aus», sagt Kreuzer, «so können wir mögliche Reibungspunkte erkennen, bevor sie zum Problem werden.» Die Fraktion gilt etwa als durchaus skeptisch, was Söders frisch entdeckte Begeisterung für den Klimaschutz betrifft. Kreuzer macht klar, dass das Selbstverständnis der Abgeordneten im Umgang mit Söder kein anderes ist als mit Seehofer: «Die Fraktion muss sich mitgenommen fühlen.» Sie wirke an der Politik der Regierung mit, aber habe auch eine Kontrollfunktion. «Die Fraktion muss auch mal sagen: Das machen wir nicht.»

Konflikte auf offener Bühne versuchen Regierung und Fraktion natürlich zu vermeiden. Im Plenum des Landtags wird ein CSU-Minister von CSU-Abgeordneten nicht kritisiert – da schießt man lieber gemeinsam auf die Opposition. Bei Fraktionssitzungen hinter verschlossenen Türen kann das anders sein. Die Fraktion hat jederzeit die Möglichkeit, einen Minister um einen Bericht zu einem bestimmten Thema zu bitten. Solche Anfragen haben in manchen Ministerien schon hektische Betriebsamkeit ausgelöst.

Wie sich die Stimmung zwischen einem Ministerpräsidenten und der Fraktion entwickelt, hängt natürlich auch von der Etikette ab. Ein Regierungschef, der die Medien über seine Pläne informiert und erst hinterher die CSU-Parlamentarier, hat nicht viel Liebe zu erwarten. Bei Horst Seehofer hatten viele Abgeordnete das Gefühl, er würde sie nicht richtig ernst nehmen, was sehr plausibel klingt. Edmund Stoiber hielt es nach dem Wahltriumph 2003 nicht für nötig, der Fraktion seinen stetig anschwellenden Reformeifer zu erklären. Auch dass er Rat höchstens noch von seinen engsten Vertrauten in der Staatskanzlei annahm, stieß den Abgeordneten sauer auf und legte das Fundament für seinen späteren Sturz in Kreuth. Das Beispiel Stoiber zeigt übrigens, dass der Blick auf die Fraktion eine Frage der Perspektive ist: Als junger Abgeordneter hatte Stoiber zusammen mit Kurt Faltlhauser den Sammelband «Politik in Bayern» herausgegeben, in dem sie den Ministerpräsidenten Alfons Goppel aufforderten, der Fraktion mehr «Information und Mitwirkungsmöglichkeit» zu gewähren.

Nach dem Krieg galt die CSU-Landtagsfraktion ein Jahrzehnt lang als zerstrittener Haufen, weil in ihr der Flügelstreit zwischen Konservativen und Liberalen hemmungslos ausgetragen wurde. Erst der Vorsitzende Hanns Seidel und die Oppositionserfahrung während der Viererkoalition von 1954 bis 1957 zwangen die Abgeordneten zur Geschlossenheit. Echte Bedeutung erlangte die Fraktion erst nach 1970. Bis dahin durften nämlich Kabinettsmitglieder dem Fraktionsvorstand angehören. Alois Hundhammer war von 1946 bis 1950 sowohl Fraktionschef als auch Kultusminister, Ludwig Huber bekleidete von 1964 bis 1970 dieselben beiden Posten. Besonders originell war die Kombination, die Franz Heubl von 1960 bis 1962 innehatte: Er war Fraktionschef und Leiter der Staatskanzlei, also einer der engsten Mitarbeiter des Ministerpräsidenten. Erst nach einer Änderung der Geschäftsordnung, die so etwas verbot, konnte sich die Fraktion zu einem eigenständigen Akteur im Machtgefüge der CSU entwickeln.

Die Interpretation des Fraktionschefamtes unterlag indes großen Schwankungen. Gerold Tandler verstand sich zwischen 1982 und 1988 als «verlängerter Arm» seines Herrn und Ministerpräsidenten Franz Josef Strauß, ein Eigenwille der Fraktion war nur noch mikroskopisch nachweisbar. Dem CSU-Vorsitzenden Strauß diente Tandler parallel auch noch als Generalsekretär. Nach Tandlers Abgang emanzipierte sich die Fraktion, als sie den als furchtlos bekannten Alois Glück zu ihrem Chef wählte. Während andere Abgeordnete im Angesicht des Strauß nur zu serviler Zustimmung fähig waren, hatte Glück etwa nach dem Atomunglück von Tschernobyl in einer Landtagsrede seine CSU vor einer Fixierung auf die Kernkraft gewarnt. Von 1988 bis 2003 stand er dann an der Spitze der Fraktion, länger als jeder andere und einflussreicher als jeder andere. Wenn Stoiber auf dem kürzesten Weg in die Zukunft mal keine Zeit für einen Gedanken fand, sprang Glück mit fundierten Referaten zur katholischen Soziallehre in die Bresche. Vielleicht ist es nicht nur Zufall, dass die Probleme des Ministerpräsidenten Stoiber begannen, als der Fraktionschef Glück aufhörte.

Thomas Kreuzer, 60, kennt beide Seiten der Machtgleichung, der Jurist war auch schon Chef der Staatskanzlei, damals verstand er sich mit Seehofer noch besser. Obwohl er in seinem Job zu den wichtigsten Politikern des Landes gehört, zweifellos wichtiger als die meisten Minister, ist Kreuzer nicht sonderlich bekannt. «Die Fraktion hat immer das Problem, dass in der Zeitung vor allem der Ministerpräsident und die Minister der CSU zitiert werden», sagt Kreuzer in seiner rauchigen Allgäuer Bass-Stimme, die CDU-Chefin Annegret Kramp-Karrenbauer mal fälschlicherweise für das Ergebnis einer langen Nacht hielt. «Dabei sind wir oft die Impulsgeber, etwa bei der Digitalisierung.»

Die ganz große Bühne muss ein Fraktionschef naturgemäß dem Ministerpräsidenten überlassen, aber hinter den Kulissen kann er seine Muskeln spielen lassen. Die CSU-Abgeordneten verteidigen extrem robust ihre Interessen. So haben sie etwa nur sehr begrenzt Verständnis dafür, dass ein Ministerpräsident bayerische Kabinettsposten nicht aus ihrer Mitte besetzen könnte. Als Seehofer 2008 einige Berliner CSU-Leute für Ministerämter in München erwog, signalisierte ihm die Fraktion, dass das ein ganz schlechter Start für die Zusammenarbeit wäre. Seehofer ging lieber kein Risiko ein.

Besonders hart traf es die Fraktion dann, als Söder bei seinem Amtsantritt im März 2018 eine politische Quereinsteigerin ins Kabinett berief. Er machte die Spitzenärztin Marion Kiechle zur Wissenschaftsministerin. Dass der gute Wille ihr gegenüber endlich sein würde, ahnte man schon ganz zu Anfang, als in der CSU ein alter Artikel aus einem Lifestyle-Magazin umging, in dem Kiechle über ihren Perfektionsdrang spricht, der unter anderem das Wegspritzen von Äderchen erfordert. Ständig fiel Kiechle auf, weil sie auf beinahe rührende Weise unbeleckt war von politischer Konvention. Bei einem Bierzelt-Auftritt kämpfte sie sehr offensichtlich und am Ende erfolglos mit der Bayernhymne. Ein anderes Mal beklatschte sie im Landtag begeistert die Rede eines SPD-Abgeordneten – zur Verstörung ihrer CSU-Kollegen.

«Seiteneinsteiger sind speziell in der Landtagsfraktion nicht beliebt», erklärt ein CSU-Mann. «Sie sind der natürliche Feind des Abgeordneten, der sich ja selbst als potenzieller Minister fühlt.» Kiechle tat jedoch auch wenig, um die Skeptiker zu überzeugen. «Man muss auf die Leute zugehen», sagt der CSU-Mann. Dafür fehlte Kiechle offenbar das Gespür. Zu den Abgeordneten soll sie einmal gesagt haben, dass nicht jedes Kuhkaff ein Krankenhaus brauche. Die Meinung kann man vertreten, aber besser nicht in dieser Wortwahl gegenüber Leuten, die in Kuhkäffern gewählt werden wollen. Die CSU-Fraktion und ihre Ministerin begegneten sich fortan noch etwas weniger unbefangen. Nach sieben Monaten war das Experiment vorbei, nach der Landtagswahl 2018 verabschiedete Söder Kiechle still aus seinem Kabinett.

Ihre beeindruckende Selbstgewissheit bezieht die CSU-Fraktion aus einer Aufgabe, die in der einschlägigen politikwissenschaftlichen Literatur als die eines «Transmissionsriemens» bezeichnet wird. Die besondere Qualität der Fraktion liegt demnach im direkten Kontakt der Abgeordneten zu den Wählern – sie wüssten so immer als Erste, was die Leute im Land umtreibt, und könnten ihre Erkenntnisse an Staatsregierung und Parteispitze weitergeben. «Die besondere Stärke der CSU-Fraktion ist es, dass unsere Abgeordneten flächendeckend vertreten sind», erklärt Kreuzer. «Es gibt nur ganz wenige Stimmkreise, die wir nicht haben. So bekommen wir breite Rückmeldung, was die Menschen bewegt.» Tatsächlich ist das ein Instrument, das keiner anderen Partei in dieser Breite zur Verfügung steht. In den Fraktionssitzungen laufe das dann so, berichtet Kreuzer: «Da meldet sich ein Abgeordneter aus Unterfranken und sagt, ich werde auf dieses oder jenes Problem angesprochen. Dann sagt ein Abgeordneter aus Schwaben, das höre ich auch. Und dann wissen wir, die Sache müssen wir aufgreifen.»

Wichtig sei auch, dass die allermeisten Abgeordneten neben ihrem Landtagsmandat kommunalpolitisch aktiv seien. Er selbst ja auch, sagt Kreuzer: «Ich bin seit 1984 Stadtrat in Kempten. Da bekomme ich sehr direkt mit, wie Entscheidungen der Landesebene in der Stadt ankommen.» Außerdem seien sehr viele Abgeordnete daheim auch in Vereinen und Verbänden aktiv und damit im Alltagsleben ihres Stimmkreises viel präsenter als die politische Konkurrenz. Kreuzers These wird von einer Studie zur Wahlkreisarbeit bayerischer Abgeordneter belegt, die zwar knapp dreißig Jahre alt ist, aber immer noch interessant: Während die CSU-Leute bei Veranstaltungen aller Art den direkten

Ständig im Spagat: Thomas Kreuzer, seit 2013 Fraktionsvorsitzender der CSU im Landtag, muss die Abgeordneten als eigenständige Kraft profilieren – und dennoch den Ministerpräsidenten unterstützen. Hier spricht Kreuzer 2018 im Plenum.

Kontakt mit den Bürgern suchten, verwendeten die SPD-Parlamentarier wesentlich mehr Zeit für die Kommunikation innerhalb der eigenen Partei.

Was die Fraktion als ihre Stärke rühmt, wird von anderen als provinziell belächelt – übrigens auch von manchen CSU-Bundestagsabgeordneten. Und leiert der Transmissionsriemen im digitalen Zeitalter nicht eh zwangsläufig aus? Trifft man die Wähler heute nicht eher auf Facebook als am Stammtisch? «Natürlich ist Social Media wichtig», sagt Kreuzer. «Aber es wäre ein schwerer Fehler, sich jetzt nur darauf zu verlassen und den Kontakt zu den Leuten ganz einzustellen. Auf Facebook schreiben nur die Aktiven. Wenn ich aufs Bezirksmusikfest gehe, bekomme ich ein anderes Gefühl für die Stimmung in der Bevölkerung.» Er wohne in Kempten in Rathausnähe, erzählt Kreuzer, schon das sei hilfreich. «Wenn ich vor die Tür gehe, treffe ich immer Leute, die mir sagen, wo sie der Schuh drückt.» Sicherheitshalber erarbeitet Tobias Reiß, Kreuzers Parlamentarischer Geschäftsführer, eine Art Fraktionsmanager, trotzdem ein Programm, das die CSU-Abgeordneten digital fit machen soll.

Neben dem Transmissionsriemen kennt die Literatur für eine weitere Aufgabe der Fraktion den Begriff «Denkfabrik», der in erster Linie die Ära Alois Glück beschreibt. Heute sehen selbst Beobachter aus anderen Teilen der CSU den Anspruch nicht wirklich eingelöst: «Mit bahnbrechenden Konzepten ist die Fraktion schon lange nicht mehr aufgefallen», sagt ein Berliner CSU-Mann. Richtig starke Fachpolitiker, die sich mit Leidenschaft in ein Thema vergraben, seien rar. Das Denken übernehme Kreuzer allein, dann bräuchten sich die anderen Abgeordneten nicht damit aufzuhalten. Einigen Fraktionsmitgliedern wird dieses Bild natürlich nicht gerecht, aber es ist in diesem Kontext zumindest erwähnenswert, dass die CSU-Fraktion zu Zeiten der absoluten Mehrheit schon öfter damit aufgefallen ist, im Sinne der Arbeitsökonomie einfach Vorschläge anderer Fraktionen zu übernehmen. Natürlich erst, nachdem sie die entsprechenden Anträge abgelehnt hat.

Die Oppositionsabgeordneten haben so gelegentlich das seltsame Vergnügen, ihre eigenen Ausführungen leicht abgewandelt unter einem CSU-Briefkopf zu lesen. Sie wissen dann immer nicht, ob sie sich freuen sollen, dass ihre Ideen doch Gesetz werden. Oder nur ärgern darüber, dass die CSU die gute Sache dreist für sich verbucht. Die Grünen haben zum Beispiel mal gefordert, Lebensmittel zu kennzeichnen, die von Tieren stammen, die gentechnisch verändertes Futter bekamen. Völlig übertriebene Maßnahme, befand die CSU. Gute vier Wochen später schlug sie exakt dasselbe vor. Ein wichtiger Beitrag zum Verbraucherschutz, lobte sich die CSU, Antrag angenommen. Wenigstens lassen sich die Christsozialen bei ihren Kopierarbeiten nicht von ideologischen Scheuklappen einschränken. Jede Oppositionsfraktion hat ihre Geschichten zu erzählen.

Hermann Imhof war 15 Jahre Mitglied der CSU-Fraktion, ein ausgewiesener Gesundheits- und Sozialpolitiker – und ein Mann, der es sich trotz aller Bemühungen der Parteispitze nie hat austreiben lassen, die Politik seiner CSU mit kritischen Beiträgen zu begleiten. Imhof hat Ideen, mit denen er die Landtagskollegen bisweilen konsterniert hat: «Man könnte ja auch einfach mal dem politischen Gegner Recht geben.» Er habe lang damit gehadert, erzählt Imhof, dass in der CSU-Fraktion beinahe jeder abweichende Gedanke als Affront aufgefasst wurde. Die «kritische Loyalität», mit der er sein Herangehen beschreiben würde, sei da nicht vorgesehen gewesen. Er habe eine «echte Diskussionskultur» schmerzlich vermisst, sagt Imhof. Stattdessen klatschten viele Kollegen nach Redebeiträgen halt, wenn alle anderen auch klatschten. Zwei, drei mutige Abgeordnete würden genügen, um die Atmosphäre zu verändern, glaubt er. «Die stecken andere an.» Hermann Imhof sagt: «An der Vielstimmigkeit würde die Fraktion wachsen.»

Es ist wenig überraschend, dass Thomas Kreuzer die Vielstimmigkeit sehr wohl gegeben sieht: «Bei uns kann jeder sagen, was er will.» Wenn es mal unterschiedliche Meinungen gebe, versuche man, dem in einem Kompromiss Rechnung zu tragen. «Und wenn das mal nicht gelingt, wird abgestimmt.» Dann sei es üblich, dass auch die Unterlegenen das Ergebnis mittragen. Kreuzer sagt: «So muss es auch sein, denn nur so haben wir als Fraktion Wucht.»

Ausgerechnet ihr alter Freund Markus Söder soll den Abgeordneten bei der Fraktionsweihnachtsfeier 2018 ein paar grundsätzliche Anmerkungen zu ihrer Arbeit untern Christbaum gelegt haben. Nach Angaben von Teilnehmern sagte Söder, dass es heutzutage nicht mehr ausreiche, sich bei jedem Feuerwehrfest sehen zu lassen. Man müsse sich viel mehr als früher inhaltlichen Debatten stellen und fachlich fit sein, wenn man mit jemand von den Grünen auf einem Podium sitze. Mit seiner kleinen, nicht immer angenehmen Handreichung für die Abgeordneten demonstrierte Söder immerhin auch, dass ihm die entscheidende Bedeutung der Fraktion wohlbewusst ist. Die Macht der CSU in Bayern bröckelt in dem Moment, in dem sie ihre Dominanz bei den Direktmandaten verliert.

4. Die Teilzeit-Tuntenhausener: Die CSU und die Kirchen

Als Ende 2017 klar war, dass Markus Söder Ministerpräsident werden würde, fragten ihn Reporter des «Münchner Merkur», was er denn bei seinem Umzug in die Staatskanzlei unbedingt mitnehmen wolle. Söder sagte: «Vieles. Auch meine Bibel, die immer am Schreibtisch liegt.» Es war eine Antwort, die jene Kritiker verwunderte, die Söders Flüchtlingspolitik eher unchristlich fanden. Söder hält indes auch gern Gastpredigten in Kirchen, er besucht in Nürnberg einen Gebetskreis, er war Mitglied der evangelischen Landessynode. Er sagt öfter Dinge wie: «Ich finde die christliche Botschaft sensationell spannend.» Wie einen Schatz verwahrt er ein Foto mit Widmung von Joseph Ratzinger, als der noch nicht Papst Benedikt XVI. war. Der Kardinal dankt dem damaligen CSU-Generalsekretär Söder handschriftlich dafür, dass er das Schulgebet wiedereinführen wolle.

Nun gibt es Leute, die darauf hinweisen, dass Söders Predigten nicht nur eine christliche Botschaft haben, sondern auch eine politische. Dass sein Gebetskreis im Regelfall ohne Söder beten muss. Und dass er in den Sitzungen der Synode mehr mit seinem Handy beschäftigt war als mit dem jeweils verhandelten Thema. Auf jeden Fall ist Söder ein Ministerpräsident, der seinen Glauben in beinahe amerikanischer Manier nach außen trägt. Bald nach seinem Amtsantritt 2018 lief er bei der großen Münchner Fronleichnamsprozession mit: der Ministerpräsident neben dem Kardinal, ein starkes Bild dafür, dass Bayern und Gott irgendwie zusammengehören.

Die Bayernhymne hat ja in der Tat diese beiden Hauptdarsteller, der eine ist das Land und der andere der Herrgott. «Gott mir, du Land der Bayern», dieses Lied lernen die bayerischen Schüler bis heute laut Lehrplan in der dritten Klasse, und natürlich wird es auch am Ende fast jeder politischen Kundgebung der CSU inbrünstig gesungen. Noch jeder Ministerpräsident hat bei seiner Angelobung Gottes Hilfe erbeten. Bayern und Gott, das war viele Jahrzehnte ein unzertrennliches Duo, aber in jüngster Zeit ist eine sich beschleunigende Entfremdung nicht zu leugnen. Nach der Fronleichnamsprozession beschwerten sich etwa Katholiken mit Sinn für Etikette, Söder habe während der Prozession ständig den Zuschauern am Wegesrand gewinkt. «Wir sind doch nicht beim Oktoberfestumzug», schimpfte einer.

Früher gab es vor allem auf dem Land eine Art Symbiose von CSU und katholischer Kirche. Der Pfarrer verkündete von der Kanzel das Lob der Staatspartei CSU; die Bürgermeister und Abgeordneten der CSU rieten im Gegenzug den Menschen, doch bitte brav in die Kirche zu gehen und auf den Herrn Pfarrer zu hören. Der Pfarrer war für die CSU ehedem ein wichtiges Disziplinierungsinstrument, was heute schon allein deshalb nicht mehr funktioniert, weil so viele Gemeinden zu Pfarrverbänden zusammengelegt wurden, dass ein Pfarrer seine Schäfchen gar nicht alle im Auge haben kann. «Die CSU hat schon noch die Vormacht im vorpolitischen Raum», sagt Simon Eibl. «Aber sie ist nicht mehr so klar wie noch vor zwanzig Jahren.» Eibl ist der katholische Pfarrer von Laufen, «Laffa» sagen die Einheimischen. Eibl ist einer dieser renitenten Geistlichen, die der CSU gerade viel Kummer machen.

Als im Sommer 2019 in Laufen – 6500 Einwohner, von Österreich nur durch den Alpenfluss Salzach getrennt – eine neue Polizeiinspektion eröffnet wurde, reiste auch der bayerische Innenminister Joachim Herrmann an. Landwirtschaftsministerin Michaela Kaniber, die örtliche CSU-Kreisvorsitzende, war eh da. Herrmann versuchte in seiner Rede, die Notwendigkeit von Grenzkontrollen darzulegen. Pfarrer Eibl war nicht überzeugt. Er ergriff die Gelegenheit, eine Botschaft an das erlesene Publikum zu richten: Ob es nicht eine Option wäre, «Fluchtursachen zu bekämpfen, statt Flüchtlinge zu bekämpfen»? Und dann ließ er die Zuhörer auch noch wissen, was er gern mit Politikern machen würde, die Schiffe zur Seenotrettung nicht auslaufen lassen wollen: «Zwei Wochen Sonderurlaub in Flüchtlingslagern, zwei Wochen treiben auf dem Mittelmeer in einem absolut überfüllten Boot, oder zwei Wochen in einem Land leben, in dem der Klimawandel heute schon Tausende Opfer fordert.»

Einige Wochen nachdem er Herrmann und Kaniber die Leviten gelesen hat, steht Simon Eibl, graue Haare, blau-weißes Polohemd, im Hinterhof der mächtigen Stiftskirche von Laufen. Eibl ist mitten in einer kleinen Gartenführung, die Abendsonne legt sich mild auf ein kleines grünes Paradies: «Wir haben hier nichts zugepflastert, auch ein Kiesboden ist Lebensraum für Pflanzen und Tiere.» Dann bittet Eibl ins Pfarrhaus. «Früher», sagt er, «gab es diesen Deal: Die CSU unterstützt die Anliegen der Kirche, und dafür ist die Kirche still, wenn es um politische Auseinandersetzungen geht.» Eibl findet wenig überraschend, dass es für die Gesellschaft besser ist, «wenn alle den Mund aufmachen».

Bei Kaffee und Erdbeerkuchen erzählt Eibl von seiner Kindheit und Jugend in Rott am Inn, wo Franz Josef Strauß' Frau Marianne herstammte und Strauß heute begraben ist. «Ich komme aus einer engen Welt, wo die CSU immer dazugehört hat», sagt Eibl. Die Grünen waren in dieser Welt lange einfach nur «Gschwerl». Als in Rott mal ein Verein einen Sozialdemokraten einen Vortrag halten ließ, berichtet Eibl, sei in der Woche darauf gleich Thomas Goppel aus dem Vorstand der Oberbayern-CSU angereist, um für Ordnung zu sorgen. Wackersdorf sei dann der erste Knackpunkt gewesen, da hätte die CSU-Vormacht zu bröckeln begonnen. Ein paar Bauernsöhne in Rott hätten auf ihren Traktoren die Aufkleber ausgetauscht: «Wir fahren mit Atomstrom» weg, «Atomkraft, nein danke» drauf. Dass auch Männer der Kirche gegen die Wiederaufarbeitungsanlage demonstrierten, sei ihm nicht entgangen. Für ihn persönlich, sagt Eibl, sei das Theologiestudium einschneidend gewesen: «Da habe ich angefangen, freier zu denken.»

Eibl will betont wissen, dass er auch wirklich engagierte CSU-Leute erlebt hat und immer noch erlebt. «Gute Bürgermeister. Oder Alois Glück, der mir auf meine Kritik immer zurückgeschrieben hat.» Politiker, die das «C» im Parteinamen ernst nähmen und die Gründungsgedanken der Partei bis heute verteidigten. Tatsächlich war die katholische Soziallehre – und in zweiter Linie auch die evangelische Sozialethik – von 1946 an ein wichtiger Pfeiler des Menschenbilds und Politikverständnisses der CSU. Ein Blick auf die drei Grundprinzipen der katholischen Soziallehre macht inhaltliche Traditionslinien der Partei sichtbar. Da ist die Personalität: Der Mensch ist frei, er kann sein Leben ohne staatliche Bevormundung gestalten. Dann ist da die Solidarität: Bei aller Freiheit muss jeder dazu beitragen, dass der Staat die Grundbedürfnisse aller Menschen erfüllen kann. Und schließlich die Subsidiarität: Der Staat erlaubt es allen Ebenen der Gesellschaft bis herunter zur Familie, alles selbst zu leisten, was sie selbst leisten können.

Wesentlich für den politischen Erfolg der CSU war das Selbstverständnis als ökumenische Partei, was damals noch als kühnes Konzept galt. Auch wenn im Freistaat die Katholiken dominierten, fiel die CSU nicht wie die Bayernpartei zurück in die Zeiten eines politisierten Katholizismus. Josef Müller, der «Ochsensepp», öffnete die Partei für Protestanten, auch wenn das den Erzkatholiken unter den CSU-Gründern, allen voran Alois Hundhammer, schreckliche Schmerzen bereitete. Der Kampf der Liberalen um Müller gegen die Konservativen um Hundhammer war nicht zuletzt ein Kampf der Aufklärer gegen die Klerikalen. Hundhammer war ein Tugendwächter alter Schule, als Kultusminister ließ er 1948 am Münchner Prinzregententheater das Ballett «Abraxas» absetzen, weil die Regie dem Satan zu einem allzu prominenten Auftritt verhalf. Er verdammte Verhütung und die «schamlosen» Schriften eines gewissen Günter Grass, und er gründete den berüchtigten Katholischen Männerverein Tuntenhausen.

Tuntenhausen liegt im Landkreis Rosenheim, gleich neben Simon Eibls Heimat Rott am Inn. 7000 Einwohner, imposante Wallfahrtskirche. Seit 1441 pilgern die Menschen hierher zu Ehren Marias. Zweimal im Jahr reisen auch die Mitglieder des Katholischen Männervereins Tuntenhausen an, um der Jungfrau zu huldigen und bei der Gelegenheit im Gasthof nebenan ein paar famose Weißwürste zu verzehren. Bis heute ist der Chef des Vereins stets ein CSU-Politiker. Gründer Hundhammer übergab einst an Max Streibl, der sich mit besonderer Strenge hervortat und den «flatterhaften Zeitgeist» inklusive gefährlicher sexueller Freizügigkeit schalt. Ihm folgten 1989 der deutlich lebenszugewandtere Kultusminister Hans Zehetmair und 2005 Kultusstaatssekretär Marcel Huber.

Kenner des Vereins verweisen gern auf eine einschneidende Änderung der Satzung: Den Mitgliedern wird heute nur noch ein Leben «nach den Grundsätzen der christlichen Weltanschauung» abverlangt, und nicht mehr wie früher ein Leben «nach den Grundsätzen der katholischen Kirche» – was für manche in der Praxis sicher eine wesentliche Erleichterung bedeutet. Immerhin hat mancher Christsoziale, wenn schon nicht die eigene Unvollkommenheit, so doch die des werten Parteinächsten mit Ironie kommentiert: «Teilzeit-Tuntenhausener» nannte Strauß den Kollegen Ludwig

Inniges Verhältnis: In den ersten Jahrzehnten nach dem Krieg gab es eine Art Symbiose zwischen der CSU und der katholischen Kirche. Alois Hundhammer (hier mit kirchlichen Würdenträgern) führte den konservativ-katholischen Flügel der Partei an.

Huber, als jener im Privaten Anlass zur Sorge um seine Frömmigkeit gab. Die CSU war immer auch eine Partei im Dauerverdacht der Scheinheiligkeit.

Die gefühlte Zweieinigkeit von CSU und Kirche hat Simon Eibl auf verschiedene Weise zu spüren bekommen, als er Stadtpfarrer in Laufen wurde. Da war der Mesner, der ihm allwöchentlich den «Bayernkurier» überreichte in der Hoffnung, dass er doch noch Erleuchtung finde. Einmal hat sich Eibl in einer Weihnachtspredigt gewünscht, dass der Transrapid nicht gebaut wird. Hinterher lud ihn der Laufener CSU-Vorstand zum klärenden Gespräch. Inzwischen, sagt Eibl, sei alles eine Spur zwangloser. Die Konservativen aus der Gemeinde kämen halt nach der Predigt und sagten: «Heut hast uns nichts erspart.»

Historisch betrachtet ist Altbayern eine Hochburg des Katholizismus. Die bayerischen Herzöge gaben sich als Verteidiger des Glaubens, und das vielleicht stärkste Symbol der Verbundenheit ist die Tradition, dass die Wittelsbacher ihre Herzen stets in Altötting zu Füßen der Schwarzen Madonna beisetzen ließen. Die konstitutionelle Verbindung von Staat und Kirche geht auf das Jahr 1924 zurück, in dem Eugenio Pacelli, der Apostolische Nuntius in München, der später Papst Pius XII. wurde, mit dem Freistaat ein neues Konkordat vereinbarte. Dieser Vertrag gilt im Grunde bis heute. Nüchtern betrachtet, kann man nur sagen: gut verhandelt, Herr Pacelli. Der Freistaat verpflichtete sich, Kirchensteuer einzutreiben, zusätzlich kirchliche Institutionen zu finanzieren – und er gewährte der Kirche ein Mitentscheidungsrecht bei Lehrstuhlbesetzungen an katholischen Fakultäten. Im Gegenzug hat der Staat nicht allzu viel zu melden: Bei Bischofsernennungen dürfte er dem Vatikan lediglich politische Einwände vortragen.

Die CSU hatte nach dem Krieg ein Duell mit der Bayernpartei um die Gunst der katholischen Kirche gewonnen. Im ersten Grundsatzprogramm von 1946 ist postuliert: «Der Mensch ist nach göttlichem Willen ins Leben gerufen worden», als «Ebenbild Gottes von hoher Würde». Glaubwürdigkeit verlieh der CSU dabei Personal wie der langjährige Landtagsfraktionschef Georg Meixner, ein Priester, Politiker und Publizist aus Bamberg, «dessen vielseitige Laufbahn», so der «Spiegel» in seinem Nachruf, «im Titel Prälat am volkstümlichsten kulminierte». Heute könnten junge Christsoziale wahrscheinlich gar nicht mehr sagen, was das ist, ein Prälat. Ihre Bringschuld im Verhältnis mit der katholischen Kirche hat die CSU oft bereitwillig überfüllt, gern mit symbolischen Gesten: Als Strauß CSU-Chef werden wollte, holte er sich zunächst das Plazet des Münchner Erzbischofs Kardinal Döpfner ab. Protestantische Interessen waren weit weniger gut vertreten. Immerhin gründete sich in der CSU 1953 ein Evangelischer Arbeitskreis.

Bis in die Gegenwart hinein sah sich die Partei mit der Aufgabe betraut, christliche Traditionen gegen den Ansturm der Moderne zu verteidigen. Aber was hieß das? Vor allem öffentlichkeitswirksame Empörung, ein großes kulturelles Reinemachen. 1982 wetterte die CSU gegen den Filmemacher Herbert Achternbusch und seinen Film

«Das Gespenst», in dem kein Geringerer als Christus mit «Scheiße» angesprochen wird. In den Neunzigerjahren forderte die CSU bei jeder sich bietenden Gelegenheit die Verschärfung des Blasphemie-Paragrafen. Als Juso-Chef Florian Pronold Jesus als «Lattengustl» bezeichnete, erklärte Edmund Stoiber: «Es darf nicht alles mit Füßen getreten werden, was anderen heilig ist.» Noch 2006 erregte sich Söder, damals Generalsekretär, über die MTV-Serie «Popetown», in der Vatikanvertreter entweder korrupt oder ständig besoffen sind.

Die bislang letzte große gemeinsame Schlacht schlugen CSU und Kirche dann im Kruzifix-Streit 1995. Staatsregierung wie Kirche liefen Sturm gegen das Urteil des Bundesverfassungsgerichts, wonach Kreuze in Klassenzimmern abgehängt werden müssten, wenn das ein Kind oder seine Eltern verlangten. In München demonstrierten CSU-Vertreter und Bischöfe beider Kirchen mit 30 000 Menschen unter dem Motto «Das Kreuz bleibt – gestern, heute, morgen». Kardinal Friedrich Wetter sprach von einem «Intoleranzedikt», Ministerpräsident Stoiber rief: «Wir lassen uns unsere grundlegenden Werte nicht rauben.» Kreuze gehörten zu Bayern «wie die Berge». Die CSU inszenierte sich als Hüterin von Christlichkeit und Bayerntum – eine Vermengung von Religion und Landeskultur, die für den Ministerpräsidenten Söder ein knappes Vierteljahrhundert später bei seinem Kreuzerlass verhängnisvoll sein sollte. Die Sachfrage wurde erst 2011 geklärt, als der Europäische Gerichtshof festhielt, dass Kreuze in Klassenzimmern nicht gegen die Religionsfreiheit verstoßen.

Der Wandel der Gesellschaft durch den Niedergang des Agrarstaats ließ dieses am Ende doch für beide Seiten gedeihliche Verhältnis langsam erodieren. Mit den Jahren hat sich die CSU in die Säkularisierung gefügt, um politisch nicht von der Gesellschaft abgehängt zu werden. Von einer «Profanisierung» der CSU schreibt Marcus Gerngroß in seiner Untersuchung des Verhältnisses der CSU zu den Kirchen. Konfessionsschulen? Als die einst beinahe heilige Gliederung des Volksschulwesens nach Bekenntnissen von der Praxis überholt war, löste sich die CSU geschmeidig vom alten Dogma. Anfang der Siebziger wurden dann der Josefitag, Peter und Paul sowie der Tag der unbefleckten Empfängnis als Feiertage gestrichen, natürlich im Einvernehmen mit Rom und mit Rücksicht auf die wirtschaftliche Kraft Bayerns.

Die Bindung der CSU an die Kirchen war genau wie die Loslösung von diesen ein Stück weit politische Strategie. Die CSU wollte sich weiter an christlichen Werten orientieren, sie wollte sich aber nicht von Kirchendogmen einschränken lassen. Im Grundsatzprogramm von 1968, hält Gerngroß fest, bezeichne sich die CSU erstmals als «konservative Kraft» und rücke das Christliche etwas in den Hintergrund. Ein weiterer Schritt erfolgt im Grundsatzprogramm von 1976, in dem die CSU konstatiert, dass man «auch außerhalb des christlichen Glaubens» zu ihren politischen Vorstellungen kommen könne. Man kann die Entwicklung der CSU aber auch anders bildlich machen: Während in den Sechzigerjahren der Kultusminister Ludwig Huber einen nicht mal einsamen Kampf gegen das Teufelswerk des zweiteiligen Badeanzugs kämpfte, verschickte der CSU-Generalsekretär Markus Söder vierzig Jahre später CSU-Bikinis an Journalistinnen.

Bayern ist freilich noch immer mit prächtigen Kirchen, Klöstern, Wallfahrtsorten und anderen baulichen Glaubenszeugnissen reich gesegnet. Von Joseph Ratzinger stammt der Satz: «Unser Bayern ist deshalb so schön, weil der Glaube seine besten Kräfte geweckt hat.» Manches weltliche bayerische Brauchtum ist kirchlich verwurzelt, beispielsweise das Schuhplatteln, das in einer Schrift der Abtei Tegernsee erstmals Erwähnung findet. Viele bäuerliche Bräuche, die Johannisfeuer etwa, haben sich bis heute im Jahreslauf des Landlebens gehalten. Und 2006 erlebte Bayern ein großes Aufmerken des Volksglaubens, als der bayerische Papst Benedikt XVI. das Land beehrte, stets eng eskortiert von Ministerpräsident Stoiber und anderen CSU-Größen. Dabei passte der feingliedrige und feinsinnige, strenge Akademiker Ratzinger nie wirklich in das Klischee des barocken, lebensfreudigen bayerischen Katholizismus. Aber er war doch ein Bayer in Rom, ein Botschafter seiner Heimat, der bis in seine ganz alten Tage ein sehr offenes Ohr für die Besuchsanfragen von CSU-Vertretern behält.

Doch Aussagen über den Glauben der Menschen lassen sich aus all dem nicht ableiten. Sicher, 2018 identifizierten sich noch immer 48,8 Prozent der Bayern als katholisch, 17,8 Prozent als evangelisch. Aber allein im Jahr 2018 traten gut 64 000 Menschen in Bayern aus der katholischen Kirche aus, knapp 27 000 aus der evangelischen.

«Kirchen in Bayern laufen Gläubige weg», meldete der BR. In Bayern erfolgt der Bedeutungsverlust nur langsamer als anderswo, weil er von einem höheren Niveau ausgeht. Die CSU stellt sich immer noch gern symbolisch an die Seite der Kirche, aber der Wählerkern, den sie damit erreicht, wird immer kleiner. «Die Kirche, egal ob katholisch oder evangelisch, ist heute auch kein einheitliches Gebilde mehr», sagt Alois Glück, der nicht nur Präsident des Bayerischen Landtags, sondern auch des Zentralkomitees der deutschen Katholiken war. «Die Autorität von Bischöfen oder überhaupt der Geistlichkeit ist nicht mehr die von früher. Die politische Bandbreite unter den Gläubigen wird größer.» Es sei «fast unmöglich für die Politik, diese Gruppe pauschal anzusprechen». Dennoch würde es für die Volkspartei-Rechnung der CSU natürlich nicht schaden, möglichst viele zu erreichen.

Simon Eibl teilt Glücks Diagnose, er weitet sie aber noch aus: «Die Autorität der CSU bröckelt genauso wie die der Kirche. Der Christ und der Christsoziale, die sind beide nicht mehr so brav wie früher. Ich habe das Gefühl, dass die Leute freier denken und dass die gesellschaftliche Vielfalt auch bei uns angekommen ist.» Die Gläubigen seien nicht mehr einheitlich für die CSU: «Heute haben wir alle Farben in den Gremien, und das ist sehr gut so.» Die Lage ist unübersichtlich geworden: Manche Gläubige hadern mit der CSU, weil sie zu liberal geworden sei. Weil ihre Vertreter – zum Beispiel der Bürgermeister Josef Schmid in München – beim Christopher Street Day mitmarschieren. Andere Gläubige hadern mit der CSU, weil sie nicht liberal genug sei. Etwa in der Flüchtlingsfrage. Die Engagierten der CSU-Basis halfen 2015 den Hilfesuchenden, während ihre Parteioberen rhetorisch zündelten. Die Leute verstanden ihre CSU nicht mehr.

Es war ein großes Schauspiel, die CSU und die Kirchen im Wortgefecht. Der Bamberger Erzbischof Ludwig Schick verkündete, das «C» im Parteinamen sei schon noch gerechtfertigt – aber nur noch als «Zielvorgabe». In der CSU war man wütend: Hatte man sich nicht selbst auf die Zunge gebissen, als es viel zu sagen gegeben hätte über die Missbrauchsfälle in der katholischen Kirche? War das nun der Dank? Die CSU musste lernen, dass die Zeiten vorbei sind, in denen Konflikt- ebenso wie Loyalitätslinien klar waren und selbsterklärend. Markus Söder, der bekennende Christ, verhedderte sich in diesem Geflecht, als er trotz Tausender ertrunkener Flüchtlinge im Mittelmeer immer noch von «Asyltourismus» sprach. Intellektuell konnte sich Söder mit dem Argument verteidigen, die Kirche sei für Barmherzigkeit da, der Staat für Gerechtigkeit. Aber moralisch gab es da nichts zu gewinnen für ihn. Simon Eibl, der seit Jahren Asylbewerber in seinem Pfarrhaus unterbringt, ist überzeugt: «Die Flüchtlingskrise hat die CSU bei vielen Menschen Glaubwürdigkeit gekostet.»

Dass Söder ein bisschen das Gespür verlassen hat, offenbarte sich dann im Frühjahr 2018 auch in seinem Kreuzerlass, demzufolge in jeder bayerischen Behörde ein Kreuz hängen müsse. Ablehnung und Spott ergossen sich über Söder. Dass ihm diese Sache entglitten war, dürfte Söder bereits an den ersten Rückmeldungen per SMS gemerkt haben, die er gelegentlich von Parteifreunden im ganzen Land einfordert. Für die von kirchennahen CSU-Altvorderen wie Alois Glück und Hans Maier brauchte es keine SMS, deren Kritik konnte Söder in der Zeitung nachlesen. Der Ministerpräsident hatte in der Kommunikation gepatzt: Er deutete das Kreuz kurzerhand zu einem kulturellen Symbol für den Freistaat um. Erst nach massivem Gegenwind drehte er bei: Das Kreuz sei natürlich vor allem ein religiöses Symbol. Um alles noch schlimmer zu machen, war dem Foto-Könner Söder das Begleitbild zum Kruzifix-Erlass völlig missraten. Es zeigte ihn, wie er im Zwielicht der Staatskanzlei ein Kreuz an die Wand hängt. Kollege Kretschmann aus Baden-Württemberg fühlte sich an «Vampir-Filme» erinnert.

Fairerweise muss man vermerken, dass Söder auch schon bei einer Rede vor der Evangelischen Landessynode gesagt hatte, das Kreuz sei ein Symbol für Bayern – ohne dass das irgendwen von freundlichem Schlussapplaus abgehalten hätte. Jetzt teilte Kardinal Reinhard Marx, der Vorsitzende der Deutschen Bischofskonferenz, mit, durch den Kreuzerlass seien «Spaltung und Unruhe» entstanden. In der CSU klammerte man sich an andere Bischöfe, die sich freundlicher äußerten.

Simon Eibl sagt, der Kreuzerlass sei eine «durchschaubare Instrumentalisierung von Religion». Das Kreuz sei für ihn «ein Zeichen, dass der Gekreuzigte auf Seiten der Opfer, der Ausgegrenzten, der

Missachteten steht. Und das habe ich bei Söder einfach nicht erkannt.» Die Kreuzdebatte illustriert die neuen verworrenen Realitäten im Verhältnis von CSU und Kirche: Der Staat will Kreuze aufhängen, die Kirche ist dagegen – das entbehrt nicht einer gewissen Ironie.

Wenn Söder und andere CSU-Politiker sich im Jahr 2019 auf harte Kirchenbänke knien, möglichst in der Nähe von Fotografen, dann mögen das immer noch bildmächtige Demonstrationen der Verbundenheit mit den Kirchen sein. Aber sie werden viel mehr als früher begleitet von der Frage nach der Authentizität. Das «C» im Namen war mal ein Siegel der Verlässlichkeit, das ungeprüft beim Volk Eindruck machte. Heute ist es ein Anspruch, den es erstmal zu erfüllen gilt. CSU-Größen wie Alois Glück oder Hans Maier haben die Leute ihren Glauben abgenommen. Markus Söder muss darum noch kämpfen.

5. Gott mit dir, du Land der BayWa: Der kabarettistische Widerstand

An Silvester 1979 trat die Biermösl Blosn, bestehend aus den Brüdern Hans, Stofferl und Michael Well, in einer Sendung des Bayerischen Fernsehens auf. Titel: «Scherz, Satire und Kleinkunst». Am Nachmittag wurde aufgezeichnet, abends sollte ausgestrahlt werden – unmittelbar vor der Neujahrsansprache des Ministerpräsidenten Strauß. Die Biermösln hatten ihren Teil mit dem «BayWa-Lied» beschlossen, einer alternativ betexteten Bayernhymne: «Gott mit dir, du Land der BayWa / deutscher Dünger aus Phosphat. // Über deinen weiten Fluren / liegt Chemie von fruah bis spaat.» Nach der Aufzeichnung, erzählt Hans Well, sei er vom zuständigen BR-Redakteur mit Lob überschüttet worden: «Ein großartiger Text, ganz super!» Und dann habe der BR-Mann plötzlich gesagt: «Das müssen wir halt rausnehmen», nichts für ungut, gleich danach spreche doch der Herr Ministerpräsident. Der Redakteur, das erfuhr Well erst später, war vor seiner Verwendung im öffentlich-rechtlichen Rundfunk Strauß' Pressesprecher gewesen.

In den folgenden Stunden entspann sich eine lebendige Debatte zwischen Well und wechselnden BR-Leuten, an deren Ende der im Skiurlaub gestörte BR-Fernsehdirektor entschied: Das BayWa-Lied wird ausgestrahlt. So geschah es – und es passierte erst mal gar nichts. Nach ein paar Tagen jedoch brach ein Orkan der Empörung los. Den Ton setzte die «Passauer Neue Presse», die damals nicht nur vor Druckerschwärze triefte. Eine «Verhunzung der Bayernhymne» und eine «Verächtlichmachung unseres ganzen Landes», geißelte ein Kommentator und fragte: «Wo bleibt der Politiker, der dagegen auf die Barrikaden steigt?» So freundlich gebeten, fanden sich natürlich schnell ein paar Barrikadenkletterer, assistiert von Pfarrern, die Blasphemie beklagten, und dem Bayerischen Bauernverband, der den Rücktritt des BR-Intendanten verlangte.

Der Skandal ums BayWa-Lied hat der Biermösl Blosn natürlich nicht im Geringsten geschadet, auch wenn sie mehr als ein Jahrzehnt lang im BR praktisch nicht mehr vorkam und – wie Well gehört hat – selbst danach noch ihre CDs im Senderfundus den Aufkleber «Nur auf Nachfrage spielen» trugen. «Der Dieter Hildebrandt hat uns dann mediales Asyl gewährt», erinnert sich Well, im «Scheibenwischer» in der ARD, einen prominenteren Platz gab es nicht im deutschen Kabarett. «Das war unser Durchbruch», auf einmal standen daheim in Zankenhausen die Reporter aus Berlin und Hamburg vor der Tür. «Und es war auch in einem anderen Sinn eine Initialzündung», sagt Well. «Damals habe ich mich gefragt: Wie gibt's das, dass eine Partei überall reinregiert, in jede Ecke der Gesellschaft? Diese Erfahrung hat mich erst richtig politisiert.»

Hans Well, 66, graue Haare und Lausbubengesicht, hat dann mit seinen Brüdern jahrzehntelang gegen die Obrigkeit und ihren fatalen Hang zu Sauereien angesungen. Die Obrigkeit war nicht immer, aber doch oft: die CSU. Und die Wells waren nicht allein. Ausgehend vom Passauer Scharfrichterhaus, in dem Bruno Jonas und Sigi Zimmerschied groß wurden, erblühte in Bayern im Angesicht der übermächtigen CSU der politische Humor, nicht nur in den Städten, sondern auch in den Kleinkunstbühnen auf dem Land, den «Brettln». Als 1982 im «Scheibenwischer» Gerhard Polt mit Geldbündeln wedelte und bayerischen Regierungsmitgliedern Vorteilnahme beim Bau des Rhein-Main-Donau-Kanals unterstellte, protestierte die

Staatsregierung wegen des «bayernfeindlichen Programms». 1986 blendete sich das Bayerische Fernsehen aus einer «Scheibenwischer»-Folge aus, die kurz nach Tschernobyl die Kernkraft aufs Korn nahm. Das Kabarett war in Bayern so etwas wie die außerparlamentarische Opposition. Und Hans Well und seine Brüder gehörten zu den Oppositionsführern.

Leute wie Dieter Hildebrandt konnten wütende CSUler vielleicht noch als zugereiste linke Ideologen diskreditieren, als Vorhut preußischer Unterwanderung. Bei der Biermösl Blosn verbot schon der Name den Versuch: Das «Biermösl» – hochdeutsch: Beerenmoos – liegt nahe der Well-Heimat im Landkreis Fürstenfeldbruck; eine «Blosn» – Blase – bezeichnet auf Bayerisch eine Gruppe. «Wir waren ein unangenehmer Gegner für die CSU», sagt Hans Well, Volksmusiker, Trachtenträger, Vereinsmitglied. Der junge CSU-Landtagsabgeordnete Otto Wiesheu, später Generalsekretär und Wirtschaftsminister, habe ihn mal gefragt: «Buam, ihr redts doch Boarisch, wos habts ihr denn gegen die CSU?» Well sieht genau darin die Rolle der Brüder: «Wir haben dem Sepperl-Bayerntum aus dem Musikantenstadl etwas entgegengesetzt. Und wir haben hoffentlich gezeigt, dass die CSU sich nicht des ganzen Landes ermächtigen konnte.» Die Speerspitze des kabarettistischen Widerstands? So einen Ehrentitel will sich Well nicht anmaßen. «Vielleicht haben wir dazu beigetragen, ein paar Klischees zu relativieren.»

Well sitzt an einem warmen Frühlingstag auf der Terrasse eines Cafés im Münchner Stadtteil Haidhausen, die Kollegen Jonas und Zimmerschied wohnen ganz in der Nähe. «Keinen von uns konnte man in die Preußen-Schublade stecken», sagt Well, das habe manchmal zu herrlichen Missverständnissen geführt. 1981 wurden die Biermösln zum Maibockanstich des Finanzministeriums ins Hofbräuhaus eingeladen. Die Brüder konnten das kaum glauben: Hatte denn niemand im Ministerium eine politische Verlässlichkeitsprüfung vorgenommen? Später stellte sich heraus, dass der Sohn eines Ministerialen sie auf einer Hochzeit gehört und empfohlen hatte. Kurz vor dem Auftritt ergriff den Beamten dann doch die Angst, er schwor die Wells nach Kräften ein: «Bitte nix Politisches! Und spuit's fei ja net des BayWa-Liad! Wenn des kimmt, verbietet euch der Minister as Wort!» Natürlich spielten sie das BayWa-Lied, und in der ersten Reihe lief der Minister Max Streibl nach Wells Erinnerung hochrot an.

Die künstlerische Rauferei mit der CSU war oft lustig, aber im Kern schon auch ernst. Well sagt, es empöre ihn bis heute, dass Strauß seinen persönlichen Profit stets im Blick gehabt habe. Und Schriftsteller als «Ratten und Schmeißfliegen» diffamiert habe. «Das war für mich ein Tabubruch», sagt Well. Am stärksten in Rage gebracht hat ihn immer, «dass die CSU versucht, gezielt die niederen Instinkte der Xenophobie anzusprechen und so Stimmen zu fangen». Im Asylstreit 2018 sei das ja kaum anders gewesen als vor zwanzig Jahren. Der Fall «Mehmet» hat ihn lange umgetrieben: der 14-jährige Schläger türkischer Herkunft, den Innenminister Günther Beckstein von der CSU im Landtagswahlkampf 1998 ins Land seiner Eltern abschieben ließ, obwohl er in München geboren und aufgewachsen war.

Es hat jedenfalls gedauert, bis das BayWa-Lied CSU-seitig verarbeitet und abgehakt war: Noch 2003 war das ganz offenkundig nicht der Fall, als ein Schulbuchverlag den Text übermütig in ein Liederbuch für die achte Klasse aufnahm. Das Kultusministerium intervenierte, die gesamte Auflage, 70 000 Stück, musste eingestampft werden. Hans Well ist trotzdem nie an seiner bayerischen Heimat verzweifelt. «Es gab auch bei der CSU immer wieder Leute, mit denen man reden konnte.» Der Landrat von Fürstenfeldbruck, der Well bat, ihm doch bitte den Text vom BayWa-Lied in den Briefkasten zu werfen. Oder der Bürgermeister aus der Gegend, der dem legendären Heimatpfleger Toni Drexler gestand, er finde die Blosn gut: «Woaßt, Drexler, as Volk braucht a Ventil.» Well sagt, selbst in Bierzelten mit CSU-Publikum hätten sich die Leute ihr Programm immer angehört: «Das ist das Schöne an Bayern: Mit Ideologie wollen die Leute eigentlich nichts zu tun haben. Die geben sie sofort auf, wenn der Witz der Gegen-Ideologie besser ist. Da ist die berühmte Liberalitas schon wirksam.» Deshalb konnte Hans Well auch mit der SPD-Idee eines «anderen Bayern» nicht viel anfangen: «Das habe ich immer blöd gefunden. Es gibt für mich nur das eine Bayern. Das Bayern, das anständig umgeht mit den Schwächeren und den Fremden. Dem haben wir uns immer zugehörig gefühlt. Mir hat nie gefallen, dass man das Bayern-Bild von der CSU definieren lässt.»

Generationen von Satirikern arbeiteten sich ab an der CSU, aber sie lebten auch gut von ihr. Der Volkstribun Strauß etwa war ein Politiker, wie Humoristen ihn sich erträumen, einer, der jederzeit das Beste und das Schlechteste des bajuwarischen Archetyps zu verkörpern imstande war. Als der junge Karikaturist Ernst Maria Lang Ende der Vierzigerjahre fast allabendlich Kundgebungen in den Bierstuben Münchens besuchte, um sich ein Bild vom neuen politischen Personal im Freistaat zu machen, dachte er sich zumeist: «Herrje, das wird schwer mit diesen blassen Gestalten, wie soll man die zeichnen?» Nur einmal sei es ganz anders gewesen. Ein kraftstrotzender Landrat stand da vorne am Rednerpult, schwitzend, dampfend, polternd. Lang wusste nicht, ob er ihn vulgär finden sollte oder brillant. Er wusste nur: «Dieser Herr wird mich noch ganz schön beschäftigen.» Mehr als 1000 Mal hat er Franz Josef Strauß dann aufs Papier gebracht.

Von 1947 bis 2003 zeichnete Lang für die «Süddeutsche Zeitung», 2014 ist er verstorben. Bei einem Gespräch einige Jahre vor seinem Tod sagte er: «Meine Zunft ist darauf angewiesen, dass uns etwas geboten wird.» Und Strauß bot mehr als jeder andere: Er redete nicht einfach, er peitschte seine Worte aus dem Mund. Er stand nie still, er bebte. Er überreichte dem König von Saudi-Arabien einen Jagdfalken, er posierte mit Breschnew und Mao. «Er hat uns gut genährt», sagte Lang. Unter seinem Zeichenstift wurde Strauß zum Löwen und Schwein, Hirsch und Nilpferd, Kampfflugzeug und Atomkraftwerk. Und ganz oft zum Sonnenkönig. «Welchem deutschen Politiker hätte man diese Rolle denn eher abgenommen?», fragte Lang: «Wem hätte man sie denn nur im Ansatz abgenommen?»

Strauß ist eine Figur, die man auch im Jahr 2019 noch bedenkenlos in ein Kabarettprogramm einbauen kann. Mehr als dreißig Jahre ruht er nun in seiner Gruft in Rott am Inn, doch in der Satire scheint ihm ewiges Leben verheißen zu sein. Helmut Schleich, 52, der bundesweit bekannte Kabarettist aus Schongau, wo Strauß einst Landrat war, hat dessen Parodie in seinem Standard-Repertoire. Das geht dann so: Mit der flachen Hand schlägt Schleich sich auf den Hinterkopf, das Kinn drückt sich plötzlich an die Brust. Wo gerade noch ein Hals war, sind nur noch Kopf und Schultern. Die Arme legt er dicht an die Hüften, der rechte schießt ab und an mechanisch hoch, mit ausgestrecktem Zeigefinger. Strauß! Manchmal wird Schleich der Applaus seines Publikums unheimlich. Er könne es hören, sagt er, wenn das Klatschen und Trampeln und Schreien umschlägt. Wenn die Zuschauer nicht mehr seine Parodie bejubeln, sondern den, den er parodiert. Ein kalter Schauer laufe ihm dann über den Rücken. Schleich sagt: «Franz Josef Strauß ist für einige noch immer eine Heldenfigur.»

Viele große Namen des bayerischen Kabaretts haben den Strauß gegeben: Sigi Zimmerschied, Walter Fitz am Nockherberg, Ottfried Fischer. Der rief 1987 mit gepresster Strauß-Stimme bei dem wegen seiner Nazi-Vergangenheit international geächteten österreichischen Bundespräsidenten Kurt Waldheim an und lud ihn nach München ein. Waldheim sagte begeistert zu. Auch der große Münchner Schauspieler Jörg Hube, 2009 verstorben, hat Strauß in den Siebziger- und Achzigerjahren parodiert. Er habe Strauß' «Skrupellosigkeit und Selbstgerechtigkeit verachtet», hat Hube mal gesagt. «Und doch war es eine Herausforderung für uns, sich an einem zu reiben, der reden konnte, der gebildet war und Ironie besaß.»

Als Strauß starb, spekulierte man gar darüber, ob man jetzt Predigt und Singspiel bei der Salvator-Probe am Nockherberg einstellen müsse. Tatsächlich, hat Ernst Maria Lang gesagt, seien damals «dürftigere Zeiten» angebrochen: «Langsam hat sich ein bleicher, nüchterner Berufspolitiker-Typus durchgesetzt, der nicht mehr so einladend war für Satire.» Wobei der Aktenfresser Stoiber am Ende doch wesentlich ergiebiger war als befürchtet. Mit dem Internet, das seine rhetorischen Stolperer archivierte und verbreitete, hatte Stoiber einen Gegner, dem sich Strauß nicht mehr stellen musste. Auch Hans Well hat sich des Themas angenommen, «Stoibers Vermächtnis» heißt ein Hörbuch, das Stoibers schönste sprachliche Unglücke kunstvoll arrangiert, von der «gludernden Lot» bis zur Blumen-Hinrichtung im Wolfratshausener Garten.

Stoiber sagt heute übrigens, dass all die Häme kaum wehgetan habe: «Das war am Ende gut für mich», er habe dadurch menschlicher gewirkt. «Du darfst bloß nicht beleidigt reagieren.» Die Transrapid-Rede («Sie steigen in den Hauptbahnhof ein») sei wahrscheinlich die berühmteste, die er je gehalten habe: «Die wurde vier Jahre später hochgezogen. Ich konnte mich daran gar nicht mehr erinnern. Das war beim Neujahrsempfang der Münchner CSU, die siebte Veranstaltung an einem Tag. Aber Ausreden gelten nicht.» Diese Wahrheit gehört natürlich zum kabarettistischen Widerstand: Aufmerksamkeit, egal wie kritisch, stärkt sehr oft auch die Statur eines Politikers. Auch am Nockherberg, wo Politik und Humor im Biernebel auf eine Weise vermengt werden, die in nüchterneren Ecken Deutschlands zweifellos erklärungsbedürftig ist. Der Nockherberg liegt in München am Hochufer der Isar, und in der Bierschwemme dort wird jährlich in der Starkbierzeit ein demokratisches Hochamt gefeiert. Es geht zurück auf Mönche, die vor Jahrhunderten unter Androhung von Höllenqualen die Sittsamkeit ihrer Zuhörer einforderten. Politiker-Derblecken, das heißt im örtlichen Fachjargon, dass Politiker in einer Fastenpredigt und einem Singspiel veralbert werden. Es liegt Ernst in dieser Gaudi, der Nockherberg ist Machtbarometer und Orakel zugleich. Wer hier nicht als Sünder gegeißelt wird, wer hier nicht vorkommt, der kann eigentlich einpacken.

Persiflage und Hommage fließen auch bei Wolfgang Krebs ineinander, der mit seiner hinreißenden Stoiber-Parodie populär wurde und sich inzwischen einfach ergänzend draufschafft, wer in Bayern sonst so regiert: Beckstein, Seehofer, Söder, Aiwanger. Beim politischen Frühschoppen am Gillamoos hatte Krebs als Stoiber einige Jahre ein eigenes Zelt, jedes Mal war es voll, mehr als Tausend Leute. Wenn Krebs den Stoiber macht oder auch den Söder, hören ihm die Leute lieber zu als dem Original. Söder indes ist kein Mann, der sich in irgendeinem Bereich des Lebens mit einer passiven Rolle zufriedengeben würde. Bevor er das heikle Kabarettistengeschäft politisch unzuverlässigen Profis überlässt, ergreift er lieber selbst das Wort.

Egal, wohin er kommt, er hält sich meistens für den witzigsten Mann im Raum, und gelegentlich hat er sogar recht. Humor ist für Söder ein Mittel der Politik, wenigstens war das vor seinem Aufstieg zum Ministerpräsidenten so. Mit ziemlicher Chuzpe hatte er, der überzeugte Wassertrinker, sich sein persönliches Starkbier-Kabarett eingerichtet: den Maibock. Wie praktisch, dass das Hofbräuhaus in die Zuständigkeit des bayerischen Finanzministers fällt! Der Maibock wurde also zur großen Söder-Show, mit Steuergeld finanziert und vom Bayerischen Fernsehen übertragen, eine Dauerwerbesendung für einen ehrgeizigen Minister. Söder sprach immer etwa zwanzig Minuten, bevor der eigentliche Fastenprediger Django Asül randurfte, und in diesem kleinen Zeitfenster wurden unsagbare Dinge vorübergehend sagbar. Was wäre Horst Seehofer, wenn er ein Bier wäre? Söder sagte: «Eiskalt gehopfter Hallodri.» Kein anderer von Seehofers Ministern hätte sich erdreistet, dem Ministerpräsidenten so nahe zu treten, und sei es im Schutzmantel des Scherzes. Söder tat es. Und hievte sich damit im Machtkampf mit Seehofer auf Augenhöhe.

In den vergangenen zwanzig Jahren hat sich in Bayern das Verhältnis von Politikern und Satirikern entspannt, über Krebs' Stoiber lachen auch CSUler. Das Bayerische Fernsehen hat auch schon länger nicht mehr den Bildschirm geschwärzt. Stattdessen zeigt es das rotzfreche Magazin «Quer» zur besten Sendezeit. Der Tatbestand der Majestätsbeleidigung wurde – vielleicht in Ermangelung von Majestäten – abgeschafft. Die CSU hat sich lockergemacht und das schnelle Prozessieren gegen künstlerische Unbotmäßigkeiten aufgegeben. Als sich die Biermösl Blosn 2012 auflösten, ließ sich in den Abschiedsgrüßen von CSU-Politikern keine Schadenfreude nachweisen. «Wehmut kommt auf», sagte Erwin Huber. «Die Biermösl Blosn ist nicht nur Kult in und aus Bayern, sie ist bayerische Kultur, ja mehr, ein Teil der bayerischen Seele. Sie verkörpert bayerischen Charakter, Eigenwilliges, Aufmüpfiges, Dickschädeliges, Widerständisches, das zu Bayern gehört, wie die Gebirgsschützen, das Weiß-Blau und die CSU.» Hans Well sagt, gelegentliches Lob von der CSU sei schon früher schwer verdaubar gewesen: «Die wussten halt genau, wie sie uns am meisten treffen.»

Und was hat sich politisch geändert in all den Jahren? «Dieses gwamperte Selbstbewusstsein der CSU ist weg», sagt Well. «Die sind verunsichert.» Nicht nur wegen der 37,2 Prozent bei der Landtagswahl 2018. Sondern auch, «weil für den Söder Haltung ein Fremdwort ist, der gibt ja hoppla-di-hopp Positionen preis, die gerade noch unverrückbar waren.» Söder sei eben kein Strauß: «Der ist ein Apparatschik, der keine eigenen Überzeugungen hat, sondern seit der Kindergarten-Krabbel-Union das tut, was ihn in der Partei voranbringt.»

«Die CSU ist Schicksal», sagt Hans Well. «Wir haben oft drüber geredet, ob uns das noch vergönnt ist, dass wir in Bayern mal nicht von der CSU regiert werden.» Früher sei er da zuversichtlich gewesen, «ich habe gedacht, der Amigo-Filz, das muss die Leute doch aufregen, da kommt das Rad in Bewegung». Das große Protestkonzert gegen die Wiederaufarbeitungsanlage in Wackersdorf, Grönemeyer, Haindling, BAP, 100 000 Menschen, die Biermösln sangen: «Schaltet aus, schaltet aus, Franz Josef Strauß». Da habe die CSU-Macht zu bröckeln begonnen. Doch die Zuversicht sei dann geschwunden mit den Jahren. «Heute bin ich mir nicht mehr sicher, ob ich den Wechsel noch erlebe», sagt Hans Well. Und dabei plane er doch ganz fest, neunzig Jahre alt zu werden.

6. Volkspartei ohne Volk? Protest von Wackersdorf bis «Ausgehetzt»

Als im Juli 2018 in München mehr als 25 000 Menschen unter dem Motto «Ausgehetzt» gegen eine «Politik der Angst» demonstrierten, die sie im Besonderen den Herren Seehofer, Söder und Dobrindt vorwarfen, antwortete die CSU mit einer Art Gegen-Demo. Spezielle Aufmerksamkeit verdient dabei ein Satz, den die Partei in den sozialen Netzwerken postete: «Die Menschen in Bayern wissen, was sie an der CSU haben.» Nun war die CSU nie eine Partei, der die Menschen gleichgültig begegneten. Sie rief in ihrer Geschichte oft große Zustimmung und große Ablehnung zugleich hervor. Ausweislich der Wahlergebnisse war die Zustimmung stets größer als die Ablehnung.

Eine Partei mit dem Anspruch, Volkspartei zu sein, hat freilich ein Problem, wenn sich ein nennenswerter Teil des Volkes offen und laut gegen sie stellt – wenn die Ablehnung also nicht nur groß ist, sondern tief. Die mächtige CSU könne sich nur selbst besiegen, lautet ein alter Spruch, und er ist mindestens in dem Sinne richtig, dass eine Volkspartei es sich nicht leisten kann, eine kritische Masse von Bürgern dauerhaft gegen sich aufzubringen. Eine Volkspartei muss integrieren, nicht spalten. In der Flüchtlingsdebatte hatte die CSU gespalten. Die Menschen wissen, was sie an der CSU haben? Sie wussten das eben nicht mehr so genau.

In den mehr als sieben Jahrzehnten ihres Bestehens geriet die Volkspartei CSU stets dann in Not, wenn sie den Bezug zu relevanten Strömungen im Volk verloren hatte. Es führt deshalb eine direkte Linie aus den Achtzigerjahren in die Gegenwart, von den historischen Protesten gegen die nukleare Wiederaufbereitungsanlage (WAA) im oberpfälzischen Wackersdorf zur «Ausgehetzt»-Demonstration in der Münchner Innenstadt. «Stoppt Strauß» stand ehedem auf den Buttons, nun las man auf Aufklebern: «Söder stoppen». Wenn man als Journalist Söder und anderen CSU-Leuten Schmerzen bereiten wollte, musste man nur schreiben, das «Wackersdorf-Gefühl» sei wieder da.

Es begab sich, dass nur ein paar Monate später, im Januar 2019, im Prinzregententheater der Bayerische Filmpreis vergeben wurde – und dass der Spielfilm «Wackersdorf» des jungen Regisseurs Oliver Haffner unter den Ausgezeichneten war. Für die Übergabe des Preises an Haffner war Hans Schuierer eingeladen, 87 Jahre alt, der SPD-Mann, der als Landrat des Kreises Schwandorf einst den Widerstand gegen die WAA angeführt hatte. Die stürmischste Ehrung wurde Schuierer dann selbst zuteil. Die Zuschauer im Saal standen auf zum Applaus, es war der Moment, in dem Schuierer gefühlt erhoben wurde zu einem Helden der bayerischen Geschichte. Wie schwer sich die CSU immer noch tut mit Teilen dieser Geschichte, konnte man am bayerischen Ministerpräsidenten in der ersten Reihe erkennen. Markus Söder blieb sitzen und klatschte pflichtschuldig in einer Langsamkeit, als wäre er zur geriatrischen Gruppengymnastik hier.

Schuierer war kein WAA-Gegner der ersten Stunde, er war ja dankbar, dass die Anlage mehr als 1500 Arbeitsplätze in seinen krisengeschüttelten Landkreis bringen sollte. Es gibt eine Szene im Film, die laut Schuierer realitätsgetreu zeigt, wie sich die Zweifel bei ihm Bahn brachen: Da werden dem Landrat Bauskizzen vorgelegt, und er fragt einen der Planer, für was man denn 200 Meter hohe Kamine brauche. Der Planer sagt, dass auf diese Weise die radioaktiven Schadstoffe möglichst weit gestreut werden können. Hatte Franz Josef Strauß nicht behauptet, das Ganze sei auch nicht gefährlicher als eine «Fahrradspeichen-Fabrik»? Da war es vorbei für Schuierer. Er weigerte sich, die baurechtlichen Genehmigungen für die WAA zu erteilen. Die Staatsregierung ließ sich von solcher Renitenz indes nicht beirren; zunächst prüfte sie diverse kreative Ideen für eine Amtsenthebung. Als das zu nichts führte, verabschiedete die CSU-Mehrheit ein Gesetz (im Volksmund: «Lex Schuierer»), das die Zustimmung des Landrats obsolet machte. Es gilt bis heute.

In Wackersdorf emanzipierten sich die Bayern von ihrer scheinbar ewigen Regierungspartei. Der Widerstand gegen die WAA brachte etwa am Ostermontag 1986 mehr als 100 000 Menschen auf die Straße, und die meisten ließen sich nicht so leicht als langhaarige linke Bombenleger diskreditieren. Der Widerstand von Wackersdorf war ein Widerstand aus der Mitte der Gesellschaft, Pfarrer, Lehrer, junge Frauen, auch viele Bauern, die Kernklientel der CSU, stellten auf einmal die Weisheit der Obrigkeit in Frage. Strauß hatte eine «rasche und ungestörte Realisierung» des Projekts erwartet. Jetzt begehrten ausgerechnet die braven Oberpfälzer gegen die Staatsregierung auf. Eine Revolution in einem Stammland der CSU, das war im Weltbild vieler Christsozialer nicht vorgesehen. Eher hatten sie Dank erwartet: Hatten die Oberpfälzer nicht immer gemeckert, sie kämen zu kurz – «München den Speck, der Oberpfalz den Dreck»?

Strauß hatte für die vermeintlichen Aufrührer nur Verachtung übrig, die sich in heftigen Schimpfkanonaden entlud. Die Lage vor dem Bauzaun eskalierte, die Polizei traktierte die Demonstranten mit Knüppeln, Wasserwerfern und gefährlichem Reizgas. Berüchtigt bleibt die «Pfingstschlacht» von 1986 mit vielen Hundert Verletzten, als Gummischrot und Blendgranaten auf die Demonstranten hagelten und ein Mann nach einem Asthma-Anfall starb. Hans Schuierer berichtete später, er habe persönlich erlebt, «wie ein Polizeihund einer jungen Frau einen Fetzen Fleisch aus dem Oberschenkel gerissen hat». Peter Gauweiler war von 1986 bis 1990 Staatssekretär im Innenministerium, ein Law-and-Order-Politiker, Kampfname «Der schwarze Peter». Er relativiert das Geschehen nicht, er will aber festgestellt wissen, dass es noch einen anderen Blick auf die Dinge gibt. Gauweiler erzählt, wie er einmal mit dem Hubschrauber in Wackersdorf einflog und auf einem Scheunendach den Schriftzug «Tötet Gauweiler» las. Versammlungsrecht, sagt er, das bedeute, sich fried-

Revolution in der Oberpfalz: Mit den Protesten gegen die atomare Wiederaufarbeitungsanlage in Wackersdorf emanzipieren sich die Bayern 1986 von ihrer scheinbar ewigen Regierungspartei CSU. Die Polizei geht teilweise brutal gegen den Widerstand vor.

lich und ohne Waffen zu versammeln. Das könne nicht bedeuten, dass Polizisten mit Metallkugeln beschossen werden.

Aber wie konnte es überhaupt so weit kommen? Die CSU rühmt sich damals wie heute ihrer Nähe zu den Menschen, die es ihr erlaube, gesellschaftliche Trends zu erkennen, bevor sie zu Problemen heranwachsen. Wieso hat dieses Gespür die CSU im Fall Wackersdorf verlassen? Die Antwort liegt sicher auch im ausgeprägten Selbstbewusstsein der Partei, das immer die Gefahr von Selbstüberschätzung birgt. Die CSU, die tatsächlich viel richtig gemacht hat in Bayern, mag die Überzeugung entwickelt haben, dass alles, was sie macht, auch richtig sein muss. Strauß war beseelt vom Glauben an die Technik, und ganz besonders glühte er für die Kernkraft, die er auch als umweltschonendste Form der Energiegewinnung schätzte. In der CSU-Landtagsfraktion referierte er in epischer Länge, dass die Vorkommen von Uranerz endlich seien und benutzte Brennstäbe selbstverständlich wiederaufbereitet werden müssten. Abgeordnete von CSU und SPD besichtigten staunend die Vorbildanlagen in La Hague und Sellafield. Peter Gauweiler sagt: «Wir waren überzeugt, dass die Kernenergie sicher ist und die beste Garantie für saubere Luft. Wir haben geglaubt, dass die Demonstranten arme Irre sind, die den technischen Fortschritt nicht verstehen.»

Wie sehr sich die Wahrnehmungskluft zwischen den Atomfans von der CSU und den Atomzweiflern in der Bevölkerung spreizte, war 1986 nach dem Reaktorunglück von Tschernobyl zu beobachten. Die Informationspolitik der Bundesregierung wurde von einem CSU-Mann verantwortet, Bundesinnenminister Fritz Zimmermann, der auch für Umwelt zuständig war. Aus heutiger Sicht lesen sich Zimmermanns Einlassungen so naiv, als hätte sie Hans Well für ein Kabarettstück geschrieben: Schon schlimm, was dort in der Sowjetunion passiert sei, aber eine «Gefährdung» bestehe nur in einem Umkreis von 30 bis 50 Kilometern um den Reaktor herum: «Wir sind 2000 Kilometer weg.» Unter den Deutschen wuchsen die Ängste, etwa vor kontaminierten Lebensmitteln, doch Zimmermann fehlte dafür das Sensorium. Kanzler Helmut Kohl entzog ihm die Zuständigkeit und richtete ein neues Ministerium für Umwelt und Reaktorsicherheit ein. Zum unglücklichen Auftritt der CSU trug auch Landesumweltminister Alfred Dick nachhaltig bei: Vor laufender Kameras steckte er seinen Finger in nachweislich verstrahlte Molke, führte ihn hernach in den Mund und sagte: «Des tut mir nix.» Heute behaupten eingeweihte Christsoziale, Dick, gar nicht doof, habe seinen Mittelfinger in die Molke getunkt, dann aber seinen Zeigefinger abgeschleckt.

Dass die deutsche Wiederaufarbeitungsanlage in Bayern errichtet werden sollte, war kein Zufall. Wohin mit dem Atommüll aus den deutschen Kernkraftwerken? Die Ministerpräsidenten waren sich einig, dass es eine WAA geben muss – sonst, so Strauß, drohe der Bundesrepublik der «Rückfall ins vorindustrielle Armenhaus». Nur wollte sie keiner in seinem Bundesland haben. Keiner, bis auf Strauß, der die Kollegen mit seinem Ja erlöste. «Da hieß es auch in der CDU: Wenn's jemand schafft, dann die Bayern», sagt Erwin Huber, damals Landtagsabgeordneter und von 1988 an CSU-Generalsekretär. «Darauf waren wir stolz.» In den 55,8 Prozent, die er bei der Landtagswahl

1986 holte, sah Strauß eine kräftige Legitimation, die Modernisierung Bayerns voranzutreiben – inklusive Wackersdorf. «Wir haben uns zugutegehalten, dass wir als Partei gegen sektoralen Widerstand Projekte durchgesetzt haben, die fürs ganze Land von Bedeutung waren», sagt Huber. Den Rhein-Main-Donau-Kanal, den neuen Münchner Flughafen im Erdinger Moos. «Wir waren es gewohnt, Widerstand zu bekommen. Wir sind nicht schon bei der ersten Demo in die Knie gegangen.»

Eine der wenigen mäßigenden und mahnenden Stimmen in der CSU war Alois Glück, der Vorsitzende des Umweltausschusses im Landtag. «Ich war schon früh der Meinung, dass wir nicht auf Dauer auf Kernenergie setzen können», sagt Glück heute, damit war er damals in seiner Partei sehr allein. Im Frühjahr 1986 besuchte er ein zweitägiges wissenschaftliches Kolloquium der Evangelischen Akademie Tutzing zum Thema Wackersdorf. Er verließ Tutzing mit einer Überzeugung, die er wenige Tage später in einem vertraulichen Brief an Strauß niederschrieb. Der Schlüsselsatz steht auf der zweiten von fünf Seiten: «Ich glaube nicht mehr, dass diese Anlage jemals in Betrieb gehen wird.» Glück war zu der Einsicht gelangt, dass die WAA schlicht nicht mehr gebraucht wurde. «Es wurde mehr Uran gefunden in der Welt, als man gedacht hatte», sagt er im Rückblick. «Dann der Riss, der durch die Oberpfalz ging wegen des Streits, mitten durch Familien.» Den Vertrauensverlust, den das bedeutete, durfte sich die Volkspartei CSU nicht leisten. Eine Antwort auf seinen Brief hat Glück von Strauß nie bekommen: «Aber er hat es mir offenbar nicht übelgenommen.»

Der CSU fiel es schwer, das Projekt zu beenden, zu viel hatte sie investiert, zu erbittert war der Streit. Ein Ausstieg wirkte wie eine Niederlage – und auch wie ein Verrat an Strauß, der 1988 gestorben war. Es war dann die Wirtschaft, die die Reißleine zog. Die Betreiberfirma hatte Ende 1988 an der Verwirklichung der WAA zu zweifeln begonnen. Die Anlage wurde immer teurer, die Proteste immer lauter. Und Frankreich hatte ein attraktives Angebot gemacht, die deutschen Kernbrennstäbe in La Hague aufzubereiten. Das war im Effekt das Ende für Wackersdorf. In der CSU waren viele wütend über das Einknicken der Manager. Für diese Typen hatte man jahrelang den Kopf hingehalten?

Der neue Ministerpräsident Max Streibl räumte das Thema dann rechtzeitig vor der Landtagswahl 1990 ab, er legte sich so verwegen in die Kurve, wie man das später auch von Seehofer und Söder erlebt hat. Er hatte erkannt, dass die Staatsregierung in dieser Konfrontation mit den eigenen Bürgern nichts mehr gewinnen konnte. Er sei nie ein «heißer Verfechter der Kernenergie» gewesen, erklärte Streibl bei einer Pressekonferenz im April 1989. Für die WAA werde er gewiss «nicht kämpfen». Der «Spiegel» schrieb, Streibl rede daher, «als wäre er gerade zu den Grünen übergelaufen». Am 30. Mai 1989, vier Jahre nach Baubeginn, wurden die Arbeiten an der WAA eingestellt. Es war der Anfang vom Ende der Atomkraft in Deutschland. Peter Gauweiler sagt im Rückblick: «Wenn wir etwas nicht richtig zu Ende gedacht hatten, haben wir es auch nicht durchbekommen.»

Heute ist Gras gewachsen über das Schlachtfeld von Wackersdorf. Auf dem Baugelände ist ein riesiger «Innovationspark» entstanden, betrieben von BMW. Diverse Gebäude, die als Teile der WAA errichtet wurden, sind integriert. 3000 Menschen arbeiten hier, mehr, als die WAA wohl jemals hätte beschäftigen können. Manche Dinge sind aber unverändert: Immer noch treffen sich am Franziskus-Marterl, einer kleinen weißen Kapelle, die Veteranen des Widerstands. Sie können mit Fug und Recht von sich behaupten, Bayern verändert, eine lebendige Protestkultur etabliert und das Verhältnis von Staat und Bürgern neu geordnet zu haben. Die Volkspartei CSU muss seitdem mit einem mündigeren Volk umgehen.

Es braucht nun keine Wiederaufbereitungsanlage mehr, um die Bayern widerständig zu machen. Im Juli 2018 gingen sie wieder in großem Stil auf die Straße, auch die Pfarrer, die Bauern und all die Gruppen, mit denen die CSU sich lange in bestem Einvernehmen wähnte. Die CSU hatte den Leuten zu viel zugemutet: den Flächenverbrauch durch Gewerbegebiete auf vormals grünen Wiesen; das Polizeiaufgabengesetz, das eine Präventivhaft ohne zeitliche Begrenzung vorsieht, eine so maßlose Idee, dass sie später selbst von einer CSU-nahen Expertenkommission gerügt werden sollte; und vor allem die leicht brennbare Rhetorik in der Flüchtlingspolitik, bei der vielleicht der Wähler im Zentrum steht, aber sicher nicht der Mensch.

Grünen-Fraktionschefin Katharina Schulze sagte: «Die Menschen kämpfen für ihr Bayern, das Söder nicht mehr repräsentiert.» Inwieweit Schulze dieses Bayern repräsentiert, ist wieder eine ganz andere Frage, doch unbestreitbar ist, dass gerade viele junge Menschen sich nicht mehr von einer Partei vorschreiben lassen wollen, welches Bild sie von ihrer Heimat haben. «Reclaim Bavaria», ist einer der Slogans dieses alternativen, hippen Bayerns zwischen Tracht und Tattoo: Holt euch Bayern zurück. «A Mass statt Hass», hatte ein Bavarian Hipster auf ein Demoplakat geschrieben, und ein anderer offenbarte sich als Freund der direkten Ansprache: «Obacht, CSU, jetzt samma grantig».

Früher hätte die CSU so eine Demo nicht mal ignoriert. Diese Ruhe hatte sie nicht in einem Wahljahr, im Sinkflug in den Umfragen. Jetzt hielt sie Angriff für die beste Verteidigung und startete eine Gegenkampagne. Die Demo-Route hatte sie im Morgengrauen mit Plakaten gepflastert, auch auf Kleinlastern fuhr sie ihre Botschaft spazieren: «Ja zum politischen Anstand. Nein zu #ausgehetzt. Bayern lässt sich nicht verhetzen». So weit war es gekommen: Die selbsternannte Staatspartei CSU führte sich auf wie die außerparlamentarische Opposition. Was hat sie da geritten? Die CSU war wohl auch deshalb waidwund, weil sie ahnte, dass sie da in eine Ecke geraten war, in die eine Volkspartei nie geraten darf. Die CSU 2018: arrogant, kaltherzig, entrückt.

Der Kampfgeist der CSU wurde aber auch deshalb geweckt, weil Differenziertheit nicht wirklich zu den Stärken der Demonstranten gehörte. Ist die CSU wirklich «braun» und ein «Faschistenpack», wie manche skandierten? Der Kabarettist Bruno Jonas, übertriebener CSU-Nähe unverdächtig, sagte der FAZ alles Nötige: «Die Verrohung der Sprache gibt es auf beiden Seiten.» In der CSU waren viele unglücklich mit der harschen Reaktion, die sich Generalsekretär Markus Blume ausgedacht hatte, ausgerechnet der angebliche Feingeist in der Landesleitung. Wenn Menschen sich von der CSU entfremdeten, sagt ein CSU-Mann mit Einfluss, müsse man «sie zurückerobern und nicht noch weiter abstoßen». Peter Gauweiler sieht Blumes Kurs anders: «Ich habe den Generalsekretär für seine scharfe Reaktion verteidigt. Wenn man so an den Pranger gestellt wird, darf man sich das nicht gefallen lassen. Da gibt es auch mal Funkenflug.»

Im Herbst 2019 wirkt es, als hätte die CSU mit etwas Abstand zu genau jener Nachdenklichkeit gefunden, die ihr im Sommer 2018 noch abging. «Wir haben im vergangenen Jahr nicht immer den Ton getroffen», gibt Markus Blume zu. Nach der Landtagswahl aber habe man eine «Neujustierung» gemacht, den «Zeitgeist» aufgenommen. Eine Volkspartei, sagt Blume, müsse Menschen zusammenführen und nicht auseinander: «Wir wollen nicht, dass wir nochmal in die Situation kommen, dass auf der Straße gegen uns demonstriert wird.»

7. Anleitung zum Unglücklichsein: Die SPD macht Opposition

Wenn Hans Jochen-Vogel aus dem Fenster seines Appartements im Altenheim Augustinum schaut, dann sieht er den Olympiaturm und das BMW-Hochhaus, sein München, das er einst als Oberbürgermeister in die Moderne gewuchtet hat. Mit 34 Jahren wurde er 1962 ins Rathaus gewählt, er baute die U- und die S-Bahn, legte die Fußgängerzone an, holte die Olympischen Spiele in die Stadt. Bei seiner Wiederwahl 1966 erhielt er 78 Prozent der Stimmen. Nach zwölf Jahren trat er ab und ward seiner SPD ein treuer Parteisoldat: Bau- und Justizminister in Bonn, Bürgermeister in Berlin, erfolgloser Kanzlerkandidat gegen Helmut Kohl 1983, Bundestagsfraktionschef und Parteivorsitzender, als sich andere nicht um diese Ämter rissen.

Und noch einen anderen Posten hat er auf sich genommen, weil er sich auch hier vor der Verantwortung nicht drücken wollte. Vogel wurde 1972 Vorsitzender der ewig darbenden bayerischen SPD. 1974 zog er als Spitzenkandidat in den Landtagswahlkampf gegen Alfons Goppel, in eine programmierte Niederlage. Vogel ist 93 Jahre alt heute und im Rollstuhl unterwegs, aber wenn er an seinem Esstisch ins Erzählen kommt, nimmt er immer noch richtig Tempo auf. Goppel sei ein «sehr gewichtiger Gegner» gewesen, sagt Vogel, «er galt ja nicht zu Unrecht auch als Landesvater». Die SPD plakatierte «Bayern braucht Dr. Vogel», das Land erkannte das Bedürfnis nicht so recht.

Vogel erzählt, was ihm damals alles zu schaffen machte: «Der gute Franz Josef Strauß hat hemmungslos zugespitzt und behauptet: Der Vogel tarne sich nur als Realpolitiker, in Wahrheit sei der ein ganz gefährlicher Linker.» Und dann erst der SPD-Nachwuchs! Die

Jusos forderten, der Staat müsse den Bürgern kostenlos Wohnungen zur Verfügung stellen. «Die laute Stimme der Linken und ihre Realitätsferne hat viele Wähler abgeschreckt.»

Vogel war eingeklemmt zwischen einer kraftstrotzenden CSU und halsstarrigen Kritikern aus den eigenen Reihen, eine unwirtliche Position, in der sich fast alle bayerischen SPD-Chefs vor und nach ihm wiederfanden. Goppel siegte mit 62,1 Prozent der Stimmen. Vogel sagt: «Trotzdem sind die 30,2 Prozent, die wir damals geschafft haben, ein Ergebnis, von dem wir heute nur träumen können.» 9,6 Prozent hat die Bayern-SPD bei der Landtagswahl 2018 geholt, ein Wert, der ihn natürlich schmerze.

«Wir haben die Identifizierung der CSU mit Bayern nie wirklich aufbrechen können», sagt er, und das, obwohl die SPD in Bayern immer sehr gute Leute gehabt habe. Vogel geht weit zurück in die Geschichte: Wilhelm Hoegner, der rote Ministerpräsident. Waldemar von Knoeringen, der «rote Baron». Wenn er es auf einen einzigen Satz bringen müsste, woran Generationen von SPD-Politikern in Bayern gescheitert sind – was würde er dann sagen? «Die CSU kann in Berlin stets als Vertreterin Bayerns auftreten», vor allem, wenn sie der Bundesregierung angehöre. «Dieser Vorteil ist kaum wettzumachen.» Willy Brandt, sagt Vogel, habe ihm mal scherzweise vorgeschlagen, dass die Bayern-SPD doch einfach aus der Bundes-SPD austreten könnte.

Was ihm Zuversicht gebe, sagt Vogel, sei der Erfolg der SPD in den Städten. Im roten München. Im roten Nürnberg. Oder im roten Fürth. Genau dort, in Fürth, hat der Reporter mitten im Landtagswahlkampf die kleine Erforschung der unglücklichen Bayern-SPD begonnen, die lang nach der Wahl in Vogels Appartement ihren Abschluss findet.

Mai 2018, ein Samstagabend im Westen der alten fränkischen Industriestadt. Ratlosigkeit macht sich breit in den Gesichtern. Da müsse er jetzt aber mal nachdenken, sagt einer der beiden älteren Herren auf der Bierbank. Wann war das letzte Mal einer von der CSU hier auf dem Stadtteilfest? Puh, sagt der andere, war nicht mal der Dings da, na, «wie heißt er wieder», vor fünf Jahren oder so? Nein, sagt der Erste, das müsse länger her sein: «Der ist ja jetzt auch schon ewig tot.» Die SPD ist da in Fürth, die SPD lebt in Fürth. Sie steht in Gestalt des Oberbürgermeisters Thomas Jung unter den Festbesuchern in der Sonne und nimmt die Ehrerbietungen der Stadtbevölkerung entgegen. Eine richtige Schlange hat sich gebildet vor Jung. Also gut, man muss zu dem Bild wissen, dass der OB an diesem Tag Geburtstag hat. Aber falsch ist es auch nicht: Jung hat die vergangenen beiden Wahlen in Fürth so spielend gewonnen wie einst Vogel in München, mit 80 und 73 Prozent.

Die SPD: die Partei, die das schöne Fürth erfunden hat. Man könnte fast glauben, irgendwer hätte irgendwo einen dicken Knopf gedrückt und die herrliche Bayernwelt einfach auf den Kopf gestellt. Arme kleine Schwarze im großen roten Land! Aber schon in Puchheim, zwei Stunden auf der A 9 nach Süden, steht alles wieder gerade. Kundgebung im Bierzelt, gleich wird die SPD-Spitzenkandidatin reden. Toller Zuspruch, finden die Gastgeber, etwa ein Drittel der Bänke ist belegt. Bayern gehe es gut, sagt ein Genosse zur Begrüßung. Aber es könne ja noch besser werden! Natascha Kohnen springt auf die Bühne, sie hat sich offenbar noch nicht allzu sehr belasten lassen von der Aufgabe, die Bayern-SPD in die Landtagswahl zu führen. «Ihr seid echt wacker», ruft sie ins Zelt. Sie meint, dass die Leute den zauberhaften Frühlingsabend hier drin verbringen. Aber sie könnte auch die aktuellen Umfragezahlen dieser Maiwoche meinen: zwölf Prozent für die SPD, hinter den Grünen mit 14, gleichauf mit der AfD.

Bei der Wahl im Herbst werden es nochmal gut zwei Prozent weniger sein. Die SPD wird hinter den Grünen liegen, hinter den Freien Wählern, sogar hinter der AfD. Dabei gab es mal einen roten Ministerpräsidenten in Bayern, den von Vogel verehrten Wilhelm Hoegner, 1957 trat er ab. Seither hat die SPD – 2018 eingerechnet – 15 Landtagswahlen verloren. Und mit jeder Niederlage auch Mitglieder, Mittel und Mut. Es half auch nichts, dass die CSU viel dafür tat, sich selbst zu schaden mit Affären und Skandalen. Bei ehrlicher Betrachtung war die einzige realistische Hoffnung der SPD in jüngerer Vergangenheit, doch mal von der CSU als Koalitionspartner gebraucht zu werden. Und selbst da ist sie nun verdrängt worden. Das mit der Koalition übernehmen nach der Wahl die Freien Wähler.

Seit einem halben Jahrhundert arbeitet sich die SPD an der selbsternannten Staatspartei CSU ab, ein Selbstversuch zur Vergeblichkeit aller Opposition. «Ein anderes Bayern» hat die SPD einst versprochen, und jetzt wartet sie darauf, dass irgendwer ihren Traum teilt. Aber was genau soll anders werden? Und wer soll das wollen?

Natascha Kohnen, 50, Jeans, blaue Bluse, spricht in Puchheim eher Talkshow-Deutsch als Bierzelt-Bayerisch, aber das spricht sie gut. Es geht ihr um jene Menschen, die nicht teilhaben am weiß-blauen Paradies. Sie erzählt von einer Freundin ihrer Mutter, die ihr Leben in Schwabing verbracht hat und jetzt umziehen muss, weil sie sich die Miete nicht mehr leisten kann. Das Wohnen, sagt sie, «ist die soziale Frage des 21. Jahrhunderts». Wenn die Bayern-SPD bisweilen etwas hilflos in der Luft zappelt, dann bekommt sie in den besten Momenten von Kohnens Rede wieder Boden unter die Füße.

Der Boden bleibt allerdings nicht lange dort. Kohnen berichtet, der neue Ministerpräsident verteile nun Geschenke im ganzen Land; das neue Familiengeld lasse Markus Söder sogar kurz vor der Wahl auszahlen. «Das kann man schon machen», sagt Kohnen – und dann sagt sie nicht schnell genug: «aber». Schon haben viele Leute im Zelt mit Klatschen angefangen. Geschenke? Geld? Im September? Da ist auch mancher Sozi nicht abgeneigt. Nach dem «aber» erklärt Kohnen, dass das dreister Stimmenkauf sei und sozial nicht wirklich gerecht. Aber da hat das SPD-Zelt schon für den CSU-Mann geklatscht.

Wenn einer seine SPD das Siegen lehren kann, dann Thomas Jung, der 80-Prozent-OB. Der Turm des Fürther Rathauses ist dem Palazzo Vecchio in Florenz nachempfunden, und in seinem Büro stellt Jung, 57, sicher, dass der Turm alles ist, was man hier für unbescheiden halten könnte. Mit leiser Stimme beschreibt er den Erfolg der SPD in Großstädten, im roten Nürnberg, im roten München, Stachel im Fleisch der CSU. Was ist das Geheimnis? Pragmatische Politik, sagt Jung, unbeschwert von ideologischem Ballast. Man könnte auch behaupten, dass es Jung genau wie dem Nürnberger Kollegen Ulrich Maly oder dem Münchner Kollegen Dieter Reiter ausgezeichnet gelingt, den Erfolg beim Wähler nicht durch unnötige Bekenntnisse zur eigenen Partei zu gefährden. Es ist ein bisschen so, als wäre die Fürth-SPD aus der Bayern-SPD ausgetreten.

Aufs Land, sagt Jung dann, sei der kommunale Erfolg natürlich nicht so leicht übertragbar. «Es ist nie gelungen, die SPD als Bayern-Partei in die Köpfe der Menschen zu bringen.» Der Kern von Jungs

Analyse ist der Kern von Vogels Analyse: Die CSU sei eben die einzige Regionalpartei in Deutschland, die auch im Bund mitmische. Deshalb könne sie mit großem Getöse für sich reklamieren, die Stimme Bayerns in Berlin zu sein. Die bayerische SPD dagegen ist nur einer von 16 Landesverbänden. «Wir sind da viel abhängiger», sagt Jung.

Früher, sagt Jung, sei man auch ständig in die gleiche Falle gerannt. Die Roten waren immer die, die das Land schlechtredeten. Thomas Jung leidet mit der Landes-SPD, aber er leidet wohl auch an ihr. Innere Sicherheit, typisches Thema. Jung erzählt, wie die bayerischen Genossen – traditionell ein eher linker Landesverband – vor zwanzig Jahren Sturm liefen gegen die Schleierfahndung. So wie jetzt gegen Söders Polizeigesetz. Für beides gibt es gute Gründe, doch Jung fürchtet, dass die SPD wieder mal als zu weich rüberkommt. Und dass sie vor lauter Begeisterung über Großdemos am Marienplatz die Bedürfnisse vieler eigener Wähler verkennt. Jung sagt: «Wer SPD wählt, der will Sicherheit, soziale Sicherheit, aber auch einen starken Staat.» Bei Landtagswahlen ist die CSU auch in Fürth stärkste Kraft.

Was die Leute auch wollen: schöne Bilder, wie sie Söder täglich in die mediale Umlaufbahn schießt. Jung pflanzt deswegen gern mal einen «Energiewald» – das hält den Klimawandel nicht direkt auf, bringt aber stets ein Foto in der Zeitung. Vielen in der Landes-SPD ist solche PR zuwider, zu oberflächlich, zu billig. Jung seufzt. Er war selbst mal im Landtag, er ist rechtzeitig entkommen. In der Ohnmacht der Opposition verkümmern und verbiestern Talente. Der Rucksack, den die SPD in Bayern zu tragen hat, ist ja eh schwer. Aber die Genossen haben die Neigung, sich noch zusätzlich mit ein paar Gewichten zu beladen. Zum Beispiel alljährlich im Januar. Der Januar ist lang, aber die SPD trifft sich immer, immer zur gleichen Zeit wie die CSU zur Klausur. Sie produziert Unmengen von Anträgen, von denen dann außer den Teilnehmern der Klausur niemand was mitbekommt, weil das Land gebannt auf die CSU starrt. Warum nicht den Termin eine Woche früher oder später ansetzen? Die SPD sagt: Wir weichen nicht vor der CSU.

Die CSU kann kaum gehen vor Kraft, die SPD kann kaum gehen vor Stolz und Trotz. Während Söder Journalisten regelrecht stalkt, lässt die SPD Interviewanfragen auch mal an sich vorüberziehen. Das Programm für die Landtagswahl, vier Monate Tüftelei? Keine Pressekonferenz zur Präsentation, bloß ein diskreter Hinweis im Netz. Oder: Zunächst lobte die SPD Söder für seinen Plan, die Amtszeit des Ministerpräsidenten auf zehn Jahre zu beschränken – nur um vier Monate später die nötige Verfassungsänderung abzulehnen, weil das nur «Symbolspielchen» seien. Es ist fast, als würden sich im Angesicht der mächtigen CSU bei führenden Sozialdemokraten die Gedanken verknoten.

Letzte Frage an 80-Prozent-Jung. Wie finden Sie Natascha Kohnen? Gute Frau, sagt Jung. «Sie ist vielleicht nicht überall besser als Herr Söder, aber sie ist in jedem Fall ganz anders, und das ist wichtig in einer Wahlauseinandersetzung.» An Heilsbringer glaubt Jung eh nicht. Nicht mehr. Das war einmal, damals, als Christian Ude in den Ring stieg, der OB und Sonnenkönig von München. «Dass eine Person die SPD rettet, das ist spätestens mit dem Ude-Versuch widerlegt», sagt Jung. Vor der Landtagswahl 2013 – eher weit vor der Wahl – schlug die Hoffnung Purzelbäume. SPD, Grüne, Freie Wähler, nötigenfalls noch die FDP: Vier Zwerge wollten den Riesen CSU auf die Matte werfen. Die Operation endete mit der Rückkehr der CSU zur absoluten Mehrheit. Eine Pleite? I wo: Ude weist bis heute gern auf die zwei Prozentpunkte hin, die die SPD damals zulegte. «Plus!», sagt er dann immer und hebt den Zeigefinger. Heute geht es für die SPD nur noch um die Größe des Minus.

Um die gleiche Zeit gab es noch einen Hoffnungsträger in der Bayern-SPD, Michael Adam, den schwulen Landrat von Regen im Bayerischen Wald, einen jungen Mann, der Farbe brachte in das schwärzeste Eck Bayerns. Die Genossen präsentierten ihn wie eine Trophäe, sie erklärten den Bayerwald zum bayerischen Broadway: If you make it there, you'll make it everywhere. Wer es im Wald schafft, wird es überall schaffen. Adam, ein komplexer Charakter, schaffte es am Ende nicht mal, bei der Bundestagswahl 2013 SPD zu wählen. Auf Facebook teilte er mit, er habe für die CSU gestimmt. Da war der persönliche Groll, sagt Adam, «dass die meinten, ich mach für die den Grüß-Gott-August». Und da waren andere Überzeugungen. Der «kleine Mann» brauche Jobs, sagt er, dafür brauche man Betriebe. Die SPD dürfe «kein Hilfsverein» sein für ein «linkes Öko-Bündnis».

Nach Ablauf einer Amtszeit verließ Adam die Politik, er studiert jetzt Staatswissenschaft.

Die Sozialdemokratie hat ihr Milieu verloren, die Gewerkschaften sind seit der Agendapolitik nicht mehr das breite Rückgrat der Partei. Wertkonservative Wähler sind längst zu den Grünen übergelaufen. Und jetzt fühlen sich auch noch viele der «kleinen Leute» verraten, um die sich die SPD doch besonders kümmern will. Man hört das im Landtagswahlkampf 2018 auch an den Biertischen in Fürth oder Puchheim: Die SPD sorge sich ja mehr um den Familiennachzug von Flüchtlingen als um sie, die Verlierer der Globalisierung.

Nur ein Gedanke: Kann es sein, dass vielen Bayern eine harte Interessensvertretung, wie die CSU sie völlig schmerzfrei praktiziert, womöglich lieber ist als noble Solidarität? Wahrscheinlich ist es so: Der Bayer traut der präpotenten CSU immer noch am ehesten zu, sein schönes Land gegen Interventionen aus Berlin oder Brüssel zu verteidigen. Und die SPD hat Hemmungen, die bayerische Volksseele so zu streicheln, wie die CSU das tut. Einigen linken SPD-Forderungen merkt man auch an, dass sie nie vom Wählerwillen oder von seriöser Haushaltsplanung geschliffen wurden – dafür hätte man ja mal regieren müssen. Selbst Genossen sagen, dass die Bayern-SPD ihre Überzeugungen umso glühender vertritt, je weniger Zustimmung sie findet.

Edmund Stoiber hatte Christian Ude 2013 mit auf den Weg gegeben: «Sie werden staunen, wie groß Bayern ist.» Ude staunte. Genau wie Vogel konnte er seine Popularität in der Stadt nicht aufs Land übertragen. Der Bildungsbürger Ude kam schon mal durcheinander, wo genau er gerade einem spannenden Vortrag über Melktechnik lauschte – in der Oberpfalz oder in Unterfranken? Bei einigen Leuten bestätigte so was den Eindruck, dass die SPD nun mal keine Bayern-Partei sei. Zumal sie die Fläche bei Weitem nicht so mit Ortsvereinen durchdrungen hat wie die CSU.

In der Schwabinger Sonne sitzt ein Genosse, der mit der Volksseele zärtlich umzugehen wusste. Er ist am Ende nicht am Wähler gescheitert, sondern an seiner SPD. Axel Berg blinzelt ins Licht, bestellt ein Weißbier, kalt. Lässig, irgendwie. «Skilehrerimage», nennt Berg das. Hat beim Wähler nicht geschadet. Dreimal holte er für die SPD ein Direktmandat im Bundestag. 1998, 2002 und 2005, jedes

Mal ein kleines Wunder. Ganz Bayern war schwarz, bis auf diesen winzigen roten Punkt im Münchner Norden. Bei seiner ersten Wahl hatte Berg Platz 46 auf der SPD-Liste, von 46. Also tourte er mit seinem «Berg-Bus» durch München und redete mit den Leuten, über den kaputten Radweg, den Zoff mit dem Nachbarn. «Das ist halt ein Klein-Klein», sagt er, doch es bringe Stimmen. Kann es sein, dass die SPD sich zu sehr auf das Groß-Groß konzentriert?

Auf seinen Plakaten verzichtete Berg auf das SPD-Logo, «Axel» genügte. Die Leute liebten ihn dafür. Die Genossen motzten, das Logo müsse wieder drauf. Auch die Arbeit in den Parteigremien war Bergs Leidenschaft nicht. Bald höhnten SPD-Funktionäre über den «Weltsuperstar». In einer Partei, mit der es immer nur nach unten geht, sind Höhenflüge erst mal verdächtig. Der «Weltsuperstar» bekam einen aussichtslosen Platz auf der Liste, verpasste sein Direktmandat und flog aus dem Bundestag. Als Berg 2013 wieder antreten wollte, entschied sich die Partei für einen leichter handhabbaren Kandidaten, Florian Post. Berg sagt: «Streng dich an, dann kriegst du einen Tritt in den Hintern.»

Beispielhaft ist auch die Geschichte von Peter Glotz, der Ende der Siebzigerjahre darüber nachdachte, aus Bonn nach München zurückzukehren. Glotz war zweifellos einer der klügsten Köpfe seiner Partei, doch die Genossen brachten es fertig, sein Angebot abzulehnen, weil er es gewagt hatte, in einem Nebensatz nach einem Dienstwagen für den Landeschef zu fragen. Manche sagen, diese Art von Missgunst herrsche auch heute noch. Sie denken da an Johanna Uekermann, die als Juso-Bundesvorsitzende nicht nur Talent, sondern auch politisches Gewicht hatte. Als sie in den Bundestag wollte, ließ die Bayern-SPD sie durchfallen.

Die CSU muss beim Werben um Direktmandate die Wähler vor Ort in den Blick nehmen, während bei der SPD der Weg in den Land- oder Bundestag fast nur über die Liste führt. Und über die bestimmen eben die Gremien. Sozialdemokraten mit Ambition auf Mandate müssen sich also zwangsläufig mehr an der Stimmung dort orientieren als an der Stimmung draußen. Die SPD ist gefangen in einer Art Selbstbeschädigungsspirale – weil es mit den Wählern nicht so funkt, konzentriert man sich auf das, was man unter sich ausmachen kann.

Es gibt so etwas wie Momentum in der Politik, das Momentum trägt dich, es lässt dich fliegen. Die SPD hat ein negatives Momentum erwischt, es drückt sie nieder, seit Jahrzehnten. Das hält der ausgeglichenste Sozialdemokrat nicht auf Dauer aus. Da war zum Beispiel Helmuth Rothemund, Fraktionschef und Landesvorsitzender in den Siebziger- und Achtzigerjahren. Als Fastenprediger Walter Sedlmayr ihn auf dem Nockherberg 1982 als «Herr Dings» ansprach, den man in Bayern halt nicht kenne, sprang Rothemund auf und schrie: «Arschloch!»

Der Bayern-SPD hat es nicht an Figuren gemangelt. Es gab den redegewaltigen Karl-Heinz Hiersemann, die volksnahe Renate Schmidt, die der CSU für einen kurzen Moment ernsthaft Angst machte, den integren Franz Maget. Gute Leute, die in der Geschichte des Freistaats trotzdem unter «Verlierer» stehen. Die SPD hat sich immer abgerackert an der Selbstverständlichkeit, mit der die CSU mit den Insignien einer Staatspartei hantierte. Aber sie hat es nie geschafft, eine eigene bayerische Geschichte zu erzählen, die identitätsstiftend hätte sein können – und das, obgleich es mit dem Freistaatsgründer Kurt Eisner oder dem Ministerpräsidenten Hoegner Stoff genug gibt.

Im Mai 2018 beteuert Natascha Kohnen, man habe aus den vielen Niederlagen gelernt. Sie wolle sich auf wenige Themen konzentrieren, Wohnen, Familie, Arbeit. Und aufhören mit dem ewigen Reiben an der CSU. Früher verwendete die SPD viel Zeit darauf, den Menschen zu erklären, warum sie nicht die anderen wählen sollen. Diesmal, sagt die Spitzenkandidatin, wollen sie erklären, warum die Menschen SPD wählen sollen. Während sie das sagt, wird um die Ecke das erste Wahlplakat der SPD vorgestellt. Natascha Kohnen in Großaufnahme? Nein. Es zeigt Markus Söder mit dem Satz: «Ach du Schreck, jetzt regiert er.»

Und Söder regiert auch nach der Landtagswahl weiter. Die Oppositionsführer in Bayern sind jetzt die Grünen. Die SPD hat statt 42 Abgeordneten nur noch 22. Als die Überlebenden der Wahl sich zum ersten Mal im Fraktionsraum treffen, können sie es kaum glauben: Kommt nicht noch irgendwer? Es ist ein Moment der Trostlosigkeit, der sich für die Bayern-SPD dehnt und dehnt. Wird er jemals vorbei sein? Es hilft offenbar, den Moment aus der Erfahrung eines 93-jährigen Lebens zu beurteilen. Wenn Hans-Jochen Vogel sagt, dass die Sozialdemokratie schon größere Krisen bewältigt habe, dann meint er die Unterdrückung im Nationalsozialismus. Die SPD, sagt er, dürfe nie ihre große Geschichte vergessen, weder in Deutschland noch in Bayern. «Herrgott nochmal, wer ist denn die Verteidigerin der Demokratie? Wer ist denn die Partei von Otto Wels? Wenn sich die SPD an ihre Bedeutung für dieses Land erinnert, wird sie niemals Randpartei sein.»

Die CSU, sagt Vogel, zeichne immer das Bild vom bayerischen Paradies, im Bücherregal hinter ihm stehen Biographien von Ludwig I. und II. «Aber die Wirklichkeit ist, dass in Bayern die Unterschiede zwischen Arm und Reich größer sind als in anderen Bundesländern. Diese Kluft zu verringern, ist entscheidend für den Zusammenhalt der Gesellschaft. Das tut die CSU nicht, hier muss die SPD ansetzen.» Auch den Heimatbegriff dürfe man nicht den anderen überlassen, nicht der CSU und nicht den Grünen. Andererseits spricht Vogel anerkennend über die Neuerfindung des Markus Söder: «Er hat das mit beachtlichem Geschick gemacht.»

So richtig sprudeln will die Hoffnung auch beim Jungbrunnen Vogel nicht. Er erzählt noch eine alte Geschichte, die gut passt zur bayerischen Sozialdemokratie im Jahr 2019. Es ist die Geschichte eines Zettels, den ihm Herbert Wehner 1981 zusteckte. Vogel war damals gerade Regierender Bürgermeister von West-Berlin geworden, doch schon nach wenigen Tagen hatte die Opposition Neuwahlen erzwungen. Den Zettel hat er über viele Jahre in der Brieftasche mit sich herumgetragen, er besitzt ihn heute noch. Gelegentlich hat er ihn kopiert und die Kopie Menschen gegeben, die eine schwere Zeit durchleben. Auf Herbert Wehners Zettel für Hans-Jochen Vogel steht: «Trotz alledem. Weiterarbeiten und nicht verzweifeln!»

8. Allein unter Männern: Barbara Stamm und die Frauen in der CSU

Eine Verabredung mit Barbara Stamm im Bayerischen Landtag, man wartet in einem kleinen Besprechungszimmer auf sie. Auf der Kommode liegt ein Buch, als ob es Stamm dort zur Einstimmung auf das Gespräch platzierte hätte: «Sie waren die Ersten», heißt es, eine Hommage an die Frauen im Landtag nach dem Zweiten Weltkrieg. Ganz vorne in dem Buch steht die Geschichte der Maria Probst, der Allerersten unter den Ersten.

Probst hatte ihren Mann im Krieg verloren, ihre Kinder musste sie in Unterfranken allein durchbringen. Die eigene Erfahrung als Soldatenwitwe brachte die promovierte Historikerin in die Politik. 1945 trat sie der CSU bei, sie wollte sich für andere Hinterbliebene und Opfer einsetzen. 1946 wurde sie in den Landtag gewählt, 1949 in den Bundestag. Dort sollte sie in beinahe zwei Jahrzehnten zu einer kleinen Legende werden. Die Schwachen und Bedürftigen, für die sie kämpfte, gaben ihr den Ehrennamen «Maria Hilf». Die Bundestagskollegen, denen sie Mark um Mark für ihre Zwecke abtrotzte, nannten sie «Maria Heimsuchung».

Zur Bonner Bundestagsfolklore gehört die Geschichte vom «teuersten Mittagessen der Weltgeschichte». 1959 war das, und bei Tisch saßen Probst und der Bundesfinanzminister Franz Etzel von der CDU. Etzel plante, im Namen der Regierung Adenauer Probsts utopische Forderung abzuschmettern, den Etat für Kriegsopfer um eine halbe Milliarde Mark zu erhöhen. Doch Probst redete so lang und so unerbittlich auf den armen Etzel ein, bis dieser jeden Widerstand aufgab.

Später stieg Probst zur Vizepräsidentin des Bundestags auf, ein Amt, das sie bis zu ihrem Tod 1967 bekleidete. Die CSU stellte also eine der ersten Spitzenpolitikerinnen der jungen Bundesrepublik. Und trotzdem öffnete die Partei ihre Türen lange nur widerwillig für Frauen, die auf den Spuren der Maria Probst Politik machen wollten. Unschöne Berühmtheit erlangte ein Ausspruch des Landtagspräsidenten Michael Horlacher: «Als Einzelne wirkt die Frau wie eine Blume im Parlament, aber in der Masse wie Unkraut.»

Barbara Stamm betritt das Zimmer, «gutes Buch», sagt sie. Zehn

Jahre lang, bis November 2018, war Stamm, 74, die Präsidentin des Landtags. Auch jetzt, ein Dreivierteljahr nach ihrem Rückzug, hat sie hier noch ein Büro. Das Maximilianeum ohne Barbara Stamm? Schwer vorstellbar. Mit sieben Ministerpräsidenten hat sie gearbeitet, von Strauß bis Söder. Sie war eine Sozialpolitikerin vom Schlage einer Maria Probst, kaum jemand in der CSU hat das «S» aus dem Parteinamen so verkörpert wie sie. Sie ist bekannt für ihre Volksnähe und fast berüchtigt für ihre Geselligkeit. Bei Landtagswahlen war sie die Stimmenkönigin ihrer Partei, in Politiker-Beliebtheits-Rankings oft die Nummer eins in Bayern. Der SPD-Kollege Peter Paul Gantzer pries sie als «Mutter Teresa der CSU», und natürlich hat Stamm auch ihr eigenes Kapitel in dem guten Buch über bedeutende Frauen im Landtag.

Stamm ist 1969 Mitglied der CSU geworden, zwei Jahre nach dem Tod von Maria Probst. Wie hat sich die Position der CSU-Frauen verändert in diesem halben Jahrhundert? «Meine Partei hat viel dazugelernt», sagt sie, aber sie habe immer noch viel zu lernen. Wer Volkspartei sein wolle, müsse das Volk abbilden, wie es ist. Und in Bayern ist es ja so: 2018 gingen dort mehr Frauen arbeiten als in allen anderen westlichen Bundesländern, 59,4 Prozent. Nirgendwo gingen mehr Männer in Elternzeit. Stamm sagt: «Die Zukunft meiner Partei wird davon abhängen, dass Frauen in höchsten Positionen selbstverständlich sind.»

Im Moment sind die Zahlen eher verheerend. Von den etwa 140 000 Mitgliedern der CSU sind 2019 nur 21 Prozent Frauen. Bei der CDU sind es immerhin 26,4 Prozent, bei der SPD 32,6, bei den Grünen sogar 40,5. Der geringe Anteil spiegelt sich auch in den Parlamentsmandaten der CSU wieder, Stand August 2019. Die Landtagsfraktion: 67 Männer, 18 Frauen – 21,2 Prozent. Die Landesgruppe im Bundestag: 38 Männer, acht Frauen – 17,4 Prozent. Man muss schon sagen: Die CSU ist auch heute noch ein Männer-Verein.

Stamm, Erzieherin von Beruf, ist 1972 von Parteifreunden angesprochen worden, ob sie nicht für den Würzburger Stadtrat kandidieren wolle. Bei der Landtagswahl 1974 war es genauso. Stamm freute sich über die Unterstützung, aber natürlich erkennt sie darin heute auch ein Muster: Frauen kamen in der CSU lange Zeit vor allem dann zum Zug, wenn die Männer glaubten, dass sie strategisch hilfreich wären. Ihre Parteifreundin Christine Haderthauer hat mal in der «Zeit» erzählt, wie sie zu ihrem Landtagsmandat kam: «Die Männer der CSU Ingolstadt hatten entschieden, eine Frau zu nominieren, weil sie sich ausrechneten, bei der Frauenknappheit im Landtag damit schneller einen Kabinettsposten für die Stadt ergattern zu können.» Der Plan ging auf, Haderthauer wurde CSU-Generalsekretärin, Staatskanzleichefin und Sozialministerin.

Es ist genau diese Macht der Kreisverbände, die es der Parteispitze der CSU erschwert, den Frauenanteil in den Parlamenten durch zentrale Steuerung zu erhöhen. Selbst wenn sich die Führungsebene zur Einführung der Regel durchringen würde, dass auf den Listen für die Landtags- und die Bundestagswahl jedem Mann eine Frau folgen muss, wäre die Wirkung begrenzt: Noch immer gewinnt die CSU die meisten ihrer Mandate durch die Direktkandidaten in den Wahlkreisen. Und wer Direktkandidat wird, entscheidet sich eben vor Ort in Nominierungsversammlungen, in denen zu etwa achtzig Prozent Männer sitzen.

Früher, sagt Barbara Stamm, Ende der 60er-Jahre, sei das natürlich alles noch extremer gewesen. Bei ihren ersten Stammtischen und Sitzungen im Ortsverein in Würzburg habe sie sich immer unsicher gefühlt – als einzige oder eine von zwei, drei Frauen im Raum. Als sie erstmals als Delegierte zum Kreisparteitag geschickt wurde, habe sie solche Angst gehabt, dass sie ihren Mann bat, doch bitte mitzukommen. Ihr Mann war aber kein Delegierter und wurde am Eingang abgewiesen. Stamm musste sich allein behaupten, das hat sie dann halt getan.

Leicht war das nicht, es ist auch über Jahrzehnte nicht wirklich leichter geworden. Auf allen Ebenen, berichtet Stamm, vom Ortsverein bis zum Kabinett, habe sie in Sitzungen die gleichen Dinge erlebt: Dass eine Frau etwas sagt – und nichts passiert. Dass ein paar Minuten später ein Mann exakt dasselbe sagt – und alle klatschen. Christine Haderthauer, knapp zwanzig Jahre jünger als Stamm, bestätigt diese Erfahrungen: «Du kannst darauf wetten, dass der Geräuschpegel im Raum immer hochgeht, wenn eine Frau an die Reihe kommt.»

Stamm hat den Eindruck gewonnen, dass «Männer-Netzwerke besser funktionieren»; ganz erklären kann sie sich das Phänomen nicht. Heute, sagt sie, stünden Frauen natürlich auch viel stärker im

Wettbewerb untereinander: «Ich hatte ja damals praktisch noch keine Konkurrenz.» Sie erinnert sich noch an den Herbstabend 1987 auf Klausur in Kloster Banz, als ihr Gerold Tandler, der Landtagsfraktionschef der CSU, zurief: «Du sollst ins Bierstüberl zum Chef kommen.» Im Bierstüberl warteten dann Ministerpräsident Franz Josef Strauß und sein Staatskanzleichef Edmund Stoiber auf sie. Strauß sagte, der Stoiber behaupte ja, Sozialpolitik sei ihr ein Anliegen: «Kurze Antwort, stimmt das, ja oder nein?» Stamm antwortete wahrheitsgemäß. Bald darauf bezog sie ihr Büro als Staatssekretärin im Sozialministerium. Sie war die einzige Frau in Strauß' Mannschaft neben Justizministerin Mathilde Berghofer-Weichner – der «bayerischen Löwin», die 1974 als Kultusstaatssekretärin und erste Frau im Münchner Kabinett Landesgeschichte geschrieben hatte.

Sie wolle fair sein, sagt Stamm: Sie habe immer männliche Förderer gehabt in der CSU. Tandler habe dazugehört, er habe ihr als Vize-Chefin der Fraktion viel Verantwortung übertragen. Auch Strauß habe durchaus die Einsicht gehabt, dass eine weibliche Perspektive bei vielen Fragen nützlich sei. Aber bei anderen Kollegen hätten sich die Vorurteile schier ewig nicht verändert. Stamm will nicht jede Schlacht, die sie hat schlagen müssen in der Männerpartei CSU, auf ihr Geschlecht zurückführen. Das muss sie auch nicht. Es gibt genug andere Christsoziale, die aussprechen, dass 2008 die Krebserkrankung Stamms gegen sie instrumentalisiert wurde, um sie als Landtagspräsidentin zu verhindern. Einer fragt: «Hätten die sich das gegen einen Mann auch getraut?» Klare Einordnung erfährt auch ihr von Ministerpräsident Stoiber erzwungener Rücktritt als Gesundheitsministerin 2001: Der Edmund habe in der Aufregung um die Rinderseuche BSE einen Sündenbock gebraucht. Und statt des ebenfalls zuständigen Landwirtschaftsministers Josef Miller habe er halt lieber die Barbara geopfert.

So viel sagt Stamm: Frauen würden in der Politik anders beurteilt als Männer. «Wenn ein Mann laut wird, dann ist das Stärke. Und wenn ich laut geworden bin, dann war ich die emotionale Tante.» Oder wie oft sie früher gefragt worden sei, «ob denn mein Mann einverstanden ist mit meinem politischen Engagement». Stamm findet, ein Mann werde genau das eben nicht gefragt: Was sagt denn ihre Frau dazu? Ein Klassiker auch die meist unschuldig daherkom-

Herrin von Schloss Schleißheim: Parlamentspräsidentin Barbara Stamm empfängt im Juli 2014 beim traditionellen Sommerempfang des Bayerischen Landtags. Die Zukunft der CSU, findet Stamm, hänge davon ab, «dass Frauen in höchsten Positionen selbstverständlich sind».

mende Erkundigung, ob nicht das Familienleben unter der Politik leide. Stamm sagt, dank ihres Mannes sei das alles gegangen. Aber jede schlechte Note ihrer Kinder habe sie aufs Neue ins Grübeln gebracht.

Trotz des heilen Familienbildes, das die CSU lange propagierte, schafften es in der Partei bemerkenswert oft kinderlose Frauen ganz nach oben. Ilse Aigner zum Beispiel, die ehemalige Wirtschaftsministerin und heutige Nachfolgerin Stamms als Landtagspräsidentin. Oder Beate Merk, die langjährige Justizministerin, die allerdings nie Familienministerin werden durfte, weil das in den Augen mancher antiquierter Christsozialer halt doch etwas schief ausgesehen hätte. Christine Haderthauer hatte den Vorteil, dass ihre Kinder schon etwas älter waren, als ihre politische Karriere Fahrt aufnahm.

Noch heute hört man von CSU-Frauen, dass das Verständnis mancher Parteifreunde begrenzt sei, wenn sie nach einer Abendveranstaltung gleich heim wollen, um ihre Kinder vor dem Einschlafen noch zu sehen. Auch bei der Vereinbarkeit von Familie und Beruf, sagt Barbara Stamm, habe die CSU einen langen Weg hinter sich. Viele hätten sich schwergetan, den Wandel der Gesellschaft zu akzeptieren. 1946 hielt das Dreißig-Punkte-Programm der CSU fest, es sei «der erste und ursprünglichste Beruf der Frau, Hausfrau und Mutter zu sein». Im Grundsatzprogramm von 1993 findet sich erstmals die Position, dass «Männer Mitverantwortung für die Familie übernehmen sollen». Doch nicht alles, was im Programm steht, setzt sich auch in den Köpfen der Mitglieder gleich durch.

Stamm war lange Sozialministerin, immer wieder rannte sie in ihrer Partei an Wände der Ignoranz. Noch 1999, als es um die Einrichtung von Kinderkrippen ging, habe man ihr an den Kopf geworfen, das sei ja wohl eine brandgefährliche Sozialistenidee, wahrscheinlich aus der DDR. Als sie die Ganztagsbetreuung forcieren wollte, habe ein anderer Minister am Kabinettstisch zu ihr gesagt: «Frau Kollegin, Ganztagsschulen wird es bei uns in Bayern niemals geben.»

Aber, sagt Stamm mit Langmut, die Zeiten änderten sich und die Menschen mit ihnen. Als sie Landtagspräsidentin wurde und eine hauseigene Krippe einrichten wollte, hätten ihr Parteifreunde beschieden: kein Bedarf. «Heute haben wir eine Warteliste.» Die Frage ist freilich, wie schnell sich die Zeiten ändern und was man zur Beschleunigung beitragen kann. Stamm hat über die Jahre pädagogischen Ehrgeiz entwickelt, sie hat getan, was sie kann. Beim Politischen Aschermittwoch 1992 verlachte Ministerpräsident Max Streibl, gewiss nicht der fortschrittlichste unter den CSU-Männern seiner Generation, die SPD-Landeschefin Renate Schmidt als «Krampfhenne» und «Mäuschen». Stamm ließ sich einen Termin bei Streibl geben und nahm ihn sich vor: Krampfhenne, das sei vielleicht gerade noch okay, aber Mäuschen – «das ist herabwürdigend, da fühlen wir Frauen uns alle betroffen.»

Irgendwann hat sie sich dann bei keiner Veranstaltung mehr ins Publikum gesetzt, wenn oben auf der Bühne nur Männer saßen. Ob bei der CSU, einem Verband oder einem Unternehmen, sie ließ einfach die Einladung zurückgehen mit einer handschriftlichen Bemerkung: «wieder keine Frau». Oder die vielen Einladungen, auf denen um Erscheinen im «dunklen Anzug» gebeten wurde. Stamm antwortete, sie könne leider nicht kommen, sie besitze keinen dunklen Anzug. Inzwischen, sagt sie, stehe unter «Dresscode» eigentlich immer: «festliche Abendkleidung».

Es geht voran im Land, in der CSU selbst ja auch. Im Rückblick sieht Barbara Stamm im Jahr 2010 einen Wendepunkt. Horst Seehofer sei der Parteichef gewesen, der endlich entschlossen anpackte bei der Lösung des christsozialen Frauenproblems. Politik werde «besser, wenn mehr Frauen teilhaben», sagte Seehofer. Er hatte wahrgenommen, dass die CSU Gefahr lief, unter jungen Frauen viele Stimmen zu verlieren – ein Trend, der sich trotz Seehofers Bemühungen fortsetzen sollte und der bei der Landtagswahl 2018 darin resultierte, dass die Grünen bei den Frauen unter dreißig Jahren vor der CSU stärkste Kraft wurden.

Seehofers Einsicht war auch durch gründliche Bearbeitung seitens der Frauen Union gefördert worden. Die FU ist mit ihren 25 000 Mitgliedern unter den acht Arbeitsgemeinschaften der CSU nach der JU die bedeutendste. Im Parteialltag heißt das normalerweise nicht viel, aber als interne Lobbyorganisation der Frauen hat die FU natürlich gerade in einschlägigen Fragen Gewicht. Zumal die meisten erfolgreichen CSU-Frauen auch in der FU aktiv sind, mit Ausnahme von Barbara Stamm übrigens, die bewusst nicht auf dem Geschlechter-Ticket unterwegs sein wollte. Die FU hatte jedenfalls das Glück, Horst Seehofer für eine Idee begeistern zu können, die den Traditionalisten verrückt erscheinen musste: die Quote. Seit 2010 müssen wenigstens der Parteivorstand und die zehn Bezirksvorstände einen Frauenanteil von mindestens 40 Prozent haben. Für die Wahllisten gilt die Quote freilich nicht.

Die Quoten-Debatte in der CSU verlief einigermaßen skurril, weil auch viele Frauen die Quote ablehnten. Sie sahen darin ein Konzept linker Ideologen, die Frauen zu hilfsbedürftigen Wesen degradierten, und setzten lieber auf Freiwilligkeit. Die spätere JU-Chefin Katrin Albsteiger wurde auf dem Parteitag 2010 schlagartig bekannt, als sie eine feurige Rede gegen die Quote hielt. Sie zeigte sich auch gern mal in einem T-Shirt mit dem Slogan «Gegen Quote», was den fortschrittswütigen Seehofer dem Vernehmen nach zur Weißglut brachte. Unverdrossen rief er das Jahr 2011 zum «Jahr der Frau» aus, wobei es übertrieben wäre zu behaupten, dass man das dem Jahr dann auch angemerkt hätte. Wenn man heute mit Frauen von der

CSU-Basis spricht, erzählen sie, dass damals immerhin ein vorsichtiger Kulturwandel einsetzte: Sitzungen beginnen jetzt auch mal eine Stunde früher, damit Mütter leichter einen Babysitter finden; bei Parteitagen wird mit etwas Glück Kinderbetreuung angeboten. Eine CSU-Frau sagt: «Die Partei riecht jetzt auch mal nach Kaffee und nicht nur nach Bier.»

Aber was ist mit den großen Linien? Die Kabarettistin Luise Kinseher hat die Lage als Mama Bavaria auf dem Nockherberg 2018 so zusammengefasst: «Man wird in der CSU als Frau nicht belästigt, zumindest nicht mit höchsten politischen Ämtern.» Kinseher spielte auf Ilse Aigner an, die Frau, die zweifellos die erste Ministerpräsidentin des Freistaats Bayern hätte werden können. Bis zur Entscheidung im Dezember 2017 war Aigner als Nachfolgerin von Horst Seehofer gehandelt worden, ursprünglich hatte sie im Duell mit Markus Söder sogar viele Trümpfe in der Hand. Die «Ilse» war beliebt in der Partei und beim Bürger, sie kam aus dem mächtigen Bezirksverband Oberbayern. Seehofer hatte ihr die Bühne als Kronprinzessin bereitet. Allein, Aigner wusste die Bühne nicht zu nutzen. Söder stach sie aus, nicht nur im PR-Wettstreit, sondern auch in der politischen Arbeit.

Viele Frauen in der CSU ärgerten sich über die verpasste Gelegenheit; diejenige, die sich am wenigsten zu ärgern schien, war Ilse Aigner. Bis heute macht sie das Argument geltend, dass sie Machtspiele immer abgelehnt habe, dass sie eine Teamspielerin sei. Das ist nobel, aber – ganz unabhängig vom Geschlecht – keine Einstellung, mit der man im politischen Wettbewerb um Ämter besteht. Die eine CSU-Frau, die Ehrgeiz und Härte genug mitbrachte, um in einem Duell mit dem äußerst ehrgeizigen und äußerst harten Söder zu bestehen, war Christine Haderthauer. Das bekam auch Aigner zu spüren, als sie 2013 von Berlin nach München wechselte. Aigner sei eine echte Verstärkung für die CSU-Frauenriege in München, ließ Haderthauer wissen, sie beide ergänzten sich da gut: «Ich als Frau mit Familie, sie als ledige, kinderlose.» Frauen in der CSU fehlt nicht nur das Netzwerk, bisweilen fehlt ihnen auch jede Solidarität.

Es war vielleicht Söders Glück, dass Haderthauer im Herbst 2014 aus dem Rennen um Seehofers Nachfolge ausschied, weil sie und ihr Mann gute Geschäfte mit Modellautos machten, die ein handwerklich beschlagener Mehrfachmörder in Haft für sie gefertigt hatte. Als

Söder, der zuvor nicht wirklich als Frauenförderer hervorgetreten war, dann im März 2018 in die Staatskanzlei einzog, versprach er, der Sache der Frauen neuen Schwung zu verleihen. Bei der Berufung seines ersten Kabinetts schasste er seinen Spezi Ludwig Spaenle, um die Quereinsteigerin Marion Kiechle als Wissenschaftsministerin installieren zu können – ein Experiment, das bekanntlich glücklos blieb. In Söders zweitem Kabinett sitzen sieben Minister und vier Ministerinnen, das ist ein Frauenanteil von 36,4 Prozent. Barbara Stamm sagt, es sei schon «ein Signal», auf einen verdienten Justizminister wie Winfried Bausback zu verzichten, um Platz zu schaffen für eine «tolle, junge Frau» wie Digitalministerin Judith Gerlach.

Mit der Landwirtschaftsministerin Michaela Kaniber hat Söder sogar eine Frau in seiner Truppe, bei der man den Eindruck gewinnen könnte, dass sie über Ehrgeiz und Härte in Haderthauer-Dimension verfügt. Angedeutet hat sie das etwa beim Landesjägertag 2018 in Veitshöchheim, als der Landesjägerpräsident, ein Mittsiebziger, sich dazu bemüßigt fühlte, der Staatsministerin ins Haar zu fassen. Hernach tat er noch mehrmals seinen Enthusiasmus für die «junge, hübsche Ministerin» kund. Kaniber sprach anschließend und sagte, vom Jägerpräsidenten habe man «Realsatire» bekommen, sie liefere jetzt die Jagdpolitik.

Es könnte übrigens gut sein, dass ausgerechnet Ilse Aigner Kanibers karrieretechnischen Ehrgeiz als Erste so richtig bemerken wird – sollte Kaniber nach dem CSU-Bezirksvorsitz in Oberbayern greifen, der aktuell Aigner gehört. Wie kompliziert alles ist in der CSU, mit den Frauen und auch sonst, kann man daran ermessen, dass Kaniber-Entdecker Söder wiederum gar kein Interesse daran haben dürfte, dass Kaniber Aigner vor der nächsten Landtagswahl antastet. Auf die Stimmen, die die Ilse zieht, ist der Markus weiterhin angewiesen.

Die CSU habe viele talentierte Frauen, sagt Barbara Stamm, doch das Erscheinungsbild der Partei sei immer noch viel zu sehr von Männern dominiert. Tatsächlich macht sich die CSU in der Öffentlichkeit das Leben oft selbst schwer. Anfang 2018 regnete es zum Beispiel Hohn und Spott, als der neue Bundesinnenminister Seehofer mit seinen Staatssekretären für ein Gruppenfoto posierte. Erst später fiel ihm auf: «Hoppla, das Bild der acht Männer in ihren nicht gerade perfekt sitzenden Anzügen sieht ja schlimm aus.» Acht Männer, da konnte er noch so oft darauf verweisen, dass er einige der Herren auch vom Koalitionspartner diktiert bekommen hatte oder dass er mehr Referats- und Abteilungsleiterinnen beschäftige als seine Vorgänger. Unvergessen auch der Parteitag kurz vor der Landtagswahl 2018, als die CSU extra zwischen den Hauptreden ein Podium zum Thema «Wie starke Frauen erfolgreich Politik machen» organisierte; blöd nur, dass die Delegierten dann wie auf Knopfdruck in großen Scharen aus dem Saal stürmten. Auch der Verfasser dieses Buches muss zugeben, dass er ausgerechnet diesen Moment für günstig erachtete, die Presseplätze zu verlassen und sich draußen im Foyer eine Leberkässemmel zu holen.

Frau Stamm, was raten Sie den jungen Frauen in einer Partei, in der Männer immer noch gern zusammen mit ihrer «lieben Frau» begrüßt werden? Warten, sagt sie, sei meistens das falsche Rezept: «Man darf zumindest nicht meinen, es wird schon noch einer um die Ecke kommen, der mein Talent entdeckt.» Die Frauen sollten die Basis aufmischen, sich in Männerrunden immer zu Wort melden, sich im Kreisverband einfach mal zur Wahl stellen. Aber wird das reichen? In der Grünen-Landtagsfraktion sind 47 Prozent der Abgeordneten Frauen. In der CSU wird inzwischen wenigstens öfter mal darüber gestritten, ob es in diesem oder jenem Gremium nicht an Frauen fehle. Bei der Europawahl 2019 hat die Partei erstmals geschafft, was bei Grünen und Roten längst normal ist: auf den ersten zehn Listenplätzen fünf Frauen und fünf Männer zu haben. Aber ob das beim nächsten Mal auch wieder klappt? Immer mehr CSU-Frauen rufen deshalb nach der Quote auch für die Listen und für Kreisvorstände. Die Diskussion berührt inzwischen die Identität der CSU, viele Mitglieder finden, dass Anreize besser zur CSU passten als Vorgaben. Sie bescherten Söder, der ungeduldig eine Ausweitung der Quote durchsetzen wollte, auf dem Parteitag im Oktober 2019 eine herbe Niederlage.

«Ich war ja strikt gegen die Quote», sagt Barbara Stamm in dem kleinen Besprechungszimmer im Landtag. Sie sei immer überzeugt gewesen, dass es gute Frauen auch ohne nach oben schaffen. Sie schweigt kurz und grinst. Das, sagt sie, habe sich geändert: «Ich habe eingesehen, dass es ohne Quote einfach zu langsam geht.»

9. Eine Liebesgeschichte: Erwin Huber und seine Partei

Es ist alles wie immer, könnte man meinen, Erwin Huber sitzt im Café Pinguin am Münchner Max-Weber-Platz, in dem sich Abgeordnete des Landtags gern verabreden. Huber ist unzählige Male da gewesen, es sind nur ein paar Hundert Meter zum Maximilianeum, in dem er vierzig Jahre lang praktisch daheim war, als Abgeordneter des Stimmkreises Dingolfing. Aber es ist nichts wie immer, weder bei Huber noch bei seiner CSU. Seit der Landtagswahl 2018 muss sie die Macht in Bayern mit den Freien Wählern teilen. Für Huber war das hart: zu gehen in einem Moment der Krise für seine Partei. Der Sommer 2019 ist Erwin Hubers erster Sommer nach dem Abschied aus der Politik; ein freier Sommer ist es nicht. Er muss eine Hausarbeit schreiben, «Lebenshilfe durch Religion», unter Berücksichtigung der Werke von Sigmund Freud und Eugen Biser. «Lesen Sie mal Freud», empfiehlt er.

Huber, 73, hat gerade das zweite Semester Philosophie an der Münchner Jesuitenhochschule hinter sich. Das sei eine ganz schöne Umstellung für ihn, sagt Huber: «In der Politik muss man immer schnelle Antworten geben auf ein Ereignis, das ist in der Philosophie natürlich nicht gefragt.» In seiner neuen Welt denke und rede man anders, tiefgründiger, besonnener. Huber empfindet die Erfahrung als Privileg, er will das Studium durchziehen, kein Seniorenprogramm, sondern den regulären Abschluss. Als junger Mann hat er Volkswirtschaft studiert, «es ist wieder der gleiche Stress», sagt Huber, gleich in der ersten mündlichen Prüfung sei er ins Schleudern gekommen.

Huber hat man lange nachgesagt, dass er nicht loslassen könne, dass ein Vollblutpolitiker wie er wirklich alles bedenkt, nur nicht das Danach. Wenn Huber wirklich ein Politikjunkie ist, dann ist das hier nun sein Entzug. Einspruch, sagt Huber, «ich bin eben in kein Loch gefallen», da seien das Studium, die Familie, das eine oder andere Ehrenamt. Aber sicher, emotional sei das alles schon. Ein paar Tage vor dem Treffen im Pinguin ist er zum Ehrenvorsitzenden der niederbayerischen CSU ernannt worden, für einen wie Huber ist das mehr als ein Titel. «Wenn es nur irgendein Job wäre, könnte man leichter aufhören. Aber es war für mich halt eine Berufung», sagt

Huber. «Man verwächst so stark mit der Politik, mit der Partei. Das ist irgendwann nicht mehr zu entflechten.»

1978 war der junge Huber gemeinsam mit dem alten Strauß, der gerade aus Bonn nach München zurückgekehrt war, in den Landtag eingezogen. 59,1 Prozent der Stimmen bekam die CSU damals. 2018 ist er aus dem Landtag ausgeschieden. Ein politisches Leben lang hat er geschuftet für seine Partei, bei der Landtagswahl hat sie nun eine brutale Schlappe kassiert. Wie ist das, am Tiefpunkt aufzuhören? «Ich leide sehr», hat Huber kurz nach der Wahl gesagt.

Vierzig Jahre Politik. Bayern hat sich verändert. Die CSU hat sich verändert. Nur Erwin Huber nicht so sehr. Als Bub hat er sich in den 1950er-Jahren ein Autogramm von Strauß geholt, er besitzt es noch. Später diente er Strauß als Hilfsgeneralsekretär. Dann wurde er der richtige Generalsekretär von Theo Waigel, Staatskanzleichef von Edmund Stoiber, Wirtschafts- und Finanzminister. Der beste zweite Mann der deutschen Politik. Als er erster Mann wurde, Parteichef der CSU, hat ihn das Glück verlassen.

Huber kam 1946 in Reisbach bei Dingolfing zur Welt, hier hat er auch seine Frau kennengelernt, und hier wird er eines Tages begraben werden. Das Bayern seiner Kindheit war noch ein anderes Land. Pferde zogen Pflugscharen, Petroleumlampen erhellten die Stuben. Seinen Vater hat er nie kennengelernt, seine Mutter hielt sich als Näherin über Wasser. Huber war ihr ein guter Sohn: Ministrant, Oberministrant, Klassenbester der Realschule, bester Absolvent der Steuerfachschule. Über die katholische Jugendarbeit kam er zur CSU. Dass einer wie er es nach oben schaffte, ist für Huber der Beweis, dass die CSU von der Honoratioren- zur Volkspartei geworden ist.

Huber hat alles gesehen, alles erreicht, alles verloren. Er stand 2008 als Parteichef vorn, als die Dämmerung über die CSU hereinbrach. Dort, wo sein Nachfolger Horst Seehofer bei der Landtagswahl 2018 stand, die ihm am Ende den Job kostete, und wo irgendwann mal, einem politischen Naturgesetz folgend, auch Markus Söder stehen wird. Am Abgrund.

Der 28. September 2008 ist der Tag der ersten Landtagswahl nach der Ära Stoiber. Huber und sein Tandempartner, Ministerpräsident Günther Beckstein, sitzen in der Staatskanzlei. Gegen 15 Uhr treffen erste Zahlen ein. Die Runde glaubt diesen Zahlen erst nicht, zu groß ist der Schock. Der Unterschied zu 2018: Damals deutete kaum etwas auf den Absturz hin, letzte Umfragen sahen die CSU bei 50 Prozent. Am Ende sind es 43,4. Huber und Beckstein wanken wie benommen durch den Abend. Sie halten sich an den eigenen Parolen fest: nicht hinwerfen, die Partei stabilisieren.

Aber irgendwer findet sich in Krisenlagen immer in der CSU, der an Stabilität kein Interesse hat. Am Morgen danach kündigt Generalsekretärin Christine Haderthauer im Vorstand ihren Rücktritt an. Huber-Freunde hoffen: Vielleicht reicht dieses Opfer. Es reicht nicht. Im Gegenteil: Es bringt etwas in Gang. In den Gesprächen des Montags sagt kaum einer zu Huber: Du musst gehen. Aber noch weniger sagen: Du musst bleiben. Am Abend teilt er im engsten Kreis mit: Er geht, am Dienstag. Die Runde verständigt sich darauf, dass Seehofer Parteichef werden und Beckstein Ministerpräsident bleiben soll. Seehofer fragt treuherzig: «Sind wir uns einig, dass es dabei bleibt?» Alle nicken. Zwei Tage später ist auch Beckstein weg.

Die Schmutzarbeit machen in der CSU traditionell die Bezirksvorsitzenden. 2008 ist es Siegfried Schneider, der die erste Attacke auf Beckstein reitet. Schneider, der Chef des Bezirksverbands Oberbayern, in dem Seehofer daheim ist und auch Stoiber. Im ersten Moment wissen die wenigsten, woher der Schlag kommt, der sie zu Boden schickt. Heute sagt Huber: «Stoiber war von einer unstillbaren Rachsucht gegen das Duo Beckstein-Huber geprägt.» In jedem neuen CSU-Drama werden Quittungen ausgestellt, man weiß vorher nur nie genau, welche.

Politik ist grausam, im einen Moment sitzt du mit Merkel in Berlin im Kanzleramt, im nächsten allein in München in der Tram. Viele Aussortierte ziehen einen klaren Strich, so wie Beckstein. Andere gehen in die Wirtschaft, ein Aufsichtsratsposten hier, ein Beraterjob dort. Erwin Huber macht 2008 inmitten der Trümmer seiner Karriere weiter – als Abgeordneter des Stimmkreises Dingolfing. Nicht bei null. Sondern darunter.

Für Huber wird oft das Wort «Parteisoldat» bemüht, das klingt arg martialisch. Aber es trifft die Sache. Nach seinem Rücktritt als Parteichef führt er im Herbst 2008 auf Bitten von Horst Seehofer, der als Berliner Zuzügler von Landespolitik kaum Ahnung hat, die Verhandlungen über die schwarz-gelbe Koalition in Bayern. Auf dem

Dunkelste Stunde: Die CSU verliert bei der Landtagswahl 2008 ihre absolute Mehrheit, und der Parteivorsitzende Erwin Huber ahnt am Wahlabend im Maximilianeum wohl schon, dass auch sein Amt verloren ist. Huber macht trotzdem weiter Politik – als einfacher Abgeordneter.

Parteitag, der den Stabwechsel besiegelt, sagt er: «Es gibt nichts zu beschönigen.» Und noch ein paar demütige Dinge, zu denen Seehofer bei seinem Abschied eher nicht bereit oder fähig war. Gedankt hat Huber all das niemand. Bei seinem 65. Geburtstag im Jahr 2011 blieben viele Tische leer – als könnte man sich bei ihm anstecken mit der Schmach des Verlusts der absoluten Mehrheit.

Politik sei seine «Sucht», hat Huber mal gesagt. Und was ist dann die CSU, deren «C» er im Gegensatz zu anderen so ernst nimmt? Manche sagen, die CSU sei, neben seiner Frau Helma natürlich: seine Liebe. Als er 2013 noch einmal bei der Landtagswahl antreten will, schütteln selbst Wohlmeinende den Kopf. Ein ehemaliger Parteichef, der in miefigen Wirtshäusern für seine Nominierung wirbt? Daheim maulen die Jungen, weil der Alte den Weg nicht freimacht. Journalisten prophezeien, er werde jetzt auch noch seinen Vorsitz im Wirtschaftsausschuss verlieren, den man ihm als Austragsstüberl gelassen hatte. Eine seiner engsten Vertrauten fragt: «Erwin, wie tief willst du sinken?»

Wie tief ist Huber gesunken? Ein Septembermorgen 2018 im Landtag. Der Vorsitzende Huber führt nach zehn Jahren zum letzten Mal durch den Wirtschaftsausschuss. Er hat den Vorsitz 2013 behalten – er hat damals seine Mehrheit bekommen, gegen den Willen von Horst Seehofer, Markus Söder und Ilse Aigner. Sein Sieg war eine kleine, zugleich große Rebellion. Bei der letzten Sitzung dankt die SPD-Vertreterin dem Politiker Huber für die «immer hervorragende Leitung» und seine «Selbstironie». Er sei bei der SPD jederzeit auf einen Kaffee willkommen. Huber ist ein CSU-Mann mit allen Fasern seines Körpers, er wird jetzt tomatenrot. Irgendwie ist Erwin Huber in seinem freien Fall ganz oben gelandet.

Es ist natürlich nicht so, dass sich sein oft gelobter Charme immer voll entfaltet hätte. Beamte erzählen, dass er sie anblaffte: «Geht das nicht schneller?» Im Landtag hat er viele genervt mit seiner Korrektheit. Spontaneität ist ihm ein Graus, alles Neue schwer suspekt. Eine Sitzung im Schnelldurchlauf durchziehen, weil sich eh alle einig sind und draußen die Sonne scheint? Verträgt sich nicht mit der Würde des Parlaments, findet Huber. Ein dunkler Besprechungsraum im Maximilianeum – das ist der Ort, an dem Huber sich wohlfühlt.

Hubers neue Disziplin, die Philosophie, gilt als brotlose Kunst. Aber was kann man in der Politik schon bewirken? Einer ganz allein, und sei es in vierzig Jahren? Na gut, bei der richtigen Partei vielleicht doch eine ganze Menge. Die Straße, die nach Reisbach führt, nennen die Einheimischen heute «Huber-Highway». Auch eine Ausfahrt der A 92 wird Huber gutgeschrieben, «Dingolfing-West». Ohne die Ausfahrt hätte BMW wohl sein Werk dort geschrumpft. Das ist Politik, vielleicht nicht gerade getränkt in Pathos, aber mit unleugbarem Ergebnis: Erweiterung des BMW-Werks, Anstieg der Gewerbesteuereinnahmen von 20 auf 160 Millionen Euro. Der Landkreis baute von dem Geld Brücken und sanierte Schulen.

Für seine Heimat hat Huber den Begriff «Aufsteigerregion» erfunden. Früher war Niederbayern das Armenhaus des Freistaats, heute ist es eine der stärksten Regionen Europas. Seine Herkunft hat Huber geprägt, aber auch verfolgt. Er sprach nicht nur gepflegtes Niederbayerisch, er neigte auch zum Nuscheln und zur nicht immer sinnwahrenden Weglassung von Silben. Lange fanden Parteifreunde, dass «so einer» in der Stadt nicht ankomme. Als er schon Parteichef war, fragten manche: Muss unbedingt der Erwin zu «Anne Will»? Die «Zeit» nannte ihn einen «Funktionär der einfacheren Machart». Es war, als hingen ihm alle Klischees und Vorurteile über die Provinz in den Kleidern. Dass Huber aber im Gegensatz zu anderen nicht für die Fotos am roten Teppich zu den Bayreuther Festspielen fährt, wissen bis heute nur wenige.

Die Politik hängt einem Menschen ein Schild um, klebt ihm ein Etikett auf die Stirn. Huber, der Wadlbeißer. Huber, der Vollstrecker der Stoiber-Reformen. Wenn die CSU seine Liebe ist, dann hat sie ihm einiges zugemutet. Ein Etikett gibt es, das ihn am meisten schmerzt: Königsmörder. Bekommen hat er es 2007, als in der CSU der Umsturz in der Luft lag. Edmund Stoiber ist angeschlagen, seine Reformwut hat das Land gegen ihn aufgebracht. Die CSU-Landtagsabgeordneten fürchten um ihre Wiederwahl 2008. In dieser Stimmung fährt die CSU zur Klausur nach Kreuth. Die Franken drängen auf einen Wechsel zu Beckstein, auch in Stoibers oberbayerischer Heimat bröckelt der Rückhalt. Als eine Schlagzeile die Runde macht, Huber und Beckstein hätten sich auf sein Erbe verständigt, wirft Stoiber hin. Ein Putsch? Huber bestreitet das bis heute. Wenn er mal ein Buch schreibe, sagt er, dann eines, das im Detail mit dieser «Geschichtsklitterung» aufräume.

Als Stoiber 2002 Kanzler werden wollte, hatte er zu Huber gesagt: Dann musst du, Erwin, Ministerpräsident werden. Auch 2007 soll Stoiber eine Lösung favorisieren, die Seehofer als Parteichef und Huber als Ministerpräsidenten vorsieht. Doch in Kreuth unternimmt er nichts dafür. Wenn es in der CSU um die Macht geht, zerbrechen langjährige Beziehungen in Sekunden. Erst fünf Minuten, bevor Stoiber vor der Presse seinen Rücktritt bekannt gibt, ruft er Huber an. Huber sagt, das gehe so nicht. Dann ist das Gespräch auch schon wieder vorbei. «Er hat uns keine Chance gegeben, er hätte nicht hinwerfen dürfen», sagt Huber heute. Und dass es nicht nur eine Loyalität von unten gebe, sondern auch von oben. «Die Verantwortung für das Ganze steht immer über dem Ego des Einzelnen!» Huber weicht der Verantwortung aber auch nicht aus. Als Stütze Stoibers fährt er nach Kreuth, als designierter Parteichef fährt er wieder zurück.

Huber operiert gern mit Zitaten, und eines seiner liebsten stammt von Ödön von Horváth: «Eigentlich bin ich ganz anders, nur komm ich so selten dazu.» Natürlich ist Huber alte CSU. Progressivere Einsichten hat er erst spät zugelassen, ein modernes Familienbild, den Umweltschutz. Er hat damit gehadert, dass die CSU unter Seehofer von der Wehrpflicht abrückte und von der Atomkraft. Als der Umweltminister Söder sich gegen den Donauausbau wandte, war es Huber, der widersprach. Erwin Huber biedert sich nicht an, nicht an Mehrheiten und schon gar nicht an dieses verrückte Geschöpf namens Zeitgeist.

Als über die Rückkehr zum neunjährigen Gymnasium G 9 abgestimmt wurde, war Huber der Einzige in der Fraktion, der sich enthielt. In der Flüchtlingsdebatte war es Huber, der früher als die meisten anderen zu einem klaren Urteil kam: «Es bekämpft nicht der die AfD, der ihren Zungenschlag nachahmt. Sondern der, der ihren wahren Charakter offenbart.» Huber spricht die Dinge aus, die in der CSU nicht viele aussprechen können, weil sie es sich sonst mit Seehofer oder Söder verscherzen. Das bekommt er auch als Rentner noch gut hin.

Über Seehofer soll Huber gesagt haben, er werde noch auf dem Sterbebett die Hand heben, um diesen zu verhindern. Er bestreitet das; als gut belegt darf aber die These gelten, dass er Seehofer für einen verantwortungslosen Hallodri hält. Das mit dem Verhindern hat nicht geklappt, aber nun war es ihm kurz vor Renteneintritt noch vergönnt, die Hand zu heben für Seehofers Sturz. Am Abend der Landtagswahl stellte Huber den Kameras regelrecht nach, auf der Suche nach einem, dem er noch nicht gesagt hat, dass personelle Konsequenzen jetzt unumgänglich sind. Der nette Herr Huber, also doch ein politischer Attentäter?

In der Gaststätte des Landtags sitzt Christine Haderthauer, die Frau, die der Parteichef Huber 2007 zu seiner Generalsekretärin berief. Auch er wollte die CSU schon jünger machen und weiblicher. Wie ihr Mentor Huber hat Haderthauer nach der Landtagswahl als Abgeordnete aufgehört. Also, was treibt diesen Huber? «Der Liebe zur Partei ordnet er alles unter, auch persönliche Animositäten», sagt Haderthauer. «Er vertritt immer das, was er zum Wohl der Partei für das Beste hält.» Man könnte auch das alte Schule nennen: den Angriff mit offenem Visier. Huber, sagt Haderthauer, sei in 40 Jahren Politik ein anständiger Mensch geblieben. «Vielleicht ist er der Letzte seiner Art.»

Für die alte CSU steht Erwin Huber allerdings schon auch in dem Sinn, dass er lange glaubte, das Land gehöre der Partei. Vielleicht hat er auch deshalb nicht schnell genug erkannt, welche Zerstörungskraft die Affäre um die Landesbank hatte. Vielleicht meint er deshalb, die Kluft zwischen Schwarz und Grün sei unüberbrückbar. Die Grünen sind für ihn Fortschrittsverweigerer, aus Hubers Mund kann man sich kaum einen härteren Vorwurf vorstellen. Dennoch, im Café Pinguin wird man ihm kein ernsthaft böses Wort über die neue grüne CSU entlocken, die Markus Söder da gerade erfunden hat.

Söder, sagt Huber, sei der Parteivorsitzende, er sei in der Verantwortung, er müsse nach dieser Landtagswahl den Kurs korrigieren. Und er habe eben beschlossen, die CSU «großstadtfähiger» zu machen. «Söder beobachtet die Gesellschaft, und wenn sich ein Trend verfestigt, zieht er Konsequenzen.» Man könne das populistisch nennen, aber es gebe schon noch einen Unterschied zum reinen Populismus: Söders Konsequenzen seien rational. «Der reine Populist bläst Wölkchen in die Luft und berauscht sich an sich und den Wölkchen, bis sie verfliegen.» Sicher, Söder sei kein Öko-Romantiker, «der entrückt über die Blumenwiese streift». Aber spiele das eine Rolle? «Den Ergebnissen ist die Motivation wurscht.» Politik und Philosophie, bei Erwin Huber ist das eine glückliche Ehe.

40 Jahre Politik – bereut er etwas? Hätte er 2005 Merkels Angebot annehmen sollen, Kanzleramtschef zu werden? Oder 2007 als Parteichef ins Bundeskabinett wechseln? Er tat es nicht, er wollte Wirtschaftsminister Michael Glos nicht absägen. Er habe die zerstrittene Partei nun mal versöhnen wollen, sagt Huber. Politisch ein Fehler, die ganze Doppelspitze mit Beckstein eine Fehlkonstruktion: Der Ministerpräsident und der CSU-Vorsitzende saßen beide in München, keiner in Berlin; Huber war nicht auf Augenhöhe mit Beckstein, sondern diesem im Kabinett unterstellt. Heute sagt Huber: «Ich hätte härter, machtvoller und kräftiger sein müssen. Ich habe das Amt des Parteivorsitzenden dadurch kleiner gemacht.» Einen Vorwurf mache er sich trotzdem nicht.

Er habe Politik immer als Mannschaftssport verstanden, sagt

Huber, deshalb habe er auch nicht aufgehört, als alle sagten, es sei vorbei. «Wenn einer Kapitän war und sich verletzt hat: Warum soll er dann nicht weiterspielen, wenn er der Mannschaft an anderer Stelle noch nützen kann?»

Um die Zukunft seiner Mannschaft ist Huber auch in der heutigen Krise nicht bange: «Ich glaube, dass es eine Renaissance geben wird.» Und das sei schon auch eine Hoffnung: «Eine Demokratie ist gefestigter und stabiler, wenn es Volksparteien gibt.» Das gelte für das Land, für den Bund und für Europa. «Wir dürfen uns nicht nach Stimmungen richten», sagt Huber, nur so kriege man die Populisten klein. Da sei er ganz bei Strauß: «Wir müssen der Fels in der Brandung sein.»

«Wir», ein Mann und seine Partei, Erwin Huber und die CSU. Was ist das zwischen ihnen, kann man das Liebe nennen? Liebe sei ein großes Wort, hat Huber mal gesagt, aber auch kein falsches. Mit etwas Abstand nun im Café Pinguin, mit dem wissenschaftlichen Blick des Studenten – bleibt es dabei, Liebe? In der antiken Philosophie, sagt der Student Huber, gebe es ja den Begriff vom «gelungenen Leben», altgriechisch «Eudaimonie». Es ist ein beschwerlicher Weg zu diesem Ziel, nicht jedem ist das Ankommen vergönnt. Ihm sei die Politik nicht in die Wiege gelegt worden, sagt Huber, aber er habe ankommen dürfen. «Der Philosoph würde sagen: Die CSU hat mir die Chance gegeben, ein gelungenes Leben zu führen.» So etwas binde einen Mann an seine Partei, sagt Erwin Huber, «tief bis ins Herz hinein».

Viertes Kapitel

Die CSU in Berlin, Brüssel und in der Welt

1. Der Geist von Kreuth: Der ewige Schwesternstreit mit der CDU

Es gibt eine Anekdote, die Edmund Stoiber gern erzählt, wenn er auf das Verhältnis von CSU und CDU angesprochen wird. Die Szene spielt nach der Bundestagswahl 1983, und der Hauptdarsteller ist natürlich Franz Josef Strauß. CDU, CSU und FDP kommen in Bonn zu Koalitionsgesprächen zusammen. Für die CDU ist neben Bundeskanzler Helmut Kohl auch der niedersächsische Ministerpräsident Ernst Albrecht da, für die FDP unter anderen Otto Graf Lambsdorff. Strauß geht den Herrschaften mit sehr spezifisch bayerischen Forderungen auf den Wecker: Das Stahlwerk Maxhütte müsse erhalten werden, der Luft- und Raumfahrtstandort München brauche Investitionen. Irgendwann, so erinnert sich Stoiber, langt es Albrecht. Er haut auf den Tisch und ruft: Das kann doch nicht sein, dass hier zwei Parteien am Tisch sitzen – und ein Bundesland! Jetzt hält Lambsdorff auch nichts mehr: Stahlhütten haben wir auch in Nordrhein-Westfalen! Strauß antwortet kühl: Meine Herren, wenn Sie mit der CSU eine Regierung bilden wollen, müssen Sie sich auch mit bayerischen Problemen beschäftigen.

Stoibers Geschichte veranschaulicht Wesen und Vorteil der christsozialen Selbstdefinition als Regionalpartei mit bundespolitischem Anspruch. Die Fraktionsgemeinschaft mit der CDU im Bundestag gibt der CSU einen Hebel, um einst in Bonn und jetzt in Berlin bayerische Interessen durchzusetzen. Der Vertrag über die Fraktionsgemeinschaft legt fest, dass CDU und CSU ihre Positionen stets abstimmen müssen. Die CDU kann nichts tun, ohne vorher die Zustimmung der CSU eingeholt zu haben. Wenn man das Ergebnis der Bundestagswahl 2017 zugrunde legt, kann man sagen: Mit 6,2 Prozent aller bundesweit abgegebenen Stimmen besitzt die CSU ein hundertprozentiges Vetorecht. Und nimmt sich natürlich trotzdem die Freiheit, in München bei Bedarf zu schimpfen, dass in Berlin wieder mal nichts vorangeht.

Dass sich die CSU in Berlin als Vorkämpferin für den Freistaat inszenieren kann, hilft daheim in München bei der Sicherung der Macht. Zumal sich die bayerischen Landesverbände von SPD oder Grünen natürlich schwertun, im Schatten der bundesweit relevanten CSU überhaupt wahrgenommen zu werden. Natürlich ist die Zweckgemeinschaft von CDU und CSU dem Prinzip nach für beide lohnend. Die CDU war bei Bundestagswahlen in der Gesamtrechnung lange auf das dicke CSU-Stimmenpaket aus Bayern angewiesen. Und selbst wenn es rechnerisch für die CDU allein reicht, bindet die CSU mit ihrer konservativen Strahlkraft auch über Bayern hinaus Wähler an die Union. Umgekehrt existiert das Phänomen natürlich auch: Zu den üppigen 49,3 Prozent der CSU bei der Bundestagswahl 2013 hat sicher die damalige Beliebtheit der Bundeskanzlerin Merkel beigetragen.

Heikel wird das Arrangement, wenn die Schwesterparteien nicht das Gefühl haben, dass sie sich gerade beflügeln. Sondern, dass die eine die andere runterzieht. So wie im Flüchtlingsstreit, der die Belastbarkeit der Fraktionsgemeinschaft aufs Heftigste geprüft hat. Eine staunende Republik fragte sich, ob die Union halten würde. Und mancher fragte sich auch, wie sie überhaupt jemals zusammengefunden hatte. Warum gibt es in 15 Bundesländern die CDU und in einem nicht? Wie hat sich die CSU einrichten können in ihrer sehr komfortablen Nische des Parteiensystems?

Der Unabhängigkeit der CSU ist historisch gewachsen, ihr war zuträglich, dass Deutschland nach dem Krieg bis 1949 in Besatzungszonen aufgeteilt blieb. In einem Zentralstaat hätte sich leichter eine christdemokratische Zentralpartei herausbilden können. So aber waren, wie der Politikwissenschaftler Heinrich Oberreuter beschreibt, die Zonen und die Länder die Aktionsbühne der Parteien. Es entstanden regional beschränkte christdemokratische Parteien, die sich in unterschiedlichen Geschwindigkeiten formierten. Im Fall der CSU gelang das besonders schnell, weil das Land Bayern in territorialer und kultureller Kontinuität weiterbestand. Erst 1950 schlossen sich die CDU-Landesparteien zur Bundes-CDU zusammen – da hatte die CSU ihre Eigenständigkeit schon längst gesichert.

In den Übergangsparlamenten der Nachkriegszeit wie dem Frankfurter Wirtschaftsrat und dem Parlamentarischen Rat ging die CSU mit der CDU Fraktionsgemeinschaften ein. Ein solches Modell war keineswegs revolutionär: Schon die Bayerische Patriotenpartei hatte von 1887 bis 1918 im Zusammenschluss mit dem Zentrum im Reichstag eine gewisse Eigenständigkeit gewahrt. Nach der Landesversammlung der CSU 1948 in Marktredwitz gab es keinen Zweifel mehr, welchen Platz die CSU für sich im Parteiensystem sah: Ministerpräsident Hans Ehard definierte sie als «bayerische Partei mit bayerischer Zielsetzung». Sie wolle ausdrücklich nicht «Teilstück einer Reichspartei» sein. Dieses Selbstverständnis wurde bald darauf aus strategischer Notwendigkeit noch gefestigt: In Bayern erwuchs der CSU direkte Konkurrenz durch die Bayernpartei, die ihr vorwarf, bayerische Interessen an die CDU zu verscherbeln.

Die Bayern wurden von ihren CDU-Brüdern rasch als Plagegeister wahrgenommen. Hans Ehard ging ihnen in den Verfassungsdebatten auf den Senkel, indem er unablässig eine Stärkung der föderalistischen Elemente verlangte. Der CDU-Abgeordnete Robert Lehr fasste seine Erfahrungen im Parlamentarischen Rat so zusammen: «Die Bayern haben sich von Anfang an als eine Fraktion innerhalb der Fraktion gefühlt und so auch uns gegenüber verhalten.» Als sich 1949 der Bundesrat konstituierte, sah Ehard Bayern benachteiligt, weil nicht er, sondern der nordrhein-westfälische Ministerpräsident Karl Arnold der erste Präsident der zweiten Parlamentskammer wurde. Ehard beklagte bitterlich die «Konzentration von Einfluss und Macht» bei NRW, er gab sich so wütend, dass Konrad Adenauer um die CSU-Stimmen bangte, die er im Bundestag zur Kanzlerwahl brauchte. Adenauer besänftigte die Schwesterpartei mit drei statt wie geplant zwei Ministerposten.

Die CSU dürfte spätestens in diesem Moment das Prinzip erkannt haben, wie sie die Fraktionsgemeinschaft mit der CDU, die nun auch im Bundestag eingerichtet wurde, für sich maximal gedeihlich gestalten konnte. Auch organisatorisch stellte sie dafür die Weichen: Sie setzte die Einrichtung einer eigenen «CSU-Landesgruppe» durch: einer Fraktion in der Fraktion. Bis zur deutschen Einheit konnte sie ihre privilegierte Stellung auch regelmäßig mit ausgezeichneten Wahlergebnissen untermauern, sie erreichte – auf ganz Deutschland gerechnet – bei allen Bundestagswahlen von 1953 an ein Ergebnis um die zehn Prozent. Meistens war sie damit die drittstärkste Kraft in Bonn, noch vor der FDP, die sich zu Strauß' Lieblingsfeind entwickelte, weil er die Rolle des Königsmachers der deutschen Politik nicht mit ihr teilen wollte.

Zur krisenreichen Beziehungsgeschichte der Unionsschwestern gehört auch der konstruktive Beitrag, den die CSU in Bonn und Berlin geleistet hat. Der Verteidigungsminister Strauß etwa baute die Bundeswehr als Armee in der Demokratie auf. Das Finanzministerium war in drei kritischen Phasen bei der CSU in guten Händen, bei Fritz Schäffer in den turbulenten Anfangsjahren der Bundesrepublik, bei Strauß im Abschwung nach dem Wirtschaftswunder und später bei Theo Waigel im Zeichen von Wiedervereinigung und Euro-Einführung. Selbst die Klage des Landes Bayern beim Bundesverfassungsgericht gegen Willy Brandts Grundlagenvertrag mit der DDR war nicht so vogelwild, wie das manchmal dargestellt wird. Das Gericht entschied zwar, dass der Vertrag mit dem Grundgesetz vereinbar war. Aber es stellte auch klar, dass alle Verfassungsorgane auf die Wiederherstellung der deutschen Einheit verpflichtet seien.

Zur Beschreibung der bundespolitischen Rolle der CSU in der Ära Adenauer hat sich das Wort von der «loyalen Gefolgschaftspartei» durchgesetzt. Das ist gewiss in den großen Linien korrekt, erfasst aber nicht das spannungsgeladene Verhältnis zwischen dem Bundeskanzler Adenauer und seinem Minister Strauß. Adenauer wollte Strauß zuerst mit dem Familienministerium abspeisen, was dieser als Falle durchschaute und ablehnte: Als Junggeselle, der nicht mal eine Verlobte vorweisen könne, sei er wohl kaum der richtige Mann. Das Portfolio für Atompolitik, das ihm Adenauer schließlich überließ, taugte dem Kernkraftfan Strauß wesentlich besser, ebenso das Verteidigungsressort, das er 1956 übernahm. Mit seiner Überzeugung, dass Deutschland eigene Atomwaffen brauche, um nicht zwischen Ost und West zerrieben werden zu werden, geriet er in die Rolle des Provokateurs, in der er sich sichtbar wohlfühlte.

Für den alten Adenauer war der junge Strauß das pflegeintensivste Kabinettsmitglied, immer für eine «Anmaßung oder Unverschämtheit» gut, wie Strauß-Biograf Peter Siebenmorgen feststellt. Adenauers Misstrauen wurde so groß, dass der Kanzler sogar den Bundespräsidenten über seinen Verdacht informierte, der Verteidigungsminister Strauß könnte einen Militärputsch planen. Die Zweifel an Strauß' Charakter – im konkreten Fall unbegründet – teilte auch «Spiegel»-Chef Rudolf Augstein, der 1957 nach einem Herrenabend mit Strauß in seiner Hamburger Villa zu dem Schluss kam, dass dieser unbeherrschte Mann gefährlich sei und niemals Kanzler werden dürfe. Der «Spiegel» widmete sich fortan genüsslich der Dekonstruktion der Franz-Josefs-Legende.

Ihren Gipfel erreichte die von gegenseitiger stiller Bewunderung komplizierte Männerfeindschaft Strauß-Augstein 1962 in der «Spiegel»-Affäre, die den Minister zum Rückzug aus Bonn zwang. Strauß' Karriere stand auf der Kippe, doch schon vier Jahre später kehrte er als Finanzminister der Großen Koalition zurück. Im Duett mit dem sozialdemokratischen Wirtschaftsminister Karl Schiller (Kosenamen «Plisch und Plum») avancierte Strauß gegen jede Wahrscheinlichkeit zu einem Star des Kabinetts Kiesinger. Schon 1969 jedoch wurde die Union erstmals in der jungen Bundesrepublik von der Macht gestoßen. In der Opposition gegen Willy Brandts sozialliberale Regierung nahmen die Spannungen zwischen CSU und CDU schnell zu.

Die Phase der CSU als «loyale Gefolgschaftspartei» kam zum Ende, sie wurde abgelöst von der «kooperativen Konkurrenz». Etwas verkürzt kann man sagen, dass die CSU sich in der Bonner Opposition markanter rechts von der CDU positionierte. Auch, weil sie bei der bayerischen Landtagswahl 1970 die NPD am erneuten Einzug ins Maximilianeum hindern wollte (was gelang) – eine Strategie, der die CSU später auch beim Aufkommen der Republikaner und der AfD folgen sollte. Den schärfsten und emotionalsten Dissens löste die neue Ostpolitik der SPD/FDP-Regierung aus, die CSU-Chef Strauß aus tiefster Seele als zu weich ablehnte, während der CDU-Vorsitzende Rainer Barzel nur Verbesserungen im Detail anmahnte.

Was einem friedlichen Auskommen in der Unionsfamilie aber am wenigsten half, war das Kokettieren der CSU mit einer bundesweiten Ausdehnung. Das Motiv für diese Überlegungen war einerseits die christsoziale Auffassung, absolut alles besser zu wissen und besser zu können als die CDU. Anderseits spielte auch ein substanzieller Gedanke eine Rolle: Eine vierte Partei, hoffte man in der CSU, würde neue Dynamik in die erstarrte Parteienlandschaft im Bund bringen, die sonst auch mittelfristig das sozialliberale Bündnis zu begünstigen schien. In jedem Fall häuften sich die Nadelstiche aus Bayern: Strauß verfasste einen Text für den «Bayernkurier», in dem er von den vielen Zuschriften aus der ganzen Bundesrepublik berichtete, in denen die Briefeschreiber bedauern, dass sie die CSU in ihren Bundesländern nicht wählen könnten. Auch die Tatsache, dass sich in einigen Bundesländern «CSU-Freundeskreise» gründeten, trug nicht zur Entspannung der CDU bei.

Als die Union bei der Bundestagswahl 1972 erstmals nicht mehr stärkste Kraft wurde, wies die CSU die Schuld unumwunden der CDU zu – diese hatte im Gegensatz zu ihr deutlich an Stimmen verloren. Der Vorsitzende der Landesgruppe, Richard Stücklen, stellte die Fraktionsgemeinschaft erstmals offen in Frage. Jetzt keilte die CDU zurück. Norbert Blüm wusste, wie er die CSU verletzen konnte: Er warf ihr vor, die kleinen Leute zu vernachlässigen. Das Präludium für den ganz großen Krach erreichte mit einem CSU-Parteitag im Juni 1975 seinen Höhepunkt. Dort verabschiedete die CSU eine Resolution, «dass der Parteivorsitzende Strauß die am besten geeignete Persönlichkeit zur Bestimmung und Gestaltung der Bundespolitik» sei. Dumm nur, dass sich die CDU längst auf ihren neuen Chef Helmut Kohl als Kanzlerkandidat festgelegt hatte. Kohl durfte nun 1976 mit dem wohligen Gefühl in den Wahlkampf ziehen, dass ihn die Schwesterpartei allerhöchstens für den zweitbesten Kanzlerkandidaten hielt.

Der ganz große Krach zwischen CDU und CSU ist bis heute mit dem Namen einer Gemeinde in der Nähe des Tegernsees verbunden: Kreuth. Dort, im Ortsteil Wildbad, wo einst Kaiser und Könige kurten, traf sich am 18. und 19. November 1976 die CSU-Landesgruppe zu

Beinahe ein Schicksalsort: Im ehemaligen Sanatorium in Wildbad Kreuth treffen sich im November 1976 die CSU-Bundestagsabgeordneten zu ihrer Klausurtagung. Sie beschließen die Loslösung von der CDU – die Entscheidung hat jedoch nicht lange Bestand.

ihrer Klausurtagung. Der Parteichef Strauß schien anfangs gar nicht entschlossen zu sein, eine Loslösung von der CDU herbeizuführen. Aber um genau diese Frage drehte sich bald die Debatte der Abgeordneten. In deren Verlauf redete sich Strauß mehr und mehr in die Idee eines Trennungsbeschlusses hinein. Gegen Mitternacht vertagte man sich, und hinterher in der Bierstube scharten sich die eifrigsten Befürworter des Plans am Tisch von Strauß. Bei diesem Anblick, sagt Theo Waigel heute, habe er gewusst, wie ernst die Lage sei.

Waigel war damals ein junger Bundestagsabgeordneter – und ein sorgfältiger. Waigel sitzt im Sommer 2019 daheim im Allgäu auf seiner Couch und sagt, eines lehre die Lebenserfahrung: «Mitschreiben ist immer gut.» Er legt eine Klarsichtfolie mit Notizen auf den Tisch. Er hat alles genau protokolliert damals, blauer Füller auf weißem Papier. Am zweiten Tag der Klausur habe man die Debatte morgens wieder aufgenommen, erzählt Waigel, erst mal ohne Strauß, der eine

Stunde zu spät aus seinem Haus in Rottach-Egern kam. Waigel hat deshalb sein Plädoyer für die Fraktionsgemeinschaft ohne den Hauptadressaten halten müssen. Er holt nun die Seiten aus der Folie und geht die Wortmeldungen durch: «Probst: für die Trennung. Jaeger: dagegen. Lintner: dafür. Geisenhofer: dagegen. Voss: dafür. Haberl: dafür. Gierenstein: skeptisch. Spilker: «Wenn wir Kerle sind, stehen wir das durch.» In der geheimen Abstimmung votierten 30 Abgeordnete fürs Gehen und 18 fürs Bleiben.

Ein paar Stunden später gaben Strauß und der Landesgruppenchef Friedrich Zimmermann in Rottach-Egern eine Pressekonferenz, bei der die Journalisten ihren Ohren nicht trauten. CDU-Chef Helmut Kohl wurde zumindest offiziell erst mit Verspätung informiert – Zimmermann beteuerte, er habe auf dem Weg vom Tegernsee nach München keine freie Telefonzelle gefunden. Der Kreuther Trennungsbeschluss erschütterte die CSU, schnell regte sich Widerstand. Strauß hatte den Bogen überspannt. Für einmal streifte die Partei ihre Ehrfurcht vor ihrem großen Vorsitzenden ab. Mehr als Hundert Kreisvorsitzende sprachen sich gegen die Trennung aus. Einfache Mitglieder schrieben Briefe mit Verweis auf die Parteisatzung: Die CSU sei auf Bayern beschränkt. Der Druck wurde größer und größer. Kohl gelang es meisterhaft, den Möchtegern-Rebellen Angst zu machen: Er ließ durchsickern, dass die CDU in München schon nach geeigneten Räumlichkeiten für ihre Landesparteizentrale suchte. Auch ein Termin für einen Gründungsparteitag des CDU-Landesverbands Bayern kursierte.

Mit dem Rücken zur Wand brach aus Strauß all die Verachtung für Helmut Kohl heraus, dem er sich in jeder Beziehung überlegen fühlte. Der Vorfall wurde als «Wienerwald-Rede» bekannt, Strauß sprach vor dem Landesvorstand der Jungen Union in der Münchner Zentrale des Hendlrestaurants. Ein Zuhörer schnitt Strauß' Eruption mit. Manche Dinge ändern sich nicht in der CSU: Irgendwie kommt immer alles raus. Strauß verspottete die «politischen Pygmäen» von der CDU, «diese Zwerge im Westentaschenformat», die «Reclam-Ausgabe von Politikern». Die vernichtendsten Worte reservierte er für den Chefpygmäen Kohl: «Total unfähig» sei dieser, er werde niemals Kanzler werden, weil ihm dafür «die charakterlichen, die geistigen und die politischen Voraussetzungen» fehlten. «Der wird mit neunzig Jahren die Memoiren schreiben: Ich war 40 Jahre Kanzlerkandidat, Lehren und Erfahrungen aus einer bitteren Epoche.» Die Geschichte wollte es dann anders. Es wird Strauß sein, der als ewiger Kandidat erinnert wird.

Die CSU ruderte langsam zurück, Anfang Dezember 1976 fügte sie sich in Verhandlungen über die Fortsetzung der Fraktionsgemeinschaft. Von einem gesichtswahrenden Kompromiss konnte am Ende nicht die Rede sein, aber eine formale Stärkung der CSU-Autonomie in der neuen Vereinbarung erleichterte Strauß das Einlenken. «Wenn es zur Trennung gekommen wäre, wäre die CSU fast zwangsläufig eine andere Partei geworden», sagt Theo Waigel heute. «Die CDU wäre nach Bayern einmarschiert, und wir hätten uns eigentlich nur rechts von ihr positionieren können.» Für ihn persönlich hätte das Konsequenzen gehabt: «Wenn es so weit gekommen wäre, hätte ich vielleicht mit der Politik aufgehört oder die Partei verlassen.» Die politisch-kulturelle Langzeitfolge aus Kreuth ist zweifelsohne, dass Klausurtagungen der CSU stets ein Hauch von Mystik und Spannung umgibt. Wenn sich die Bayern nur tief und lang genug in ihren Bergen eingraben, traut ihnen Rest-Deutschland alles zu.

Sich selbst traute Franz Josef Strauß natürlich auch nach Kreuth die Kanzlerschaft zu, auch wenn er einst herzerweichend beteuert hatte, er würde «lieber eine Ananasfarm in Alaska errichten, als Kanzler in Deutschland zu werden». Als die CSU vor der Bundestagswahl 1980 fürchten musste, wie schon 1976 von der CDU mit dem Kandidaten Helmut Kohl überrumpelt zu werden, fuhren Strauß' Sekundanten Stoiber und Zimmermann in Bonn die großen rhetorischen Geschütze auf. Als sich die Tür für Strauß eines Abends tatsächlich öffnete, bestürmten die beiden ihn, die Chance beim Schopf zu packen. Strauß wollte wohl nicht als feige gelten, also sagte er Ja. Die CSU feierte sich dafür, die CDU aufs Kreuz gelegt zu haben, doch die Enttäuschung bei der werten Schwesterpartei hielt sich in irritierenden Grenzen.

Strauß war am Ziel – und in der Falle. Helmut Schmidt von der SPD war immer noch ein starker Kanzler, die FDP zeigte noch keinerlei Bereitschaft, der Union ins Kanzleramt zu helfen. Es gab nicht viel zu gewinnen, eine Rechnung, die der von Strauß sträflich unterschätzte Kohl vermutlich angestellt hatte. Im Wahlkampf ließ die CDU den Kandidaten Strauß am langen Arm verhungern. CDU-Generalsekretär Heiner Geißler bereitete es in Interviews diebische Freude, Unterstützung für Strauß zu versichern und ihn zwischen den Zeilen kunstvoll zu demontieren. 44,5 Prozent holte Strauß dann bei der Bundestagswahl, 4,1 Prozentpunkte weniger als Kohl 1976.

Als 1982 die FDP zur Union überlief, schlug die Stunde Kohls. Strauß hätte sein Ersatzkönigreich Bayern sogar gegen einen Platz in Kohls Kabinett getauscht, doch es fand sich keiner, den er für würdig hielt. Damit war für Strauß der Hauptdienstort München zementiert. Es blieb ihm nur noch, in hoher Frequenz an der Bonner Koalition herumzumäkeln, unter weitgehender Nichtbeachtung des Umstands, dass seine CSU ihr angehörte. Legendär sind die Brandbriefe, die er Kohl aus wichtigem wie nichtigem Anlass schickte: «Sehr geehrter Herr Bundeskanzler, lieber Helmut!» Böse Zungen behaupteten, der liebe Helmut habe die Post aus München routinemäßig im Mülleimer abgelegt.

Nach Strauß' Tod wurde Theo Waigel CSU-Chef, der vielleicht genau deshalb ein erfolgreicher Bundesminister war, weil er in Bundeskanzler Kohl nicht seinen persönlichen Konkurrenten sah. Waigels Nachfolger Edmund Stoiber hingegen kam wie ehedem Strauß um die Jahrtausendwende zu der Überzeugung, der bessere Kanzler zu sein. Besser nicht nur als der Amtsinhaber Gerhard Schröder von der SPD, sondern besser auch als die CDU-Vorsitzende Angela Merkel. Eine weitere CSU-Generation später durfte man auch Horst Seehofer latente Überlegenheitsgefühle gegenüber Merkel unterstellen; im Unterschied zu Stoiber fehlten ihm Ambition und Chance auf das Kanzleramt.

Dass Stoiber 2002 als Kanzlerkandidat der Union zum Zug kam, hatte er nicht nur seiner durchaus vorhandenen Stärke zu verdanken. Die Schwäche der CDU nach der Parteispendenaffäre arbeitete für ihn, zumal sich die neue CDU-Vorsitzende Merkel und die Landesfürsten um Roland Koch mit Argwohn begegneten. Merkel überließ Stoiber beim Frühstück in seiner Doppelhaushälfte in Wolfratshausen die Kandidatur – womöglich auch in der leisen Hoffnung, dass das Jahr der Union noch nicht gekommen war.

Stoiber warf sich mit dem ihm eigenen Energieüberschuss in den Wahlkampf gegen Schröder, er rechnete den Deutschen vor, wie gut es der Bundesrepublik gehen könnte, wenn sie erst ein bisschen mehr wie Bayern werde. Er sah sich mit den sehr widerstrebenden Gefühlen konfrontiert, die Menschen aus Bayern in den übrigen 15 Bundesländern so auslösen: Bewunderung, aber auch Belustigung. Er fremdelte im Osten, und er hatte das Pech, dass es im August zu regnen begann. Der Jahrhundertflut an der Elbe trat Schröder in dekorativen Gummistiefeln entgegen; auch in der Debatte um einen möglichen Irak-Krieg machte der Kanzler eine bessere Figur. Stoiber kam der Kanzlerschaft am Ende näher als Strauß: Nur 6000 Zweitstimmen fehlten der Union auf die SPD, beide erhielten 38,5 Prozent. Weil Rot-Grün bei den Mandaten klar vor Schwarz-Gelb lag, war die Angelegenheit aber auch nicht so knapp, wie es die CSU-Geschichtsschreibung heute behauptet. 2005 musste Stoiber dann mitansehen, wie Merkel Schröder besiegte.

Der Christdemokrat Wolfgang Schäuble hat mal gesagt, alle Logik spreche dagegen, dass ein CSU-Vertreter Bundeskanzler werden kann. Die CSU lebe schließlich davon, sich auf Kosten des Bundes zu profilieren: «Theo Waigel wusste das. Strauß wusste das und wollte es trotzdem werden. Und auch Stoiber wollte sich über dieses politische Gesetz hinwegsetzen.» Es wäre auf jeden Fall eine reizvolle Versuchsanordnung gewesen: Kann ein CSU-Kanzler Politik für ganz Deutschland machen? Und wenn ja, lassen ihm das die Parteifreunde in München einfach so durchgehen? Markus Söder versichert dieser Tage recht glaubhaft, dass er an solchen Experimenten vorerst nicht interessiert ist. Er weiß wohl auch, dass er nur als Kanzlerkandidat gehandelt wird, weil sich CDU-Chefin Annegret Kramp-Karrenbauer nicht gerade aufdrängt.

Immerhin hatte die CSU schon einmal den sehr konkreten Ehrgeiz, Politik für Ostdeutschland zu machen, mit Hilfe einer weiteren Schwesterpartei. Die CDU hielt das nicht für die allergroßartigste Idee. So sehr die CSU die Wiedervereinigung herbeigewünscht hatte: Politisch bedeuteten 16 statt elf Bundesländer für die CSU einen Einflussverlust. Bei der ersten gesamtdeutschen Bundestagswahl 1990 konnten die Christsozialen die neuen Realitäten am Ergebnis ablesen: Die FPD war mit 11 Prozent klar dritte Kraft vor der CSU mit

Ein Bayer auf Rügen: Edmund Stoiber, bayerischer Ministerpräsident und CSU-Chef, geht im Juli 2002 als Kanzlerkandidat der Union auf Wahlkampftour. Am Ende liegt die SPD von Gerhard Schröder gerade einmal 6000 Zweitstimmen vor CDU und CSU.

7,1 Prozent. Die Münchner Strategen setzten ihre ganze Hoffnung schon vorher auf die Deutsche Soziale Union (DSU), die der Satellit der CSU im Osten werden sollte. Anfang 1990 gegründet, versuchte die DSU, die konservativen Kräfte zu vereinen, die sich in der Ost-CDU nicht wiederfanden. Das Logo war himmelblau wie das der CSU, die Strauß-Verehrung ausgeprägt.

Schon im März standen die ersten und letzten freien Volkskammerwahlen in der DDR an, und es fiel dem CSU-Haudegen Peter Gauweiler zu, die DSU dafür zu präparieren. Gauweiler schickte politische Entwicklungshelfer in den Osten, der DSU-Chef Hans-Wilhelm Ebeling durfte sogar kurz beim CSU-Aschermittwoch in Passau sprechen. Die DSU schaffte es auch wirklich in die letzte DDR-Regierung, allerdings nur durch ein Bündnis mit der Ost-CDU. Die beiden Minister der DSU liefen bald zur CDU über, weil die DSU immer weiter nach rechts driftete. In der CSU wucherten die Zweifel am eigenen Projekt. Helmut Kohl tat, was noch nötig war: Bei einer Klausur im Kloster Irsee verlangte er von der CSU-Spitze, die Bande mit der DSU zu kappen. Die CSU zierte sich noch ein wenig, doch 1993 stellte sie die Unterstützung ein. Peter Gauweiler sagt heute, dass bestimmte CSU-Ideen im Osten schon hätten Wurzeln schlagen können, «der Anti-Zentralismus oder die freiheitliche Regionalität». Aber: «Unter all den Parteien, die da so rumschwirren, ist unser Alleinstellungsmerkmal das schöne Bayern. Das hat sich nicht in die untergehende DDR exportieren lassen.»

Lässt sich das schöne Bayern überhaupt irgendwohin exportieren? Noch heute ist in der CSU oft vom «Geist von Kreuth» die Rede, viele schaffen es sogar irgendwie, Stolz zu ziehen aus dem nicht zu Ende gedachten Aufbegehren gegen die große Schwester. Der Geist von Kreuth ist in Wahrheit mehr ein Gespenst, das die Union bei jedem größeren Ärger zwischen CSU und CDU heimsucht. Dabei ist es durchaus im Interesse beider, dem Wähler gelegentlich klarzumachen, dass sie unterschiedliche Parteien sind. Die Schockerfahrung von 1976 hat auch dazu geführt, dass in den meisten Streitfällen beide Seiten ihre roten Linien sicherheitshalber nur noch mit Bleistift zeichnen. Wenn etwa Angela Merkel sagt, mit ihr werde es keine «Ausländermaut» geben, oder wenn Seehofer sagt, diesen oder jenen Schritt der Euro-Rettung gehe er aber sicher nicht mit – dann kommt nach einer Weile schon mal der Radiergummi zum Einsatz.

Selten wurde das Gespenst von Kreuth so klar gesichtet wie im Flüchtlingsstreit der Unionsparteien von 2015 an. Das Verhältnis, sagte Markus Söder damals, sei so schlecht wie seit 1976 nicht mehr. Es war auch die Zeit, in der Alexander Dobrindt über eine «konservative Revolution» sinnierte. Und Armin Laschet, der CDU-Ministerpräsident von Nordrhein-Westfalen, verlautbarte, dass «der Markenkern der CDU nicht das Konservative ist». Wenn zwei Partner sich so schwertun, einen Konsens zu finden – sollten sie dann das Suchen nicht gleich lassen? Sollten sie nicht besser aufhören, Partner zu sein?

Die CSU weiß, dass eine Bayern-CDU schon sechs, sieben Prozent holen und jede noch so vage christsoziale Hoffnung auf die absolute Mehrheit zerstören würde. Sie weiß auch, dass eine Bundes-

CSU sich kaum mehr als oberste Interessensvertreterin Bayerns inszenieren könnte – sie müsste ja dann ebenso für die Menschen in Duisburg oder auf Rügen da sein. Auch bei der CDU scheint die Lust auf ein bayerisches Abenteuer trotz allen Ärgers nicht nennenswert groß zu sein. Von Wolfgang Schäuble stammt die Mahnung, dass ein Konflikt der Unionsparteien «nie entlang des Schrägstrichs zwischen CDU und CSU» verlaufe. «Er geht immer auch mitten durch die CDU.» Er schätze zum Beispiel, so Schäuble, «dass 30 bis 40 Prozent der CDU-Mitglieder damals Strauß attraktiver fanden als den eigenen CDU-Chef».

Als ein Mann aus Franken vor einigen Jahren versuchte, eine Bayern-CDU zu gründen, bekam er rasch Post: Ein von der CDU beauftragter Anwalt ließ ihm unter Androhung von Haft und Ordnungsgeld verbieten, den Namen CDU zu verwenden. Auch bei der CDU können sie rechnen: Ohne die CSU wäre sie bei der Bundestagswahl 2017 in den 15 Bundesländern, in denen sie antritt, nur auf 26,8 Prozent gekommen – ein Ergebnis, das nicht weit über dem desaströsen Plateau liegt, auf dem die SPD sich eingependelt hat. Zugespitzt kann man sagen: Die CDU wäre ohne die CSU keine Volkspartei mehr. Oder mit etwas Mut zum staatspolitischen Pathos: Das deutsche Parteiensystem würde bei einem Zerfall der Union den letzten großen Block verlieren, der ihm Festigkeit gibt. Es ist wohl so: Die Gemeinschaft von CSU und CDU ist von Vernunft diktiert. Und nur von Unvernunft gefährdet.

2. Die Kosmopoliten: Alexander Dobrindt und die Landesgruppe im Bundestag

Wenn Alexander Dobrindt herausfinden will, wie die normalen Leute über ihn denken, fährt er daheim in Peißenberg zum «Kaufland». In den Regalreihen des Supermarkts wartet er dann darauf, wie die Menschen auf ihn reagieren. Solange die Leute ihm auf die Schulter klopften, hat Dobrindt vor ein paar Jahren in der «Zeit» verraten, wisse er: «Es ist alles okay.» An seiner politischen Hauptwirkungsstätte Berlin ist Dobrindt nämlich dezidiert nicht in Gefahr, zu viel Schulterklopfen abzubekommen. Seine Kritiker, auch aus der eigenen Partei, werfen dem Chef der CSU-Landesgruppe im Bundestag vor, inhaltliche Erwägungen allzeit taktischen unterzuordnen und Politik als ständige Provokation zu betreiben. Man darf annehmen, dass Dobrindt mit solchen Anklagen gut leben kann. Mit Konsequenz arbeitet er seit Jahren an seinem Image als eiskalter Stratege.

Dobrindt ist so etwas wie der Schattenmann der CSU. In der Öffentlichkeit haben es manche als Abstieg wahrgenommen, dass er nicht mehr Bundesverkehrsminister ist, sondern Chef der 46 CSU-Abgeordneten im Bundestag. Aber Verkehr, das hat ihn nie wirklich interessiert. Und Landesgruppen-Chef, das ist vielleicht das unterschätzteste Amt der deutschen Politik. Zudem wie für ihn gemacht: ein Job für einen rigorosen Interessensvertreter seiner Partei, einen Machtmenschen, einen Generalisten und, ja, Strategen. Dobrindt, 49, ist angekommen. Wenn er seine aktuelle Stelle doch irgendwie als Sprungbrett betrachten sollte, dann hat er sicher kein anderes Ministeramt im Auge.

Im Asylstreit mit der CDU war Dobrindt lauter und härter als Söder und Seehofer, was man erst mal schaffen muss. Dobrindt hält sich nur an Strategien, die er selbst erdacht hat. Auch abgebrühten Beobachtern gibt er bisweilen Rätsel auf. Man kann ihn für einen tapferen Parteisoldaten halten oder für einen skrupellosen Giftmischer. Könnte es sein, dass da einer ganz auf eigene Rechnung arbeitet? Im Sommer 2018 hat der Reporter einfach mal in Peißenberg im «Kaufland» nachgefragt. Es zeigte sich, dass Dobrindt schon Recht hat: Die demoskopische Basisarbeit im Supermarkt mag nicht repräsentativ sein, aber sie ist doch aufschlussreich. Eine Dame um die fünfzig inspizierte an der Kühltruhe Schweinenackensteaks, als man sie mit der Frage nach ihrem Bundestagsabgeordneten überfiel. Dobrindt sitze in Peißenberg mit seiner Familie ganz normal in der Eisdiele, sagte die Frau, das sei ihr sympathisch. Aber wenn sie ihn im Fernsehen sehe, erkenne sie ihn kaum wieder: «Er hat eine Art und Weise, die kann man nicht durchschauen. Er arbeitet auf irgendwas hin, und man weiß nicht genau, auf was.»

Als Dobrindt 2002 in den Bundestag kam, war das noch anders.

Da war er noch anders: der Alex, der Schützenkönig, ein kräftiger Kerl mit Lederhose und Filzhut. Später stylte Generalsekretär Dobrindt mit der CSU (weniger Weißbier, mehr Latte) auch sich selbst um. Kollegen im Peißenberger Gemeinderat fiel auf, dass er fast nur noch Wasser bestellte und Knäckebrot aß. Seitdem passen ihm eng geschnittene Anzüge, dazu trägt er eine Brille, die Berliner Hipstern zu aufdringlich wäre. Auch seinen Dialekt hat er bei Auftritten weitgehend getilgt. Hermann Schnitzer sagt: «Wenn einer, der eine barock-bayerische Lebensart pflegt, plötzlich den Schalter umlegt, verändert er sich auch innerlich.» Schnitzer, Anfang 70, kennt Dobrindt schon lang. An Schnitzers Haus ist der kleine Alex immer mit Gewehr und Munitionstascherl vorbeigelaufen zum Schützenhaus. 16 war er, als er der JU beitrat, er stammte aus einer «sehr wertkonservativen Familie». Schnitzer war für die CSU Bürgermeister von Peißenberg, 18 Jahre lang, und er hatte, sagt er, «die Hoffnung, dass der Alexander mich beerben könnte und vielleicht sogar Landrat werden». Mittlerweile weiß Schnitzer, dass schon der junge Dobrindt größer dachte.

Heute inszeniert sich Dobrindt als Frontmann des konservativen CSU-Flügels, sein Gegenspieler ist der Fahnenträger des liberalen Lagers, der Europapolitiker Manfred Weber. Als Weber Ende 2017 im engsten Führungszirkel der CSU erklärte, dass ihn der Parteivorsitz reizen würde, grätschte Dobrindt sofort dazwischen. Er sprach das nicht aus, aber der Parteivorsitz – der reizt ihn auch. Der freundliche Weber ist in der Partei wesentlich beliebter als der verschlossene Dobrindt, Ende 2018 wäre ihm der Chefsessel nach Seehofers Abschied beinahe zugefallen. Er verzichtete jedoch zugunsten von Markus Söder, um sich auf seine Kandidatur als EU-Kommissionspräsident zu konzentrieren. Dobrindt gegen Weber, das ist ein Duell, das eine Vergangenheit hat und wahrscheinlich auch eine Zukunft.

Söder ist als bayerischer Ministerpräsident und Parteichef nun der unangefochtene Anführer der CSU – unangefochten von allen, bis auf Dobrindt. Dieser hat seinen früheren Mentor Seehofer längst als Berliner Nummer eins der Partei abgelöst. Söder weiß zwar durchaus zu schätzen, dass er in Dobrindt einen durchsetzungsfähigen Sachwalter der CSU-Interessen im Bundestag hat. Aber es wäre höchst verwunderlich, wenn ihm der Kollege nicht auch gehörig auf den Zeiger ginge.

Im Herbst 2019 prescht Dobrindt in Berlin dauernd vor, während man in der Münchner Parteizentrale noch über Konzepten brütet: mit Klimaschutzideen, mit einer christsozialen Antwort auf das Rezo-Video. Dobrindt dokumentiert damit seinen eigenen Machtanspruch. Und er untermauert die Eigenständigkeit der Landesgruppe im internen Machtgefüge der CSU.

Die Rivalität zwischen «Münchnern» und «Berlinern» hat in der CSU eine lange Geschichte. Das Grundsätzliche zum Thema hat wie üblich Franz Josef Strauß gesagt: In Bonn stehe die Kapelle, in München die Kathedrale. Was aber nie hieß, dass man in der Kapelle nicht auch richtig schön auforgeln konnte. Karrieren in der CSU verlaufen zumeist entweder ganz auf der Münchner oder ganz auf der Berliner Schiene – es gibt Wechsel, aber sie sind eher selten. Markus Söder etwa hat sich stets mit Nachdruck als Münchner definiert, nicht nur angesichts von Seehofers Versuchen, ihn als Bundesminister nach Berlin wegzuloben. Manche Münchner unternehmen rührende Anstrengungen, um ja nicht ins Bundeskabinett umziehen zu müssen. Der bayerische Innenminister Joachim Herrmann hat in diesem Fach besondere Meisterschaft erlangt. Umgekehrt war die Landtagsfraktion 2008 nur unter dem Schock des Verlusts der absoluten Mehrheit verzweifelt genug, den Berliner Seehofer als Ministerpräsidenten zu akzeptieren.

Die Bundestags- und Landtagsabgeordneten der CSU begegnen sich mit Naserümpfen: Die Berliner halten die Münchner für kleine Provinzler, die keinen Schimmer haben von der wirklich großen Politik. Die Münchner wiederum sehen in den Berlinern abgehobene Salonpolitiker, die sich unter der Berliner Glocke eingerichtet und den Kontakt zur bayerischen Basis verloren haben. Kosmopoliten und Graswurzler, beide Seiten haben natürlich einen Punkt: Ja, CSU-Landtagsabgeordnete verweigern sich gern der mathematischen Logik, dass es sich im Bundestag ohne absolute Mehrheit nicht ganz so leicht regieren lässt wie im Landtag mit. Und ja, CSU-Bundestagsabgeordnete von der Hinterbank erwecken gern mal den Eindruck, als würde die Bundeskanzlerin sie mindestens einmal die Woche um Rat für den nächsten G7-Gipfel fragen.

Alexander Dobrindt, seit 2002 Mitglied des Bundestags, hält den Gegensatz zwischen Münchnern und Berlinern für «übertrieben». Es gebe einfach Unterschiede, die in der Natur der Sache liegen. Die Arbeit in Berlin sei «geprägt vom Wettstreit der Ideen und vom Ringen um Kompromisse», sagt Dobrindt. «In München konnte die CSU dagegen über Jahrzehnte die reine Lehre umsetzen.» Und dann sei halt das Aufgabenspektrum anders: «Außen- und Verteidigungspolitik zum Beispiel finden einfach in Berlin statt und in München nicht.» Natürlich sei es der Idealfall, wenn die Landesgruppe und die Landtagsfraktion eine gemeinsame Sicht auf ein bestimmtes Thema entwickeln. «Aber es ist auch völlig normal, wenn man manchmal erst einen Ausgleich finden muss. Wir haben in der CSU ja auch Sozialpolitiker und Wirtschaftspolitiker, die selbstverständlich nicht immer einer Meinung sind.»

Außerdem, findet Dobrindt, entspreche die Fokussierung auf München und Berlin doch ohnehin nicht mehr der Realität. «Entscheidend ist das Zusammenwirken aller Ebenen – von den Kommunen über Landes- und Bundesebene bis nach Brüssel.» Sicher richtig, aber richtig ist auch: Weder Europa- noch Kommunalpolitiker bilden konkurrierende Machtzentren in der CSU, so wie das die Kollegen in Land und Bund tun. Bei ihrer Gründung 1949 hatte die Geschäftsordnung der Landesgruppe sogar noch vorgeschrieben, dass die Bundestagsabgeordneten sich eng mit der Landtagsfraktion abzustimmen haben. Mitte der Fünfzigerjahre wurde der Passus gestrichen.

Die Stellung der Landesgruppe ist privilegiert, vor allem natürlich gegenüber der CDU in der Fraktionsgemeinschaft. In der entsprechenden Vereinbarung der Unionsparteien ist festgeschrieben, dass alle «grundsätzlichen politischen Entscheidungen» stets «im Einvernehmen zwischen beiden Gruppen» erfolgen müssen – das ist der Satz, welcher der CSU ein faktisches Vetorecht zubilligt. In der Praxis kann man sich das so vorstellen: Bevor sich die Gesamtfraktion zur Sitzung trifft, trifft sich die Landesgruppe. Dass die Landesgruppe kleiner ist, hatte meist den Vorteil, dass sie auch geschlossener war als die größere und buntere CDU-Mannschaft.

Dazu kommt, dass der Vorsitzende der Landesgruppe kraft Amtes auch stellvertretender Vorsitzender der gesamten Unionsfraktion ist. Genauso ist der Parlamentarische Geschäftsführer der Landesgruppe auch Vize-Geschäftsführer des ganzen Ladens. Die proportionale Berücksichtigung der CSU greift ebenso bei den Führungsjobs in den Arbeitsgruppen der Fraktion und in den Bundestagsausschüssen. Bis 1972 genoss die CSU sogar doppeltes Stimmrecht: Sie besetzte die ihr zustehenden Positionen allein und wählte auch bei der CDU mit. Dass die CSU-Landesgruppe für einen kleinen Partner großen Einfluss hat, zeigt sich auch an ihrer organisatorischen Ausstattung, die der einer normalen Bundestagsfraktion gleichkommt: großer Planungsstab, eigene Pressestelle. Es gibt im Bundestag auch eine CDU-Landesgruppe Baden-Württemberg oder eine SPD-Landesgruppe Nordrhein-Westfalen, aber das sind im Vergleich lose und zahnlose Gemeinschaften, denen auch die strukturellen Vorteile der bayerischen Leitkultur abgehen: weiß-blaue Stammtische, bei denen Journalisten mit Weißwürsten verköstigt werden, oder ein Oktoberfest, das sich das ganze politische Berlin rot im Kalender anstreicht.

Ihren ganz großen Auftritt hat die CSU-Landesgruppe immer zu Jahresanfang, wenn sie zu ihrer Klausur vor vorzugsweise verschneiter Alpenkulisse lädt. Früher kamen die Abgeordneten im alten Sanatorium in Kreuth zusammen, diesem mythischen Ort der Parteigeschichte, dem man dann freilich unter Schmerzen Adieu sagen musste, weil die Pacht drastisch erhöht werden sollte. Nun trifft man sich im Kloster Seeon, von dem in ähnlicher Weise das zentrale Signal des Traditionstermins ausgeht: Schaut, wie prächtig unser Land ist! Überdies bestimmt die CSU, während andere noch in Weihnachtsstimmung umeinanderduseln, mit ihrer Klausurshow gewöhnlich die ersten politischen Schlagzeilen des neuen Jahres. Bei der Wahl der Mittel zum Zweck sind die Christsozialen niemals zimperlich, da wird auch mal ein Orbán eingeladen oder – natürlich von Dobrindt – eine «konservative Revolution» ausgerufen. Erfahrenen Beobachtern ist freilich bewusst, dass Revolutionen, die in Seeon beginnen, im Regelfall Berlin nie erreichen.

Die innerparteiliche Macht der Landesgruppe hängt derweil von der politischen Gesamtkonstellation ab, sie ist unbeständiger als die Macht der Landtagsfraktion. Ohne Regierungsbeteiligung im Bund herrschten eher dürre Zeiten. Als der Parteichef Strauß Abgeordneter in Bonn war, verstand sich die Landesgruppe ganz schlicht als eine Art «Leibgarde». Als Strauß dann nach München ging, hielt er die

Abgeordneten durch regelmäßige persönliche Indoktrinierung auf Linie – und im Notfall durch geharnischte Briefe. Gelegentlich leistete sich die Landesgruppe jedoch den Luxus einer eigenen Meinung, und zu Strauß' Ärger ausgerechnet im falschesten Moment: Als 1982 die rot-gelbe Bundesregierung von Helmut Schmidt zerbrach, wollte Strauß Neuwahlen, weil er auf eine absolute Mehrheit der Union spekulierte. Die CSU-Abgeordneten standen an der Seite von Helmut Kohl, der Neuwahlen ablehnte und eine Koalition mit der FDP bevorzugte.

Der Chef der Landesgruppe ist in jedem Fall eine Schlüsselfigur, er hat in der Auslegung seines Amtes breiten Spielraum. Überhaupt genießt er große Freiheit, ohne allzu viel Verantwortung mit sich herumschleppen zu müssen – wenn mal eine Abstimmung in die Hose geht, muss das üblicherweise der Chef der Unionsfraktion ausbaden. Dobrindts Vorgängerin Gerda Hasselfeldt verstand sich als Vermittlerin zwischen ihrer Partei und der Kanzlerin beziehungsweise dem Koalitionspartner SPD, sie interpretierte ihr Amt geräuschlos und uneitel. «Offenheit und Vertrauen», erklärt ein Hasselfeldt-Fan, seien die wichtigste Währung in diesem Job. Andere finden, dass Geräuschlosigkeit nicht notwendigerweise eine Tugend sei – schon gar nicht in einer Ausnahmesituation wie dem Flüchtlingsstreit, in dem man CSU-Politik notfalls mit Zähnen und Klauen verteidigen müsse.

Dobrindt pflegt ein wesentlich robusteres Amtsverständnis als Hasselfeldt. «Der Einfluss der CSU in Berlin ist größer als je zuvor», sagt er. «Es gibt keine Entscheidung über ein maßgebliches Gesetzespaket ohne die Landesgruppe.» Sein Auftrag sei ja am Anfang auch gewesen: «ein wenig härter, ein wenig schärfer». Aber eines will er klarmachen: «Ich kann auch anders.» Die Berliner Erfolge der CSU, sagt er, seien ja «nicht immer das Ergebnis von Konfrontation». Man suche Kompromisse mit der CDU und der SPD. Dabei helfe auch, dass die CSU neben 46 Abgeordneten «viele weitere Sympathisanten im Bundestag hat». Er sehe sich als Brückenbauer: «Oft ist es die CSU, die einen Weg findet, der sowohl für CDU als auch SPD gangbar ist.» Das werde in der breiten Öffentlichkeit nur nicht wahrgenommen.

Vom Berliner Wirken der CSU bleibt tatsächlich in erster Linie hängen, dass sie alle Möglichkeiten nutzt, dem eh schon gut entwickelten Bayern weitere Entwicklungshilfe angedeihen zu lassen. Zum Beispiel mit dem Bundesverkehrsministerium, das seit zehn Jahren in CSU-Hand ist, erst bei Peter Ramsauer, dann bei Dobrindt, heute bei Andreas Scheuer. In dieser Zeit ist Deutschland bei den großen Fragen moderner Mobilität nicht entscheidend vorangekommen, dafür immerhin Bayern bei Bau und Sanierung von Straßen, Brücken und Tunnels. Dass der Freistaat in den Genuss überproportionaler Förderung vom Bund kommt, streiten CSU-Vertreter gar nicht ab. Sie rechtfertigen die Sache damit, dass die bayerische Verwaltung einfach besser sei als alle anderen und immer, wenn Geld da sei, ein genehmigungsfähiges Projekt aus der Schublade ziehen könne. Egal, wie man das im Detail beurteilt: Die CSU hat die Regierungsbeteiligung im Bund stets ohne Scheu genutzt, um ihre Vorherrschaft in Bayern zu festigen.

Für diese Methode steht in den Augen von zornigen Sozialdemokraten oder Grünen kaum ein CSU-Politiker so sehr wie Dobrindt. Er spricht recht offen über sein politisches Kalkül, das finden seine Kritiker dann superzynisch und seine Unterstützer supergenial. Das bürgerliche Lager, argumentiert er, dürfe nicht zerfasern wie das linke. Wer bürgerliche Mehrheiten «auf Dauer ermöglichen» wolle, müsse die zur AfD abgewanderten Wähler zurückholen. Dazu brauche man «Themen mit 70 Prozent Zustimmung und auch eine Gegnerschaft». Für Dobrindt war das die Ausgangslage im Asylstreit mit der Kanzlerin. «Der Wettbewerb mit der CDU war richtig», sagt er im Rückblick. «Über Stilfragen kann man reden.» Und eines wolle er klarstellen: «Die Fraktionsgemeinschaft mit der CDU stand nie in Frage.» Auch in der Vergangenheit seien CSU und CDU «in einer Art kooperativer Konkurrenz zu guten Ergebnissen gekommen».

Als die Fraktionsgemeinschaft im September 2019 ihren 70. Geburtstag feiert, sagt Dobrindt in seiner Rede, das Miteinander der Unionsparteien sei kein «Bündnis auf Zeit», sondern eine «Schicksalsgemeinschaft auf Dauer». Das hatte ein Jahr zuvor, im Juni 2018 kurz vor dem großen Showdown zwischen Seehofer und Merkel, noch etwas anders geklungen: Ob man bei Haltung und Handlung jetzt eine gemeinsame Linie finden könne, sei im Moment noch offen, sagte Dobrindt damals. Er persönlich wolle, dass die Union eine Schicksalsgemeinschaft bleibe. «Aber es gehört auch zum Wesens-

Wem die Stunde schlägt: Alexander Dobrindt, der Chef der CSU-Landesgruppe im Bundestag, begrüßt die CDU-Vorsitzende Annegret Kramp-Karrenbauer im Januar 2019 zur Klausur in Kloster Seeon. So richtig wohlzufühlen scheint sich «AKK» noch nicht.

kern des Schicksals, dass man vorher nicht weiß, was es alles noch so für einen bereithält.»

Manchmal wissen selbst Dobrindts eigene Abgeordnete nicht genau, was ihr Chef alles noch so für sie bereithält. Er ziehe sich sehr zurück, heißt es, und berate sich nur mit seinen engsten Referenten. Diese «Boygroup» habe das «Verständnis einer Elitetruppe». Dobrindt, sagen Wegbegleiter, sei eben ein «totaler Kopfmensch», er wolle maximale Kontrolle. Am Ende seiner Verwandlung vom Schützenkönig zum Maßanzugträger stand deshalb auch eine Art Maske, die er in der Öffentlichkeit seither immer aufhat. Das freundliche, aber komplett unbewegte Gesicht. Die vor der Brust verschränkten Arme. Der weiche, stocknüchterne Ton, als würde er von einem unsichtbaren Blatt ablesen.

Abseits der politischen Bühne, sagen viele, sei dieser Dobrindt ein umgänglicher Typ. Hermann Schnitzer, sein Förderer aus Peißenberg, erzählt, dass er auch als Minister beim Weihnachtsmarkt jedes Jahr am CSU-Stand seine angeblich exzellenten «Wildburger» gegrillt habe. Schnitzer sagt: «Zum Teil ist er schon noch der Alex vom Schützenverein. Aber wenn er ein Mikro vor der Nase hat, ist er ein anderer Mensch.» Dass Alexander Dobrindt so gar nicht zu durchschauen ist, mag der Grund sein, dass ihm manche alles zutrauen.

3. Beute für Bayern: Die «Ausländermaut» und die Politik der Erpressung

Andreas Scheuer mag Berlin, das Leben in der Metropole, das sagt er auch offen, während andere CSU-Bundestagsabgeordnete bei ihren Wochenendheimfahrten nach Bayern ja gar nicht oft genug betonen können, wie glücklich und dankbar sie seien, dem Hauptstadt-Moloch mal wieder entflohen zu sein. Zurzeit wird Scheuers Liebe zu Berlin jedoch schwer geprüft, der Bundesverkehrsminister durchlebt dort ganz miese Wochen, und die mieseste Woche von allen war natürlich die vorletzte im Juni 2019. Da zerfiel die Pkw-Maut, der Greatest Hit diverser CSU-Wahlkämpfe, in Scheuers Händen durch einen Richterspruch aus Luxemburg in Scherben und Staub. Der Minister wurde eiskalt erwischt; die Pressekonferenz war schon angekündigt, bei der er seinen Durchmarsch feiern wollte.

Stattdessen wird Scheuer nun im bunten Wechsel im Bundestag vorgeführt, bei Facebook verspottet, von der Opposition verklagt, in den Medien verrissen. Einem Untersuchungsausschuss wird er nicht entkommen. Selbst vielen CSU-Anhängern verschlägt es Atem und Sprache, wenn sie an die mehr als 700 Millionen Euro Schadenersatz denken, die den Mautbetreiber-Firmen zustehen könnten. Scheuer war schon vorher nicht gerade ein Held der öffentlichen Meinung. Jetzt gehört ihm der eine Name in der deutschen Politik, mit dessen bloßer Erwähnung man bei so ziemlich jedem Gegenüber ein verächtliches Augenrollen provozieren kann.

Die CSU besitzt ein faktisches Vetorecht in der Unionsfraktion, es ist ein Trumpf, den sie mit Berechnung und Lust ausspielt. Schon immer hatte sie das strategische Geschick beziehungsweise die verhängnisvolle Neigung, ihren Trumpf für eher kleine Projekte einzusetzen, die sie zu großen Symbolen hochjazzte: Mütterrente, Betreuungsgeld oder eben die Maut. Das hat für die CSU den Vorteil eines oft unbestreitbaren Mobilisierungseffekts im Wahlkampf, aber auch den beträchtlichen Nachteil, dass man den Wahlkampfschlager dann nur zu hohen politischen Kosten durch- und umsetzen kann. Einige Wähler stößt so ein durchschaubares Manöver ab, andere zieht es an nach dem Motto: Sauber, die trauen sich was. Für die CSU ist das eine Rechnung: Wie viele Wähler macht man glücklich, wie viele verschreckt man? Und steht netto am Ende ein Minus oder ein Plus? Da ist die CSU schmerzfrei, die politischen Kosten sind ihr fast nie zu hoch. Dabei könnte sie die Zeit, die Energie und das politische Kapital, das etwa für die Maut draufgeht, gewiss auch anders gebrauchen.

Man könnte das Ganze die Politik der Erpressung nennen. Sie sieht vor, dass die CSU der Schwesterpartei CDU und dem jeweiligen Berliner Koalitionspartner ihre sehr eigenen Prestigeprojekte aufdrängt, die alle anderen für nicht oder wenig sinnvoll halten. Kritiker sehen darin lediglich PR-Maßnahmen der CSU für die konservative Kernklientel daheim; natürlich muss man das von Fall zu Fall differenzieren, wobei die CSU erfahrungsgemäß schon lieber einfach Geld verteilt, als auf Maßnahmen mit gesellschaftlicher Steuerungswirkung zu setzen.

In jedem Fall verstärkt die CSU daheim das eigene Bild von der wackeren Vertreterin bayerischer Interessen, die sich in Berlin und Brüssel mit Preußen und Eurokraten anlegt, um die maximale Beute für Bayern heimzutragen. Im Rest der Republik wird dieses Verhalten gern als Beleg für die Provinzialität des Freistaats gewertet, ebendort dagegen als Ausdruck eines gesunden Selbstbewusstseins. Schwäche goutieren viele bayerische Wähler nämlich nicht: Als Günther Beckstein und Erwin Huber 2008 die Wiedereinführung der Pendlerpauschale ab dem ersten Kilometer als Wahlkampfschlager eingeplant hatten, ließ Angela Merkel sie einfach abtropfen. Am Ende verloren sie die absolute Mehrheit.

Andreas Scheuer reiste am Ende seiner obermiesen Maut-Woche

nach Niederbayern. Es dürfte sich für ihn so gut wie selten zuvor angefühlt haben, Heimaterde unter den Füßen zu wissen. Daheim ist er nicht der Mautminister, sondern immer noch der Andi, oder wenn man – je nach Gegend – phonetisch korrekt sein will: da Ondi. Jubiläumsfeier eines Elektromarkts in Bad Birnbach, 40 Jahre, der Moderator sagt zum Minister auf offener Bühne: «Du, Ondi, derf i du sogn?» Jubiläumsfeier eines Lebensmittelherstellers in Emmersdorf, 35 Jahre, Blaskapelle, Böllerschützen, Kinder in Tracht auf einem Heuwagen. Scheuer sagt begeistert und gerührt: «Des is Niederbayern.» Niederbayern erwidert die Zuneigung. Die Firmenchefin tritt ans Mikro und wendet sich an Scheuer: «Was der Mann mitmachen muss, ist zu viel.» Von Emmersdorf ist die österreichische Grenze nur 45 Autominuten entfernt, so ganz grundsätzlich finden die meisten hier wohl schon, dass die Nachbarn endlich mal zur Kasse gebeten werden sollten. Außerdem, sagt die Firmenchefin, habe der arme Andi die Maut ja eh nur von seinem Vorgänger Alexander Dobrindt geerbt.

Dem Muster nach war für die CSU auch der Konflikt mit der CDU in der Flüchtlingsfrage eine Übung in der Politik der Erpressung. Im Bundestagswahlkampf 2017 wollte die CSU sich mit der Forderung nach einer «Obergrenze» für Flüchtlinge profilieren. Erfüllbar war die Forderung dann nur unter Ausreizung der Grenzen der politischen Poesie. 2018 war es beim Asylstreit, der Ende Juni eskalierte, genauso: winzige Sachfrage, hoher Symbolwert. Diesmal bestand Seehofer auf der Möglichkeit, eine bestimmte Gruppe von Flüchtlingen an der Grenze zurückzuweisen. In beiden Fällen funktionierte die Politik der Erpressung jedoch nicht wie von der CSU geplant – die Fallhöhe war zu hoch. Es ging eben nicht um die üblichen Händel in einer Koalitionsregierung, um Geld und wie es gut angelegt ist. Es ging im Effekt um den Fortbestand dieser Regierung.

In harmloseren Zeiten war das Betreuungsgeld der Gassenhauer der CSU, ein Erfolgsmodell der Politik der Erpressung – das sollte man noch vor der «Ausländermaut» unter die Lupe nehmen, wenn man Chancen und Risiken der Politik der Erpressung bewerten will. Mit dem Betreuungsgeld umschmeichelt die CSU sozialkonservative

Wähler, es soll Familien belohnen, die ihre Kinder bis zum dritten Lebensjahr selbst daheim betreuen, ohne Kitas oder andere öffentliche Angebote zu nutzen. Die Opposition spricht bald nur noch von der «Herdprämie», weil das Betreuungsgeld überholte Geschlechterrollen zementiere. Die Debatte ist hitzig, es geht ja um sehr persönliche Lebensentwürfe. Seehofer ist eigentlich nicht gerade zum Streiter für das Betreuungsgeld prädestiniert; mal abgesehen davon, dass sein eigener privater Lebensentwurf mit zwei Ehen und einem unehelichen Kind nicht wirklich dem Ideal der CSU-Konservativen entspricht, ist er auch nicht komplett von der Weisheit der Idee überzeugt. Überzeugt ist er allerdings von deren politischer Nützlichkeit: Er braucht einen Hebel, um die CSU wieder in die Mitte der Berliner Bühne zu katapultieren.

Die CSU-Strategen glauben erkannt zu haben, dass die gesellschaftspolitische Entstaubung der Union durch Merkel und ihre Familienministerin Ursula von der Leyen mehr beim CDU- und weniger beim CSU-Publikum verfängt. Diese Entwicklung aufzuhalten, das versucht die CSU gar nicht wirklich. Aber ein symbolisches Aufbegehren in Gestalt des Betreuungsgeldes, das lässt sie sich nicht nehmen. Merkel und die CDU geben nach: Ab und an muss sie der Schwesterpartei einen öffentlichen Triumph überlassen, das ist Teil und Preis der Unionsgemeinschaft. Obwohl man annehmen darf, dass weder Merkel noch Seehofer es für besonders wichtig oder gar klug halten, Frauen, die ihre Kinder nicht in die Krippe bringen, mit einer Prämie zu belohnen, kommt das Betreuungsgeld.

Im November 2012 wird die Leistung im Bundestag beschlossen, sie wird dann auch gut nachgefragt. Im Juli 2015 jedoch erkennt das Bundesverfassungsgericht darin einen Verstoß gegen das Grundgesetz. Eine peinliche Klatsche für die CSU, befinden viele Kommentatoren, die verdiente Strafe für bayerischen Starrsinn. Und tatsächlich könnte man jetzt sagen, dass Strauß und auch Stoiber bei ihren selbstsüchtigen Extratouren wenigstens immer ans Ziel gekommen sind, während der Filou Seehofer aufgrund mangelnder Liebe zum juristischen Detail Totalschaden erleidet. Wahr ist aber, dass auch Strauß und Stoiber Ähnliches widerfahren ist. Und zweitens, dass in der bayerischen Wahrnehmung von einem Totalschaden keine Rede sein kann. Sehr viele der Frauen, die die «Herdprämie» erhalten, hadern nicht mit Fragen der Gleichstellung, sondern steckten erfreut die 150 Euro ein.

Was tut Seehofer also nach der Niederlage vor Gericht? Er führt die Leistung einfach in Bayern auf Landesebene ein, auf dass seine Landeskinder einmal mehr merken, dass es ihnen besser geht als anderswo. Auf gar keinen Fall, so die CSU-Überzeugung, darf es den Bayern schlechter gehen als anderen. Und damit ist man schon bei der «Ausländermaut», einem weiteren Paradebeispiel für die Politik der Erpressung – allerdings eines, das im Crash endet. Die CSU ist eine Partei, die Gefühle der Wähler aufnimmt und für sich nutzbar macht. Auch in diesem Fall erspürte sie wieder mal ganz richtig, dass der Bayer sich darüber ärgert, auf Ferienfahrt in Österreich zur Benutzung der Autobahn eine Vignette kaufen zu müssen, während der Österreicher umgekehrt völlig kostenlos die ja noch dazu viel komfortableren bayerischen Autobahnen nutzen darf.

Die CSU hatte den richtigen Riecher, aber sie hatte kein Auge für die Fallstricke der Angelegenheit. Das Thema Maut war keineswegs neu, als die CSU es im Bundestagswahlkampf 2013 aus dem Hut zauberte. Im Bierzelt hatte die Forderung, Österreicher und andere Ausländer endlich zur Kasse zu bieten, schon seit vielen Jahren für verlässliche Beifallsstürme gesorgt. Bereits 2008 hatte Günther Beckstein die Idee im Landtagswahlkampf ventiliert. Bis jetzt war die CSU allerdings stets davor zurückgeschreckt, die Sache politisch anzugehen – mutmaßlich, weil ihr klar war, dass eine juristisch haltbare Maut auch die deutschen Autofahrer belasten würde.

Im Sommer 2013 ließen sich Horst Seehofer und sein Generalsekretär Alexander Dobrindt von solchen Spitzfindigkeiten nicht mehr zurückhalten. Ins Bundestagswahlprogramm schrieben sie eine Pkw-Maut für «Reisende aus dem Ausland auf deutschen Autobahnen», eine wenig Bierzelt-taugliche Formulierung, die Dobrindt geschwind zur «Ausländermaut» verkürzte. Der kühle Stratege Dobrindt setzte auf die bewährte Rechnung, dass die Zustimmung im Volk am Ende stärker sein würde als der Widerstand der anderen Parteien; geheime Umfragen besagten, dass mehr als siebzig Prozent der Deutschen die Maut wollten.

Wie so oft war es der CSU herzlich egal, dass sie mit dem Projekt und mehr noch mit dem Begriff Ressentiments bediente: gegen Ausländer, aber auch gegen die Raumschiffe Brüssel und Berlin, deren Bewohner die Bedürfnisse und Interessen der normalen Leute angeblich vergessen haben. Die CSU tat fortan so, als entscheide sich das Schicksal der Republik an der Frage, ob Ausländer für die Benutzung der Autobahn zahlen.

Wieder einmal entfesselte sich eindrucksvoll die Kraft der Politik der Erpressung. Noch Anfang September 2013 hatte Merkel im TV-Duell mit dem SPD-Kanzlerkandidaten Peer Steinbrück versichert: «Mit mir wird es keine Pkw-Maut geben.» Ein paar Monate später gab es mit ihr eine Pkw-Maut, sie stand im Koalitionsvertrag. Durchgesetzt gegen große Teile der CDU, durchgesetzt gegen den Koalitionspartner SPD. Die CSU sah ihre Strategie vollumfänglich validiert, schließlich hatte sie bei der Landtagswahl in Bayern die absolute Mehrheit wiedererobert und bei der Bundestagswahl gehörig dazu beigetragen, dass die Union am Wahlabend sogar kurz von der absoluten Mehrheit träumen durfte. Die Maut war ein Triumph für die CSU, aber es war nur ein Triumph des Moments.

So sehr wollte die CSU die Maut, dass sie sich in den folgenden Jahren nicht anfechten ließ von den juristischen Warnungen vieler Experten, von der Kritik der europäischen Nachbarn, vom Murren in der CDU. Sie ließ sich nicht mal von seriösen Kalkulationen beirren, dass die Erlöse der Maut den dafür nötigen Verwaltungsaufwand kaum übertreffen würden. Für die Opposition war die Maut ein Geschenk, ein Thema, mit dem sie die CSU über Jahre belämmern konnte. Die Welt brannte, der Islamische Staat breitete sich aus, Putin annektierte die Krim. Und die CSU kannte gefühlt nur ein Thema, die Maut. Theater gehört zur Politik, die CSU liefert oft absurdes Theater. Beim Zielpublikum kommt es trotzdem an.

Alexander Dobrindt, so etwas wie der geistige Vater der Maut, war nach der siegreichen Bundestagswahl 2013 vom Generalsekretär zum Bundesverkehrsminister avanciert, und vermutlich ahnte er, dass es weit schwieriger werden würde, das Baby Maut nun auch real auf die Welt zu bringen. Genau das hatte ihm CSU-Chef Horst Seehofer aufgetragen: Erfolg um jeden Preis. «Ein Alexander Dobrindt scheitert nicht», gab ihm Seehofer mit auf den Weg. Seehofer behielt zunächst Recht. Dobrindt entwickelte ein Modell, in dem die deutschen Autofahrer über eine geringere Kfz-Steuer entlastet werden sollten: Der Maut-Betrag würde einfach von der Steuer abgezogen. Die Maut verbaute Dobrindt die Chance, sich im Verkehrsressort anderweitig zu profilieren. Das Thema band bei ihm selbst und in seinem Ministerium Ressourcen, die für die wirklich großen Fragen der modernen Mobilität gut angelegt gewesen wären. Doch er trug den Titel «Mautminister» mit Stolz. Daheim in Peißenberg trat er als «DJ Mauti» auf. Ein Alexander Dobrindt kennt keinen Schmerz. Er kennt nur seinen Auftrag.

Obwohl die juristischen Zweifel an der Zulässigkeit der Maut nicht ausgeräumt waren; obwohl sich die Einnahmeprognosen mau darstellten; obwohl Finanzminister Wolfgang Schäuble von der CDU der Satz zugeschrieben wird, er müsse ja «nicht jeden Scheißdreck mitmachen» – die CSU zog das Ding durch. Beschluss im Bundestag, Billigung im Bundesrat. Dann kündigte die EU-Kommission an, Deutschland vor dem Europäischen Gerichtshof zu verklagen. Dobrindt handelte einen Kompromiss mit der Kommission aus. Die Maut komme, jubelten Dobrindt und Seehofer. Als dann Österreich Klage einreichte, bügelte man das in der CSU als «Ösi-Maut-Maulerei» ab. Der Generalanwalt am Europäischen Gerichtshof hatte den Kompromiss akzeptiert, und dem Generalanwalt folgten die Richter häufig. Der neue Verkehrsminister Scheuer wartete nicht auf das Urteil, er schloss den Vertrag mit den Maut-Betreiberfirmen. Mit zwei bis 15 Prozent – diese Zahlen wurden erst viel später bekannt – bezifferten Scheuers Experten das Risiko eines negativen Richterspruchs.

Eine Weile durfte sich die CSU in dieser vermeintlichen Sicherheit wiegen. Dann, im Juni 2019, schlug das Urteil des Europäischen Gerichtshofs mit umso größerer Wucht ein, begleitet von umso größerer Häme der politischen Konkurrenz. Die deutsche Maut, verfügte das Gericht, diskriminiere ausländische Fahrzeughalter. Wie teuer der Ausstieg aus den Verträgen mit den Betreiberfirmen den Steuerzahler kommt, ist im Herbst 2019 noch nicht abzusehen. Sogar in der CSU sorgt das für kräftige Irritation. Warum Scheuer die Verträge so leichtfertig schnell unterschrieben habe, sagt ein wichtiger CSU-Mann, sei an den Stammtischen schwer zu erklären.

Die Posse um die «Ausländermaut» ist ein Indiz für den bisweilen begrenzten Horizont der CSU: Hätten es die deutschen Wähler denn wirklich nicht akzeptiert, selbst für die Benutzung der Autobahnen zu zahlen, genau wie die Österreicher? Wäre es nicht denkbar gewesen, für eine große europäische Lösung zu werben? Die CSU allerdings mag es nicht allzu kompliziert. Und dennoch: In der gewöhnungsbedürftigen Logik der Partei hat die Operation Maut in gewisser Weise und in begrenztem Umfang auch jetzt noch Sinn gemacht, wo die Maut nicht kommt. Die Wahlerfolge, zu denen die Maut beigetragen habe, bestehen ja weiter und müssen allenfalls mit dem nun erlittenen politischen Schaden verrechnet werden.

4. Der Generalsekretär: Anatomie eines legendenumwehten Amtes

Eine kleine Erkundung zum Wesen des CSU-Generalsekretärs könnte natürlich in der CSU-Zentrale in München beginnen. Vielleicht ist jedoch die SPD-Zentrale in Berlin hier ausnahmsweise auch ein geeigneter Ort. Vor einigen Jahren besuchte der Reporter im Willy-Brandt-Haus eine SPD-Generalsekretärin, die damals kaum jemand kannte und an die sich heute noch weniger erinnern. Es war der Herbst 2015, der Abend dämmerte vor Yasmin Fahimis Bürofenster – nicht nur der Abend, wie man im Nachhinein weiß. Fahimi sprach über ihren Job, den sie lieber mit dem «Florett» verrichte als mit dem «Holzhammer». Sie sagte: «Die ständige Attacke mit markigen Sprüchen ist nicht so mein Stil.» Klar, sie kämpfe «mit Leidenschaft», aber ihre «gute Kinderstube» vergesse sie nie. Im Übrigen sei die Welt kompliziert, «und wir sollten in Talkrunden nicht so tun, als ob alles mit ein paar lockeren Sprüchen zu lösen wäre». Den «reflexhaften Streit» hätten die Leute doch eh satt. Alles extrem löblich, was Fahimi da mit Hannoveraner Kühle ausführte. Aber man fragte sich halt doch: Redet so eine Generalsekretärin?

Die Planstelle Generalsekretär hat bei CDU, CSU, SPD und FDP Tradition, die Stelleninhaber bilden den Fachbereich Attacke der deutschen Politik. Sie müssen ständig reden, selbst dann, wenn sie nichts zu sagen haben. Sie müssen immer irgendwen beschimpfen, selbst wenn es gerade mal keiner verdient. Für Generalsekretäre ist jeder Tag politischer Aschermittwoch, bei der CSU noch mehr als in jeder anderen Partei. Zumindest war das bisher so. Was Yasmin Fahimi da im Willy-Brandt-Haus versuchte, war die Neudefinition eines legendenumwehten Amtes. Okay, Fahimi trat schon wenige Monate später zurück. Doch in der Rückschau beschleicht einen der Verdacht, dass damals irgendwer in der CSU genau zugehört und sich gedacht haben könnte: Gute Kinderstube, Florett – vielleicht probieren wir das bei Gelegenheit auch einmal.

2015 war noch Andreas Scheuer CSU-Generalsekretär, der heutige Bundesverkehrsminister. Scheuer übererfüllte die klassische Jobbeschreibung: Mehr als bei jeder anderen Partei sind die Generalsekretäre in der CSU die Männer für das Grobe; Scheuer hatte die physikalisch irre Aufgabe, die Dinge stets noch ein bisschen grober zu fassen als sein Parteichef Horst Seehofer. Yasmin Fahimi sagte: «Das Wadlbeißer-Bild ist nicht mehr zeitgemäß.» Damit war sie erstens fast Wadlbeißer-mäßig böse zum Kollegen Scheuer. Und sie akzeptierte zweitens ein Stück weit die Deutungsmacht der CSU über dieses beinahe mythische Amt.

Die CSU ist eine Regionalpartei, die auf überregionale Aufmerksamkeit angewiesen ist. Diese Aufmerksamkeit zu erzielen, notfalls mit so ziemlich allen Mitteln, ist die zentrale Aufgabe des CSU-Generalsekretärs. Das ist sein Alleinstellungsmerkmal. Einen Generalsekretär, vormals «Bundesgeschäftsführer», gibt es ja in den meisten Parteien, er ist eine bekannte Gattung der Bonner und Berliner Fauna. Ihn umweht ein Hauch von Freiheit und Abenteuer, das bezeugen alternative Jobtitel wie eben «Wadlbeißer», «Minenhund» oder «Bulldogge». Nach außen ist er der zweite Mann einer Partei, der sich viel mehr erlauben kann als der erste; der nachlegen muss, wenn der andere aus Gründen der Etikette zurücksteckt. Nach innen ist er Verwaltungschef und Wahlkampfleiter, Seelenstreichler und Zuchtmeister. Und im besten Fall auch Vordenker.

In der FDP hat einst Karl-Hermann Flach die sozialliberale Koalition vorgedacht, in der SPD verströmten Egon Bahr oder Peter Glotz programmatische Kraft. Franz Müntefering packte kompakte Gedanken in noch kompaktere Sätze: «Opposition ist Mist.» Die CDU hatte in Kurt Biedenkopf und Heiner Geißler Generäle von natürlicher Autorität. Doch nirgendwo sind die Generalsekretäre so zahlreich so denkwürdig gewesen wie bei der CSU. Dort prägten der Parteireformer Gerold Tandler und das «blonde Fallbeil» Edmund Stoiber den Posten, «Gott vergibt», raunte man, «Stoiber nie». Lieber wäre Stoiber 1978 ja Hintersasse im bayerischen Kabinett geworden, aber Franz Josef Strauß – der von 1949 an selbst der erste Generalsekretär der CSU gewesen war – lockte ihn mit simpler Mathematik: «Staatssekretäre gibt es zum Saufuttern, Generalsekretär nur einen.»

Der singende Rebell Konstantin Wecker hat mal gedichtet: «Das Wort muss eine Faust sein.» Wecker würde den einen oder anderen Generalsekretär sicher gern mal textlich oder anderweitig vermöbeln, aber das Bild passt: Die Generalsekretäre waren stets die Schaukämpfer der Politik, sie teilten aus und steckten ein. Wenn nun Müntefering, Geißler oder Stoiber Schwergewicht boxten: Was boxen dann die Generalsekretäre von heute, deren Namen die Bürger in manchen Fällen erst mal auf den jeweiligen Partei-Geschäftsstellen erfragen müssten?

Vor einigen Jahren hat der Reporter dazu mal Heiner Geißler befragt, den inzwischen verstorbenen Generalsekretär aller Generalsekretäre, der ein Jahrzehnt lang die gesellschaftliche Öffnung der CDU betrieb, bis er Helmut Kohl 1989 zu mächtig wurde. «Heute herrscht oft Langeweile in der Politik», sagte Geißler, er hat früher auch mal für Stimmung gesorgt, indem er die SPD zur «fünften Kolonne» Moskaus erklärte oder die Grünen zum «Volkssturm der SPD». Florett? Lächerlich! Das «Bedürfnis nach Streitvermeidung» war Geißler suspekt, Kontroversen müsse man austragen, «dafür sind sie da». Auch in einer Koalition, auch unter Schwesterparteien. Wenn die CSU Merkel für die Flüchtlingsaufnahme kritisiere: «Da wäre bei mir klar, dass die eins über die Rübe kriegen.»

Es war acht Uhr morgens, Geißler, Mitte achtzig damals, war schnell munterer als der Reporter. «Eine große Partei», sagte er, «darf sich in ihrem Programm keinesfalls auf eine Koalitionsvereinbarung begrenzen lassen.» Es sei die noble Aufgabe des Generals, «für die Unterschiede einzustehen». Notfalls müsse er, um das Parteiprofil zu schärfen, «sogar zu einem begrenzten Konflikt» mit dem eigenen Parteichef fähig sein, so wie einst Geißler mit Helmut Kohl. Kann man sich das heute noch vorstellen: Paul Ziemiak fetzt sich mit Annegret Kramp-Karrenbauer? Geißlers Vorname war Heiner, aber elf Jahre lang war «CDU-Generalsekretär» gebräuchlicher. An seinem Lebensabend war er in Sorge um dieses Amt, das immer noch irgendwie seines war: «Generalsekretäre arbeiten heute nicht mehr selbständig. Viele sind nur Befehlsempfänger.»

Da fällt einem eine Geschichte über Scheuer ein, CSU-Generalsekretär von 2013 bis 2018. Scheuer gilt als guter Befehlsempfänger, und er ist weit gekommen mit dieser Art von Begabung. Als er noch Staatssekretär im Bundesverkehrsministerium war, nahm er seinen Parteichef Seehofer 2012 mit einer einschlägigen Szene für sich ein. Es passierte bei einer Schifferlfahrt auf der Donau, deren Ausbau mit Staustufen in der CSU umstritten war: Seehofer war dagegen – Scheuers direkter Chef, Bundesverkehrsminister Peter Ramsauer, war dafür. Auf dem Schiff ließ also der kleine Scheuer den großen Seehofer vor versammelter Mannschaft auflaufen: Er erläuterte sehr beflissen, warum man aus der Nummer Donauausbau schon rein rechtlich nicht mehr herauskomme. Es war ein beispielloser Akt von Heldenmut oder Dummheit. Seehofer konterte, Scheuer habe offenbar ein Praktikum in der Politik nötig. Jeder dachte, unter Seehofer werde dieser Scheuer nichts mehr. Ein gutes Jahr später machte Seehofer ihn zu seinem Generalsekretär. Er hatte in der Szene auf dem Schiff eine Bewerbung gesehen: Der Scheuer traut sich was, der kuscht nicht, der erfüllt tapfer den Auftrag seines Herrn.

Bei der CSU ist eine dienende Rolle sogar noch stärker vorgegeben als in anderen Parteien. Der Generalsekretär wird vom Parteivorsitzenden vorgeschlagen und vom Vorstand berufen, er wird nicht wie bei CDU oder SPD auf einem Parteitag gewählt, was ihm breitere Legitimation geben würde. Der Generalsekretär, schreibt der Passauer Politikprofessor und CSU-Experte Michael Weigl, werde «ganz als verlängerter Arm des Parteivorsitzenden installiert». Er hat – ebenfalls im Unterschied zu CDU und SPD – auch kein fixiertes Mitspracherecht bei der Bestellung des Parteigeschäftsführers, der sich an seiner Seite hinter den Kulissen um organisatorische und finanzielle Fragen kümmert. Und doch ist der Generalsekretär, wenn jemand das Amt geschickt ausfüllt, mächtig. Erstens, weil ihm eine große Bühne für öffentliche Auftritte zur

Verfügung steht, mit denen er das Bild der Partei mitprägen kann. Und zweitens, weil er, wenn er das Ohr seines Parteichefs hat, ein maßgeblicher Berater sein kann – und der Torwächter für Stimmungen aus der Partei.

In der CSU haben fast immer aufstrebende Talente das Amt besetzt, in jüngerer Vergangenheit mit der Ausnahme des arrivierten Thomas Goppel. Es ist wahrscheinlich das verlässlichste Karrieresprungbrett der Partei: Karl-Theodor zu Guttenberg wurde schon nach kurzer Zeit Bundeswirtschaftsminister, Alexander Dobrindt genau wie Scheuer Bundesverkehrsminister. Vier «Generale» avancierten zum Ministerpräsidenten: Strauß, Streibl, Stoiber – und Markus Söder. Von ihm stammt der Satz, Beliebtheit gehöre nicht zur Stellenbeschreibung eines Generalsekretärs. Söder betrieb die Prävention jeglicher Beliebtheit außerhalb der CSU mit Wollust. Viele Menschen hielten Söder deshalb lange für durchgeknallt und gefährlich. Aber es gibt auch viele, die sagen, genau deshalb sei er überall bekannt und am Ende Regierungs- und CSU-Chef geworden. Generalsekretär, sagt Söder, das sei die «beste Schule für einen CSU-Politiker». Und für jeden Amtsinhaber die Chance, seine Partei in allen Facetten kennenzulernen, sich ein umfassendes Netzwerk aufzubauen und persönliche Loyalitäten.

Die Arbeit von Generalsekretären, zumal der CSU, wird intern und extern oft sehr unterschiedlich bewertet. Alexander Dobrindt zum Beispiel bleibt einer breiten Öffentlichkeit für Sätze in Erinnerung, die zum tollwütigen Kopfschütteln einladen: «Diejenigen, die gestern gegen Kernenergie, heute gegen Stuttgart 21 demonstrieren, agitieren, die müssen sich dann auch nicht wundern, wenn sie übermorgen irgendwann ein Minarett im Garten stehen haben.» Die FDP? «Gurkentruppe.» Der Europäische-Zentralbank-Chef Mario Draghi? «Falschmünzer.» Sigmar Gabriel? «Übergewichtig und unbegabt.» Hannelore Kraft? «Faulstes Ei in der deutschen Politik.» Einen noch: Grünen-Mann Daniel Cohn-Bendit? «Widerlicher Pädophiler.» Es ist das Schicksal von CSU-Generalsekretären, dass sie ihre dämlichsten Sprüche ein Leben lang mit sich herumschleppen, aber Dobrindt hat sich schon besonders schwer beladen. In der CSU hingegen ist er der Mann, der der Partei ein modernes Erscheinungsbild verpasste, statt ins Wirtshaus lud er zur «Lounge in the City». Sein

Parteichef Horst Seehofer preist ihn bis heute als den Strategen, der bei der Landtagswahl 2013 für die CSU die absolute Mehrheit zurückeroberte.

Aber was ist nun mit dem Wadlbeißer? Hat er ausgedient, wie Yasmin Fahimi glaubt? 2015 hat der Reporter Andreas Scheuer mit ihrer These konfrontiert, in einer Kaffeerösterei gegenüber der CSU-Zentrale in der Nymphenburger Straße. Mittlerweile sind sowohl die CSU-Zentrale als auch die Kaffeerösterei von dort verschwunden. Scheuer sagte damals Sachen wie: «Generalsekretär ist ein ehrlicher Job. Man geht da raus ohne Ellbogenschützer und ohne Helm.» Oder: «Ich brauche keine 35 Halbsätze, um eine Botschaft rüberzubringen. Mein Stil sind die Hauptsätze.» Scheuer war für Fahimis These nicht zu gewinnen, aber auch er bestätigte eine Änderung seines Stellenprofils: Mehr als die Hälfte seiner Arbeit gehe in die Partei hinein, das würde von außen kaum jemand wahrnehmen.

Die Anforderungen, sagte Scheuer, seien überhaupt gewachsen: Neben den klassischen Medien müsse er auch die sozialen Netzwerke bedienen. Lautsprecher zu sein ist im Internet-Zeitalter leichter geworden, weil jeder Wortfetzen irgendwo registriert wird. Aber auch schwerer, weil es nun so viele Wortfetzen sind. Und noch einen «Spagat», der ihm abverlangt werde, führte Scheuer an: Er müsse eben nicht nur die Tagesaktualität kommentieren, sondern auch die Partei programmatisch weiterentwickeln. Das Problem sei nur: «Wenn ich einen Kongress zum Grundsatzprogramm veranstalte, interessiert das nur wenige Journalisten. Wenn ich einen provokanten Satz sage, springen alle drauf.»

Generalsekretäre können sich die lyrische Versicherung sparen, sie wollten Deutschland dienen. Sie dienen ganz ungeniert ihrer Partei. Im Dienen liegt freilich auch eine Gefahr, erstens fürs persönliche Image. Gibt es in der deutschen Politik einen übler beleumundeten Posten als den des CSU-Generalsekretärs? «Wenn man mal Generalsekretär gewesen ist, sehen einen eben manche nicht unvoreingenommen», sagt Scheuer im Sommer 2019, in dem er sich als Verkehrsminister medial ungerecht bewertet fühlt. Söder macht bis heute gern den Witz, nach den Generalsjahren habe seine Zeit als Europaminister vor allem seiner «Resozialisierung» gedient. Die Gefahr in diesem Job betrifft zweitens – im Fall des Scheiterns – die eigene Karriere. Der Generalsekretär, so hat das Strauß verfügt, müsse seinen Kopf auch da hinhalten, wo es ihn kosten kann. Bernd Protzner etwa blieb glücklos als CSU-General, er wurde hernach Studienberater an der Universität Bayreuth.

Es ist ja so: In der öffentlichen Inszenierung politischen Streits sind die Generalsekretäre einfach Schauspieler, die nach Kräften rumkoffern. Der Eine muss mehr spielen, der Andere weniger. Und wenn einem das Spielen gar keinen Spaß macht, merkt man ihm das oft an. Deshalb stellte sich innerhalb und außerhalb der CSU eine gewisse Verwirrung ein, als Parteichef Seehofer im März 2018 einen Mann zum Generalsekretär und Scheuer-Nachfolger berief, den eine Findungskommission um Yasmin Fahimi hätte auswählen können. Markus Blume, Anfang vierzig, galt als intellektuell und analytisch, besonnen und sympathisch. In seiner Jugend war er ein erfolgreicher Eistänzer. Ein Eistänzer, kein Boxer. Wollte die CSU den Wadlbeißer wirklich in den Ruhestand schicken?

Im September 2019 bittet Markus Blume zum Gespräch in die CSU-Zentrale, es gibt Kaffee und Kuchen. Wenn man diesem Blume so gegenübersitzt, könnte man sich gut vorstellen, dass der Generalsekretär der CSU gleich ein hübsches Gedicht rezitiert. Das tut er nicht, aber er sagt: «Die CSU hatte in unterschiedlichen Zeiten auch unterschiedliche Typen von Generalsekretären. Es gab Zeiten, da war der Wadlbeißer gefragt, der täglich in die Schlacht zieht. Und es gab Zeiten, da brauchte man eher jemand Nachdenklichen.» Man solle sich nur an Thomas Goppel erinnern. Goppel, da hat Blume recht, war ein Schöngeist, der allerhöchstens auf Latein rumkofferte. Und heute, sagt Blume, in dieser bewegten Phase für das Land und für die CSU, sei ja wohl offensichtlich, «dass eher nicht das Modell Wadenbeißer nötig ist».

Das Amt des Generalsekretärs hat schon viele seiner Inhaber geformt, manchmal verformt. Blume scheint den Ehrgeiz zu besitzen, seinerseits das Amt zu formen. Er hat in diesem ehrenwerten Bemühen bereits einen frühen und kapitalen Rückschlag hinnehmen müssen. Mit einem einzigen Satz erschütterte er alles, was man über ihn zu wissen glaubte – das Intellektuelle und Analytische, das Besonnene und Sympathische. Es war Ende April 2018, Söder stand wegen

Abschied vom Wadlbeißer: Im März 2018 tritt Andreas Scheuer (links) als CSU-Generalsekretär ab, für Parteichef Horst Seehofer gab er den Mann fürs Grobe. Sein Nachfolger Markus Blume dagegen gilt für CSU-Verhältnisse als Feingeist.

seines Kreuzerlasses in der Kritik. Da schleuderte Blume den Kritikern entgegen, man habe es «mit einer unheiligen Allianz von Religionsfeinden und Selbstverleugnern zu tun».

Was war das denn, fragten sich politische Freunde und Kontrahenten. Der völlig entgleiste Versuch, den folkloristischen Erwartungen an seinen Posten doch gerecht zu werden? Auf keinen Fall war es ein Beitrag, der die Sachdebatte bereichert hätte. Auf jeden Fall war es der Beweis für Söder, dass dieser Blume auch im Sturm an seiner Seite bleibt. Ein besonders vernichtender Zeitungskommentar wurde in der CSU oft verschickt – in Anerkennung der Tatsache, dass der neue Generalsekretär im Amt angekommen war. Blume sagt im Rückblick, dass ein Generalsekretär «Entscheidungen unter maximalem Druck» treffen müsse, ohne die Zeit, «groß nachzudenken». Aber er sagt auch: «Du musst als Generalsekretär schon zeigen, dass du gewillt bist, deine Familie zu verteidigen.»

Wenn die Generalsekretäre ihre Rolle dann gut spielen, fragen die Leute entsetzt: Ist der wirklich so? Bei Blume gab es diesen Augenblick im April 2018, aber seitdem auch nicht mehr. Yasmin Fahimi hat einen richtigen Punkt gemacht: Viele Wähler dürften reflexhaften Streit wirklich satthaben. Aber zugleich gibt es eben auch weiterhin eine Sehnsucht nach lebhafter Auseinandersetzung. Wahrscheinlich ist es so: Wer es leise mag, dem sind die Generalsekretäre zu laut; wer es laut mag, dem sind sie zu leise. Dass die Zeit des Wadlbeißers abgelaufen sei – vielleicht war das aus SPD-Sicht mehr eine Hoffnung. Yasmin Fahimi, heute einfach Abgeordnete des Bundestags, ist gescheitert als Generalsekretärin. Ihr Trost mag sein: Nirgendwo in der Politik scheitert man so ehrenhaft wie in diesem Amt.

5. «Europa, unsere Zukunft»: Der lange Weg von Strauß zu Weber

Sie steht klein auf den Biertischen, sie flattert groß über die Videowand. Sie prangt auf Manfred-Weber-Schals, Manfred-Weber-Lebkuchenherzen und Manfred-Weber-Schokolade. Überall in der Passauer Dreiländerhalle ist die Europafahne ausgestellt, zwölf goldene Sterne auf blauem Grund. Am Aschermittwoch ist der Fasching eigentlich vorbei, doch die CSU hat sich als Europapartei verkleidet. Oder ist das am Ende gar keine Verkleidung?

Für die CSU waren Europawahlen lange Zeit immer Nebenwahlen gewesen, halb so wichtig. Die Überbetonung ihrer bayerischen Identität hat die Partei über viele Jahre daran gehindert, eine kraftvolle europäische Botschaft zu formulieren. Noch vor der Europawahl 2014 war sie gegen Gurkenkrümmungsverordnungen ins Feld gezogen. Der damalige Partei-Vize und Co-Spitzenkandidat Peter Gauweiler verhöhnte die EU-Kommission als «Flaschenmannschaft». Und an seiner Seite wirkte der Vortragsreisende Wilfried Scharnagl, der frühere Strauß-Flüsterer und «Bayernkurier»-Chef, der seine Sprachgewalt gerade in zwei programmatisch betitelte Bücher gelenkt hatte: «Bayern kann es auch allein» und «Versagen in Brüssel».

Doch der politische Aschermittwoch des Europawahljahrs 2019 ist ein außergewöhnlicher. Die CSU hat in diesem März nämlich zwei Anführer: den Parteivorsitzenden Markus Söder – und Manfred Weber, der als Spitzenkandidat der Europäischen Volkspartei (EVP) Präsident der EU-Kommission werden will. Er wäre, wenn ihm alles glücken würde, der erste deutsche Regierungschef Europas seit Walter Hallstein in den Fünfziger- und Sechzigerjahren.

Dank Webers etwas theoretischen, aber doch bemerkenswerten Jobaussichten sind diese Europawahlen für die CSU plötzlich von einer Nebensache zu einer wichtigen Wahl geworden. Webers Kandidatur lief dabei einer Grundhaltung der CSU zuwider, für die sich der Begriff «europaskeptisch» durchgesetzt hat. Diese Haltung zeichnete sich vor allem dadurch aus, dass die Landes- und Bundespolitiker der Partei die EU mit großer Freude als Spielball verstanden, den sie gerne traten, weil sie dafür Applaus erwarten konnten. Das ging lange Zeit einher mit einer innerparteilichen Arbeitsteilung: Die CSU-Delegation im Europaparlament war für jene Wähler da, die den europäischen Gedanken im Herzen trugen. Ein Grundrauschen an Brüsseler Bürokratenschelte sollte jene bedienen, bei denen Europa eher den Bauch ansprach, und das nicht wohltuend.

Manche Zeugen der Gegenwart wird ein Blick in die Geschichte verblüffen: In der frühen Bundesrepublik war keine andere Partei zu finden, die so beseelt und begeistert war von Europa wie die CSU. Während etwa die SPD 1950 den Schuman-Plan zur Zusammenlegung der deutschen und französischen Kohle- und Stahlproduktion ablehnte, war die CSU dafür. Franz Josef Strauß hat später oft und gern und nicht gänzlich sinngerecht daran erinnert, dass die Sozialdemokraten in diesem Sinne «Erbschleicher» seien: erst wichtige Schritte der Integration ablehnen und sich dann als «die angemaßten Hüter Europas» ausgeben.

Strauß hatte für sich früh den Schluss gezogen, dass Europa nur als Ganzes im weltweiten Wettbewerb bestehen könne. Er war der Geburtshelfer des europäischen Flugzeugherstellers Airbus, der zu einem ernsthaften Konkurrenten für die Amerikaner von Boeing heranwuchs, auch weil Strauß bei seinen ausgedehnten Auslandsreisen fleißig Aufträge einsammelte. Europa war für ihn aber auch ein Friedensprojekt, das er aus seiner persönlichen Erfahrung als Soldat im Zweiten Weltkrieg ableitete. Sein Ziel waren die «Vereinigten Staaten von Europa», ein Begriff, der vielen seiner Erben in der ge-

genwärtigen CSU nur unter Androhung von Folter über die Lippen gehen würde.

Die Europabegeisterung von Strauß und der Nachkriegs-CSU muss freilich im zeitgeschichtlichen Zusammenhang gesehen werden. Sie fußte, wie der Politikwissenschaftler Alf Mintzel herausgearbeitet hat, auf der «defensiven Konzeption eines christlich-abendländischen Westeuropas». Die europäische Integration sollte demnach vor allem ein «antikommunistisches und antisozialistisches Schutz- und Trutz-Bündnis» schaffen. Zu diesem Zweck und zum wirtschaftlichen Vorteil verlangte Strauß von den Deutschen, «auf liebgewordene, aber überholte nationalstaatliche Vorstellungen» zugunsten eines europäischen Staatenbundes zu verzichten. Dieser sollte sich Strauß zufolge nach und nach zu einem europäischen Bundesstaat entwickeln.

Der Enthusiasmus der CSU für Europa wurde gedämpft, als die Interessen des Freistaats und die der 1957 gegründeten Europäischen Wirtschaftsgemeinschaft (EWG) nicht mehr deckungsgleich waren. Während die bayerische Industrie weiterhin von Europa profitierte, taten sich in der Landwirtschaftspolitik schroffe Gegensätze auf. Die CSU hielt am traditionellen Leitbild des familiengeführten Hofes fest. Sie förderte zwar eine technische und betriebswirtschaftliche Modernisierung, wollte die kleinbäuerlichen Strukturen, in denen viele ihrer Wähler lebten, jedoch unbedingt bewahren. Dieser «bayerische Weg» widersprach der Brüsseler Agrarstrategie, die Großbetriebe bevorteilte. Auch der Europa-Fan Strauß warnte in einer Debatte über den Getreidepreis, dass eine «französisch-italienisch-belgische Einheit die Bundesrepublik majorisieren» könnte.

Den Übervater hielt seine Europa-Leidenschaft auch keineswegs davon ab, in Wirtssälen und Bierzelten Vorurteile zu bedienen: «Die Zehn Gebote Gottes enthalten 279 Wörter, die amerikanische Unabhängigkeitserklärung 300 Wörter. Die Verordnung der Europäischen Gemeinschaft über den Import von Karamellbonbons umfasst exakt 25 911 Wörter.» Das Karamellbonbon war die Gurke der Siebzigerjahre, überreguliert von Brüsseler Monsterbürokratien. Nur: In beiden Fällen sind die Vorwürfe falsch. Strauß zitierte offenbar in gutem Glauben einen Bankmanager, der die Bonbon-Story in einem Interview erfunden hatte. Erst im Jahr 2008 stellte die CSU-Europaabgeordnete Angelika Niebler die versehentliche Falschbehauptung des großen Vorsitzenden Strauß in einem Akt von Courage richtig.

Eingedenk dieser Geschichte zwischen der CSU und Europa ist Manfred Webers Kandidatur im Jahr 2019 auch eine Rückkehr zu den Wurzeln der Partei. Wobei man sagen muss, dass sich die Erhabenheit des Vorhabens ob der weiteren Wurzeln, die der Kandidat zu pflegen hat, nicht allen Außenstehenden gleich erschließen mag. Als Webers Team dreißig internationale Journalisten extra zum politischen Aschermittwoch nach Passau einfliegen lässt, werden die Reden in Passau zwar simultan ins Englische übersetzt. Die Gäste aus Dänemark oder Spanien bewegen sich durch die Aschermittwochsfolklore aber auch wie Kinder durch den Zoo, fasziniert und ein bisschen eingeschüchtert. Bier um neun Uhr morgens? In Ein-Liter-Gläsern? Die spinnen, die Bayern. Hinterher erläutert Weber der Reisegruppe auf Englisch mit heimatnahem Einschlag: «Sie haben wahrscheinlich gespürt, dass es eine starke bayerische Identität gibt.»

Die Frage ist: Geht das? Als Partei für Europa zu sein und zugleich dagegen? Wenn man Peter Gauweiler, der seinen zweiten politischen Frühling in der Partei und der politischen Öffentlichkeit nicht zuletzt seinen Klagen gegen die Politik zur Rettung der europäischen Gemeinschaftswährung verdankt, heute in seiner Münchner Anwaltskanzlei besucht und ihn danach fragt, sagt er: «Dass die CSU bei der Europawahl 2014 einerseits gegen das ‹sanfte Monster Brüssel› aufgetreten ist und anderseits die Brüsseler Symbolfigur Nummer eins Juncker unterstützt hat, das hat kaum funktionieren können.» Ein paar grundlegende Dinge will Gauweiler aber schon klarstellen: «Ich habe ja in der CSU traditionell die Brüssel-kritische Position besetzt. Aber ich bin deshalb kein Anti-Europäer.» Eine absolute Trennschärfe zwischen den beiden Strömungen in der CSU könne es nicht geben. Man müsse kein Feind der europäischen Idee sein, sagt Gauweiler, «wenn man feststellt, dass supranationale Instanzen die Bürger von Grundrechten abschneiden». Der Plan des damaligen Parteichefs Seehofer, ein solches Unbehagen mit Gauweiler als Wahlkämpfer anzusprechen, ging 2014 jedenfalls krachend schief, der Stimmenanteil der CSU fiel von 48,1 Prozent bei der Europawahl 2009 auf 40,5 Prozent. Im kleinen Kreis soll Seehofer noch am Wahlabend zugegeben haben, dass seine Strategie vielleicht doch nicht uneingeschränkt brillant war.

Der Aufstieg Manfred Webers lässt sich auch als Konsequenz aus dieser Erfahrung lesen, nämlich dergestalt, dass Europa-Politik der CSU nicht nur gegen Europa erfolgreich sein muss. Mit 31 Jahren hatte Weber sein Mandat im Landtag aufgegeben, um für das Europaparlament zu kandidieren. Nicht wenige Parteifreunde sahen darin den geraden Weg ins Karriereende, was nicht besser wurde, als er später Angebote für Ministerposten in Bayern ausschlug. Doch Weber stieg still und leise zum EVP-Fraktionschef im Europaparlament auf, der ganz selbstverständlich von den Mächtigen der Welt empfangen wird. 2019 hat Weber sogar zugunsten Markus Söders auf den CSU-Vorsitz verzichtet, weil er zu dem Schluss gekommen war, dass der Job seine europäische Kandidatur eher beschweren als beflügeln würde. Den Kopf geschüttelt hat da niemand mehr.

Wenn Weber heute in seinem Heimatdorf Wildenberg im Hallertauer Hopfenland zwischen Landshut und Ingolstadt auftritt und dort von seinen jüngsten Abenteuern in Brüssel, London oder Helsinki berichtet, ruft sehr sicher irgendwer: «Mane, wir sind stolz auf dich!» Der Mane, der aus einem 1400-Einwohner-Ort in die Ferne zieht und doch niemals weggeht von daheim – das ist genau die Erzählung von Heimatverbundenheit und Weltoffenheit, die den Zweiflern in der CSU eine Brücke baut nach Europa.

Beim Aschermittwoch in Passau betont Weber auf der Bühne die großen Themen: Wohlstand, Frieden, Freiheit – das alles verdanke man Europa. Gut eine halbe Stunde redet Weber, das Publikum verliert er kein einziges Mal. Den größten Jubel erntet er allerdings mit dem Satz, dass er als Kommissionspräsident die EU-Beitrittsgespräche mit der Türkei beenden werde. An ein paar alten Gewissheiten wollen sich die Christsozialen doch festhalten. Als Weber den gleichen Satz bei einer Kundgebung in Athen sagt, klatscht nur eine Minderheit – die Griechen finden es offenbar gut, wenn die EU mit dem schwierigen Nachbarn im Gespräch bleibt.

Auch beim großen Finale des Aschermittwochs merkt man, dass der Europaanzug, in den die CSU geschlüpft ist, noch nicht perfekt sitzt. Die Parteigranden versammeln sich auf der Bühne für die Hymnen: Alle schmettern lauthals mit, die Bayernhymne, das Deutschlandlied. Dann kommt die Europahymne. «Freude, schöner Götterfunken», bei der ersten Zeile singen noch alle. Dann kennen nur noch Weber und die einschlägig vorgebildeten EU-Abgeordneten den Text. Es ist fast ein Sinnbild für Webers Wahlkampf in den folgenden Monaten: Alle bemühen sich nach Kräften, aber die große Durchschlagskraft fehlt.

Als Weber unter dem Athener Sternenhimmel im klassizistischen Prachtbau Zappeion spricht, gibt das hübsche Bilder – in die deutschen Nachrichten schaffen sie es aber kaum. Ende April erleidet Webers Alliierter Pablo Casado, spanischer Möchtegern-Ministerpräsident, eine herbe Wahlniederlage. Dazu begleitet ihn Ungarns Ministerpräsident Viktor Orbán wie ein Gespenst durch den Wahlkampf, weil dessen Partei zur EVP-Familie gehört, deren Stimmen Weber braucht, Orbán sich aber nicht so verhält, wenn er ungeniert den Rechtsstaat zurückbaut. Dann wird auch noch eine Umfrage öffentlich, wonach nur 26 Prozent der Deutschen diesen Weber kennen. Die TV-Debatten, die das ändern sollen, haben miserable Quoten, wobei Weber im Duell mit dem eloquenten Sozialisten Frans Timmermans mit der Wertung «unentschieden» ohnehin noch gut bedient ist.

In den Wochen vor der Wahl wird ob dieser Gemengelage Webers Pfad zur Kommissionspräsidentschaft schmaler und schmaler. Er hat seine Bewerbung ja zu einer Art Test für den demokratischen Fortschritt der EU erklärt: «Wenn der Chef der größten Fraktion in einem nationalen Parlament Anspruch erhebt, Regierungschef zu werden, dann würde nirgendwo auf der Welt Einspruch erhoben.» Warum zurückfallen hinter die demokratische Logik, die 2014 Jean-Claude Juncker als EU-Kommissionspräsident ins Amt brachte?

Bei der Wahl am 26. Mai wird Webers EVP stärkste Kraft in Europa. Weber müsste nun schnell eine Mehrheit der Abgeordneten hinter sich scharen. Als Kandidat des ganzen Parlaments könnten die Staats- und Regierungschefs nur schwer an ihm vorbei. Doch er bekommt keine Mehrheit, die den Staats- und Regierungschefs die Hände binden würde. Die Fraktionen müssen sich erst neu konstituieren, es gibt viele neue Abgeordnete und Führungswechsel.

Bei Juncker hatte fünf Jahre zuvor enormer öffentlicher Druck die deutsche Bundeskanzlerin Angela Merkel und andere Regierungschefs dazu gezwungen, ihn nach seiner Spitzenkandidatur als Kommissionspräsidenten zu akzeptieren. Diesmal ist Emmanuel Macron der Anführer der Skeptiker. Der französische Präsident lehnt den Prozess, nach dem die europäischen Spitzenkandidaten der Parteien auch den Kommissionchef stellen sollen, ab. Er hat kein Interesse an einer Stärkung des Europäischen Parlaments, und er hat am Ende den EU-Vertrag auf seiner Seite: Die Staats- und Regierungschefs sind nicht verpflichtet, einen der Spitzenkandidaten als Kommissionschef vorzuschlagen.

Für Weber kommt erschwerend hinzu, dass sein wichtigster Alliierter in diesem Kreis, der österreichische Bundeskanzler Sebastian Kurz, zum ungünstigsten Zeitpunkt (und, wie man heute weiß, nur vorübergehend) sein Amt verloren hat. Und ein bayerischer Ministerpräsident ist halt dummerweise kein Staatschef, sondern nur ein Freistaatschef. Der neue Kommissionspräsident und die anderen EU-Spitzenpersonalien werden schließlich in langen Gipfelnächten ausgeschachert. Anfang Juli gibt Weber den Weg frei für die Kompromisskandidatin Ursula von der Leyen von der CDU. «Ein Bayer für Brüssel», das war der Slogan der CSU im Wahlkampf. Nun wird es eine Niedersächsin, die gar nicht zur Wahl stand.

In der CSU entlädt sich reichlich Wut auf Macron, der bei einem sehr hypothetischen Bayern-Besuch gewiss von Böllerschützen empfangen würde, die allerdings eher nicht in die Luft schössen. Parteichef Söder ist dennoch sofort bemüht, der Gefahr zu großer Jammerei vorzubeugen. Dafür ist das Ergebnis der CSU zu gut, sie hat in Bayern 40,7 Prozent geholt. Das Gesamtergebnis von CDU/CSU liegt deutschlandweit nur bei 28,9 Prozent. Es ist ein zartes Aufbruchssignal für die krisengeplagte CSU, das Söder nicht übertönt wissen will. Weber selbst macht seinem Frust einmal Luft, aber auch er ist kein schlechter Verlierer. Aus der Sommerpause kehrt er schließlich mit einem Vollbart zurück, ein äußeres Zeichen des Neuanfangs. Söder sagt, Politiker bräuchten ein dickes Fell, und Weber lasse sich offenbar eines wachsen.

Seit den ersten Strauß-Jahren war das Bekenntnis der CSU zur Europäischen Union nicht so kräftig wie 2019. Die Frage ist: Bleibt es das nach dieser Enttäuschung? Schon Stunden nach Webers Scheitern schickt Generalsekretär Markus Blume einen Brief an die Mitglieder. Trotz aller Bitterkeit, schreibt Blume, werde man am proeuropäischen Kurs festhalten: «Denn unsere Mission, Europa zu demokratisieren und den Bürgern zurückzugeben, ist ganz offenkundig noch nicht zu Ende.» Söder versteigt sich in diesen Tagen des Kummers zur verwegen klingenden These, von allen Parteien sei die CSU am stärksten vom «europäischen Gedanken» durchdrungen. Das ist einerseits absurd, wenn man als Zeitzeuge an Gauweiler und Co. denkt. Und andererseits historisch nicht falsch.

Wie soll man die Beziehung der CSU zu Europa also beschreiben? Im Facebook-Zeitalter könnte man sagen: Es ist kompliziert. Die Bürgermeister und Landräte der CSU schätzen die kurzen Wege in die bayerischen Ministerien, wenn es mal flexibel was zu klären gibt. Die langen Wege in die Europäische Kommission und die mangelnde Flexibilität der dortigen Beamten schätzen sie gar nicht.

In den vergangenen Jahren sah die CSU-Führung bayerische Interessen in zwei großen Fragen von Europa bedroht: in der Währungspolitik und in der Flüchtlingskrise 2015. Erst beklagte sie, die EU würde die Solidarität ihrer Mitglieder mit Rettungspaketen überstrapazieren. In der Partei herrschte da große Einigkeit. Kritiker von außen sahen das genau andersrum: Die CSU sei es doch, die Solidarität verweigere. Ähnlich war es, als die CSU der Kanzlerin in Person des ziemlich aktiven Politikrentners Stoiber ihre Politik der offenen Tür für Menschen in Not vorwarf: «Du machst Europa kaputt.» Grüne, Rote und viele Christdemokraten sahen das genau andersrum. Die CSU sei es, die Europa mit ihrer Abschottungspolitik kaputt mache.

Bisweilen schaffen es solche Konflikte um Europa sogar ins Herz der Partei selbst. Als Theo Waigel Anfang der Neunzigerjahre als Parteichef und Bundesfinanzminister zum Vater des Euro avancierte, hätte Stoiber es als Ministerpräsident mit seinem bockigen Widerstand beinahe zum Totengräber der Gemeinschaftswährung gebracht. Die Bonner CSU-Landesgruppe und die Bundesminister der CSU unterstützten Waigel. Die Mitglieder der Münchner Landtagsfraktion trommelten unentwegt für Stoiber. Stoiber war entschlossen, die Währungsunion im Bundesrat abzulehnen. Beim Showdown im April 1998 musste Waigel weit gehen, um ihn daran zu hindern. «Ich habe mir damals erlaubt, den Ministerpräsidenten anzurufen», erzählt Waigel heute. «Ich habe ihm gesagt, wenn ihr im Bundesrat wirklich nicht zustimmt, dann trete ich von beiden Ämtern zurück.»

Wenn es eine europäische Disziplin gibt, in der die CSU als uneingeschränkt konstruktive Kraft anerkannt ist, dann ist es diese: die Vertretung bayerischer Interessen in Brüssel. Im Verbund mit anderen europäischen Regionen trug der Freistaat stets als treibender Akteur Sorge, dass die Subsidiarität Eingang in die europäischen Verträge fand: Auf nationaler oder supranationaler Ebene sollen nur Dinge entschieden werden, die nicht wirksamer vor Ort gelöst werden können.

Das Spitzenpersonal der CSU verlässt sich dabei nicht allein auf seine Entsandten in der Bundesregierung. Sie betreibt eine Art eigenen diplomatischen Dienst in Brüssel. Die bayerische Vertretung, ein prächtiges Schlösschen in bester Lage direkt am Europäischen Parlament, bezeichnen Spötter in Deutschland gerne als «Schloss Neuwahnstein», wobei es sich aber immerhin um eine Immobilie handelt, um die der Freistaat im ganzen politischen Brüssel beneidet wird. Mehr als dreißig Mitarbeiter hat die Vertretung, jedes Ministerium beschäftigt dort Spiegelreferenten. Sie begleiten Gesetzgebungsverfahren und bilden eine Art Frühwarnsystem für Vorgänge, die den Freistaat betreffen könnten. Im Grunde macht die Vertretung Lobbyarbeit: Wenn irgendwo bayerische Interessen noch stärker berücksichtigt werden könnten, dann sucht man in Brüssel Verbündete, um das zu bewerkstelligen.

Schon 1989 lud Ministerpräsident Max Streibl zu einer Konferenz mit dem Titel «Europa der Regionen» nach München. 36 Regionen aus der ganzen EG glichen ihre Interessen ab und suchten Mitwirkungsmöglichkeiten. Große Hoffnungen setzte man bei der CSU auf den von Strauß miterdachten Ausschuss der Regionen, der 1993 geschaffen wurde. Das Gremium mit seinem bloßen Recht zur Stellungnahme erfüllte die bayerischen Erwartungen jedoch nicht. Auch in der Bundesrepublik war Bayern einschlägig aktiv. Als 1992 durch den Vertrag von Maastricht Länderkompetenzen an die europäische Ebene fielen, führte Bayern eine Gruppe von Bundesländern an, die eine Kompensation durch eine Neufassung des Artikels 23 im Grundgesetz erwirkten: Die Länder sind nun als «europapolitische Akteure auf europäischer wie nationaler Ebene» festgeschrieben. Die

Bundesregierung wird verpflichtet, bei EU-Verhandlungen stets die Position des Bundesrats einzubeziehen.

Nun wird also Markus Söder gemeinsam mit Weber das Verhältnis seiner Partei zu Europa prägen. Wenn man seine Amtszeit als Europaminister zum Maßstab nimmt, dann wird er die bayerische Schaukelpolitik zwischen Annäherung und Abgrenzung wohl weiterführen, zumal er gelernt hat, von beidem politisch zu profitieren.

Als Söder von 2007 bis 2008 bayerischer Europaminister war, tauschte er diesen Amtstitel schnell gegen den selbst erfundenen «bayerischen Außenminister» ein. An einem Tag gab er die Pressemitteilung «Europa stärker mit dem Herzen annehmen» heraus, am nächsten bot er den schrecklichen Eurokraten bei der Harmonisierung der Feuerwehranzüge die Stirn. Journalisten machen sich über so was lustig, Feuerwehrleute eher nicht. Als Brüsseler Schlossherr fahndete Söder regelrecht nach Profilierungschancen. Wenn ihm ein bayerischer Bürgermeister von einem Anliegen mit EU-Bezug erzählte, schrieb Söder eine SMS an seine Fachbeamten: «Ist das berechtigt? Bitte prüfen.» So erfuhr er auch vom Überlebenskampf des fränkischen Bocksbeutels. Die europäische Weinbauordnung drohte nämlich, durch die Normierung von Flaschen dem traditionellen Bocksbeutel – die Flasche sieht aus wie eine plattgedrückte Kugel – den Garaus zu machen. Auch der portugiesische Roséwein Mateus war betroffen. Söder gewann erst die CSU-Abgeordneten im Europaparlament für die Bocksbeutel-Rettung, dann holte er auch die Portugiesen ins Boot. Die Bundesregierung nervte er so lange, bis sie sachdienliche Signale an die EU-Institutionen funkte. Die fränkische Weinkönigin ließ er auch noch einfliegen. «Ich werde die Bayerische Vertretung in Brüssel zur Trutzburg für Frankenwein ausbauen», jubelte Söder. Und: «Ich bin der Schutzpatron für fränkische Rechte in Europa.» Aus Dank widmeten ihm die Winzer später eine «Söder-Cuvée».

Söder hat aus dieser Phase eine gründliche europäische Vorbildung mitgenommen, andererseits hat er noch im Sommer 2018 gesagt, der «geordnete Multilateralismus» werde «etwas abgelöst». Keiner wusste genau, ob Söder da etwas beschrieb oder etwas forderte, womöglich wusste er das selbst nicht so genau. Aber das war ohnehin gestern. Heute hat der neue, softe Söder seine Wertschätzung für den geordneten Multilateralismus wiederentdeckt, wohl auch in Gestalt der EU. Es reiche nicht, «nur auf Bayern zu schauen», sagt Söder. «Denn Bayern ist als exportorientiertes Land eng mit der Welt verbunden. Um das Beste für Bayern zu erreichen, muss man in Deutschland, Europa und der Welt vernetzt sein.»

Manfred Weber wird trotz seiner Demütigung nach der Europawahl als EVP-Fraktionschef eine herausgehobene Stellung in Brüssel behalten – und ebenfalls seine herausgehobene Stellung in der CSU. Europa, findet Weber, soll auch in der CSU eine ganz normale politische Ebene sein – wie die Kommunen, das Land und der Bund. Ganz konkret findet er, dass auch der Parteichef eines nicht allzu fernen Tages in Brüssel sitzen könnte. Es spricht einiges dafür, dass die CSU ihren europäischen Kompass dauerhaft neu justiert hat.

Es gibt diesen einen Satz, natürlich auch von Strauß, den in der CSU alle gern zitieren, die EU-Skeptiker und die EU-Begeisterten. Es ist ein Satz, der alle Spannungen und Widersprüche im Verhältnis der CSU zu Europa auf das Allerherrlichste auflöst: «Bayern ist unsere Heimat, Deutschland ist unser Vaterland, Europa ist unsere Zukunft.» Man darf nur nicht zu viel nachdenken über den Satz. Die Frage, wann diese Zukunft beginnen und wie sie aussehen soll, hat Strauß lieber mal offengelassen.

6. Idi Alpin und Spezl Mao: Wie die CSU Weltpolitik macht

Das Selbstbewusstsein, mit dem CSU-Politiker auftreten, ist außerhalb Bayerns berüchtigt – außerhalb Bayerns heißt natürlich im Regelfall innerhalb Deutschlands. In Berlin markieren die Bayern gern den starken Max, das stärkt ihre Verhandlungsposition. Allerdings wäre es ein Kurzschluss zu glauben, dass die Kraftmeierei rein taktisch wäre. Es gibt starke Indizien dafür, dass CSU-Politiker bei der Vermessung der eigenen Bedeutung im guten Glauben zur Großzügigkeit neigen. Besonders deutlich wird das immer dann, wenn ein Ministerpräsident auf Reisen geht und sich bereitwillig dem Weltmaßstab stellt.

Im Dezember 2004 etwa besuchte Edmund Stoiber Kanada. Eines Abends sollte seine Delegation von Montreal nach Quebec fliegen – mit einer Linienmaschine. Die Reisegruppe aus Bayern war ganz schön spät dran, weshalb die kanadischen Gastgeber am Flughafen von Montreal fast flehend um Eile baten. Der ganz normale Air-Canada-Flug, hieß es, werde extra für die bayerischen VIPs zurückgehalten. Die Bayern spurteten also Richtung Gate, Staatsbeamte genau wie Journalisten, einfach alle. Das heißt: alle, bis auf Stoiber.

Eminent wichtige Handygespräche verlangsamten seinen Schritt. Den Schlagworten nach, die man so aufschnappte, drehten sich seine Gespräche erstens um die Föderalismusreform und zweitens und vor allem um das Champions-League-Spiel von Bayern München bei Ajax Amsterdam. Während sich Stoiber offenbar ein Tor von Roy Makaay in großem Detail beschreiben ließ, hallte der letzte, wirklich allerletzte Aufruf für Air-Canada-Passagiere nach Quebec durch die Abflughalle.

Natürlich wartete die Maschine am Ende auf die Bayern, aber dass die Geduld der einheimischen Fluggäste ziemlich strapaziert war, erkannten alle sofort bei Betreten der Kabine. Das heißt: alle, bis auf Stoiber. Der lief ins Flugzeug ein wie in Wolfratshausen ins Bierzelt. Ein herzliches Grüßgott hier, ein fröhliches Winken da. Nur den Defiliermarsch musste man sich dazudenken. Die Kanadier, gerade noch sauer, guckten verdutzt. «Who's that guy?», fragte ein Mann mit Eishockey-Kappe. Wer ist dieser Typ?

Die Inkonvenienz, sich nach den Flugplänen anderer Leute richten zu müssen, hatte einst Franz Josef Strauß dank seines Pilotenscheins weitgehend vermeiden können. Strauß' Moskau-Flug am 28. Dezember 1987, bestritten mit einer selbst gesteuerten Cessna, hat einen Ehrenplatz im Anekdotenschatz der CSU. Schneetreiben und Treibstoffmangel, die Passagiere Stoiber, Theo Waigel und Gerold Tandler in Angst, Landung auf einem eigentlich gesperrten Flughafen. Nach Waigels Angaben stürmte der Co-Pilot nach dem Ausrollen der Cessna aus dem Cockpit und brüllte: «So etwas mache ich nie wieder mit – nie wieder!» Der Mann war offenbar nicht ganz so zuversichtlich wie Strauß gewesen, dass das Landemanöver unter diesen Bedingungen gelingen kann. Strauß hinterher: «Ein interessanter Flug, Sicht Null.»

Tags darauf wurden Strauß und seine Leute im Kreml von KPdSU-

Generalsekretär Michail Gorbatschow empfangen. Waigel hat die Unterhaltung damals protokolliert; später soll Gorbatschow gescherzt haben, Waigels Mitschriften seien besser als die des KGB. Strauß gewann in dem Gespräch jedenfalls den Eindruck, dass Gorbatschow einer deutschen Wiedervereinigung offener gegenüberstehe als gedacht, weshalb er später bei einem Pressestatement sagte: «Ich gehe mit besten Gefühlen aus dem Kreml.» Das wiederum brachte ihm eine verstimmte Nachfrage aus den USA ein, von Henry Kissinger, der sich bei Waigel erkundigte, ob er sich jetzt Sorgen um Strauß' Blockbindung machen müsse. Die Kissinger-Episode zeigte immerhin, dass Strauß' Privatdiplomatie eine gewisse Wahrnehmung fand. Mit viel gutem Willen kann man sagen: im Weltmaßstab.

Es gibt kaum ein Politikfeld, in dem sich bayerisches Selbstbewusstsein und bayerische Hybris so trefflich spiegeln wie in jenem Bereich, den man – in Ermangelung anderer Begriffe – bayerische Außenpolitik nennen könnte. In den besten Momenten beweist sich tatsächlich so etwas wie bayerische Bedeutung, die über Spessart und Karwendel hinausweist. Dann dürfen sich die Ministerpräsidenten von der CSU mal als Riesen fühlen. In den schlechteren Momenten müssen sie sich dafür als überambitionierte Zwerge verspotten lassen.

Die bayerische Staatsregierung pflegt natürlich internationale Beziehungen der verschiedensten Art. Es gibt auch regionale Partnerschaften, etwa mit Quebec, dem Bayern Kanadas. Der Freistaat hat dort auch eine Vertretung von der Größe einer Botschaft. Zusammen mit Quebec gehört Bayern auch zu einer erlesenen Gruppe von Partnerregionen, das chinesische Shandong ist dabei, das südafrikanische Westkap, Oberösterreich. Es geht da um den Austausch von Ideen, Waren und Investitionen, ein sinnvolles Instrument, das Regionalisierung und Globalisierung in Einklang bringt. Hier würde niemand Hybris vermuten.

In Berlin sticht die CSU derzeit nicht durch überbordende außenpolitische Kompetenz hervor, auch wenn sie das von Gerd Müller gut geführte Entwicklungsministerium gern zum «kleinen Außenministerium» umwidmet. Der letzte Außenpolitiker von Rang war im Grunde Karl-Theodor zu Guttenberg, dessen Weltgeltungsanspruch in der besten Tradition seiner Partei stand. Mit Manfred Weber hat die CSU zumindest einen eminenten Vertreter in Brüssel. Und dann ist da immer noch der Elder Statesman Theo Waigel, den Wolfgang Wittl in der SZ zum «letzten Weltpolitiker der CSU» kürte. Waigel, der Vater des Euro, trug mit seiner Einflusssphäre wesentlich dazu bei, dass die CSU nach der deutschen Einheit nicht zur Regionalpartei abstieg. Er ist der eine CSU-Mann, der internationale Bedeutung nie simulieren musste.

Selbst Strauß musste das in gewisser Weise. Als CSU-Chef trieb er das Auswärtige Amt zum Wahnsinn mit seiner Nebenaußenpolitik, er war der bedeutendste Außenminister, den die Bundesrepublik nie hatte. Als gesichert darf gelten, dass er sich stets für befähigter hielt als der jeweilige offizielle Amtsverwalter. Sein Biograf Peter Siebenmorgen attestiert Strauß: «Stets stehen realpolitische Aspekte im Mittelpunkt seiner internationalen Erkundungen», vor allem der Wettbewerb von Ost und West. Andererseits, so Siebenmorgen, habe Strauß auch jede Gelegenheit genutzt, der Oppositionsfron in Bonn zu entfliehen. Wichtige Politiker als Gesprächspartner zu haben, habe Strauß' «Ego gestreichelt». Er genoss die Nähe zu den Mächtigen der Welt; ihm selbst jedoch war echte Macht auf dieser Ebene nie vergönnt.

In der Wahl seiner internationalen Buddies, schreibt Siebenmorgen, habe der Diplomat Strauß jedenfalls keine Berührungsängste gekannt. Der togolesische Diktator Gnassingbé Eyadéma? Ließ sicherheitshalber keine Opposition zu, was Strauß nicht davon abhielt, seine starke Führerschaft zu preisen. Strauß kriegte einen Orden aus Togo, Eyadéma einen aus Bayern. In Ermangelung von echten Argumenten für so eine Freundschaft flüchtete sich Strauß in den Spruch, die Schwarzen müssten eben zusammenhalten. Als Strauß mal Helmut Kohl vorhielt, er sei zu nett zu Erich Honecker, an dessen Händen klebe Blut, soll Kohl ihm entgegnet haben: «Und was klebt dann an den Händen von den Häuptlingen, mit denen du immer verkehrst?» Angelehnt an den ugandischen Gewaltherrscher Idi Amin etablierten CDU-Leute für Strauß den Spitznamen «Idi Alpin».

Auch Strauß' Interpretation des brutalen Putsches gegen Salvador Allende 1973 in Chile war eigenwillig. Es sei dort «nicht freundlich» zugegangen, so viel räumte er ein. Dass er 1977 in Santiago dem Militärdiktator Pinochet seine Aufwartung machte, wurde ihm in Deutschland und anderswo bis an sein Lebensende nachgetragen. Eine arg milde Sicht hatte Strauß auch auf das Apartheid-Regime in Südafrika. Das Land sei Opfer einer «Entstellungskampagne», die Abschaffung der «politischen Apartheid» wäre «unverantwortlich», weil ein Wahlrecht für Schwarze zum Zusammenbruch des Systems führen würde. Strauß war gewiss kein Fan des Prinzips autoritärer Regierung, aber es war ihm als Mittel recht, solange sich die nämlichen Staaten der Verbreitung des Kommunismus entgegenstellten.

Andererseits war Strauß pragmatisch genug, sich die vielleicht größte seiner Extratouren nicht von kleinlichen weltanschaulichen Fragen verderben zu lassen. 1975 empfing ihn der chinesische KP-Chef Mao Tse-tung in Peking – er war der erste Deutsche, dem diese Ehre zuteilwurde, ein Oppositionspolitiker, der außer dem CSU-Vorsitz kein Amt vorzuweisen hatte. Nach dem Gipfel der beiden großen Vorsitzenden deutete in Strauß' Statement nichts auf Minderwertigkeitsgefühle hin: «Es gibt keine Achse Strauß – Mao mit anti-sowjetischer Stoßrichtung.» Überliefert ist auch, dass Strauß einige Chinesen mit Münzen mit seinem eigenen Konterfrei beglückte.

Gesonderte Beachtung verdient die ganz eigene Ostpolitik, die Strauß in den Achtzigerjahren unternahm. Er reiste in die Tschechoslowakei, nach Polen, Rumänien und, besonders schön: nach Albanien. Offiziell war die Familie Strauß im August 1984 höchst privat und touristisch unterwegs, eine kleine Balkan-Tour im Geländewagen. Zwischen den Straußens und dem finalen Erholungsziel Griechenland lag das kommunistische Albanien, in dem Diktator Enver Hoxha mit einigem Erfolg die Rückkehr in die Steinzeit erprobte. Die Durchfahrt der Familie Strauß wurde zum ersten und einzigen Besuch eines westlichen Spitzenpolitikers in Hoxhas Dunkelreich.

Die nach Aufmerksamkeit dürstenden Albaner dankten Strauß 1994 posthum mit einem Platz in der Hauptstadt Tirana. Der Sheshi Jozef Shtraus, nicht ganz zentral, wartet heute mit einem Wettbüro, dem Postamt Nr. 14 und einer Wiesn-tauglichen Hendl-Braterei auf. Der Schatten seiner Bäume ist bei schachspielenden Senioren und streunenden Hunden beliebt. Strauß-Sohn Max posierte hier 2014 für ein Foto vor dem Straßenschild. Bei der letzten Kontrolle durch den Autor war das Schild allerdings verschwunden, wobei man das in den Gesamtkontext einordnen muss, dass das Beschilderungswesen in Albanien generell keine überragende Bedeutung hat.

Die großen Vorsitzenden: Am 16. Januar 1975 trifft Franz Josef Strauß in Peking Mao Tsetung – ein dreiviertel Jahr vor Bundeskanzler Helmut Schmidt. Für den CSU-Chef ist der Empfang bei Mao der wohl größte Augenblick seiner kleinen bayerischen Weltpolitik.

Schließlich durfte Strauß auch in die DDR. SED-Generalsekretär Honecker hieß ihn im Jagdschloss Hubertusstock empfangen. Was wollte Strauß von den Kommunisten? Was wollten die Kommunisten von Strauß? Strauß hielt ja schon die deutschen Sozialdemokraten für gefährliche Linksterroristen und ihre Entspannungspolitik Richtung Osten für einen schwerwiegenden Fehler. Trotzdem flog er am 5. Mai 1983 mit einem Helikopter des Bundesgrenzschutzes nach Aschau im Chiemgau, auf das Anwesen seines Spezls Josef März. Dort traf er Alexander Schalck-Golodkowski, den obersten Devisenbeschaffer Honeckers. Die DDR wurde von Auslandsschulden geplagt, die Sowjetunion konnte gerade nicht helfen. Also musste der «Klassenfeind» einspringen. Nach mehreren Gesprächen stand fest: Die DDR bekommt einen Kredit über eine Milliarde D-Mark, abgewickelt über mehrere Westbanken unter Führung der Bayerischen Landesbank. Die Gegenleistung der DDR: eine Erhöhung der Ausreise-Zahlen, der Abbau von Selbstschussanlagen an der Grenze.

Für Strauß war der Deal erst mal ein Triumph im Stillen. Nur Kanzler Helmut Kohl war eingeweiht, und besonderes Gaudium bereitet es Strauß hinterher, auf die Nichtbeteiligung des von ihm gar nicht geschätzten Außenministers Hans-Dietrich Genscher von der FDP hinzuweisen: «Bundesminister Genscher hat mit der ganzen Angelegenheit nicht mehr zu tun, als dass er im Kabinett seine Zustimmung erklären ließ.» Als der Milliardenkredit Ende Juni öffentlich wurde, erntete Strauß jedoch auch bei vielen eigenen Leuten Fassungslosigkeit und Zorn. Warum hatte der Kalte Krieger auf einmal warme Gefühle für den Osten? An der CSU-Basis brodelte es, auch die konservative Presse empörte sich. Der CSU-Bundestagsabgeordnete Franz Handlos trat aus der Partei aus und gründete die Republikaner. Strauß wurde beim CSU-Parteitag bei seiner Wiederwahl abgestraft, wie man sich das angesichts seiner Legende heute gar nicht mehr vorstellen kann: mit 77 Prozent, aus denen die Enthaltungen schon herausgerechnet sind.

Erst mit der Zeit setzt sich eine andere Bewertung des Deals durch, als eine Entspannung an der deutsch-deutschen Grenze spürbar wurde. «Der Milliardenkredit hat der DDR einen ganz wesentlichen Knacks gegeben», sagt Peter Gauweiler heute. «Strauß' Geschäft brachte eine Öffnung, ein paar zehntausend Reiseerlaubnisse, die es vorher nicht ab.» Im kleinen Kreis, erinnert sich Gauweiler, habe Strauß die Sache so erklärt: «Wer von denen einmal die Münchner Fußgängerzone und das Kaufhaus Oberpollinger besucht, ist für die Sache des realen Sozialismus verloren.»

Strauß verstand sich als Weltpolitiker, Edmund Stoiber immerhin als internationaler Handlungsreisender. Von Max Streibl, der zwischen den beiden amtierte, blieben reisetechnisch hauptsächlich zwei Brasilien-Trips aus früheren Jahren in Erinnerung; sie waren von einem Freund finanziert worden und kosteten Streibl am Ende das Amt. Stoiber brachte es in 14 Amtsjahren auf knapp sechzig Auslandsreisen, stets war er der Globalisierung dicht auf den Fersen, begleitet von immer größer werdenden Wirtschaftsdelegationen. Kern allen Reisens war das Bemühen, die Auftragslage bayerischer Unternehmen zu stärken.

Stoiber merkte bald, dass die Weltgeltung der CSU nicht mit Franz Josef Strauß begraben worden war. «Ich war drei Jahre im Amt, als wir mit einer Wirtschaftsdelegation nach Südamerika geflogen sind», erzählt Stoiber heute. «Begleitet hat mich die Frage: Kriegt er einen Termin beim brasilianischen Staatspräsidenten?» Heide Simonis und Johannes Rau, die Kollegen aus Schleswig-Holstein und Nordrhein-Westfalen, hatten sich auch bemüht – vergeblich. «Ich habe einen Termin bekommen. Auch in Argentinien, Chile, überall.» Stoiber sagt: «Der bayerische Ministerpräsident hat in der Welt eine sehr eigenständige Rolle.»

Warum ist das so? Zunächst mal wohl schlicht deshalb, weil Bayern ein Wirtschaftspartner ist, den zu schmeicheln sich lohnen könnte. In Bayern leben mit 13 Millionen mehr Menschen als etwa in Griechenland, Schweden oder Belgien. Mit seinem Gesamtbruttoinlandsprodukt wäre der Freistaat locker unter den Top-Ten der 28 EU-Staaten. Aber es liegt sicher auch daran, dass Bayern in der Welt ein Stück weit für Deutschland steht, für ein sympathisches Deutschland noch dazu: die Alpen, das Oktoberfest, die Lederhosen. So einen Bayern-Botschafter holt man sich mal gern ins Haus. Mancher große Staatenlenker wirkte ernsthaft entzückt, wenn Strauß ihm einen Tegernseer Stopselhut aufs Haupt drückte. Im Gegenzug nahmen sich bayerische Ministerpräsidenten übrigens auch die Freiheit, genau abzuwägen, wen sie in München empfingen. Als beispielsweise um 1990 herum der Gouverneur des US-Bundesstaats Arkansas (nicht mal drei Millionen Einwohner!) bei der Staatskanzlei anklopfen ließ, bekam er bei Max Streibl keinen Termin. Der Mann hieß Bill Clinton.

Stoiber gewann mit seiner Kanzlerkandidatur 2002 noch zusätzlich an Gewicht. Beim Blick ins Archiv findet man Bilder von ihm mit George W. Bush (und einem riesigen Porzellan-Elefanten aus Nymphenburger Handarbeit), Yassir Arafat, Jacques Chirac oder Arnold Schwarzenegger, als der Gouverneur von Kalifornien war. Ein besonders hübsches Foto zeigt das Ehepaar Stoiber in Indien vor dem Taj Mahal, beide wirken geradezu ausgelassen. Vielleicht waren sie berührt von der Geschichte des Taj Mahals, eines Mausoleums, das ein indischer Großmogul für eine verstorbene Geliebte errichten ließ? Eher nicht. «Eine unglaubliche Verschwendung von Ressourcen», so soll Stoiber nach Ohrenzeugenberichten die Liebeslegende kommentiert haben. Die Gefahr, dass der touristische Aspekt überbetont wurde, bestand auf Stoibers streng getakteten Reisen ohnehin nicht. Wenn seine Entourage nach Mitternacht fröhlich an der Hotelbar des Chateau Frontenac in Quebec zusammensaß, studierte Stoiber auf seinem Zimmer die Sitzungsunterlagen für den nächsten Tag und nervte wechselnde Mitarbeiter mit Nachfragen zur kanadischen Exportwirtschaft.

Günther Beckstein war für nennenswerte Auslandsexkursionen zu kurz im Amt. Von Horst Seehofer stammt zwar der Satz: «Eigentlich ist Außenpolitik Sache der Bundesregierung, aber ich bin in der glücklichen Lage, dass sich noch kein bayerischer Ministerpräsident daran gehalten hat.» Seehofer verreist jedoch nicht mal privat gern, in einem zweiwöchigen Portugal-Urlaub soll er es genau eine Woche ausgehalten haben. Mal abgesehen von der Annäherung an Tschechien, die er als sein persönliches Projekt betrieb, wusste Seehofer selten so recht, was er mit den CSU-Zugängen im Ausland anfangen sollte. Wenn die Vereinigung der bayerischen Wirtschaft meinte, ein paar Kontakte nach Saudi-Arabien täten gut, fuhr er halt nach Saudi-Arabien. Eine China-Reise Seehofers wurde komplett davon überstrahlt, dass die mitreisende Grüne Margarete Bause dem regimekritischen Künstler Ai Weiwei einen Besuch abstattete.

Einmal hatte Seehofer einen ganz dicken Fisch an der Angel, aber er dürfte im Nachhinein fast froh sein, dass er ihn nicht an Land ziehen konnte: Über einen Hamburger Schiffs- und Immobilienunternehmer, der mit Donald Trump Geschäfte gemacht hatte, ließ Seehofer 2017 ein Treffen mit dem US-Präsidenten sondieren. Das hätte den Flüchtlingsstreit mit Merkel sicher nicht entkrampft. Mit den USA hat Seehofer kein allzu herzliches Verhältnis: In Dokumenten, die von der Enthüllungsplattform Wikileaks 2010 öffentlich gemacht wurden, konnte er nachlesen, wie amerikanische Regierungsbeamte seinen Auftritt bei der Münchner Sicherheitskonferenz fanden: «Insgesamt hatte Seehofer zu außenpolitischen Themen wenig zu sagen und schien selbst über grundlegende Dinge nicht informiert.» Wenn Seehofer internationale Kontakte pflegte, sandte er damit eigentlich nur nationale Botschaften. Etwa wenn er den ungarischen Premierminister Viktor Orbán, einen radikalen Gegner von Merkels Flüchtlingspolitik, in München auf dem roten Teppich empfing und umarmte. Ihre Begeisterung für Orbán hat sich die CSU immer schöngeredet, bis der angebliche Freund Viktor sie im Europawahlkampf 2019 schnöde hat sitzen lassen.

Die wohl aufsehenerregendste Seehofer-Reise führte den Ministerpräsidenten 2016 zu Wladimir Putin nach Moskau, Putin-Versteher Stoiber hatte die Sache eingefädelt. Seehofer wollte mit dem Kremlherrscher die Lage in Syrien besprechen, ihm ging es durchaus ernsthaft um die Eindämmung von Flucht und Vertreibung aus der Region. Für Putin war Seehofer indes ein willkommener Kleindarsteller, mit dessen Hilfe er die zerstrittene Regierung Merkel vorführen konnte. Dieses Muster hat es auch schon früher gegeben: Als Jimmy Carter sich mit Kanzler Helmut Schmidt zoffte, lud er halt den Oppositionsführer Strauß ins Weiße Haus. Die Kritik an seinem Moskau-Trip erboste Seehofer auf jeden Fall sehr, er ereiferte sich über «Dummschwätzer» und verwies auf die enge Abstimmung der Reise mit der Bundesregierung. Dazu hätte sich Strauß nie herabgelassen: Als er 1984 den syrischen Machthaber Assad besuchte, ließ Strauß wissen, er müsse weder Regierung noch Opposition um Erlaubnis fragen. Den Papst habe er übrigens auch nicht in Kenntnis gesetzt. Was Strauß und Seehofer verband, war vielleicht am ehesten die Überzeugung, dass man auch mit schwierigen Gestalten im Gespräch bleiben sollte.

Markus Söder war in seinen Ministerjahren erkennbar ein Freund des Vielreisens, und stets war ihm wichtig, ein, zwei möglichst eindrückliche Belegfotos heimzubringen. Mexiko: Söder mit Sombrero. Moskau: Söder mit Pelzmütze. Außenpolitik war für Söder wie für seine CSU stets die Fortsetzung der Innenpolitik mit anderen Mitteln. Als Ministerpräsident scheint Söder beschlossen zu haben, das bewährte Instrument etwas dosierter einzusetzen. Seine erste große Reise führte ihn im April 2019 nach Äthiopien. Natürlich war auch das eine Imagereise, ein kleiner, aber feiner Meilenstein auf dem Weg zum Landesvater. Die Reise verband aufs Erquicklichste die aktuellen Großkomplexe Migration und Klimawandel: Söder besucht ein Flüchtlingslager, Söder pflanzt einen Baum. Söder spricht fairen Kaffeehändlern Mut zu, Söder spendiert einer Schule neue Sonnenkollektoren. Niemand wollte bestreiten, dass das alles gut und sinnvoll ist. Und ein paar schöne Fotos bekam Söder natürlich auch.

Fünftes Kapitel

Die Zukunft der CSU

1. Neuerfindung: Die wundersame Verwandlung des Markus Söder

Es gibt Leute, die das Büro im vornehmen Münchner Viertel Lehel, in dem Edmund Stoiber seinen Unruhestand verwaltet, sein «Austragsstüberl» nennen. Der Begriff «Stüberl» freilich wird den sehr vorzeigbaren Räumlichkeiten nicht gerecht. Auch von «Austrag» kann in Stoibers Fall nur sehr bedingt die Rede sein, selbst mit 77 Jahren mischt er noch bei gefühlt allen wichtigen Entscheidungen in der CSU mit. Fünf Minuten würde Stoiber für einen Spaziergang hinüber in die Staatskanzlei brauchen, sollte er seinem politischen Ziehsohn Markus Söder einen Ratschlag mal persönlich vorbeibringen wollen. Der CSU-Chef Stoiber hat den jungen Söder einst zu seinem Generalsekretär berufen, er hat ihn auf die Karriereschiene gesetzt, auf der dieser dann in höchste Ämter gefahren ist. Die beiden, heißt es, telefonieren auch heute noch einmal in der Woche miteinander. Mindestens.

Stoibers Rat ist für Söder vielleicht auch deshalb besonders wertvoll, weil Stoiber 1993 in einer ähnlichen Lage steckte wie Söder 2019: Auch er musste, als er in die Staatskanzlei eingezogen war, erst mal sein Scharfmacherimage loswerden. «Ein Ministerpräsident muss integrieren», sagt Stoiber. «Das hat mancher mir nicht zugetraut.» Das öffentliche Bild von Politikern sei ja logischerweise von den Rollen geprägt, die sie ausfüllen müssten. «Aber jedes Amt hat andere Herausforderungen.» Auch Stoiber war Generalsekretär, «da bist du ein Vorstopper für deine Partei, da schlägst du auch mal über die Stränge». Dann war er Innenminister, «da hat man eine Staatsverantwortung für Sicherheit und Ordnung, da war ich für viele der ‹harte Hund›.» Als Ministerpräsident sei die Rolle auf einmal viel breiter: «Da musst du für alle da sein und da sein wollen.»

In dem Besprechungsraum, in dem Stoiber Besucher empfängt, stehen und hängen – neben Fanartikeln des FC Bayern München – allerlei Erinnerungsfotos aus Stoibers Karriere. Blonder Stoiber, grauer Stoiber, Business-Stoiber, Trachten-Stoiber. Über die Jahrzehnte hat Stoiber viele Etiketten getragen, er war der «Wadlbeißer», das «blonde Fallbeil», der «Euroskeptiker», der «Saubermann», der «Manager der Bayern AG», der «Aktenfresser», der «Landesvater». Das mit den Etiketten, sagt Stoiber, sei grundsätzlich schon in Ordnung: «Ein Politiker braucht ein Profil. Ohne Profil gewinnt man kein Vertrauen.» Und manchmal müsse das eben auch ein wenig zugespitzt sein: «Die Frage ist: Wen will ich gewinnen? Nur die Eliten? Oder auch die, die sich weniger für Politik interessieren? Dann gehören die Emotionen genauso zum Profil wie der Verstand.»

Es gibt selbstgewählte Etiketten und aufgezwungene. Selbstgewählt war etwa der «Manager der Bayern-AG». Diese Anleihe, sagt Stoiber, «habe ich bei Helmut Schmidt genommen. Der sagte auch, ich bin der leitende Angestellte dieses Landes.» Aufgezwungen war das «blonde Fallbeil». Hat ihn das geärgert? Stoiber denkt kurz nach und sagt: «Blondes Fallbeil, ja gut, das hab ich sogar irgendwo verstanden. Der Strauß hat gesagt: Der Stoiber hält auch da den Kopf hin, wo es ihn ihm wegreißen kann.» Was er nicht verstanden hat: «Aktenfresser». Da redet er sich heute noch in Rage: «Als ob ich ein Neutrum wäre, ohne Empfinden fürs Volk. Für einen Aktenfresser wären die Leute im Bierzelt doch nicht auf die Bank gestiegen!» Wahr ist aber wohl auch: Der Spruch seines Nachfolgers Günther Beckstein, Stoiber sei eine «dicke Akte» lieber als eine «schlanke Nackte», hat Stoibers Ansehen nicht geschadet.

Nun könnte man die These vertreten, dass Markus Söder heute weit tiefer aus dem Image-Minus kommt als ehedem Stoiber. Söder gehört nicht zu den Menschen, die eine so freundliche Grundanmutung haben, dass ihre Mitmenschen sie vom Fleck weg sympathisch finden. Dafür kann er selbstverständlich nichts. Allerdings hat er in weiten Teilen seiner politischen Karriere wenig dafür getan, den Aspekt Freundlichkeit zu stärken. Als JU-Chef, als Generalsekretär, als Minister in diversen Verwendungen: Söder galt als Egoist, als kühler, energischer Machtpolitiker, der die Konkurrenten mit dem Ellbogen aus dem Weg räumt und auch noch Spaß daran hat. Ein Politiker braucht ein Profil, sagt Stoiber – und Söder hat ein sehr klares. Er ist ein Mann mit einem Imageproblem. Aber er ist auch ein Mann, der das Problem erkannt hat und wild entschlossen ist, es zu lösen. Ob Söder das gelingt, entscheidet nicht nur über sein persönliches politisches Schicksal. Die CSU hat sich ganz in seine Hand gelegt, sie hat – wie schon oft in ihrer Geschichte – einen starken Anführer gesucht, dem sie sich auf Gedeih und Verderb ausliefert. Die Vertrauenswürdigkeit der Partei ist mehr denn je an die Vertrauenswürdigkeit ihres Vorsitzenden gekoppelt.

Mancher Vorwurf gegen Söder, sagt sein Mentor Stoiber, sei schlicht übertrieben. Das Etikett «Machtpolitiker» zum Beispiel, das sei in Deutschland zu Unrecht so negativ belegt: «Wer gestalten will, braucht Macht.» Vielleicht, spekuliert Stoiber, hänge das «mit unserer Geschichte zusammen. Macht wird in Amerika oder Frankreich völlig anders bewertet.» Auch ein «Machtkampf» sei doch politische Normalität, eine Notwendigkeit fast: «Es gibt immer mindestens zwei, die ein Amt haben wollen, so ist das in der Politik. Theo Waigel und ich, man kann sich ja vorstellen, dass das nicht ganz einfach war. Das ist immer mit Härten verbunden.» Wichtig sei nur, dass man solche Auseinandersetzungen schnell austrage und dann auch schnell hinter sich lasse. Mindestens der erste Teil hat bei Söders Machtkampf mit Seehofer schon mal nicht funktioniert.

Nüchtern betrachtet hat Freundlichkeit allein tatsächlich noch keinem Politiker den Weg zu einem Amt geebnet. Wenn jemand nach oben strebt, ist ein gewisses Maß an Ich-Bezogenheit, Lautsprecherei und vielleicht sogar Skrupellosigkeit gesellschaftlich akzeptiert, wenngleich Söder die Grenzen des Akzeptierten gründlich ausgetestet hat. Jetzt, wo er im Amt angekommen ist, in zwei Ämtern sogar, dem des Ministerpräsidenten und des CSU-Vorsitzenden – jetzt ist die Zuschreibung dieser Eigenschaften nicht mehr ganz so hilfreich. Also hat Söder, der Alleinherrscher der CSU, dem politischen Randalierertum abgeschworen. Er gibt jetzt den guten König, mit bisweilen köstlichen

Ergebnissen. Der neue Söder hat im Grunde einen noch größeren Unterhaltungswert als der alte.

Es ist inzwischen eine Binse, dass der Welt, als es Söder einst in die Politik verschlug, ein Entertainer verloren ging. Man muss ihm aber anrechnen, dass er sich selbst in seinen höchsten Ämtern noch bemüht, seine kabarettistischen Neigungen zu pflegen. Ein Interview in der «Frankfurter Allgemeinen Zeitung» etwa nach der Landtagswahl 2018 gilt als Perle des politischen Humors. «Wir müssen wegkommen vom *Ego First*», fordert Söder da. Man müsse einander wieder mehr zuhören und offen sein für Argumente. Künftig wolle er auch nicht mehr so «auf Bayern allein schauen, sondern uns wieder stärker mit anderen Bundesländern abstimmen». Es wirkt ein wenig, als hätte Söder jahrzehntelang auf diese eine Pointe hingearbeitet – und sich das teuflische Image eines Egomanen bloß aufgeladen, damit das Publikum vom Stuhl fällt, wenn er eines Tages plötzlich singt wie ein Engel. Aber wer, bitteschön, nimmt ihm das ab?

Söder zog im März 2018 in die bayerische Staatskanzlei ein und setzte sich sofort als mildtätig in Szene. Stoiber sagt: «Das Familiengeld wird gerne als Leistung angenommen, ohne dass viel darüber gesprochen wird. Oder auch das Pflegegeld.» Nach der Landtagswahl im Herbst wurde Söder dann endgültig ein Ministerpräsident des Wandels – vor allem des Wandels seiner selbst. Egozentriker? Scharfmacher? Hetzer gar? Verblassende Erinnerung. Dabei hatte Söder im Frühjahr den Streit der CSU mit Merkel zunächst wesentlich befeuert. Wenn man nett sein will zu Söder, könnte man sagen: Er hat früher als Horst Seehofer erkannt, dass die brachiale Konfrontation mit der Kanzlerin bei den Leuten nicht verfängt.

Stoiber sieht die Sache etwas anders. Bei der Bewertung dieses turbulenten Jahres hält er den Faktor Taktik für überbetont. Sich wie Söder hinzustellen und das Wort Asyltourismus «wegen falscher Deutung» aus seinem Vokabular zu streichen: «Das muss man als Spitzenpolitiker erst einmal machen.» Und auch Söders Grundsatzentscheidung, «nach Chemnitz die Höcke-AfD als rechtsextremistische Partei frontal anzugreifen» – das sei doch zunächst mal einfach richtig gewesen. Stoiber bestreitet nicht, dass Söder nach dem Asylstreit eine Glaubwürdigkeitsdebatte gewinnen muss: «Er wird sie auch gewinnen. Die

Zeit des Streits zwischen CDU und CSU in dieser Frage ist erledigt, das ändert das Spielfeld.»

Söder hat die Landtagswahl im Herbst 2018 mit Glück und Geschick politisch überlebt, nun zündet er die zweite Stufe seiner ganz persönlichen Imageerneuerung. Der neue Söder ist ein Softie, der viel über Respekt, Würde und Stil redet und seine Partei moderner, weiblicher und grüner machen möchte. Söder übertreibt es immer und mit allem, selbst mit der Mäßigung.

Söder hatte vor der Wahl nur sieben Monate Zeit gehabt, sich als Ministerpräsident das Vertrauen der Wähler zu erwerben; mit seiner Hyperaktivität hatte er die eigene Profilbildung auch selbst behindert. Jetzt bekommt er also eine zweite Chance – in einer komfortablen Koalition mit bislang sehr folgsamen Freien Wählern. Er muss dabei auch die Zweifel widerlegen, die es in der Partei weiter an ihm gibt. Die Zukunft der CSU, sagt ein ranghoher Parteimann, hänge von Söders Bereitschaft ab, sich «vom Einzelspieler zum Teamplayer» zu entwickeln. Söder muss vom «Ego First» wegkommen, und nicht nur rhetorisch.

Auch Stoiber hat 1993 in einer Krise das Steuer übernommen, er folgte Ministerpräsident Max Streibl, den die Amigo-Affäre zu Fall gebracht hatte. Die CSU lag in Umfragen bei 38 Prozent, «ein Schock», sagt Stoiber, weil man ja noch 1990 «selbstverständlich auf weit über 50 Prozent» gekommen war. «Da musste man glaubwürdig Dinge ändern, die unsere Wähler nicht mehr akzeptierten.» In so einer Situation seien deutliche Signale notwendig. Man habe die Nebeneinkünfte von Ministern aus staatlichen Aufsichtsräten gestrichen, «Schluss, Aus, das verstehen die Leute nicht». Sogar die «Süddeutsche Zeitung» habe ihn damals «Saubermann» genannt, sagt Stoiber. «Das war Tun. Und Markus Söder tut auch.» Stoiber holte bei der Landtagswahl 1994 52,8 Prozent für die CSU.

Offensichtlich hat es bei ihm doch nicht allzu lang gedauert, das Etikett «Wadlbeißer» loszuwerden. «Das ging schnell», sagt Stoiber, obwohl auch er wie Söder «in einer harten Auseinandersetzung» Ministerpräsident geworden sei. «Du musst einfach hinaus ins Land zu den Menschen, musst dich kümmern.» Jede Woche habe er mehrere Landkreis-Besuche absolviert, so wie es auch Söder heute an Einsatz und Kondition nicht fehlen lasse. «In Aschaffenburg fragte mich jemand in einer Bürgersprechstunde: Herr Ministerpräsident, wie geht es denn jetzt weiter mit der Kurve? Der war sicher, dass der Ministerpräsident über den Ausbau der Kreisstraße in seinem Ort Bescheid weiß.» Also, sagt Stoiber, habe er sich dann auf jeden Termin «wahnsinnig gut vorbereitet». Und irgendwann war er halt der «Aktenfresser».

Vor Jahren hat der Reporter sich mal sehr lange von einem politischen Berater dessen Handwerk erklären lassen. Die Mitschrift dieses Gesprächs hilft heute in verblüffender Weise bei der Einschätzung, wie Söders Chancen auf einen erfolgreichen Imagewandel stehen. Der Berater ist ein Mann, der an Wunder nicht glaubt. Oder nur an die Wunder, die er selbst konzipiert hat. Er hat die einen beraten, die anderen und die ganz anderen, er redet freier, wenn er anonym redet. Was kann einer tun, wenn er im Eck ist und raus will? Redetraining? Körperschulung? Eh klar, der Berater lächelt milde, das gehöre dazu. Dann sagt er: «Gegen die Wirklichkeit kommt man nicht an. Niemand kann ein Image komplett gegen die Realität bürsten.» Einer wie Söder, heißt das wohl, wird niemals der Liebling aller Schwiegermütter. Aber das muss er auch gar nicht. Im besten Fall, sagt der Berater, nehme man «eine Anlage, die eine Persönlichkeit eh hat, und hebt sie heraus». Söder ist ein Alpha-Politiker, für manchen Geschmack war er immer viel zu sehr Alpha. Aber wenn er jetzt etwa beim Klimaschutz die Fahne in die Hand nimmt und grimmig entschlossen vorausrennt? Das könnten auch Leute gut finden, die sonst nicht so auf Alphas stehen.

Was Politikern immer bei der Veränderung helfe, sagt der Berater, sei ein Wechsel der Ebene: vom Land in den Bund, vom Parteisoldaten zum Staatsmann. Das klinge nach dem größtmöglichen Sprung, aber die Erfahrung zeige: Wenn einer erst mal ein Amt habe, werde alles leichter. «Das bietet viel mehr Möglichkeiten, ein Image zu verstärken.» Und Söder würde niemand absprechen, dass er Möglichkeiten zu nutzen weiß. Es gibt Politiker, die haben es geschafft, ein schwieriges Image abzustreifen. Angela Merkel galt als dröge, bevor sehr viele Deutsche sie als verlässlich schätzen lernten. Joschka Fischer war ein Turnschuhminister mit Straßenkämpfer-Vergangenheit, bevor er ein respektierter Außenminister wurde. Es gibt aber auch Politiker, die aus ihrer Imageecke nie wieder herausfinden.

Andrea Nahles ist nicht mehr SPD-Vorsitzende. Und wie lange wohl Annegret Kramp-Karrenbauer noch CDU-Chefin ist?

Edmund Stoiber sagt, er müsse da mal ein verbreitetes Missverständnis aufklären: Um Sympathie gehe es in der Politik nicht. Wenigstens nicht in erster Linie. «Letztlich entscheiden die Bilanz und das Vertrauen.» Es gebe immer Leute, «die einen ablehnen». Und genau die müsse man durch Leistung überzeugen. Er habe das bei sich gemerkt in den Neunzigerjahren: Die Lebensverhältnisse in Bayern hätten sich gebessert, und irgendwann hätten auch viele Zweifler zugeben müssen, dass das womöglich etwas mit dem Ministerpräsidenten zu tun habe. «Man hat ja oft geschrieben, ich sei nicht so beliebt», sagt Stoiber. «Ich wusste aber, dass mir die Leute mindestens eines abnehmen: Der zerreißt sich für das Land. Und der glaubt, was er sagt. Das ist keine Taktik. Daher hat man mir ein hohes Maß an Vertrauen gegeben.»

Vertrauen, auch für den Politikberater ist das der Schlüssel: «Die Leute müssen nur Vertrauen fassen.» Das «Kernthema» sei die Authentizität eines Politikers, die Leute hätten ein Gespür für so was: «Die erwarten doch gar nicht, dass jedes Detail perfekt ist.» Aber ist das wirklich eine gute Nachricht für Markus Söder? Wenn man Söder vorhält, dass früher etwas bei ihm so war und heute ganz anders ist, dann antwortet er eigentlich immer: «Aus Fehlern sollte jeder lernen dürfen.» Und ist da nicht was dran? Die Frage wird sein, ob Söder den Wählern seine Veränderung glaubhaft machen kann. Stoiber sagt: «Die Antwort liegt in der Wahlurne, bei der Landtagswahl 2023.»

Politik sei auch ein Geschäft der Oberflächlichkeiten, sagt der Berater, das dürfe man nicht unterschätzen. «Manchen Politikern hilft bei ihrer Veränderung allein das Älterwerden.» Und die Fähigkeit, Rückschläge wegzustecken. Beides trifft auf Söder zu. Einem Möchtegern-Landesvater hilft jedes zusätzliche Jahr. Und vielleicht auch jedes zusätzliche Pfund. Während zu Joschka Fischers Neuerfindung der Gewichtsverlust gehörte, zumindest phasenweise, beobachtet man in der CSU mit Interesse, dass Söder nicht nur politisch an Gewicht zugelegt hat. Fischer führte dem Wähler seine Fähigkeit zur Askese vor; Söder präsentiert seine Fähigkeit zum Genuss, den sein Bayernland so reichlich bereithält. Es gebe ja im Übrigen kein festgeschriebenes Profil, wie ein Landesvater auszusehen habe, sagt Stoiber, selbst eher der Asket. «Natürlich war ich ein anderer Landesvater als Alfons Goppel. Und so typisch deftig-bayerisch wie Strauß, das war ich auch nicht.» Aber das sei auch nicht notwendig, solange man als Person glaubwürdig sei.

Es gibt durchaus Indizien, dass Söder in diesem Bereich ersten Landgewinn verbuchen kann. Ein ehemaliger Spitzenpolitiker der SPD gerät so ins Schwärmen, dass man sicherheitshalber nochmal nachfragt, ob er verstanden habe, dass es um Söder geht. Landtagsabgeordnete stellen erstaunt und erfreut fest, dass Söder sie auf einmal aussprechen lässt. Ein Minister registriert, dass er vom Ministerpräsidenten bei einer Fotogelegenheit nicht wie früher weggeschickt, sondern dazugebeten wird. Oder der Teilnehmer der Ministerpräsidentenkonferenz, der sich vor Jahresfrist noch über Söders Rüpelhaftigkeit entrüstete: Berichtet jetzt, wie umgänglich der neue Söder sei, konstruktiv und auf Konsens bedacht. Stoiber sagt, auch innerhalb der CSU müsse Kooperation nun großgeschrieben werden: «Die Zusammenarbeit von Markus Söder und Manfred Weber ist entscheidend.» Das kann man vielleicht so übersetzen: Wenn Söder einen starken zweiten Mann an seiner Seite zulässt, mindert das die Gefahr einer neuerlichen Ego-Show.

Klar, der alte Söder scheint schon noch durch! Sein Kontrollwahn, sein Selbstbewusstsein mit fließendem Übergang zur Arroganz, sein Hang zur Übertreibung, seine Hemmungslosigkeit gerade in der Verkaufe. Halt, sagt Edmund Stoiber. Dieses Argument lässt er nur sehr eingeschränkt gelten: «Gute Sacharbeit allein reicht heute doch nicht mehr aus.» Ein Politiker müsse «Aufmerksamkeit für die Erfolge erzielen», und genau das tue Söder. Zumal ein Ministerpräsident den Menschen auch klarmachen müsse, was sein Projekt für Bayern sei. Er, Stoiber, habe seinerzeit das Glück gehabt, dass «Laptop und Lederhose» zum geflügelten Wort wurde. Heute seien die Dinge etwas komplizierter, aber man könne sie schon klar benennen: «Söders großes Projekt ist die Digitalisierung, die Innovationskompetenz Bayerns für morgen. Söder will den Menschen klarmachen: Ich bin der Garant, dass es in diesem wunderbaren Bayern weiter vorangeht.» Auch wenn die «unberechenbare Weltordnung» und der «beschleunigte Klimawandel» Ängste schürten.

Der Berater hat eine politische Faustregel zitiert: «Eine zweite

Chance hat jeder. Aber niemand kann sich zehnmal neu erfinden.» Söders Vertraute beteuern, genau das sei Söder klar: Er wisse, dass er das jetzt durchziehen müsse. Er sei aber auch voll und ganz überzeugt, dass das Durchziehen zum Erfolg führen werde. Durch Konsequenz über einen längeren Zeitraum schaffe er ein neues öffentliches Bild von sich. Der softe Söder, der grüne Söder. An den alten Söder erinnern dann nur noch Sozialdemokraten und störrische Journalisten, die neunmalgescheit weiterhin schreiben, Söder fehle der innere Kompass.

Im besten Fall hat Söder bis zur Landtagswahl 2023 Zeit, dass sein neues Image Wurzeln schlägt. Spannend wird sein, was passiert, wenn er vorher mal richtig geprüft wird in seiner Konsequenz. Was ist, wenn es einen neuen Herbst 2015 gibt, eine neue, akute Flüchtlingsdebatte – kann Söder, der Wolf außer Dienst, da das Lämmlein bleiben? Was tut er, wenn wesentliche Teile der Partei ihm beim Klimaschutz doch nicht folgen? Was macht er, wenn die Kommunalwahl 2020 oder die nächste Bundestagswahl seinen Kurs nicht bestärken, sondern in Frage stellen? Edmund Stoiber sagt, am Ende würden in der Politik immer das «Machen und Tun» entscheiden. «Und Söder macht und tut ja.»

2. Von Bienenrettern und Baumpflanzern: Die Ergrünung der CSU

Man tritt den Mitgliedern des Arbeitskreises Umwelt der Christlich-Sozialen Union gewiss nicht zu nahe, wenn man feststellt, dass in ihrem ehrenwerten Gremium bislang wenig geschah, was den Lauf der Geschichte, und sei es der bayerischen, wesentlich verändert hätte. Im Januar 2019 aber erlebte der «AK Umwelt» eine Sitzung, in der man rückblickend so etwas wie eine parteihistorische Zäsur erkennen könnte, einen Moment des Aufbruchs. Januar 2019, das war eine Zeit, in der man die Vorstellung noch für völlig absurd gehalten hätte, dass Markus Söder sich mit Bienen und anderen Insekten eng befreunden und Bäume umarmen würde, als wären sie Familie.

Söder, der Parteivorsitzende und bayerische Ministerpräsident, war zugegen bei jener Sitzung in der CSU-Zentrale. Dem Vernehmen nach wirkte er gut unterhalten – von den Dingen, die er auf seinem Handy erledigte, während die Umweltpolitiker seiner Partei über Klimaschutz sprachen und über das nahende Volksbegehren «Rettet die Bienen», das einen besseren Artenschutz forderte. Die CSU hatte damals noch keinen Schimmer, wie sie mit dieser Bienenkiste umgehen sollte. Dann ergriff der Ehrenvorsitzende des AK Umwelt das Wort. «Markus», hob Josef Göppel in seinem weichen Fränkisch an. «Über eines musst du dir im Klaren sein.» Söder, so bezeugen es Teilnehmer, legte das Handy beiseite.

Göppel, 69, Förster und bis vor zwei Jahren Bundestagsabgeordneter, war schon ein grüner Schwarzer, als diese Gattung noch als Fabelwesen galt. 1970 hat er am selben Tag zwei Mitgliedsanträge unterschrieben: einen bei der CSU und einen beim Bund Naturschutz. 1980 brachte er zur Landesversammlung der Jungen Union eine kranke, nadelnde, fast gelbe Fichte aus dem Göppel'schen Familienforst mit, er wollte vor dem Waldsterben warnen. Das Automobil nannte er mal eine «vorübergehende Erscheinung». Einen «Querdenker» riefen ihn manche in der CSU, einen «Spinner» die meisten.

Göppel wandte sich also direkt an Söder, er sprach ihn an, wie man in Söders Position selten bis nie angesprochen wird: «Wenn du eine glaubwürdige Figur werden willst, musst du Dinge, die im Zug der Zeit liegen, auch gegen den Widerstand der Partei durchsetzen.» So wie Franz Josef Strauß 1968 das Ende der Bekenntnisschule. Strauß ahnte, dass sich die gesellschaftliche Moderne mit oder ohne Hilfe seiner Partei den Weg bahnen würde. Söder hat Göppels Vergleich gern übernommen.

Josef Göppel, der einsame Öko, hat in einem halben Jahrhundert unzählige Kämpfe verloren in der CSU. Wenn er im August 2019, ein gutes halbes Jahr nach seiner Wortmeldung im AK Umwelt, seine Partei anschaut und ihren Vorsitzenden Söder: Hat er am Ende nicht doch gewonnen?

Markus Söder ist ein Mann mit ausgeprägtem politischen Überlebensinstinkt, und was es heißt, wenn er sich in ein Thema verbeißt, kann die Republik nun besichtigen. Das Volksbegehren zum Wohl der Biene nahm er nicht einfach an, er machte ein «Volksbegehren plus» daraus. Fast täglich traktiert er das Land mit Vorschlägen zum

Klimaschutz, den er selbstverständlich im Grundgesetz festschreiben will. Kohleausstieg? Acht Jahre früher! Windkraft, Sonnenkraft, mehr, mehr, mehr. Millionen neue Bäume für Bayerns Wälder, der Freistaat soll das erste klimaneutrale Land werden. Als Söder seine Minister zum «Klimakabinett» einberief, scheuchte er sie in den Hofgarten hinter der Staatskanzlei. Der Umzug ins Freie schonte zwar nicht die Ressourcen, lieferte aber herrliche Symbolbilder unter dichtem Laub. Eines zeigt Söder, wie er seine Hände beinahe zärtlich um einen Baumstamm legt.

Im September 2019 besucht er den schwindenden Zugspitzgletscher, kurz darauf trommelt er den CSU-Vorstand zur Klausur zusammen, in der das nächste Klimakonzept erblüht: «Klima schützen, Konjunktur stützen». Nicht alle in der Union teilen Söders Leidenschaft, im Besonderen nicht die CDU-Wahlkämpfer im Osten, die sich im Herbst bei Landtagswahlen in Sachsen, Brandenburg und Thüringen der wenig klimasensiblen AfD erwehren müssen. Bei einer gemeinsamen Sitzung sagt Söder ihnen: Halb schwanger, das gehe nicht. «Wenn wir den Klimaschutz nicht mit Entschlossenheit, Energie und Klugheit anpacken, dann haben wir versagt.» Wer ist dieser Mann? Wer schreibt ihm diese Texte? Oder mal andersrum: Was ist wirklich grün an der CSU? Was ist wirklich grün an Markus Söder?

Man fragt nach bei einem, der die CSU kennt wie kaum ein anderer, der sich aber wie überhaupt gar kein anderer von der Parteidoktrin ungebunden fühlt. Peter Gauweilers Kanzlei in der Münchner Innenstadt steht einem Ministerbüro an Herrschaftlichkeit in nichts nach; ein normaler Minister hat nur nicht so viele Bücher im Regal wie Gauweiler offen auf dem Schreibtisch. Der Gastgeber, 70, setzt sich in einen sehr großen Sessel und fordert erst mal Contenance. Die grüne CSU, das sei doch nicht neu: «Der händische Umweltschutz hat eine lange Tradition in der CSU: Boden, Luft, Wasser. Das war nie Taktik, das gehört zum Kernbestand.» Man habe sich schon immer um Landwirte, Jäger und Fischer gekümmert: «Das war auch Umweltschutz, erst die Neo-Ökos haben da dann einen Gegensatz konstruiert.»

Umweltschutz, das ist nach Gauweilers Definition eigentlich Teil des Innenressorts: das schöne Bayern sauber halten, Law and Order.

«Nach 1968 war das dann für viele aber negativ besetzt.» Keineswegs zufällig, sagt Peter Gauweiler, habe Bayern 1970 das erste Umweltministerium in Deutschland gehabt, den ersten Nationalpark und das erste Naturschutzgesetz in Europa, für das allerdings die SPD die erste Vorlage geliefert hatte. Das sei alles einer klaren Logik gefolgt: Max Streibl, der erste Umweltminister, sei aus einer Hoteliersfamilie in Oberammergau gekommen. Gauweiler sagt: «Wenn man Fremdenverkehr betreiben will, muss das schöne Bayern natürlich schön bleiben.»

Tatsächlich stand die frühe Umweltpolitik der CSU immer auch im Kontext der strukturellen Unterstützung für den ländlichen Raum. Streibl war nicht umsonst Minister «für Landesentwicklung und Umweltfragen», seine Hauptaufgabe war es, die drei Pfeiler der sogenannten Raumordnung in der Balance zu halten: Wirtschaft, Soziales und Umwelt. Die Mehrheitsmeinung in der CSU blieb über viele Jahrzehnte, dass der Einsatz für die Umwelt niemals den Erfolg der Wirtschaft behindern dürfe. Den Erfolg der Landwirtschaft schloss das ausdrücklich mit ein. Wer alte Grundsatzprogramme durchsieht, erkennt: Umweltschutz wurde auf Grundlage von Freiwilligkeit betrieben, allenfalls unterstützt durch marktwirtschaftliche Anreize. Die Interessen der Naturschutzverbände und der CSU gingen folgerichtig im Lauf der Siebzigerjahre dort auseinander, wo es um aktive Eingriffe in die Landschaft ging: mehr Straßen, mehr Kanäle, mehr Fabriken.

Also, Herr Gauweiler: Wenn es hart auf hart kam, hat sich die CSU da nicht sehr verlässlich gegen die Natur entschieden und für die Wirtschaft? Der Anspruch, sagt Gauweiler, sei es immer gewesen, Ökonomie und Ökologie zusammenzubringen. Umweltschutz als Ingenieursaufgabe, die Wiederaufarbeitungsanlage in Wackersdorf zum Beispiel: «Für die Gegner war das der größtmögliche Angriff auf die Schöpfung. Für uns ein Beitrag zur Bewahrung der Schöpfung.» Man habe das pragmatisch gesehen: «Es ist die Aufgabe von Ingenieuren und Technikern, die Umsetzung möglichst verträglich und human zu gestalten.» Saubere Atomkraft, sauberes Bayern. Aber gut: «Diese Überzeugung ist zerfallen. Aus Vernunft ist Unsinn geworden.»

Ein Ausflug nach Herrieden bei Ansbach. Josef Göppels Haus steht genau dort, wo die Stadt aufhört und der Wald beginnt. Göppel hätte gern unter seinem prallen Apfelbaum empfangen, doch es regnet wie aus Kübeln. «Das Bewusstsein für Ökologie kommt bei der CSU in Wellen», sagt Göppel in seinem Arbeitszimmer. «Und immer geht es auch wieder vorbei.» Für ihn persönlich sei das «C» im Namen seiner Partei die große Triebfeder, und auch bei anderen sei der Gedanke der Schöpfungsbewahrung schon präsent. «Die politischen Konsequenzen daraus ziehen aber eben nicht alle. Schnell stehen wieder kurzfristige wirtschaftliche Chancen im Vordergrund.»

Göppel hat die Zeitläufte für sich geordnet, genau sechs Öko-Wellen habe es in der CSU gegeben. Er ist ein guter Erzähler, in seinem Arbeitszimmer lässt er die Wellen sich aufbauen und brechen. Die erste Welle: Die Vereinten Nationen und der Europarat bringen Ende der Sechzigerjahre das Thema Umweltschutz auf den Tisch, in Bayern macht man sich den Gedanken zu eigen und gründet 1970 das erste Umweltministerium. Minister Streibl spricht beseelt über den Schutz der Alpen. «Nach der Gründung entstand ein richtiger Stolz in der CSU, dass wir vorangehen beim Naturschutz», sagt Göppel. «Aber schon bei der ersten Konjunkturdelle war meiner Partei die Wirtschaft wieder wichtiger.» Die zweite Welle: Anfang der Achtzigerjahre, losgetreten vom Waldsterben, der Angst vor dem sauren Regen. In den Kreistagen werden auch auf Initiative der CSU Umweltausschüsse eingerichtet, Alois Glück greift im AK Umwelt erstmals das Thema Klimaveränderung auf. «Aber auch das hat keine bleibende Wirkung gehabt.»

Die dritte Welle: 1992 treffen sich beim Gipfel von Rio Vertreter aus 178 Staaten, um über umweltpolitische Entwicklungen im 21. Jahrhundert zu sprechen. Ein Aufbruchsgefühl sickert durch bis nach Bayern, in den Kreistagen werden Agenda-21-Arbeitsgruppen eingerichtet. In der CSU gibt es auf einmal Leute, die sich als «Umweltpolitiker» definieren. Doch schon wenig später, sagt Göppel, setzt jemand einen ganz anderen Ton: Edmund Stoiber redet nur noch von «Märkten und Deregulierung». Die vierte Welle, ein Wellchen nur: 2005 wird Angela Merkel Kanzlerin, der Sozialdemokrat Sigmar Gabriel Bundesumweltminister. Die beiden machen ein bisschen was los beim Thema Klima, aber eben nur ein bisschen was. Die fünfte Welle: 2011, die Nuklearkatastrophe von Fukushima, die große Wende in der deutschen Atompolitik, die CSU vorneweg. «Damals hat Horst Seehofer instinktiv kapiert, dass es jetzt ernst wird», sagt Göppel. Aber schon 2013 beschloss derselbe Seehofer, dass es besser wäre, Windräder nur dort hinzustellen, wo sie auch wirklich niemand sieht. Und Stromtrassen einfach durch andere Bundesländer zu führen, deren Verschandelung aus Münchner Sicht leichter erträglich wäre.

Josef Göppel ist oft gefragt worden, ob die CSU denn wirklich die richtige Partei für ihn sei. «Die Göppels sind eine alte fränkische Kleinbauernfamilie, die seit 400 Jahren den gleichen Hof bewirtschaftet», sagt Göppel. «Ich glaube an Beständigkeit an dem Platz, an dem man steht.» Beinahe dreißig Mal hat er als Bundestagsabgeordneter gegen die eigene Landesgruppe gestimmt: «Ich habe mir immer die Freiheit genommen, meinem Gewissen zu folgen.» CSU gegen ein Tempolimit, Göppel dafür. CSU für Glyphosat, Göppel dagegen. So einer macht keine große Karriere in der Partei. Seinen Wahlkreis indes hat Göppel viermal direkt gewonnen, jeweils mit besserem Ergebnis als die CSU bei den Zweitstimmen.

Peter Gauweiler war von 1990 bis 1994 bayerischer Umweltminister, genau wie später Markus Söder. Er beansprucht für sich, aufgegangen zu sein in diesem Amt, «jede Woche ein neues Naturschutzgebiet», strenge Verbote bei Verpackungen. Er habe den Ringkanal um den Chiemsee vollendet, der das Bayerische Meer seitdem vor dem Umkippen bewahre. Zur Inbetriebnahme lud er Richard von Weizsäcker ein, der Bundespräsident reiste an und sagte: «Das dürfte die erste Kläranlage der Welt sein, zu deren Einweihung das Staatsoberhaupt kommt.» Gauweiler ist Anwalt, sein Mandant in diesen Jahren war eben die Natur.

Und Söder heute? Legt der nicht den Bohrer an den konservativen Kern der CSU? I wo, sagt Gauweiler. Der Mann mache halt das Nötige, auf Veränderungen in der Gesellschaft müsse man reagieren: «Niemand ist klassischer CSU als ich. Aber ich verstehe, warum er das jetzt alles tut.» Und überhaupt, der grüne Söder, so neu sei der auch nicht: «Söder ist Pragmatiker und Tatmensch», immer gewesen. «Es heißt ja oft, die Politiker würden nur reden. Söder macht etwas, und er hat die Kraft dazu.»

Was ist grün an Söder? Wenn man in seine Karriere blickt: wahrscheinlich mehr, als die meisten erwarten würden. Söder 1994, frisch

Mein Freund, der Baum: Im Jahr 2019 entdeckt der bayerische Ministerpräsident und CSU-Vorsitzende Markus Söder sein ökologisches Bewusstsein. Hier setzt Söder sich im Hofgarten hinter seiner Münchner Staatskanzlei in Szene.

im Landtag: Er freue sich, dass die Grünen auch da seien, er sehe «einige Gemeinsamkeiten». CSU-Kollegen fragen sich, welche Gemeinsamkeiten das bitte sein sollen. Ein Jahr später fordert Söder, nun Landeschef der Jungen Union, die CSU müsse grüner werden, Umwelt sei das «absolute Zukunftsthema». CSU-Generalsekretär Bernd Protzner rüffelt «kurzfristige Effekthascherei». Söder sucht bei seinem Aufstieg immer wieder den Konflikt mit Parteioberen, er weiß: Im Konflikt gewinnt man Profil. In der CSU ist man irritiert: Dieses Umweltding, ist das bei ihm mehr als Mittel zum Zweck?

2003 wird Söder Generalsekretär, als solcher sagt er viel unmögliches Zeug, er sagt aber auch: Die CSU sei die eigentliche Umweltschutz-Partei, weil sie die «Schöpfung bewahren» wolle. Bio und Öko gehörten schon lange nicht mehr grünen Latzhosenträgern, «das bewegt die Mitte der Gesellschaft». Konkret spricht er sich gegen den Anbau gentechnisch veränderter Pflanzen aus, ein Abweichen von der CSU-Linie. Als er 2008 Europaminister wird, fordert Söder in Brüssel, dass die Regionen in der EU über den Anbau gentechnisch veränderter Pflanzen selbst entscheiden können. Das, was er da mit anstößt, setzt sich einige Jahre später wirklich durch.

Schon richtig, sagt Theresa Schopper, Söder habe «immer wieder grüne Farbtupfer» gesetzt. Schopper war bayerische Grünen-Chefin und Landtagsabgeordnete, sie hat sich mit dem jungen Söder oft gefetzt. Heute dient sie in Stuttgart Söders neuem besten Freund, dem baden-württembergischen Ministerpräsidenten Winfried Kretschmann, als Staatsministerin. Gerade macht sie Heimaturlaub, sie sitzt im Münchner Stadtcafé. Polstermöbel, rotes Leder, an der Wand Kunst, die sich nicht auf den ersten Blick erklärt. Das Stadtcafé gilt als Intellektuellenschuppen, na ja. Zumindest ist es ein Ort, an dem sich Grüne und Rote eher verabreden als Schwarze. Frau Schopper, war Söder nun grün damals oder nur grün angemalt? Schopper sagt: «Man hatte oft den Eindruck, es geht ihm vor allem darum, sich von anderen in der CSU abzusetzen.»

Die CSU als Ganze hat Schopper in Umweltfragen genau so kennengelernt, wie Gauweiler sie beschreibt: «Die CSU war lange von einer unbedingten Technikgläubigkeit geprägt. Alles, was machbar ist, ist gut.» Ein Beispiel: das Müllproblem, das 1990 sogar in ein zunächst erfolgreiches Volksbegehren mündete. 12,8 Prozent der Wahlberechtigten sprachen sich für «Das bessere Müllkonzept» aus, das dezentrale Entsorgung, strikte Mülltrennung und weitgehenden Verzicht auf Müllverbrennung vorgesehen hätte. Beim Volksentscheid kratzten die Organisatoren, ein breites Bündnis von Umweltschützern und Wissenschaftlern, mit 43,5 Prozent immerhin an einer Mehrheit. «Die CSU wollte das Müllproblem immer nur über Technik lösen», sagt Schopper. Durch immer größere Verbrennungsanlagen, immer stärkere Filter. «An der Wurzel gepackt hat sie die Sache nie.» So sei die Ökologie in der CSU «ein Thema für Außenseiter» geblieben, für Leute wie Josef Göppel.

Aber Söder, ein Außenseiter? 2008 steigt er zum Umweltminister auf. Dass er tief im Herzen tatsächlich der Ökoengel ist, als der er nun herumschwirrt, nimmt man ihm selbst in der CSU nicht ab. Es setzt sich eine andere Lesart durch: Das Ressort sei ideal für ihn, um sein Rowdy-Image zu konterkarieren. Als Umweltpolitiker haben sich in der CSU schon einige profiliert, von Streibl über Glück bis Gauweiler. Neuminister Söder fährt erst mal auf die Zugspitze und hält eine

Ruckrede zum Schutz der Berge: «Die Alpen sind der Regenwald Europas.»

Bayerische Naturschützer wie Ludwig Sothmann, Ehrenname «Vogelmann», erzählen heute, wie baff sie damals waren, als der neue Minister sie stundenlang am Telefon löcherte. Viele lernen Söder als «wissbegierig» und «verbindlich» kennen. Die Beamten des Ministeriums hadern dagegen mit seiner Fixierung auf die «Pressetauglichkeit» jeder Maßnahme. Wenn Söder zum Weltklimagipfel nach Cancún fliege, dann bewege ihn erst mal nicht das Weltklima, sondern die Frage, wo er einen Sombrero für ein cooles Mexiko-Foto herkriege. Erfreut sind die Beamten, als er sie mit der Planung einer Inforeise zur Energiewende nach Schweden beauftragt – bis er sie mit einem Zusatzwunsch erstaunt: Er würde gern die Kronprinzessin Victoria treffen. Als das nicht klappt, heißt es, sagt Söder die ganze Reise ab.

Legendär auch Söders Exkursion an den Gardasee, wo er mit Ministerhand arme bayerische Zugvögel aus den Netzen italienischer Wilderer zu retten gedenkt. Als Söder einen Käfig in die Höhe stemmt und ein süßes Vögelein in die Freiheit schwebt, ist praktischerweise ein «Bild»-Fotograf vor Ort. Einen Erlenzeisig habe Söder da vor dem Kochtopf bewahrt, erfährt der Leser. Vogelkundler identifizieren das Tier dann allerdings als ordinären italienischen Grünfink. Man würde an dieser Stelle gern Söders Version der Geschichte wiedergeben, was aber praktisch unmöglich ist, weil seine Darstellungen einer laufenden Evolution unterworfen sind. Der unverhohlene PR-Schwerpunkt ist jedenfalls Gift für Söders Glaubwürdigkeit.

Und dann ist da die schöne blaue Donau. Wieder einmal sucht Söder den Konflikt mit der Partei. Seit Jahrzehnten kämpfen Umweltschützer gegen den betonlastigen Ausbau des Flusses für Frachtschiffe. Die CSU will die Sache durchziehen. Bis Söder plötzlich vom «Leben im Einklang mit dem Fluss» schwärmt. Ausbau-Befürworter ereifern sich über «blanken Opportunismus dem vermeintlichen Wählerwillen gegenüber». Söders Vorstoß wird beim Parteitag 2009 abgeschmettert. Von mehr als 1000 Delegierten erhält er zwölf Stimmen. Der Ministerpräsident Söder erzählt das heute gern als Heldenepos vom einsamen Streiter für das Recht eines Flusses, zu fließen – was nicht ganz falsch ist, aber auch nicht ganz richtig. Große Bedeutung maß der Abstimmung damals niemand zu, nicht mal die

Hälfte der Delegierten war im Saal. Dennoch kann Söder für sich reklamieren, das spätere Umdenken seiner Partei eingeleitet zu haben.

Am 12. März 2011, einem Samstag, sitzt Söder daheim in Nürnberg vor dem Fernseher. Er sieht die Bilder von der Katastrophe im Kernkraftwerk Fukushima, weißer Rauch überall. «Ich dachte mir gleich: Wir leben in einer neuen Zeit», sagt Söder heute. Keine zwei Jahre zuvor hatte er noch eine Laufzeitverlängerung der deutschen Meiler verlangt. Nun sagt er: «Japan ändert alles», das Vertrauen in die Kernkraft sei erschüttert. Nicht jeder in der CSU kann ein halbes Jahrhundert Atomgläubigkeit so leicht abschütteln. Söder und Seehofer schon. Am 17. März geht hochsymbolisch das Kernkraftwerk Isar 1 vom Netz. Ob bei der Atomkraft, dem Donauausbau, der Gentechnik: Immer hat Söder auf Stimmungen reagiert, er ist vor seiner Partei dem Strom der öffentlichen Meinung gefolgt. Hätte es zwingende Sachgründe nicht schon lange vorher gegeben?

Söder antwortet auf diese Frage immer recht poetisch: Gewiss wolle man doch niemandem verbieten, klüger zu werden? Theresa Schopper sagt, so sei das halt in der CSU: «Da zählen am Ende immer die Wählerstimmen, das ist eine einfache Rechnung.» Auch jetzt beim Artenschutz: «Bei den Unterzeichnern des Volksbegehrens sind mehr Stimmen zu holen als bei den Bauern, die dagegen sind.» 1,7 Millionen Menschen haben für die Rettung der Bienen unterschrieben, mit einer Beteiligung von 18,4 Prozent war es das bislang erfolgreichste Volksbegehren in Bayern. Söder erkannte, dass es den Leuten da nicht nur um ein paar Insekten ging. Etwa zeitgleich erreichte auch die Friday-for-Futures-Bewegung den Freistaat, Zehntausende Schüler gingen auf die Straße. Die Gesellschaft, sagt Schopper, sei in Bayern schon oft weiter gewesen als die CSU, etwa auch bei den erneuerbaren Energien: «Die CSU hat sich noch gesträubt, da hatten die Bauernhäuser längst Fotovoltaik auf dem Dach.»

Die 1,7 Millionen Unterschriften, die Schülerdemos – all das war ein Auftrag an die Politik, die Themen Umwelt und Klima endlich entschlossen anzupacken. Söder nahm den Auftrag an, seitdem redet er gern über die «Jahrhundertaufgabe» Klimaschutz. Seine Regierung akzeptierte die Forderungen des Volksbegehrens eins zu eins – und sattelte noch einige Artenschutz-Maßnahmen obendrauf. Söder traf sich auch mit Vertretern des Fridays-for-Future-Protests, es war ein diskreter Termin in der Staatskanzlei. Und das, obwohl Söder die Mühe des Sprechens doch sonst oft nur auf sich nimmt, wenn mindestens eine Kamera läuft. Hinterher wirkte er ehrlich beeindruckt vom Engagement der Jugendlichen, aber auch ein wenig erschrocken von ihrer Radikalität.

Söder tut jetzt so, als wäre die Umwelt ein Lebensthema für ihn. In seiner Zeit als Umweltminister hätte man das schon mal fast glauben können. Doch dann war er mit dem Lebensthema in drei Jahren durch. In seinem Haus am Ende der Straße in Herrieden sagt Josef Göppel: «Die Aufgabe, die der Markus gerade zu erfüllen hat, die erfüllt er. Egal, was es ist.» Und manchmal hat ein Politiker ja sogar mehr als eine Aufgabe – Söder etwa ist in seiner Zeit als Umweltminister auch CSU-Bezirkschef in Nürnberg. In München wirbelt er als Öko-Markus Staub auf, daheim gibt er dagegen den Business-Söder. Er will den Nürnberger Flughafen mit einem Tunnel an die Autobahn anbinden, wofür mehr als zwanzig Hektar Bannwald abgeholzt werden müssten. Als SPD und Grüne gegen die Fällung dieser 30 000 Bäume protestieren, beschimpft Söder sie als «Ideologen». Für ihn, argumentiert er, gehe hier die wirtschaftliche Entwicklung der Stadt vor.

2011 wird Söder Finanzminister, später kommt das Portfolio Heimat dazu. Der Mann, der gerade noch den Regenwald Europas retten wollte, will jetzt für das Skigebiet am Riedberger Horn den seit Jahrzehnten gültigen Alpenschutzplan aufweichen. Und er lässt zu, dass Gewerbegebiete auch in der freien Natur gebaut werden können. Es ist eine Phase, in der Söder im Ringen um die Seehofer-Nachfolge keinen Parteifreund verprellen möchte. Ein besonders wichtiger Freund ist Landtagsfraktionschef Thomas Kreuzer, Allgäuer und ein Mann der Wirtschaft. Söder braucht seine Gunst, also will er dessen Lieblingsprojekt am Riedberger Horn durchdrücken. Göppel sagt: «Als Umweltminister hat der Markus gute Dinge getan. Als Finanzminister hatte er dann eine ganz andere Rolle, da war die Umwelt schnell vergessen. Da ging es für ihn auch darum, eine Mehrheit als Ministerpräsident zu finden.»

Nach den dramatischen Verlusten bei der Landtagswahl 2018 kassiert Söder beide Entscheidungen wieder ein. Der Alpenplan gilt wie eh und je, den Flächenfraß versucht er nun immerhin zu bremsen. Theresa Schopper will bei all dem gar nicht zu streng sein: «Ich finde das gut, egal, wie es motiviert ist, es bringt uns ja in der Sache voran.» Man müsse dem Bienenfreund Söder aber schon auch künftig auf die Finger schauen, «eben weil er das Ökologische nicht verinnerlicht hat». Söder-Kritiker verweisen etwa gern auf den Plan von CSU und Freien Wählern, zehn Prozent der staatlichen Waldflächen aus der forstwirtschaftlichen Nutzung zu nehmen. Das klinge hervorragend, sagen die Kritiker – aber nur, wenn man nicht wisse, dass die zehn Prozent schon längst erreicht seien.

Was heißt das nun alles? Frage an Josef Göppel: Wenn Sie sich Söder und Ihre CSU anschauen, haben Sie nicht doch gewonnen? Göppel wirkt nicht wie ein euphorischer Sieger. Das, was Söder da gerade mache, sagt er, «ist die sechste Öko-Welle, die ich in der CSU erlebe». Er will nicht falsch verstanden werden: «Ich denke nicht darüber nach, dass das strategisch ist. Ich bin froh, dass es passiert.» Aber es gebe da auch jetzt noch keine kollektive Einsicht in der Partei, Söder habe sie halt einfach mitgerissen, genau wie Göppel ihm das selbst empfohlen hatte bei jener Sitzung des AK Umwelt. So sei das eigentlich immer in der CSU: «Echte Veränderung kam nie von unten. Einer rennt voraus, die anderen folgen.»

Aber folgt die CSU ihrem Chef Söder wirklich? Im Bauministerium ist man ganz beflissen: 15 Robinien in Landshut «erfolgreich umgepflanzt», das ist schon eine Pressemitteilung wert. Zumal auch bei Landau «eine Kopfweide eine neue Heimat» fand. Doch es gibt auch Widerstand, geballt ausgerechnet in der Landtagsfraktion, die Söder zum Ministerpräsidenten machte. Abgeordnete murren, warum man die Grünen kopieren müsse. Waren nicht stets Wirtschaft und Wohlstand die Pfeiler der CSU-Hegemonie? Und weshalb lasse man die Landwirte im Stich, die früher fast mit der Partei verwachsen waren? Viele in der CSU sind überrumpelt von Söders Tatendrang und Tempo.

Manche hätten wohl den Schuss nicht gehört, sagen Söders Anhänger. Die Wahlen hätten gezeigt: «Alte Antworten funktionieren nicht mehr.» Viele Christsoziale haben Söders Wandlungsfähigkeit immer bewundert, offen oder insgeheim. Aber jetzt, wo er ihr Vorsitzender ist, sollen sie sich plötzlich mitwandeln. Überfordert Söder die

CSU? Peter Gauweiler stellt in seiner Kanzlei ein paar Gegenfragen: «Hat Strauß die CSU mit dem Milliardenkredit überfordert? Hat Ludwig II. Bayern mit seinen Prachtbauten überfordert?» Sicher, antwortet er sich selbst, «aber Leistung bedeutet immer auch Überforderung. Einer muss vorangehen, anders klappt es nicht.» Auch über Strauß, das vergesse man heute oft, hätten sich viele in der Partei ständig aufgeregt. «Dieses Echauffement gehört dazu.»

Es ist jedenfalls ein schmaler Grat, den Söder da fröhlich pfeifend entlangwandert: hier das Klima retten, dort die Wirtschaft stärken. «Ökosoziale Marktwirtschaft», in dem Begriff sollen sich alle wiederfinden. «Klima und Konjunktur, das ist für uns ein Paket», sagt Söder. Und trotzdem: Den Fridays-for-Future-Aktivisten geht alles zu langsam, vielen Parteifreunden geht alles zu schnell. Kreuzer, der knorrige Fraktionschef, grummelt hin und wieder, «dass wir durch falsche Klima-Aktivitäten den Wirtschaftsstandort gefährden». Aber er trägt alle Beschlüsse mit – der Anführer Söder darf nicht beschädigt werden. Der Berliner Landesgruppenchef Alexander Dobrindt, als Grünen-Gegner bekannt, kann es beim Ausstoß von Klimaschutzideen gerade durchaus mit Söder aufnehmen. Dobrindt treibt Söder bei der Ökologie: So was hätte sich noch vor einem Jahr kein Kabarettist ausdenken können.

Im Moment gelingt Söders Gratwanderung, seine Umfragewerte steigen, der ARD-Deutschlandtrend führt ihn im August 2019 als fünftbeliebtesten deutschen Politiker – vor Robert Habeck. Es ist gut ein Jahr her, da war Söder im Asylstreit noch der Schurke der Nation. Heute ist er ein Hoffnungsträger der Union, der auf dem CDU-Parteitag gefeiert und in Artikeln, die offenkundig keine Glossen sind, als Kanzlerkandidat gehandelt wird.

Kommt Söder also durch mit seiner spektakulären Ergrünung? Theresa Schopper sagt: «Das ist schon möglich. Aber er hat halt auch diese Heiratsschwindler-Ausstrahlung, ihn begleitet immer die Frage: Kann ich ihm vertrauen?» Josef Göppel glaubt, dass diese Frage bald einer Antwort zugeführt wird – und zwar beim Thema Flächenfraß. Göppel sagt: «Es wäre gute konservative Regierungspolitik, zu verhindern, dass riesige Logistikhallen aggressiv das Bild Bayerns verändern. Da geht es um den Charakter unseres Landes.» Göppel erwartet ein neues Volksbegehren, «dann muss Markus

Söder Farbe bekennen». Aktuell gilt das Fünf-Hektar-Ziel, mehr Fläche soll in Bayern pro Tag nicht mehr versiegelt werden. «Ein Täuschungsmanöver der Staatsregierung», sagt Göppel, jede einzelne Gemeinde brauche verbindliche Grenzen. «Beim Landverbrauch entscheidet sich Söders Glaubwürdigkeit.»

Sommerregen fällt auf Herrieden, und Göppel denkt zurück an all die Öko-Wellen, die er erlebt hat in der CSU. Und wie er im ersten Moment oft derart beglückt gewesen sei, dass er dachte: «Jetzt geht es los, und dann geht es immer so weiter.» Doch jedes Mal war es bald wieder vorbei. Der Kopf sagt ihm heute: «Auch diese Welle wird wieder abflauen.» Tief im Bauch aber spürt Josef Göppel einen Rest an Hoffnung. Dass es jetzt losgeht und dann immer so weiter.

3. In der Wohlfühlkoalition: Hubert Aiwanger und die Freien Wähler

Wenn jemand ankommt am Ziel seiner Träume, auf dem Gipfel eines politischen Lebens, brechen alle Dämme, und die Gefühle müssen raus. Hubert Aiwanger steht Ende Oktober 2018 im Gasthof «Zum gemütlichen Treff» in Mallersdorf vor seinen Leuten. Eine Autoviertelstunde von hier ist er daheim, auf einem Bauernhof im Weiler Rahstorf, in dem es keine Straßennamen gibt und nur am Fischweiher Handyempfang. Er ist gerade aus München gekommen, wo er mit der CSU über eine Koalition verhandelt. 11,6 Prozent haben seine Freien Wähler bei der Landtagswahl vor knapp zwei Wochen geholt. Da ist kein Zweifel mehr an diesem kalten Abend in der warmen Stube des gemütlichen Treffs: Hubert Aiwanger, 47, Agraringenieur und Ferkelzüchter, wird Wirtschaftsminister und stellvertretender Ministerpräsident des Freistaats Bayern. Aiwanger sagt: «Es ist, wie es ist, und vielleicht ist es gut, wie es ist.»

Den Niederbayern wird nachgesagt, dass sie nicht zur Emotion und schon gar nicht zur Euphorie neigen. Aiwanger ist in diesem wie auch in vielen anderen Punkten ein mustergültiger Sohn seiner Heimat. Wenn die Menschen von auswärts an Bayern denken, dann eher an Oberbayern, an Geranienkästen vor Postkartenhäusern. In Niederbayern erschließt sich die Sinnhaftigkeit von Geranienkästen nicht jedem; von Aiwanger ist der Satz überliefert: «Alles, was Schmuck ist oder der Unterhaltung dient, ist überflüssig.» Die Niederbayern sind oft Pragmatiker, was sich bei Aiwanger auch darin äußert, dass er behauptet, nur zu essen, um satt zu werden. Alles Lustvolle ist ihm suspekt. Die Lust aufs Regieren kann er aber nicht ganz verbergen.

Saal 2 im Bayerischen Landtag, Koalitionsverhandlungen zwischen den Freien Wählern und der CSU. Markus Söder und Hubert Aiwanger, die Chefs ihrer Delegationen, treten vor die Presse. In der Rückschau weiß man, dass die Szene ein ganz guter Vorgeschmack war auf die spätere Regierungsarbeit dieses Duos. Neben dem großen Banner der CSU steht das kleine der Freien Wähler, davor zwei Mikros: ein hohes für den Ministerpräsidenten Söder, ein niedriges für Aiwanger. Der trägt seinen besten dunklen Anzug auf, dazu eine bordeauxrote Krawatte, die zu seinen leuchtenden Backen passt. Aiwanger weiß nicht, wohin mit seinen Händen: falten oder hängen lassen? Söder, 1,94 Meter, nimmt zufrieden zur Kenntnis, dass Aiwanger wie ein Chorknabe zu ihm aufschauen muss.

Aiwanger ist lange belächelt worden von der CSU, die so stolz ist auf ihre Nähe zu den Menschen – und dann gefürchtet. Denn er war immer ein Stück näher dran. Aiwanger ist Jäger, auch politisch: Wenn sich irgendwo ein kapitaler Hirsch auf die Lichtung wagt, hat Aiwanger schon abgedrückt, da starren die anderen noch suchend ins Unterholz. Dass die Menschen die Abschaffung der Studiengebühren wollten und die Rückkehr zum neunjährigen Gymnasium: hat Aiwanger als Erster gespürt. Beide Male startete er ein Volksbegehren und sammelte Hunderttausende Unterschriften. Die CSU konnte nur noch aufspringen auf den Aiwanger-Express. Man müsse «Gras wachsen hören», sagt Aiwanger.

Vor einer Weile registrierte er beim aufmerksamen Lauschen ein seltsames Wortungetüm, das den Volkszorn erregte: Straßenausbaubeitragssatzung. Abkürzung: Strabs. Mit der Strabs sollten Hausbesitzer bei der Erneuerung von Straßen zur Kasse gebeten werden – mit Aiwanger nicht zu machen. «Straßenausbaubeitragssatzung», das wurde sein absolutes Lieblingswort. Selbst wenn man Aiwanger danach fragte, wie es im Urlaub war oder was er zu Abend gegessen hatte, konnte man sich darauf verlassen, dass er in der Antwort den Begriff «Straßenausbaubeitragssatzung» unterbrachte. Wieder mal amüsierten sich alle über den «Strabs-Hubsi». Am Ende aber erfüllte die CSU seine Forderung.

Was immer Söder bei der Pressekonferenz der Koalitionsverhandler im Landtag sagt, Aiwanger ergänzt: «Das sehe ich auch so.» Oder: «Ich bin auch der Meinung.» Rote Linien bei den Verhandlungen? Aiwanger fallen auch auf Nachfrage keine ein. Es ist Söder, der darauf hinweist, dass die Freien Wähler im Wahlkampf auch Versprechen gemacht haben, die sie doch sicher durchsetzen wollen. Kostenfreie Kitas etwa. Aiwanger sagt nur: «Besser regieren als zuschauen.» Ist der Mann am niedrigen Mikro wirklich derselbe Aiwanger, der die Befreiung des Freistaats von CSU-Filz und «Spezlwirtschaft» verlangte, der die CSU «korrupt» nannte und Söder einen «Diktator»? Könnte es sein, dass die Regierung Aiwanger mehr verändert als er die Regierung?

Aus der Entfernung von Flensburg oder Aachen betrachten viele die bayerische Politik wie einen Zoo, in dem seltsame, aber auch faszinierende Geschöpfe zu bewundern sind. Zu diesen Attraktionen gesellt sich jetzt ein leibhaftiger Aiwanger. Ein Mann, dem man sofort einen Feldhäcksler abkaufen würde. Ein Über-Bayer, der schon in München für seinen Dialekt («Opfelschorle») verspottet wird, und über den ein Landesminister aus Baden-Württemberg mal sagte, für den würde er sogar Eintritt bezahlen. Der bewundernswert frei redet und dabei auch mal stoibergleich Gedanken zu Ende führt, die er nie begonnen hat. Es ist zunächst mal eine Qualität Aiwangers, dass er Dinge deutlich ausspricht, ab und an mit einem Lausbubenlächeln, aber frei von Selbstironie. Legendär ist Aiwangers Faible für bildliche Sprache: Bei ihm kriegt immer irgendwer «zwischen die Hörner» (meistens die CSU), ist wer ein «altes Schlachtross» (Angela Merkel) und wird irgendwas mit einer «Zwiebel, die Fleisch ansetzt», verglichen (die EU).

Wenn Aiwanger einen bayerischen Journalisten auf Dienstreise in Berlin anruft, verleiht er erst mal seiner ehrlichen Sorge Ausdruck, dass man hoffentlich nicht dort übernachten müsse. Söder und er sprechen jetzt von einer «Bayern-Koalition», in Abgrenzung zur furchterregenden Bundeshauptstadt. Wird der Freistaat, dem sonst an seiner Weltgeltung gelegen ist, unter diesem Duo freiwillig zur Provinz? Wahr ist zumindest, dass in der bayerischen Staatsregierung deutlich weniger über Genderfragen gesprochen wird als über die Düngemittelverordnung.

Ihre Bodennähe hat immer den besonderen Charme der Freien Wähler ausgemacht, und die Frage ist nun, was von diesem Charme noch übrigbleibt. Die FW wurden Ende der Siebzigerjahre gegründet als Dachorganisation für Bürgergemeinschaften, die christlich-konservative Lokalpolitik machen wollten, ohne dafür zur CSU zu müssen. Sie wurden auch gewählt von Leuten, die sauer waren, weil der CSU-Bürgermeister den Ausbau ihrer Garage nicht genehmigt hatte. Vor der Kommunalwahl 2020 stellen sie in Bayern zwölf Landräte und etwa 600 Bürgermeister. Sie sind Fleisch vom Fleische der CSU: Wenn man sich in Bayern in irgendeinen Gemeinderat setzt und Freien Wählern zuhört, dürfte man Mühe haben, sie von Christsozialen zu unterscheiden.

Ob sie für den Landtag kandidieren sollten, war immer ein Streitthema. Bis 2006 ein 35 Jahre alter Außenseiter namens Hubert Aiwanger sensationell Landeschef wurde und seinen Ehrgeiz zum Ehrgeiz der Gruppe machte. Erst mal plakatierte er, ohne dass direkt eine Wahl bevorstand, sein Konterfei im ganzen Land; bis heute hat Aiwanger immer ein paar Plakate im Auto liegen, oft neben erlegtem Wild. Er gab den Freien Wählern also ein Gesicht und führte sie 2008 in den Landtag. Die 10,2 Prozent, die er damals holte, kosteten die CSU die absolute Mehrheit. In der CSU betrachtet man FW-Stimmen bis heute trotzig als vorübergehend verliehene CSU-Stimmen.

Aiwanger ist in den vergangenen zehn Jahren so viel durchs Land gefahren wie sonst nur Söder, bloß ohne Chauffeur. Auf seinen Touren lauscht er Volkes Stimme. Wenn das Volk mal mehr als eine Stimme hatte, was bei 13 Millionen Bayern vorkommen kann, war er flexibel. Windenergie? Fand Aiwanger gut. Eine Bürgerinitiative gegen ein Windrad? Auch gut! In der CSU hieß es während der Koalitionsverhandlungen, dass Aiwanger als Minister «dringend an Konsequenz zulegen» müsse. Nach einem Jahr im Kabinett sagen viele noch das Gleiche.

Aiwanger rühmt sich, «ideologiefrei» zu sein, auch mit der Bezeichnung «Populist» kann er sich anfreunden. Er macht sich den kleinen Ärger der Leute nutzbar, zum Beispiel, wenn irgendwo der Kormoran einen Fischweiher bedroht. Seine Versuche, auch vom großen Ärger der Leute zu profitieren, über Asylpolitik oder Eurorettung – sie sind bislang gescheitert. Aiwanger war nie zimperlich in seinem Versuch, die Freien Wähler zu einer bundesweiten Kraft zu machen. Schon die Idee ist steil: Ein kommunalpolitischer Verein soll eine populistische Bewegung werden, eine Art Protestpartei der Mitte. In seiner Euro-Kritik holte Aiwanger Verbündete an seine Seite, die dem bodenständigen Image der FW komplett widersprachen, etwa den ehemaligen Präsidenten des Bundesverbands der deutschen Industrie (BDI), Hans-Olaf Henkel. Aiwanger zeigte, dass er nicht nur ein Näschen für die Bedürfnisse der Menschen hat, sondern auch für ihre Ängste.

Aiwanger, sagt Alexander Muthmann, habe auch später versucht, «bei AfD-Wählern Stimmen abzugreifen». Muthmann war zehn Jahre lang FW-Landtagsabgeordneter, bis er 2017 zur FDP wechselte – aus Protest gegen Aiwanger. Er konnte Aiwangers Entgleisungen nicht länger ertragen. Die Bundesregierung? «Koalition der Illegalen». Merkel? «Totengräberin der inneren Sicherheit». In anderen Parteien wäre das nicht so schlimm, sagt Muthmann, weil sich die Außendarstellung auf mehrere Köpfe verteile. Bei den Freien Wählern habe es dagegen lange nur Aiwanger und seine «Rambo-Rhetorik» gegeben.

In der Regierung muss Aiwanger seinen Parteifreunden mehr Raum geben. Die Freien Wähler haben den seriösen Politikprofessor Michael Piazolo als Kultusminister, den dynamischen Architekten Thorsten Glauber im Umweltressort, den früheren Fernsehrichter Alexander Hold als Vizepräsidenten des Landtags. Und mit Florian Streibl sogar den Sohn eines ehemaligen CSU-Ministerpräsidenten als Fraktionschef. Aber wenn bei den FW irgendetwas zu entscheiden ist, fragen viele immer noch: «Wo ist der Hubert?» Frauen? Sind rar, Kultusstaatssekretärin Anna Stolz ist bisher kaum sichtbar. Die einflussreichste FW-Frau ist Tanja Schweiger, Landrätin von Regensburg und Lebensgefährtin von Hubert Aiwanger, dem Landes- und Bundesvorsitzenden und Landtagsfraktionschef. Verglichen mit der

Aiwanger-Fixierung der Freien Wähler dürfte die FDP sozusagen mal ein bisschen mehr Lindner wagen.

Aiwanger aber hat ein Argument, mit dem er sich bisher aller Kritik erwehren konnte: Erfolg. Wenn man in Bayern das Gegenbild zu Aiwangers Hof in Rahstorf sucht, bietet sich die Wohnung von Christian Ude in Schwabing an. Kastanienbäume vor der Tür, ein herrlicher Altbau, ein Wohnzimmer, das ein Salon ist. Flügeltüren, Jugendstilmöbel, auf dem Tisch eine Auswahl an Zeitungen und Magazinen, die einer Universitätsbibliothek zur Ehre gereichen würde. Der ehemalige Münchner Oberbürgermeister Ude und der Naturbursche Aiwanger haben sich im Landtagswahlkampf 2013 kurz beschnuppert – zu klären war, ob sie gemeinsam vielleicht die CSU niederringen könnten. Das ist dann nichts geworden. Doch Aiwanger hat Eindruck hinterlassen bei Ude.

«Viele neigen dazu, Hubert Aiwanger in intellektueller Überheblichkeit zu unterschätzen, nur weil er einen kräftigen Dialekt spricht», sagt Ude. «Er ist wesentlich kompetenter, als die öffentliche Wahrnehmung glaubt.» Absolut sattelfest bei Sachthemen, präzise in seinen Aussagen. Ude erzählt, wie Aiwanger 2013 sogar in der Stadt das Gras wachsen hörte. Zusammen hätten sie leidgeplagte Mieter besucht. Aiwanger habe deren Probleme sofort begriffen. «Er ist kein Anti-Städter», sagt Ude: «Er hat geklungen, als würde er in München eine Mieterinitiative leiten.» Auch wenn von der selbsternannten «Bayern-Koalition» keine große Inspiration zu erwarten sei, helfe es schon, wenn Aiwanger den «Machtrausch der CSU etwas eindämmen» könne. Ude sagt: «Das halte ich keineswegs für provinziell.»

Es gibt ein Bild von Ude auf Aiwangers Hof, er schmiegt ziemlich souverän ein Ferkel an die Brust. Früher war das ein Ritual bei Aiwanger, Besucher auf seinen Hof einzuladen. Jetzt ist ihm das nicht mehr ganz geheuer, zumal bei Journalisten. Am Ende soll er dann immer auf dem Traktor posieren, am besten mit Ferkel, und das, obwohl die zum Schlachten da sind und nicht zum Streicheln. Vom Bauernklischee hat Aiwanger genug: «Irgendwann muss man auch mal als Politiker wahrgenommen werden.» Auf die selbst gemachten Fleischpflanzerl seiner Mutter muss man diesmal also verzichten. Ein Waldspaziergang in seinem Jagdrevier aber, den macht Hubert Aiwanger noch mit.

Die Abendsonne über den Wolken taucht die Felder in rotes Licht. Der Städter staunt in die Weite, Aiwanger blickt nach unten auf den Waldboden und inspiziert Eicheln. «Energiefutter für das Wild». Die Eicheln knacken unter seinen Schuhen, er erklärt das Jagdrecht von 1848 und ein paar Feinheiten der Waidmannssprache: «Abbiss ist, wenn die Rehe die Bäume anknabbern.» Rechts von ihm ragt ein Hochstand in den Himmel. In der Nacht sitze er hier stundenlang, über ihm der Sternenhimmel, unter ihm die Dunkelheit, in die er hineinhorche, das Gewehr neben sich und: Zettel und Stift, um politische Ideen zu notieren. «Da ist einfach die Welt in Ordnung. Keine Hektik, keine Großstadt. Da bist du zufrieden mit dir.»

Urlaub macht Aiwanger kaum und wenn, dann in der Gegend. Mallorca? «Verrückt! Die Menschen müssen ihre Heimat wieder kennenlernen.» Aiwanger wünscht sich eine «Renaissance der Bodenständigkeit». In Bayern. In Berlin. In Brüssel. Er hat ein gutes Jahrzehnt lang den «Größenwahn» der CSU gegeißelt, aber er hat schon auch selbst große Pläne. Stellvertretender Ministerpräsident, man könnte meinen, der Mann sei am Ziel. Doch Hubert Aiwanger will noch viel weiter. «Natürlich haben wir das Potenzial für den Bundestag», sagt er, er schließt auch nicht aus, selbst nach Berlin zu gehen. Der Einzug der Freien Wähler in den Landtag von Brandenburg im September 2019 hat seine Ambitionen weiter befeuert.

Im historischen Rathaus von Renningen vor den Toren von Stuttgart empfängt ein Mann, der Aiwangers Expansionsideen mit maximaler Skepsis verfolgt. Wolfgang Faißt ist Bürgermeister hier und Landeschef der Freien Wähler in Baden-Württemberg, wo sie auf kommunaler Ebene noch erfolgreicher sind als in Bayern, stärkste Kraft vor der CDU. «Wir sind ein Verein – keine Partei», steht auf der Homepage des Verbands. Mit Aiwangers Bayern will Faißt nichts zu tun haben, erklärt er nüchtern. Man teile nichts als den Namen: «Wenn wir im Land oder im Bund antreten, verlieren wir unsere Glaubwürdigkeit und Identität.» Faißt sagt, als unabhängiger Bürgermeister könne er sich auf Sachfragen konzentrieren. «Da geht es nicht um Parteitaktik, sondern einfach um den neuen Kindergarten und seine Finanzierung.» Auch in Bayern gibt es Leute wie Faißt, die die Freien Wähler weiter als kommunale Anti-Partei verstehen. Sie befürchten, dass die Freien sich in Aiwangers

Ambitionen verheddern könnten und am Ende als Splitterpartei dastehen, die ihre Seele verkauft hat. Wird Hubert Aiwanger unterschätzt? Oder überschätzt er sich selbst?

Aiwanger blickt in die Baumwipfel und zählt auf, wie viele Bäume er gepflanzt hat, viel mehr als alle Grünen zusammen. Dann sagt er plötzlich: «Ich habe jetzt eine andere Rolle.» Er müsse und werde sich in der Regierung ändern. Noch stärker vermitteln zwischen Stadt und Land, seine Worte sorgfältiger wählen. Nicht mehr bei allem, was die CSU verspricht, noch eins obendrauf legen. Nach seinem ersten Jahr als Minister ist jedoch klar, dass Aiwanger zumindest weiter gern mahnend auf «die da oben» zeigt, obwohl ein stellvertretender Ministerpräsident nun wirklich auch nicht ganz unten sitzt. Und dass er vom Sparen genauso wenig hält wie sein Kompagnon Söder.

Aiwanger mag die Sensibilität eines Moosbüffels ausstrahlen, aber er ist ein aufmerksamer Mensch. Und er will ernst genommen werden. Der ewige Hochmut der Städter über einen wie ihn, sagt er: «Das ist eigentlich Rassismus.» Dass er selbst mit Klischees belegt ist, findet er zunächst mal gar nicht so tragisch, das mache einen greifbar für die Leute: «Aber man darf halt auch nicht untergehen in den Klischees.»

Aiwanger besitzt, wie es einen niederbayerischen Landwirt auszeichnet, die Grundfurcht, über den Tisch gezogen zu werden. Auch von der CSU. Er hat dafür zum Start der Koalition eines seiner unnachahmlichen Sprachbilder gefunden, das seine ganze Schönheit nur bei vollständiger Wiedergabe entfaltet: «Ich habe ja selbst immer wieder gesagt, dass man gut aufpassen muss, wenn man mit jemanden ins Bett geht, der viermal so schwer ist wie man selbst. Denn dann wird man schnell erdrückt.» Davor seien die Freien Wähler aber gut gefeit: «Denn erstens haben wir den Sumo-Ringer abgespeckt, er ist jetzt nur noch dreimal so schwer wie wir. Zweitens sind wir die Schnelleren und Athletischeren und sofort aus dem Bett draußen, wenn es zusammenbricht.»

Auf jeden Fall liegt Aiwanger jetzt mit jener Partei im Bett, die ihn in gewisser Weise einst in die Politik getrieben hat. Er hat das oft erzählt: wie er daheim in Rottenburg mitangesehen habe, wie sich die CSU-Leute die Bälle zugespielt hätten und ihre persönlichen Interessen vor jene der normalen Leute gestellt. «Wir müssen die absolute Herrschaft der CSU brechen», diesen Schluss hat er daraus gezogen. Mittlerweile klingt das alles ein wenig gemäßigter: Aiwanger will die Politik der CSU korrigieren, indem er mit ihr regiert. Kann das funktionieren? Christian Udes Prognose über das politische Schicksal des geschätzten Kollegen Aiwanger fiel zum Start der schwarz-orangen Koalition düster aus: «Die Freien Wähler werden untergehen an der Seite der CSU. Das wird nicht an Hubert Aiwanger liegen, mit dem wird Söder nicht Schlitten fahren können. Aber er allein wird dem großen Machtapparat der CSU kaum Paroli bieten können.»

Nach einem Jahr Schwarz-Orange – «Spezi-Koalition», wie Freunde des vor allem in Süddeutschland verbreiteten Kaltgetränks sagen – ist allenfalls ein Zwischenfazit möglich. Schon bei der Vergabe der Ministerien drängte sich jedoch niemandem der Eindruck auf, Aiwanger habe Söder an die Wand verhandelt: Wirtschaft, Kultus, Umwelt, alles wichtige Ressorts. Aber was war mit den klassischen Schwergewichtsministerien, Finanzen oder Inneres? Um die hatte Aiwanger dem Vernehmen nach gar nicht erst gekämpft. Die FW stolperten dann aus den Startblöcken, kurz vor Weihnachten 2018 sah Fraktionschef Streibl die Notwendigkeit für den öffentlichen Hinweis, dass bei der Kommunikation zwischen den Ministern und ihrer eigenen Fraktion noch Luft nach oben sei. Natürlich durfte sich da vor allem Aiwanger angesprochen fühlen.

Aiwanger ist als Minister präsent und beliebt, aber es hakt bei ihm auch zweifellos noch massiv im Umschaltspiel vom Opponieren zum Regieren. Söders Staatskanzleichef Florian Herrmann hatte Aiwanger noch im Wahlkampf 2018 einen «Politproleten» genannt, der «seine Sprache nicht im Griff» habe. Die Beobachtung würde Herrmann heute eher nicht mehr laut kundtun, doch sie hätte immer noch eine Grundlage. Aiwanger ist viel in den sozialen Medien unterwegs, wo er Chat-Duelle mit Journalisten und normalen Leuten führt. Einem Twitter-User, der ihn kritisiert hatte, schrieb Aiwanger unter Anspielung auf dessen gezeichnetes Profilbild: «Wenn ich mir das Bild ansehe, ist da mehr als die Maus verrutscht.» Aber schadet es Aiwanger, dass er es bisweilen an ministerieller Würde fehlen lässt? Oder finden das seine Fans ganz richtig so?

Top-Stimmung im Kabinett: Wirtschaftsminister Hubert Aiwanger (Mitte) kann seine Freude am Regieren kaum verbergen. Aber auch Agrarministerin Michaela Kaniber (links) findet es offenbar gut, dass ihre CSU und Aiwangers Freie Wähler rasch zusammengefunden haben.

In der CSU gibt es durchaus die Sorge, dass die Freien Wähler in der Regierung an Statur gewinnen, was es schwerer machen würde, ihren Stimmenanteil im bürgerlichen Lager bei der nächsten Landtagswahl wieder zu drücken. Aiwanger, ehemaliger Stipendiat der Hanns-Seidel-Stiftung, nervt die Christsozialen auch beharrlich mit der These, die FW seien noch bayerischer als sie. Aber schon Aiwangers Zuversicht, dass die Freien irgendwann mal mit absoluter Mehrheit regieren werden («In der Übergangszeit brauchen wir halt die CSU»), sorgt bei der CSU eher für Belustigung. Es überwiegt die Wahrnehmung, extrem weich in einer Wohlfühlkoalition gelandet zu sein.

So hart das Ende der Alleinregierung ist: Mehr Abfederung als bei den Freien Wählern hätte sie nicht finden können, schon gar nicht bei den Grünen, die den Problemschauplatz Berlin mit in die Koalition gebracht hätten. Dass die Freien Wähler trotz Aiwangers Ehrgeiz weitgehend auf Bayern beschränkt sind, erleichtert der CSU das Leben enorm. Inzwischen arbeitet das Bündnis weitgehend geräuschlos, man muss keine ideologischen Gräben überbrücken, man spricht die gleiche Sprache, nach innen und nach außen. «Mia san die Mehrern, mia san die Schwerern», da machen die Freien Wähler einfach mit. Bei Oppositionsreden im Plenum, die sie vor kurzem noch beklatscht hätten, winken die FW-Abgeordneten längst mit routinierter Verächtlichkeit ab.

Für Söder ist es praktisch, dass der Partner ihm bei seiner grünen Neuerfindung kaum dazwischenfunkt. Die Ökologie ist zwar ein potenzielles Konfliktthema für die Koalition, weil die Freien Wähler weiterhin ein extremes Näheverhältnis zur konventionellen Landwirtschaft pflegen. Aber das tun viele CSU-Abgeordnete, die mit Söders Ergrünung hadern, ja auch. Der Ministerpräsident kann gut damit leben, dass Aiwanger weiterhin mit Vorliebe Land und Stadt, Fleischesser und Veganer gegeneinander ausspielt und die Grünen als «Kifferpartei» beschimpft, die man stoppen müsse, «bevor die noch mehr Unheil anrichten». Jetzt, wo Aiwanger umständehalber die CSU nicht mehr beschimpfen kann, beschimpft er halt die Grünen. Aiwanger kann Dinge sagen, die man auch in Teilen der CSU-Basis gerne hört – und die der neue Söder nicht mehr sagen kann.

Söder und Aiwanger werden 2023 wieder Konkurrenten um Stimmen aus dem ländlichen Raum sein, aber bis dahin bilden die beiden ein Koalitions-Duo, das man in Deutschland so schnell nicht mehr findet. Zwei Typen, die – egal, was man politisch von ihnen hält – einen immer wieder verblüffenden Unterhaltungswert besitzen. Einmal stehen sie zusammen frühmorgens in Lindau am Bodensee am Kai. Dass sie von Journalisten umgeben sind, hindert sie nicht am offenen, dialektstarken Gedankenaustausch. Aiwanger begutachtet Söders etwas legeres Polohemd und sagt: «Is des a Bodeonzog?» Söder sagt: «Ich weiß ja nicht, wie du badest.» Aiwanger sagt: «Nockt. Mit Plostikente.»

4. Rechts von der CSU: Die anhaltende Bedrohung durch die AfD

Da sei also dieser Dienstreiseantrag auf seinem Schreibtisch gelandet, sagt Petr Bystron, der Antrag kam von einem Kollegen von der Linken. Seine Zuhörer in der Weinstube des Gasthofs zur Post werden hellhörig. Bystron, Wahlkreis München-Nord, ist AfD-Obmann im Auswärtigen Ausschuss des Bundestags; die Obmänner aller Parteien müssen Reisen von Abgeordneten zustimmen, was sie üblicherweise auch tun. Nun wollte also der Abgeordnete Stefan Liebich auf Einladung der Rosa-Luxemburg-Stiftung nach Kopenhagen fahren. Rosa Luxemburg! Die Sache ist Bystrons Publikum schon jetzt suspekt. Die Einladung an Liebich, sagt Bystron, sei in «totalem Plauderton» gehalten gewesen, «kaum, dass da nicht drinstand: Komm, und jetzt saufen wir weiter». Bystron ist ein gewandter Erzähler, und die Zuhörer sind dankbar, als sich ihre Empörung Bahn brechen darf: «Ich seh nicht ein, wenn sich zwei Kommunisten in Kopenhagen treffen, dass der deutsche Steuerzahler das dann zahlen soll.»

Die AfD hatte ja schon aus der Ferne geahnt, wie verdorben das politische Berlin sein muss – aus der Nähe, so klingt das bei Bystron, ist alles noch viel schlimmer. Immerhin gibt es nun jemanden, der aufräumt in Babylon Berlin, auch bei reisefreudigen Linken: «Dann hab ich gesagt, lieber Kollege, so geht's nicht, das lehn ich jetzt ab.» Die Rosa-Luxemburg-Stiftung, findet Bystron, kriege eh genug Geld vom Bund. Bystron, 45, einst Flüchtling aus der Tschechoslowakei, Ex-AfD-Landeschef in Bayern, ist an einem Sommerabend 2018 für eine kleine Präsentation nach Rohrdorf bei Rosenheim gekommen, Titel: «Die AfD im Bundestag: Eine Zwischenbilanz der ersten Monate». Er fasst die Sache in zwei kurzen Sätzen zusammen: «Wir wollten die Altparteien vor uns herjagen. Das haben wir auch gemacht.» In der Weinstube schäumt die Begeisterung. Im Grunde ist Bystrons Bilanz keine Bilanz, sondern eine Klage – über die Verkommenheit des «Systems» und die Ausgrenzung der AfD.

«Man will uns zu Unberührbaren machen», hat er vorher im Biergarten gesagt. Die «Altparteien» hielten sich nicht an «demokratische Regeln» und verweigerten der AfD ihr nach Proporz zustehende Posten – er selbst war als Chef eines Unterausschusses durchgefallen. Das Gleiche in den Medien: «Unser Anteil stimmt nicht.» Die AfD komme in der «Tagesschau» kaum vor, «obwohl wir die größte Oppositionspartei sind». Bystron spielt in Rohrdorf die Lieblingsrolle der AfD: das Opfer. Seit fast einem Jahr ist die rechte Partei im Bundestag, und ihre Abgeordneten wissen, dass das Klagen und Jammern gut ankommt bei ihren Fans.

Und nun, im Herbst 2018, will die AfD auch in den Bayerischen Landtag, zur Qual der CSU, die im Freistaat aus AfD-Sicht die älteste aller «Altparteien» ist. Bei AfD-Veranstaltungen erfährt sie immer besondere Aufmerksamkeit. Bystron, ganz geübter Provokateur, stellt eine giftige These in den Raum: «Die CSUler freuen sich, dass endlich mal jemand ausspricht, was sie nicht aussprechen dürfen.» Was Bystron der CSU da unterschiebt, bedient natürlich genau den Kern der linken Kritik an der CSU in der Flüchtlingsdebatte: dass Seehofer, Söder und viele ihrer Parteigänger ganz tief drinnen doch auch nur dumpfe Rechte seien, Hasser und Hetzer. Das ist natürlich grob falsch.

Richtig ist, dass Söder – um es beispielhaft an einer Person festzumachen – unter dem Druck der AfD mit seiner flüchtlingspolitischen Rhetorik 2015 und in den Folgejahren auch auf Ängste und Vorurteile zielt. Er sagt Dinge wie: «Es kann nicht sein, dass am Ende ein deutscher Rentner weniger vom Staat erhält, als ein unbegleiteter Jugendlicher kostet.» Oder dass das «hart erarbeitete Vermögen unseres Volkes» von den Kosten für die Flüchtlingsaufnahme gefährdet sei. Söder stellt legitime Gerechtigkeitsfragen, deren offene Diskussion die Gesellschaft nötig hat. Aber zu einer sachlichen Debatte trägt er nicht bei, denn er tut etwa so, als gäbe es einen direkten Zusammenhang zwischen Flüchtlingskosten und Rente.

Bewegte Zeiten erfordern von Politikern sprachliche Sensibilität – und um die ist Söder über Jahre nicht wirklich bemüht. Er sagt «Volk», wenn er «Bevölkerung» sagen könnte. Er spricht von «deutschen Rentnern», wenn «Rentner» reichen würde. Die Verweigerung von Subtilität ist bei Söder ein grundsätzliches Problem. Wenn er über das Thema Flüchtlinge spricht, ist das immer ein wenig, als wolle da einer mit einem Presslufthammer ein Ohrloch stechen. «In Bayern gilt das Grundgesetz und nicht die Scharia», das hört sich halt an, als stünden die ersten Steinigungen auf dem Nürnberger Hauptmarkt kurz bevor.

Söders Talent für Zuspitzungen wird in heiklen Zusammen hängen schnell problematisch.

Söder hat zum Beispiel im Jahr 2017 eine Phase, in der er den Alexanderplatz in Berlin zur «No-Go-Area» erklärt. Was all die Berliner wundern dürfte, die täglich am Alex in den Kaufhof gehen oder ins Kino. Söder könnte sagen, dass manche Berliner den Alex aus Angst vor Kriminalität meiden oder dass manche Frauen sich unwohl fühlen, wenn um sie herum Gruppen von jungen Männern anderer Hautfarbe unterwegs sind. Ein Politiker darf Stimmungen aufnehmen, er muss sie dann aber auch präzise erfassen. Präzision ist jedoch entweder nicht Söders Ding – oder gar nicht sein Ziel. Mit Provokation erregt man Aufmerksamkeit, mit Differenzierung eher nicht.

Diese Neigung Söders hat die fatale Nebenwirkung, dass sich so auch über harmlose Aussagen der Schleier des Verdachts legt. Wenn Söder während der Fußball-Europameisterschaft 2016 twittert, Mesut Özil sollte besser keine Elfmeter mehr schießen, dann geifern alle gleich, er mache den Gauland. Dabei gibt es sicher sehr viele Fußballfans, die sich unabhängig von Özils Migrationshintergrund wünschen, dass er besser keine Elfmeter mehr schießt. Söder ist am extremen Rand der Wahrnehmung unterwegs, in diese Umlaufbahn hat er sich selbst katapultiert. Was Söders Rhetorik in der Flüchtlingsdebatte bis tief in den Landtagswahlkampf 2018 hinein fehlt, ist vor allem: Empathie. Ein wenig Einfühlung in das Leid von Menschen, die vor dem Terror oder auch vor Armut fliehen.

Söders Ton ist zumindest in Teilen anschlussfähig für eine Klientel weit rechts der Mitte – er sieht darin die Chance. Andere, auch in der CSU, sehen die Gefahr. Söder will Stimmen auf Rechts gewinnen; er weiß, dass er so Stimmen in der Mitte verliert. Er glaubt, dass der Differenzbetrag positiv sein wird. Das ist zunächst seine Strategie für die Landtagswahl: eine absolute Mehrheit allein mit den Stimmen des bürgerlichen Lagers. Es gibt jedoch eine Frage, die Söder zu diesem Zeitpunkt übersieht: Ist sein Ton wirklich der, den sich das bürgerliche Lager wünscht? Die CSU hat es immer als ihr Erfolgsrezept und als ihre Aufgabe verstanden, den rechten Rand der Parteienlandschaft ins demokratische Spektrum zu integrieren. Im Fall der AfD ist das böse schiefgegangen. Die CSU hat sich treiben lassen von der AfD – mitten hinein in eine der größten Krisen ihrer Parteigeschichte.

Die Wurzel des Problems liegt schon in einer Zeit, in der Deutschland noch nicht über Flüchtlinge diskutierte. 2013 wird die AfD gegründet, als EU-skeptische Partei. Heute hört man in der CSU durchaus selbstkritische Stimmen: Man habe die AfD in ihren Anfängen unterschätzt, als Europa-kritische Partei sei sie manchem vielleicht gar nicht unsympathisch gewesen – oder zumindest nützlich erschienen. Im Europawahlkampf 2014 habe die CSU ja selbst versucht, mit einer Distanzierung von «Brüssel» zu punkten. «Die CSU hat die AfD nicht sofort als Gegner aufgefasst», sagt Erwin Huber, was wohl auch daran gelegen habe, dass die AfD anders als einst die Republikaner zunächst keine bayerische Bedrohung darstellte. Die Republikaner hatte die CSU sofort als gefährliche Abspaltung mit größter Entschlossenheit attackiert. Die AfD lässt sie erst mal gewähren.

Als die AfD ihr Hauptthema wechselt, zur Anti-Flüchtlings-Partei wird und von 2015 an in den Umfragen das Fliegen lernt, registriert die CSU die Gefahr. Die AfD gefährdet nicht nur die Mehrheitsrechnung der CSU, sie nagt auch am Selbstverständnis der Partei. Die CSU hat bis dahin stets verhindern können, dass sich rechts von ihr eine Partei etablierte – sie hat die NPD kleingekriegt und dann die Republikaner. Die AfD ist in diesem Sinne kein normaler Konkurrent, sondern eine strukturelle Gefahr. Die CSU-Spitze handelt nun in Panik, aber ohne Plan.

Ein CSU-Mann sagt rückblickend, man habe das Strauß-Mantra, dass es rechts von der Partei keine demokratisch legitimierte Partei geben dürfe, zu dogmatisch aufgefasst: Der Satz sei ja in einer ganz anderen Zeit entstanden. Wenn man sich eine Tonaufnahme des Original-Zitats vom 9. August 1987 anhört, sticht einem ins Ohr, was Strauß seinem Satz anhängt: «Wir denken hier natürlich nicht an rechtsradikale Narren, mit denen wir gar nichts zu tun haben wollen. Aber an normale, demokratische, konservative Kräfte, die bei uns ihre politische Heimat behalten müssen.» Das bringt das Problem der CSU nach 2015 gut auf den Punkt: Sie wirbt zu viel um rechtsradikale Narren. Bemerkenswert ist auch, dass Strauß nicht von der «CSU» redet, rechts von der es keine Partei geben dürfe. Er redet explizit von «CDU/CSU». Das wiederum wäre ein Detail, dem Angela Merkel womöglich mehr Aufmerksamkeit hätte schenken können.

Die CSU hat die AfD als politischen Feind erkannt, aber sie hat viel zu lange keine Strategie gegen diesen Feind gefunden. Vor der Bundestagswahl 2017 versucht sie schlicht, die AfD zu ignorieren und sie nicht durch direkte Angriffe aufzuwerten. Eine kräftige Rhetorik in der Flüchtlingspolitik, so Seehofers Kalkül, werde abtrünnige Wähler schon zurücklocken. Das führt zu einem AfD-Ergebnis von 12,4 Prozent der Zweitstimmen in Bayern. Die CSU muss erkennen, dass ihr Konzept gegen die AfD offenbar schlecht ist. Wie reagiert sie? Sie macht das schlechte Konzept noch schlechter, sie dreht noch stärker nach rechts. Im Landtagswahlkampf 2018 bemüht sich Söder zunächst, mit neuen Sozialleistungen der AfD das Wasser abzugraben. Als das in den Umfragen keine Wirkung zeigt, schärft er im Juni die Rhetorik in der Flüchtlingspolitik sogar nach, spricht von «Asyltourismus» und «Asylgehalt». Sensibilität? Präzision? Da ist nichts. Erst nach dem Debakel im Asylstreit mit der CDU legt er eine rasante Kehrtwende hin, er spricht nun milder über Flüchtlingsthemen. Aber harte Attacken auf die AfD bleiben weiter aus.

Dabei hat Generalsekretär Blume schon im Mai die Blaupause für einen Angriffskurs geliefert. In einem Strategiepapier schlägt er vor, die AfD als «unbayerisch» zu brandmarken. «Die AfD ist ein Feind von allem, für das Bayern steht», «brauner Schmutz hat in Bayern nichts verloren»: Das klingt in der Rückschau genau nach dem Ton, den Söder Anfang September 2018 nach Chemnitz auf dem Gillamoos setzt und der seither gilt: volle Attacke. Aber im Frühjahr verpufft die Idee noch. Seehofer will die Konfrontation mit der AfD vermeiden, er hält das für kontraproduktiv.

Erst Anfang September erzwingt der Spitzenkandidat Söder die offensive Bekämpfung der AfD. Der Schulterschluss der AfD mit Pegida in Chemnitz ist nur der äußere Anlass, mit dem er die fundamentale Kursänderung begründet. Tatsächlich hat er Seehofers Strategie der Nichtbeachtung der AfD wegen erwiesener Unwirksamkeit einkassiert. Die Partei wirkt jetzt befreit, der Umgang mit der AfD ist nicht mehr verdruckst. Die neue Strategie verfängt auch bei den Wählern, sie kostet die AfD wahrscheinlich einige Prozentpunkte.

Den Einzug der AfD in den Landtag kann sie aber auch nicht mehr verhindern: 10,2 Prozent sind es am 14. Oktober 2018.

Wenn es eine Szene gibt, die den Kulturwandel im Bayerischen Landtag nach dem Einzug der AfD anschaulich macht, dann ist es diese aus dem Februar 2019. Landtagspräsidentin Ilse Aigner bittet im Plenum um eine Gedenkminute für den Regierungspräsidenten von Kassel, Walter Lübcke, der mutmaßlich von einem Rechtsextremisten ermordet wurde. Alle Abgeordneten stehen auf. Nur ein Mann bleibt sitzen. AfD-Fraktion, erste Reihe: Ralph Müller. Er stützt den Kopf auf die rechte Hand und schaut nach unten. Später wird Ministerpräsident Söder sagen: «Einem Verstorbenen das Totengedenken demonstrativ zu verweigern, ist ehrverletzend, respektlos und ein beispielloser Fehltritt im Bayerischen Landtag aus den Reihen der AfD.» Müller, 56, Zahnarzt, Franke, vermag zunächst kein Problem zu erkennen. Er sei eben «ein paar Sekunden» sitzen geblieben, eine «Unachtsamkeit», er weise «diese moralingetränkte Hexenjagd» zurück. Erst nach einem persönlichen Gespräch mit Aigner entschuldigt sich Müller. Er war schon vorher einschlägig aufgefallen, in einer anderen Debatte hatte er Angela Merkel «Stasi- und Schnüffelkanzlerin» genannt. Dafür hatte er von Aigner eine Rüge erhalten – die erste für eine Rede im Landtag seit 1994.

Der Bayerische Landtag hat Jahrzehnte gesittet vor sich hin getagt. Jetzt ist das vorbei. In den Reihen der AfD wird auch mal geschrien, «Wollt ihr den totalen Klimaschutz?», dieses Niveau. Als bei der Holocaust-Gedenkstunde im Plenum Charlotte Knobloch, die Präsidentin der Israelitischen Kultusgemeinde in München, die AfD kritisierte, verließ der Großteil der Fraktion den Saal. Einen Landtagsvizepräsidenten stellt die AfD-Fraktion auch nach einem Jahr im Landtag noch nicht, zwei Kandidaten wurden wegen sprachlicher Grenzüberschreitungen abgelehnt. Mit Sacharbeit fällt die AfD kaum auf, eher mit internen Streitereien. Die Fraktionsspitze hat 20 000 Euro für eine Couch-Garnitur ausgegeben, das halten andere Abgeordnete doch für ein etwas großzügiges Investment. Es sind eigentlich dauernd Chaos-Tage bei der bayerischen AfD, es wird gestritten über Wahrheit und Mut, Lüge und Verrat.

Zwei Abgeordnete, darunter der Co-Fraktionschef Markus Plenk, sind bereits nach einigen Monaten aus der Fraktion ausgetreten.

Plenk, 46, Biobauer und Unternehmensberater, hat am Ende immer seinen Laptop mit aufs Klo genommen, weil er fürchtete, Fraktionskollegen könnten das Gerät manipulieren. Nach seinem Abgang gab er zu Protokoll, er habe es «satt, die bürgerliche Fassade einer im Kern fremdenfeindlichen und extremistischen Partei zu sein». Das bayerische AfD-Schauspiel ist ein altbekanntes Drama, so alt wie die AfD selbst. Da sieht einer plötzlich, was er jahrelang offenbar nicht gesehen hat: dass die werten Parteifreunde fremdenfeindlich und rechtsextrem sind. In der AfD spotten sie gern, dass Dissidenten wie Plenk die Erkenntnis immer erst dann ereilt, wenn sie über die Parteiliste ein Mandat errungen haben.

Der eher leise Oberbayer Markus Plenk hatte als AfD-Fraktionschef eine laute Co-Chefin, die Niederbayerin Katrin Ebner-Steiner, die mit Björn Höcke befreundet ist und die AfD die «Strafe Gottes für die CSU» nennt. Über Ebner-Steiner ist wegen ihres Faibles für Dialekt und Dirndl in der Partei lange gewitzelt worden, «Magd im Komödienstadl», so was. Im Wahlkampf 2018 warnte Ebner-Steiner, Bayern verkomme zur «islamistischen Dönerbude». Beim «Multikulti-Experiment» würden sich die Deutschen «auflösen wie ein Stück Zucker im Kaffee». Moderat ist man in Ebner-Steiners AfD-Fraktion schon, wenn man die Erinnerung an Nazi-Verbrechen nicht abschaffen will und keine Neonazi-Kontakte hat. Und Plenk? Sagte nichts. Er hoffte still, «den Fluss noch umlenken» zu können.

Was also ist die Verantwortung von Leuten wie Plenk? Ist er zu spät gegangen? Plenk sagt: «Ich habe kein schlechtes Gewissen.» Was sollen die Parteien der Mitte anfangen mit einem wie ihm, dem halbwegs reuigen Sünder? Plenk hat da eine klare Meinung. Wie schnell es mit der AfD abwärtsgehe, das hänge auch an der CSU. Sie habe ein Vakuum entstehen lassen, das die AfD nutzte. «Jetzt muss die CSU die Lücke wieder schließen, damit die Wähler sehen: Da bewegt sich was.» AfD-Aussteiger wie ihn nicht aufzunehmen, sagt Plenk, hätte eine fatale Konsequenz: «Das schweißt die AfD weiter zusammen.»

In der CSU ist man im Herbst 2019 sicher, dass die Wähler merken, wie die AfD nach rechts abdrifte. «Die Sache mit dem Islam und mit den Flüchtlingen, das war damals vielen Leuten zu viel», sagt etwa der CSU-Landtagsabgeordnete Josef Zellmeier. «Aber mit Nazis wollen sie nichts zu tun haben.» Man sieht die historische Chance, Wähler von der AfD zurückzuholen. Und die Funktionäre? Die CSU hat sich schon umgehört, wie es mit abtrünnigen AfDlern in anderen Landtagen läuft. Es dürfe keinen Schnellschuss geben, das ist die Linie in der CSU, man müsse sich jeden Fall einzeln anschauen. Aber Menschen wie Plenk sollten eine zweite Chance bekommen. Vielleicht darf er «Hospitant» werden in der CSU-Fraktion.

Plenk sagt von sich, dass er eigentlich immer der CSU nahestand, das dürfte für viele AfD-Mitglieder wahr sein. Warum er 2017 trotzdem zur AfD ging? Plenk erklärt das entwaffnend ehrlich damit, dass er schon zu alt gewesen sei, sich noch in der CSU hochzudienen. Plenk war nicht entgangen, dass in der AfD der radikale «Flügel» gegen die Moderaten um die Vorherrschaft in der Partei kämpft. Er hatte nur immer gedacht, die Moderaten würden sich schon durchsetzen. Heute ist er da nicht mehr so sicher. Die Vernünftigen würden die Partei verlassen, sagt er, so wie er. Die AfD radikalisiere sich weiter. Dass Plenk damit Recht haben könnte, merkt man, als der Landesvorsitzende Martin Sichert auf einem AfD-Parteitag Söder als «Hure der bayerischen Politik» beschimpft. Sichert wird gleich darauf abgewählt, allerdings nicht etwa deshalb.

Die Moderaten haben in Bayern ihre kleine Machtbasis am ehesten im Landesvorstand. Das Vehikel der Radikalen ist die Landtagsfraktion mit Katrin Ebner-Steiner, der ihre Gegner neben ideologischer Härte auch hochgradigen Dilettantismus vorwerfen, was die anderen Parteien im Landtag immerhin für eine hoffnungmachende Kombination halten könnten. Da bröckelt was bei der AfD. Aber ist das nun die große Erosion, die viele der Partei vorausgesagt haben und noch mehr sehnsüchtig erwarten? Zerlegt die AfD sich selbst? Die Erfolgsgeschichte der AfD, die es in nur sechs Jahren in den Bundestag und in alle Landtage schaffte, legt nahe, dass man mit Untergangsprognosen vorsichtig sein sollte. Die Kommunalwahl 2020 wird die AfD in viele bayerische Gemeinde- und Stadträte spülen. Für die CSU dürfte die Abgrenzung nicht leichter werden, wenn AfD-Leute in Sachfragen plötzlich mit der CSU stimmen.

Auch in Bayern beklagt die AfD ihre angebliche Ausgrenzung, und es könnte der CSU Zuversicht geben, dass das Nicht-Dazugehören der AfD gerade in den Wahlkreisen ernsthaft zu schaffen macht. Ein milder Sommerabend in Straubing, der Landrat von der CSU hat unter Apfelbäumen zu einem Empfang für Ehrenamtliche geladen, die Landfrauen sind da, die Pfadfinder. Ein CSU-Landtagsabgeordneter grüßt und herzt sich durch die Menge. Ein paar Meter entfernt steht die Frau, die im September 2019 zur bayerischen AfD-Chefin gewählt werden wird. Corinna Miazga, 35, Mitglied des Deutschen Bundestags, tut sich schwer mit Grüßen oder gar Herzen. Sie holt sich eine Apfelschorle und sagt: «Man steht zwar in der ersten Reihe beim Gruppenfoto, aber man muss die Leute ja erst mal kennen lernen. Da fängt man praktisch bei null an.»

Die CSU, aber auch andere Parteien haben in Vereinen und Verbänden ein politisches Vorfeld. Was hat die AfD? Erwin Huber, gar nicht so weit von Straubing daheim, sagt: «Die AfD behauptet nur, sie hätte den wahren Volkswillen erkannt. Aber die AfD-Leute kennen nur ihre Filterblasen. Ich sehe nicht, dass die unterwegs sind bei den Menschen, bei der Fahnenweihe oder bei anderen Veranstaltungen.»

Miazga blickt in die Runde, auf all die Ehrenamtlichen unter Apfelbäumen. Sie sagt: «Meine Partei hat sicher auch hier viele Wähler. Aber die erkennt man natürlich nicht gleich. Wir sind noch nicht so weit, dass alle herkommen und einem auf die Schulter klopfen.» Im Landkreis Regen holte die AfD mehr als 20 Prozent, und trotzdem, sagt Miazga, bekomme sie kaum Einladungen zu Veranstaltungen: «Ich wundere mich fast, wer mich da gewählt hat. Es würde sich jedenfalls gehören, dass gewählte Abgeordnete zu offiziellen Anlässen eingeladen werden.» Wie bei vielen anderen AfD-Abgeordneten im Bundes- und Landtag zog sich auch bei Miazga die Suche nach einer Immobilie für ihr Abgeordnetenbüro hin; nicht jeder Vermieter freut sich über eine Anfrage der AfD. Ebenso schwer taten und tun sich die Parlamentsneulinge bei der Suche nach qualifizierten Mitarbeitern. Die Hoffnung, dass ehemalige CSU-Mitarbeiter überlaufen könnten, hat sich nicht erfüllt.

Miazga sagt, sie sei trotz allem zuversichtlich, dass die AfD Wurzeln schlagen könne in der Gesellschaft. Immer öfter werde sie angesprochen von Unternehmern und Landwirten. «Die merken ja dann auch: Ich bin kein Monster, ich kümmere mich in Berlin um ihre Probleme.» Beim Festakt im Foyer freut sich Miazga, dass sie doch nicht allein ist. In der ersten Reihe soll neben ihr ein Franz Eckl sitzen, das besagt ein Zettel auf dem Stuhl. Ein Parteifreund sei das, erklärt Miazga, sie kenne ihn nur dem Namen nach, aber immerhin: zwei Vertreter, da wachse was bei der AfD. Irgendwann trifft Herr Eckl ein, Miazgas Begeisterung scheint den Mann etwas zu überfordern. Auch mit dem «wir», das Corinna Miazga für ihn und sich benutzt, tut er sich sichtbar schwer. Nach einer Weile stellt sich heraus: Es gibt zwei politisch aktive Franz Eckls in der Gegend, und dieser Franz Eckl ist von der FDP.

5. Die Heimat, die sie meinen: Die Grünen als neuer Hauptgegner

Als die grüne Bewegung Ende der Siebzigerjahre langsam auf eine grüne Partei zustrebte, bekam eine Schülerin der elften Klasse des Gymnasiums Hohenschwangau ein Referat aufgetragen. «Die Zukunft der Grünen» sollte das Thema sein, und da der Referentin als Quellen lediglich die «Allgäuer Zeitung» sowie Mitteilungsblätter der Füssener CSU zur Verfügung standen, fiel ihr Urteil eindeutig aus: Viel Zukunft ist da nicht, alles Kommunisten, das wird nix. Theresa Schopper, 58 heute, muss lachen im Stadtcafé unweit des Münchner Marienplatzes. In ihrer Kindheit und Jugend im Allgäu, sagt sie, habe es halt nur die CSU gegeben. Nach dem Abitur zog sie nach München, studierte Soziologie – und schloss sich schnell den Grünen an.

Schoppers Dialekt wird geformt von einer ziemlich entzückenden Mischung aus Allgäuer und Münchner Einflüssen, und auch bei den Grünen hat sie inzwischen zwei Welten kennengelernt. In Bayern war sie Landesvorsitzende einer Oppositionspartei; in Baden-Württemberg ist sie nun Ministerin einer Regierungspartei. 2011 hat Winfried Kretschmann in Stuttgart die CDU nach 58 Jahren von der Macht gestoßen. Bis dahin hatte die Südwest-CDU mit einer Selbstverständlichkeit regiert, die mit jener der CSU in Bayern vergleichbar war. Die dringlichste Frage, die sich an Wahlsonntagen in fast sechs Jahrzehnten stellte, war die nach der Größe ihrer Mehrheit. Am Abend der Landtagswahl 2011 kam die selbsternannte «Baden-Württemberg-Partei» am Ende ihrer Gewissheiten an. In Bayern ist es noch nicht ganz so weit, was eine Frage aufwirft, für deren Beantwortung Theresa Schopper besonders qualifiziert sein dürfte: Was unterscheidet die Grünen hier und dort?

Was die CSU und die Südwest-CDU unterscheidet, ist leichter zu klären. Bevor er Ministerpräsident wurde, galt Markus Söder mal für eine Weile potenziell als bayerische Inkarnation von Stefan Mappus, des 2011 entthronten baden-württembergischen Ministerpräsidenten. Mappus war ein stolzer CDU-Mann, der so sehr in alten Gewissheiten lebte, dass er einige neue Risiken nicht erkannte. Söder, der mit Mappus befreundet ist und ihn vor einer Eskalation im Streit um das Bahnprojekt Stuttgart 21 gewarnt hatte, wiederholte Mappus' Fehler nicht. Das Beidrehen im Asylstreit 2018, die Neuerfindung als Öko-Aktivist 2019: alles Maßnahmen, um Mappus' Schicksal zu entrinnen. In Bayern sind die Grünen für die CSU der strategische Hauptgegner – in der Mitte hat sie mehr Stimmen zu verlieren als rechts der Mitte an die AfD, zu dieser Einsicht ist Söder offenbar gekommen. Im Bund jedoch sind die Grünen mittlerweile Söders favorisierter Partner. Es ist kompliziert.

Wie kompliziert, zeigt ein heißer Tag am Bodensee im Juli 2019. Auf Schiffen fühlt sich Markus Söder sehr wohl, meistens findet sich an Bord eine hübsche Kapitänsmütze, mit der er dann am Steuerrad für ein Foto posieren kann. Nun sticht Söder mit seinem gesamten Kabinett in See, an Bord des Motorschiffs «Bodensee» geht es von Lindau nach Meersburg, gute zwei Stunden dauert die Fahrt. In Meersburg, auf baden-württembergischen Boden also, wird in drei Stunden der große Südgipfel steigen: Markus Söder und Winfried Kretschmann, Bayern und Baden-Württemberg, Schwarz und Grün. Meersburg, die Ortswahl ist für Söder gewiss ein Zugeständnis, aber er hält sich an der bildmächtigen Anreise gütlich. Mit untrüglichem Topmodel-Instinkt stürmt er aufs Oberdeck und wirft sich vor der Lindauer Hafeneinfahrt in Pose, immerhin ohne Mütze.

Die Schifffahrt hat etwas von einem Klassenausflug, der jüngste Minister schleckt ein Himbeereis. Das Sonnendach sitzt ein wenig tief, weshalb Söder – für alle ungewohnt – zwei Stunden lang leicht gebückt durchs Leben gehen muss. Vor den mitreisenden Journalisten referiert er über Kretschmanns Reifung vom Jungkommunisten zum Landesvater, die ihn beeindrucke. Ein Politiker, der persönliche Veränderung glaubhaft macht – solche Geschichten findet Söder zurzeit sehr inspirierend. Söders zweite Botschaft auf der MS Bodensee: wie lang und dick doch die grüne Traditionslinie der CSU sei, als einzige Partei, die sich schon im Namen die Bewahrung der Schöpfung auf die Fahnen geschrieben habe. Wenn man Josef Göppel, Peter Gauweiler und Theresa Schopper zugehört hat, wird man Söders Argument nicht für absurd halten, aber schon für ziemlich dreist.

Die Südschiene zwischen Bayern und Baden-Württemberg hat Tradition, sie ist eine schwarz-schwarze Erfolgsgeschichte. Franz Josef Strauß hat sie mit dem Stuttgarter CDU-Ministerpräsidenten Lothar Späth eingefädelt, Edmund Stoiber und Erwin Teufel haben sie weitergestrickt. Nachdem Kretschmann 2011 die Südwest-CDU von der Macht verdrängt hat, kündigte Horst Seehofer die Bruderschaft erst mal auf und rief einen «Wettbewerb der Systeme» aus. Dieser kam indes nie richtig in Gang, weil Seehofer bald seine Sympathie für Kretschmann entdeckte, den weisen Wanderführer von der Schwäbischen Alb. Es dauerte nicht lang, da beschimpfte er lieber die baden-württembergischen CDU-Männer Thomas Strobl und Peter Hauk als «Loser». Und jetzt also gibt es nach langen Jahren wieder eine gemeinsame Kabinettssitzung: Es ist ein Gipfel, der auf beiden Seiten begründungsbedürftig ist.

Söder hat sich zwar als Bienenretter neu erfunden und kann praktisch keinen Satz mehr ohne das Wort «Blühstreifen» bilden. Das alles nehmen ihm allerdings die argwöhnischen Grünen an Kretschmanns Basis noch nicht ganz ab – und dass ihr «Kretsch» sich so schamlos mit Söder zeigt, erfüllt sie auch nicht gerade mit purem Wohlgefühl. Sie sehnen sich nach den Zeiten, als Kretschmann noch spottete, ein zwielichtiges Foto des Kruzifix aufhängenden Söder erinnere ihn an «Vampirfilme». Ein gutes Jahr ist das erst her, genau wie der Asylstreit. Allein daran kann man festmachen, dass das Treffen von Meersburg für Söder ein noch größerer Coup ist als für Kretschmann. Für Söder ist es eine Art Prüfsiegel: wieder gesellschaftsfähig.

Dennoch ist der Meersburg-Trip schon auch für ihn ein delikates

Spiel mit Nähe und Distanz. An der CSU-Basis wird ja immer noch gern über die Grünen geschimpft, durchaus auch von Söder selbst. Beim Aschermittwoch gab es donnernden Applaus für seine These, die Grünen seien kein Partner, solange sie die Rückführung von Flüchtlingen in sichere Herkunftsstaaten blockierten. Und gerade erst, im Juni 2019, empfahl Söder dem CSU-Bezirksparteitag in Niederbayern, man möge auf die Koalitionsbildung nach der Bremer Bürgerschaftswahl schauen: Wenn die Grünen die Wahl hätten, marschierten sie nach links, zu Rot-Grün-Rot. Der CSU-Chef hat momentan einen ganz gewaltigen Wendekreis. Für Söder gibt es gute Grüne und böse Grüne; mit den bösen Grünen, die er in Bayern verortet, will er nichts zu schaffen haben. Wenn man ihm zuhört, könnte man glauben, Kretschmann und die Münchner Grünen-Fraktionschefin Katharina Schulze wären in verschiedenen Parteien.

So völlig daneben liegt er damit gar nicht: Die Grünen in München poltern gegen eine Abschiebepolitik, wie sie die Grünen in Stuttgart betreiben. Und sowieso historisch gesehen: Die baden-württembergischen Grünen fanden früher Gefallen am realpolitischen Gestalten als ihre bayerischen Parteifreunde. «Leute wie Winfried Kretschmann oder Fritz Kuhn haben in Baden-Württemberg früh versucht, Kontakte zu Handwerk und zum Mittelstand zu knüpfen», sagt Theresa Schopper. «Diese Wirtschaftsorientierung hat ihnen beim Wähler sicher geholfen.» Kuhn, heute Oberbürgermeister in Stuttgart, gab die Losung aus, mit grüner Politik schwarze Zahlen zu schreiben. Kretschmann erarbeitete sich den Ruf finanzpolitischer Solidität, indem er in der Opposition stets einen eigenen Haushalt aufstellte und seinen grünen Fraktionskollegen das bequeme Hantieren mit Fantasiezahlen untersagte.

Die braven Menschen von Baden-Württemberg hatten zwei, drei Jahrzehnte, um zu lernen, dass sie vor einem Oberrealo wie Kretschmann keine Angst haben mussten. Die Grünen im Südwesten waren die entscheidende Spur bürgerlicher als in Bayern; dazu mag beigetragen haben, dass der Protest gegen das Atomkraftwerk Wyhl am Kaiserstuhl schon Mitte der Siebzigerjahre – zehn Jahre vor Wackersdorf – die gesellschaftliche Reichweite des ökologischen Gedankens aufzeigte. Bauern und Winzer demonstrierten dort, Leute aus Kirchenchor und Sportverein. Die Grünen waren von Anfang an nicht nur in Groß- und Unistädten daheim, ihnen half, dass es in Baden-Württemberg im Vergleich zu Bayern mehr wirtschaftsstarke Klein- und Mittelstädte gibt. Auch dort bildete sich langsam ein Bürgertum heraus, dessen Wohlstand ein umweltbewusstes Leben erlaubte. Die Leute dachten sich nichts dabei, mal einen Grünen aus ihrer Mitte zu wählen, erst in den Gemeinderat, dann ins Rathaus.

Schon 1991 eroberte Elmar Braun im oberschwäbischen Maselheim, eine Autostunde von Meersburg, das erste hauptamtliche Bürgermeisteramt für die Grünen. Ein halbes Jahrhundert lang hatten die frommen Oberschwaben angenommen, dass das Herrgöttle die CDU exklusiv mit dem Erhalt der Heimat betraut hatte, die der bayerischen Heimat übrigens an Schönheit nicht nachsteht. Den Landkreis Biberach, in dem Maselheim liegt, nannten die Christdemokraten stolz «den schwärzesten der Welt». Und dann beschlossen die Maselheimer auf einmal, dass die Schönheit bei einem Grünen ja auch in guten Händen wäre. Horst Frank wurde 1996 in Konstanz der erste grüne Oberbürgermeister. Inzwischen haben die Grünen das Land gründlich umgepflügt, bei den Kommunalwahlen 2019 haben sie nicht nur weitere Hochburgen der CDU geschleift, sondern auch verbliebene der SPD. Das rote Mannheim ist im Gemeinderat nicht mehr rot. So groß sind die Gewinne der Grünen, dass Rüdiger Soldt in der «Frankfurter Allgemeinen Zeitung» feststellte: Die Hegemonie der CDU ist jetzt auch im vorpolitischen Raum erschüttert.

Markus Söder will in Bayern verhindern, was in Baden-Württemberg längst vollzogen ist: den Aufstieg der Grünen zur Volkspartei. Die Südschiene war schon immer geprägt von Konkurrenz und Kooperation – und nun ist das Ringen von Schwarz und Grün um die politische Mitte eben auch in Bayern voll entbrannt. Andererseits treffen sich in Meersburg da zweifellos zwei Ministerpräsidenten, die eine schwarz-grüne Koalition im Bund für erstrebenswert (Kretschmann) oder zumindest unvermeidlich (Söder) halten. Für Kretschmann ist Schwarz-Grün eine Sache des Herzens, für Söder eine des Kopfes. Die SPD ist im Eimer, die FDP auf ewig zu schwach als Partner, es bleiben ja nur die Grünen.

Söder bereitet seine Partei nun behutsam auf das neuartige Bündnis vor. Zu diesem Zweck umarmt er Kretschmann so oft wie möglich und so herzlich wie sonst nur Bäume. Er zitiert den Stuttgarter

Philosophenkönig auch in einem fort – besonders gern greift er auf ein Bruchstück aus einem Doppelinterview der beiden in der «Süddeutschen Zeitung» zurück. Da hatte Kretschmann gesagt, die CSU sei «in Bayern eine der genialsten Erfindungen», er beschrieb damit die Sonderrolle einer Regionalpartei mit Bundesanspruch. Söder behauptet seitdem mit bemerkenswertem Mut zur Freiheit und ohne jeden Kontext, selbst Kretschmann finde, die CSU «ist die genialste Erfindung der Bundesrepublik Deutschland».

Söder bemüht sich um einen gewissen Charme, als er Kretschmann in Meersburg seine Minister vorstellt: «Der junge, sportliche Mann, der aussieht wie aus der Toskana, ist der Umweltminister.» Dann wird wiederum ihm Susanne Eisenmann vorgestellt, die Stuttgarter Kultusministerin, die bei der Landtagswahl 2021 Kretschmann als CDU-Spitzenkandidatin herausfordern will. Beim Thema Zentralabitur hat sie Söder gerade in einem Brief widersprochen. Söder sagt lapidar: «Von Ihnen habe ich gelesen.» Die Stuttgarter Schwarzen sehen tapfer aus der ersten Reihe mit an, wie Söder und Kretschmann ihren Balztanz aufführen.

Bayern und Baden-Württemberg, beide Südländer sind ein Stück weit vom Glück geküsst, wohlhabend und schön. Den Zahlen nach ist Baden-Württemberg keinesfalls schlechter als Bayern, trotzdem strahlt Bayern mit Bergen und Bier viel stärker hinaus in die Welt. Das mag daran liegen, dass die Schwaben sich gern in pietistischer Bescheidenheit üben, während die Bayern mit ihrem katholisch-barocken Selbstbewusstsein offensiv die kulturelle Vorherrschaft im Süden für sich reklamieren. Der Protestant Söder ist in diesem Sinn normalerweise besonders katholisch. Aber an diesem Julitag am Bodensee reißt er sich zusammen. Einträchtig thronen Kretschmann und Söder bei der Sitzung der Kabinette nebeneinander, preisen den Föderalismus und die Leistungsfähigkeit ihrer Länder. Was Kretschmann über die Autoindustrie sagt, könnte genauso von Söder stammen. Kulturelle Unterschiede? «Ein Herz und eine Seele» seien die beiden, berichtet ein Teilnehmer.

Die Sitzung ist vorbei, kurze Spielanalyse mit Manfred Lucha, den alle nur Manne nennen. Lucha ist neben Schopper der zweite Bayer in Kretschmanns Kabinett. Einst hat er in Altötting den Grünen-Kreisverband mitgegründet, in den Achtzigerjahren ist er über

Eine Seefahrt, die ist lustig: Bayerns Ministerpräsident Markus Söder wird im Juli 2019 von seinem baden-württembergischen Amtskollegen Winfried Kretschmann im Hafen von Meersburg am Bodensee empfangen. Kretschmann ist zweifellos Söders Lieblings-Grüner.

die Landesgrenze nach Oberschwaben verzogen, der Liebe wegen. Lucha, drei Jahrzehnte Sozialarbeiter, drei Jahre Sozialminister, sagt: «Die CSU, mit der wir jetzt am Kabinettstisch sitzen, ist natürlich nicht mehr die CSU, der ich einst entflohen bin.»

Von all den historischen Erfolgen der Kretschmann-Grünen hat dieser Lucha den vielleicht sogar spektakulärsten eingefahren: Nicht weit von hier, im Wahlkreis Ravensburg, im katholischen Herzland der einst glorreichen Südwest-CDU, hat er das Landtagsdirektmandat gewonnen, und das, obwohl man ihm seine Altöttinger Herkunft immer noch anhört. Lucha sieht die Zusammenkunft von Meersburg durchaus als Etappe auf dem Weg zu einer Koalition im Bund: «Jede Zusammenarbeit, alles, was du praktisch vereinbarst, zeigt dir doch: Du kannst dich verständigen.»

Eine ganz kleine Verständigung ist für Söder vielleicht die größte Sache in Meersburg. Sofort teilt er via Twitter und Instagram mit: Kretschmann hat ihm endlich das «Du» angeboten, wie er es schon mit Seehofer pflegt. Völlig verinnerlicht hat Kretschmann die neue Vertrautheit aber noch nicht. Am Ende des Tages am Bodensee sagt er, er danke «dem Kollegen Doktor Söder» recht herzlich für den Besuch.

Theresa Schopper gehört erwartungsgemäß nicht zu den Grünen, die Kretschmanns neue Partnerschaft mit Söder für anstößig halten. Es habe, sagte Schopper im Stadtcafé, bei der CSU «auch immer ein paar Leute gegeben, mit denen man reden konnte». An Alois Glück habe sie geschätzt, «dass für ihn die Kraft des Arguments gegolten hat». Ilse Aigner sei jemand, die es ernst meine, wenn sie Hilfe anbiete. Mit Christa Stewens habe sich sogar ein «freundschaftliches Verhältnis» entwickelt. Nach dem ersten Einzug in den Bayerischen Landtag 1986 waren die Grünen von der CSU erst mal als «Chaoten» verunglimpft worden. Der Ministerpräsident Strauß lud sie einfach nicht zu Staatsempfängen ein. In der CSU war man sicher, dass die Chaoten wieder verschwinden würden.

1986 hatte den Grünen wohl noch die Tschernobyl-Katastrophe den entscheidenden Schub auf 7,5 % der Stimmen gegeben. Seitdem sind sie aber durchgängig im Bayerischen Landtag vertreten, auch wenn die Stärke der CSU sie einige Male nah an die Fünf-Prozent-Hürde drückte. Aber ihr Schlagkraft so richtig ausschöpfen, das klappte lange nicht recht. Früher, sagt Schopper, habe sie «neidisch» aus Bayern auf Baden-Württemberg geschaut. «Die Grünen dort hatten klare Führungsstrukturen und starke Fraktionschefs im Landtag, das hat ihnen die Profilierung erleichtert.» Und in München? «Bei uns hat jeder Abgeordnete seinen Schrebergarten bestellt und sich von der Fraktionsführung kaum was sagen lassen.»

Eines, sagt Schopper, hätten die Grünen in Bayern aber früh geschafft: «den Begriff Heimat zu besetzen». Dazu waren sie fast gezwungen, weil die Heimatverbundenheit in Bayern so ein wichtiger Hebel der CSU-Kraft war. In den Neunzigerjahren organisierte der damalige Landtagsfraktionschef Sepp Dürr eine Veranstaltungsreihe unter dem Titel «Hier sind wir daheim». Ziel war, einen «weltoffenen Heimatbegriff» zu entwickeln. Der optimistische Ansatz verfing besser als das SPD-Schlagwort vom «anderen Bayern». Eine «glaubhafte Verbindung zum Land» zu haben, sagt Schopper, «das ist in Bayern noch wichtiger als anderswo». Und einen Grünen habe es gegeben, der habe das perfekt verkörpert: Sepp Daxenberger. Ökobauer, Schmied, Bürgermeister von Waging am See, Landtagsabgeordneter und Co-Chef der bayerischen Grünen an Schoppers Seite. «Die Leute haben gespürt, das ist ein Bayer. Der meint es ernst, wenn er von der Heimat redet.»

Daxenberger war der Mann, der die Grünen in Bayern auch in konservativen Ecken der Gesellschaft gesellschaftsfähig machte. Ein Mann von Überzeugungen, aber nicht von Ideologie, angriffslustig und ausgleichend in einem Atemzug. Er war eine wuchtige Erscheinung, politisch und als das, was man in Bayern ein Mannsbild nennt. Hans Well von der Biermösl Blosn hat eine grüne Veranstaltung zum Thema «Was ist Heimat» nie vergessen: «Ein Grüner nach dem anderen hat krampfhaft versucht, Heimat zu definieren. Das war ein Debakel. Und dann hat sich der Sepp gemeldet, stehend am Rand. In fünf Minuten hat er alles auf den Punkt gebracht.» Daxenberger verdeckte für eine Weile all die inneren Brüche der Grünen. Wie Kretschmann in Baden-Württemberg war Daxenberger in Bayern der eine Grüne, von dem die schwarze Konkurrenz sagte: So einen bräuchten wir auch.

Mit Daxenberger durften die Grünen von einer Regierungsbeteiligung träumen. Als die CSU 2008 nach mehr als vierzig Jahren ihre absolute Mehrheit verlor und die Grünen auf zehn Prozent der Stimmen kamen, schien ein schwarz-grünes Experiment auf einmal greifbar zu sein. Aber die waidwunde CSU wählte die bequemere Lösung, ein Bündnis mit der FDP. Sepp Daxenberger war da schon lange schwer krank, Blut- und Knochenkrebs, immer wieder kehrte er nach Wochen im Krankenhaus zurück in den Landtag. Er starb im August 2010, und zu seiner Beerdigung in Waging kam im August 2010 auch Horst Seehofer, der Ministerpräsident und CSU-Vorsitzende. Daxenberger wird in Erinnerung bleiben als der Mann, der die Grünen an die Hand nahm auf ihrem langen Weg vom angeblichen Chaoten- ins Bürgertum.

Eine Frage wird immer wieder gestellt, nur leise natürlich, weil man nicht recht weiß, ob der Gedanke pietätsvoll ist: Was hätte werden können aus den bayerischen Grünen, wenn Sepp Daxenberger ein längeres Leben vergönnt gewesen wäre? Auch ohne ihn fühlten sich die Bayern-Grünen vor der Landtagswahl 2013 zum großen

Sprung bereit, doch dann verwehte eine steife Brise schlechter Laune aus Berlin die Hoffnungen: Veggieday, Steuererhöhungen, dazu ein nicht gerade von Subtilität getragener Anti-Grünen-Wahlkampf der CSU, orchestriert von Generalsekretär Alexander Dobrindt, der unter anderem mit Verve Pädophilie-Vorwürfe gegen Volker Beck instrumentalisierte. 8,6 Prozent waren es am Ende, ein Sprung rückwärts. 2018 waren die Voraussetzungen weit besser. Die Bundes-Grünen halfen mehr, als dass sie schadeten. Robert Habeck, Annalena Baerbock und Cem Özdemir bespielten die Bierzelte, manchmal füllten sie sie sogar, ein in Bayern jenseits der CSU unerhörter Vorgang. Alle drei verzichteten auf zu viel Belehrung und andere Dinge, die den Grant der Einheimischen erwecken hätten können.

Noch wichtiger war wohl, dass mit Katharina Schulze und Ludwig Hartmann ein Spitzenkandidaten-Duo mit herausragender Flügelabdeckung und insgesamt hohem Sympathiefaktor antrat. Schulze fand sich schnell inmitten eines kleinen bis mittleren Schulze-Hypes wieder, sie redet schnell, viel und leidenschaftlich. Sie verkörpert die Kampagnenfähigkeit der Grünen, sie hat die Volksbegehren gegen die Münchner Olympia-Bewerbungen angeführt, ebenso den Widerstand gegen die dritte Start- und Landebahn am Flughafen München. Mit der breiten Kritik am Polizeiaufgabengesetz, ein Jahr später validiert von einer regierungsnahen Expertenkommission, hatten die Grünen auch ein echtes Mobilisierungsthema. Schulze hatte in der Sache besondere Glaubwürdigkeit, weil sie als Innenpolitikerin die Annäherung der Grünen an die Polizei betreibt. Sogar Joachim Herrmann soll in einem vermeintlich unbeobachteten Moment ein Kompliment für Schulze über die Lippen gegangen sein.

Schulze ist das Gesicht der bayerischen Grünen, und sie ist sicher auch der Kopf – vielleicht ist Ludwig Hartmann aber noch ein bisschen mehr der Kopf. Er steht für die Themen aus Landwirtschafts- und Umweltpolitik, mit denen die Grünen auf dem Land punkten, er war lange vor Schulze der Bienenmann. Schulze ist die Frau für Menschen, für die beim Anblick von Gendersternchen die Sonne aufgeht; Hartmann ist der Mann, der mit Leuten reden kann, die Gendersternchen für Tippfehler halten. Beide halten die Zumutungen, die ihre Politik in der Konsequenz für die Menschen bedeuten, von ihren Wählern lieber fern. Ihre Grünen sind eine Gute-Laune-Partei, die Partei eines Lebensgefühls, dessen Zeit gekommen ist.

17,6 Prozent holten sie bei der Landtagswahl 2018, und trotzdem fühlte sich der Triumph für manche Grüne bald etwas schal an. Irgendwann will jeder regieren, Hartmann sicher noch mehr als Schulze. Die Sondierungen der Grünen mit der CSU waren nach der ersten Runde beendet, beide investierten nicht übermäßig viel. Schwarz-Grün hätte beide Parteien zu Bewegungen gezwungen, die ihnen vermutlich gutgetan hätten. Aber Söder wollte sich natürlich auch den Berliner Ärger ersparen, den ein grüner Koalitionspartner mitgebracht hätte. Und wie hätten sich beide Seiten bei der inneren Sicherheit einigen sollen, ohne Kernüberzeugungen zu verraten?

Dazu kommt, dass im polarisierten Landtagswahlkampf viele Wunden geschlagen wurden. Auch bei ernsthaften Christsozialen, die den Grünen vorwerfen, schnöde Wahlkampfinteressen moralisch verkleidet zu haben. In der Tat wirkte die Welt der Grünen manchmal arg eindimensional, etwa als Katharina Schulze nach dem Scheitern der schwarz-grünen Sondierungen wissen ließ, die CSU habe sich gegen eine «menschliche Politik» entschieden. Und damit also für eine unmenschliche? Auch die Vokabel «autoritär», die Schulze auf die CSU münzte, muss man schon weit aus dem politikwissenschaftlichen Kontext lösen, um sie für angemessen zu halten. CSU und Grüne, beide haben ihre Leute mit Horrorgeschichten über die anderen auf die Bäume gejagt, und jetzt kriegen sie sie nicht mehr runter. Da können Kretschmann und Söder noch so viel turteln.

Bleibt die CSU Volkspartei? Werden die Grünen Volkspartei? Na gut, sagt Schopper, die «alten Mechanismen der Macht» arbeiteten schon noch weiter für die CSU. «Sie hat ihre Leute immer noch überall, wo Menschen zusammenkommen, vom Schützenverein bis zur Caritas. Und alle wissen, wenn sie mal einen Zuschuss brauchen, müssen sie bei der CSU anklopfen.» Anderseits: «Die CSU hat auch Probleme, die sie früher nicht hatte.» In den Städten verliere sie den Anschluss, «weil es dort ein neues Lebensgefühl gibt, das sie nicht abdeckt». Oder die Fridays-for-Future-Demos: «Das sind Kreise, in denen die CSU keinen Fuß mehr auf den Boden bringt.» Das Thema Klima sei ein wesentlicher Grund, dass die Grünen heute auch in Bayern «in diese ganz tiefen Strukturen vorgedrungen sind».

Auch in der Kommunalpolitik sind die Grünen nun breiter verwurzelt, seit 2014 stellen sie die Landräte in Miesbach und Miltenberg, auch wenn sie in beiden Fällen von örtlichen Gegebenheiten profitierten. Die Kommunalwahl 2020, da sind sie sich sicher, wird einen großen Sprung nach vorne bringen. Sie gewinnen rasant an Mitgliedern, um die 3000 neue werden es im Jahr 2019 wohl werden. Selbst in Ecken, wo die Leute einst die Straßenseite wechselten, wenn ein «Kerndlfresser» daherkam, gründen die Grünen jetzt Ortsverbände. Während die CSU gegen Überalterung kämpft, haben die Grünen mit Eva Lettenbauer eine 26-Jährige zur Landeschefin gewählt.

Eine Partei ist dann erfolgreich, wenn sie ein Land und ein Gefühl in Einklang bringt. Theresa Schoppers Prognosen das politische Schicksal der Grünen betreffend sind deutlich positiver geworden in den knapp vier Jahrzehnten, seit sie ihr einschlägiges Referat am Gymnasium Hohenschwangau halten musste. «Die Grünen stehen für ein Heimat-Gefühl ohne Bayerntümelei, mehr in die Zukunft gewandt als das der CSU», sagt Schopper. «Ich würde sagen: Der Wettstreit ist eröffnet.»

6. Ortsverband Internet: Wie die CSU den Stammtisch digitalisiert

Man muss der CSU auch einfach mal Respekt zollen und Dank sagen, wenn sie etwas richtig macht, da darf man als Journalist keine falsche Scheu zeigen. 2016 hat sie etwas richtig gemacht, massiv richtig. Sie ist umgezogen. Die alte CSU-Landesleitung in der Nymphenburger Straße 64 war zwar legendär, aber auch legendär hässlich, ein enger, düsterer Betonklotz, den man sich als vorurteilsbehafteter Bayer auch gut in einer Plattenbausiedlung in der DDR hätte vorstellen können. Die alte Parteizentrale war im Sommer eine Sauna und im Winter ein Eiskeller, und sie war auch eine Zumutung für die Journalisten, die stundenlang und selbst bei Regen in dem Hinterhof herumlungern mussten, der offiziell der Vorplatz der Landesleitung war. «Unwürdige Bedingungen» hat der damalige Parteichef Horst Seehofer schließlich eingeräumt, bei Kälte «kannst du nicht einmal den Griffel halten». Nicht umsonst galt Seehofer lange als soziales Gewissen der CSU.

Aus der Stadtmitte zog die CSU in den Münchner Norden, Mies-van-der-Rohe-Straße 1. Statt aus grauem Stein besteht die neue Parteizentrale aus Glas, Holz und Stahl, dazwischen ist Platz für viel Luft und Licht. Vor der CSU residierte hier der Langenscheidt-Verlag, es gibt einen Garten und eine Dachterrasse. Und vor allem gibt es ein stets wohltemperiertes Foyer, in dem Journalisten Obdach finden, wenn sie mal wieder darauf warten müssen, dass die Vorstandsmitglieder endlich aus ihrer Sitzung kommen. Danke, CSU. Und wenn bis zur nächsten Fußball-Weltmeisterschaft auch noch ein größerer Fernseher hergeht: Respekt.

Die CSU beansprucht für sich, die modernste Partei in Deutschland zu sein. Auf Parteitagen wird man zum Beispiel immer auf die neuesten christsozialen Superlative hingewiesen: Videowall noch größer als bei der SPD, Soundsystem leistungsfähiger als bei der CDU. Und jetzt hat die CSU eben auch baulich ein Zuhause, von dem sie behaupten kann, es strahle Offenheit und Transparenz aus. Die neue Zentrale liegt in der Parkstadt Schwabing, einem rasch wachsenden High-Tech-Viertel, in dem Google, Microsoft und IBM zu den Nachbarn gehören und an einem schönen Septembertag junge, hippe Menschen auf Parkbänken mit ihren Notebooks an der Zukunft arbeiten.

Die Zukunft hat auch die CSU fest im Auge, das geht schon auf dem Parkplatz los, wo eine Elektroladesäule den Schriftzug «CSU elektrisiert» tragen muss. Im wohlvertrauten Foyer informiert ein Flatscreen darüber, dass in Saal 2 gerade das «Fachgespräch CO2-App» läuft. Ein Plakat lädt zur «Stammtisch Challenge», zu der man sich durch Scannen eines Barcodes anmelden kann. Was die Zukunft betrifft, steht die CSU ja vor dem Problem, dass der Stammtisch selbst in Bayern nicht mehr ist, was er mal war. «Näher am Bürger», dieses Sätzchen hat die CSU jetzt wieder zum offiziellen Parteislogan erhoben. In der Mies-van-der-Rohe-Straße 1 brütet man über der Frage, wo dieser Bürger im 21. Jahrhundert eigentlich genau anzutreffen ist – am Stammtisch allein, das hat man akzeptiert, wird es wohl nicht sein. Parteichef Markus Söder sagt: «Die CSU muss eine digitale Partei werden, wenn sie in Zukunft bestehen soll.»

Man müsse digitaler werden, das sagt heute natürlich jeder, jede Partei und jeder Dorfmetzger. Aber dass es die CSU vielleicht besonders ernst meint, das kann man erahnen, wenn man in einem etwas entlegenen Eck des Foyers eine der letzten Ausgaben des «Bayernkurier» herumliegen sieht. Ende 2019 wird die Parteizeitung, die eh nur noch ein Parteimonatsmagazin ist, eingestellt. In anderen Zeiten wäre das in der CSU dem Untergang des Abendlandes gleichgekommen, dessen Verteidigung bis aufs Messer sich die bayerische «Prawda» auf die Druckfahne geschrieben hatte. Das persönliche Kampfblatt des Franz Josef Strauß ordnete für die Parteimitglieder jahrzehntelang unübersichtliche Lagen mit hemmungsloser Einseitigkeit. Der «Bayernkurier» warnte vor «Radikalinskis» und einem «linken Mob», vor «Apo-Gammlern» und «entmenschten Vandalenhorden». Für den Fall, dass es ein «Linksfaschist», «Rocker» oder «Schläger» in das Büro des «Bayernkurier»-Chefredakteurs geschafft hätte, hatte dieser einen Alarmknopf unter dem Schreibtisch.

Die Bedeutung des «Bayernkurier» für die CSU kann man an der Zahl der wunderbaren Anekdoten ermessen, die ihn umwabern. Da ist die Geschichte von Willy Brandt, der den «Bayernkurier»-Herausgeber Strauß am Kabinettstisch der Großen Koalition zur Rede stellte, weil er sich so über einen bösartigen Artikel geärgert hatte. Ob er die Redakteure nicht etwas mäßigen könne, fragte Brandt. Strauß soll geantwortet haben: «Wissen Sie, Herr Brandt, Sie können den Kardinal auch nicht für alles verantwortlich machen, was seine Kapläne tun.» Da war Wilfried Scharnagl, der langjährige Chefredakteur und intellektuelle Übervater der CSU, über den Strauß sagte: «Scharnagl schreibt, was Strauß denkt, und Strauß denkt, was Scharnagl schreibt.» Da war die «Amigo-Affäre», beziehungsweise: Da war sie nicht, weil der «Bayernkurier» seine braven Leser nicht um den wohlverdienten Schlaf bringen wollte. Stattdessen analysierte man den sich nach «Bayernkurier»-Informationen rapide beschleunigenden Niedergang der SPD.

Doch die Zeiten wurden schwieriger, wie überall fürs das gedruckte Wort, die Auflage sank, das Defizit stieg. Und auch sonst war ohne Strauß alles anders: Chefredakteur Peter Hausmann wird nachgesagt, dass er in der Münchner Pfarrkirche Sankt Peter regelmäßig eine Kerze entzündete und betete, der Parteichef Seehofer möge seine

Meinung zwischen Redaktionsschluss am Mittwoch und Erscheinen am Samstag nicht wechseln. Vielleicht wurde die Welt auch einfach zu komplex, als dass sie sich mit den Schablonen des «Bayernkuriers» hätte erfassen lassen. «Alles hat seine Zeit», sagt Erwin Huber. Die Zeit des «Bayernkurier» ist abgelaufen.

Politische Kämpfe gibt es zwar immer noch, aber sie werden inzwischen in ganz anderen Arenen mit ganz anderen Waffen ausgefochten. Kurz vor der Europawahl 2019 veröffentlichte Rezo, ein blauhaariger YouTuber, der im alten «Bayenkurier» gewiss als «Gammler» geführt worden wäre, ein Video mit dem programmatischen Titel «Die Zerstörung der CDU». Die CSU durfte sich durchaus mitangesprochen fühlen. Das Video wurde mehr als 16 Millionen Mal aufgerufen. Als die CDU-Chefin Annegret Kramp-Karrenbauer dazu nur die Frage einfiel, welche Regeln im Digitalen eigentlich gelten, reifte bei Markus Söder der Entschluss, die Digitalisierung der CSU noch radikaler voranzutreiben als eh geplant.

Bislang waren die Internet-Abenteuer der Partei nicht maximal glücklich, unvergessen ist die «Facebook-Party», zu der Horst Seehofer 2012 in die Münchner Nobeldisco P1 einlud und zu der gefühlt mehr Journalisten kamen als geneigte Gäste. Wenn die Party irgendetwas illustrierte, dann, dass für Seehofer sowohl das P1 als auch das Internet unerforschtes Land waren. Später, als Bundesinnenminister, kündigte er an, das Twittern aufnehmen zu wollen, weil er «manche Wahrheiten sonst nicht unter eine breitere Bevölkerung» bekomme. Nach zwei Tweets, die offenbar weder äußere Wirkung noch innere Befriedigung gebracht hatten, meldete er sich wieder ab. Die Geschichte des Twitter-Nutzer Horst Seehofer ist eine Geschichte der Enttäuschung. Markus Söder, entscheidende 18 Jahre jünger, unterrichtet die Welt dagegen auf allen Kanälen in hoher Frequenz über wichtige Trends in den Bereichen Politik, Kulinarik und Haustiere. In Stoßzeiten kann man sich kaum im Internet bewegen, ohne plötzlich von einem Söder-Post gerammt zu werden, «Ich bin Hundefan», diese Liga. Die CSU-Landesgruppe antwortete auf Rezo mit einem blond gefärbten Armin, der über Greta Thunberg witzelte. Authentisch war da gar nichts.

Es ist nicht so, dass die CSU im Netz nicht solide unterwegs wäre, sie ist vorn dabei unter den deutschen Parteien, seit sie 1996 eine

Webseite einrichtete. Im Herbst 2019 hat sie 200 000 Facebook-Freunde (im Vergleich die Bundes-SPD: 191 000), 160 000 Twitter-Follower (SPD: 368 000) und 25 000 Fans bei Instagram (SPD: 41 000). Schon zu Zeiten des Generalsekretärs Alexander Dobrindt – 2009 bis 2013 – raunte man von einem irgendwie geheimen «War Room» in der Landesleitung, in dem die CSU ihre Social-Media-Kampagnen steuere. Als Journalisten dann doch mal dorthin vorgelassen wurden, entpuppte sich der War Room einfach als mittelgroßes Zimmer mit ein paar Computerarbeitsplätzen und zwei Flatscreens an der Wand.

Früher, erzählt Alois Glück, «hat die Opposition um 11 Uhr eine Pressekonferenz gemacht, und wir haben bis 15 Uhr eine Reaktion abgegeben, damit die Zeitungsredakteure das noch entspannt in die Ausgabe des nächsten Tages bringen». Heute, das sieht auch Glück mit seinen 79 Jahren, müsse man in einer halben Stunde reagiert haben. «Gut durchdachte, gut abgewogene Entscheidungen» würden dadurch aber nicht leichter. Es ist ein neues Spiel, und die CSU muss erst zeigen, wie gut sie darin ist. 2016 unternahmen Parteimitarbeiter eine Studienreise in den amerikanischen Präsidentschaftswahlkampf – Inspiration spendete ausgerechnet der Sozialist Bernie Sanders. Beim Umbruch 2019 geht der Blick eher nach Österreich, Vorbild ist die ÖVP des guten CSU-Kumpels Sebastian Kurz.

Gleich nach seiner Wahl zum Parteichef hat Söder die CSU-Zentrale durcheinandergewirbelt, er straffte die Organisation, bündelte Abteilungen, installierte Vertraute. Die Erneuerung der Partei-Kommunikation obliegt nun Generalsekretär Markus Blume, der im Konferenzraum «Kleine Lage» die große Frage präsentiert, die ihn und sein Team leite: «Was würde Franz Josef Strauß heute machen?» Strauß, da ist sich Blume sicher, würde heute keinen «Bayernkurier» mehr gründen. «Wenn man im Jahr 2019 an Kommunikation denkt, denkt man nicht zuerst an eine Zeitung.» Womöglich, sagt Blume, hätte Strauß einen YouTube-Kanal eingerichtet.

Natürlich heiße das nicht, «dass wir wie ein Start-up nur noch digital agieren», sagt Blume. «Wir brauchen schon auch weiter unsere klassische Kommunikation», all die Meyer Franzes in der Kommunalpolitik, die kein Fest, kein Grußwort und keinen Spatenstich auslassen. Aber eine «Mitmach-Partei» lebe heute eben ganz wesentlich von digitalen Angeboten. Und weil die Ressourcen begrenzt seien, führe das natürlich zu schweren Entscheidungen. Blume sagt: «Der ‹Bayernkurier› war uns lieb und teuer, aber wir können es uns nicht leisten, die moderne Kommunikation zu vernachlässigen.» Es ist ein Spagat, dessen Gelingen nicht garantiert ist. Läuft die neue CSU nicht Gefahr, zwar um die 18-Jährige in Schwabing zu werben, aber darüber den 78-Jährigen im Bayerischen Wald zu vergessen, der sie bisher immer gewählt hat? Nein, sagt Blume, es sei doch ein Irrtum zu glauben, «dass die Senioren von heute nicht im Internet unterwegs wären».

Das Schöne an digitalen Beteiligungsmöglichkeiten, sagt Blume, sei, dass sie so angenehm «niederschwellig» sind. Und es gebe heute eben viele Menschen, «die nicht traditionell in einem Ortsverein mitarbeiten, sondern sich in ungezwungenerer Form engagieren wollen». Für diese Gruppe möchte die CSU eine «Online-Mitgliedschaft» einführen. Wie sich das mit dem Parteiengesetz verträgt, das den Parteien die Gliederung in «Gebietsverbände» vorschreibt, ist noch zu prüfen. Mit regelmäßigen Umfragen unter Ortsvorsitzenden, sagt Blume, habe man bereits begonnen. Vor Parteitagen könnten Mitglieder künftig unkompliziert online Anträge stellen – und dann darüber abstimmen, welche es auf die Tagesordnung schaffen. Söder hat auch die Idee ventiliert, mal eine CSU-Vorstandssitzung live im Netz zu streamen, mit Kommentarfunktion für die Zuschauer.

Reicht das, um die berühmte Grasverzwurzelung der CSU in ein neues Zeitalter zu retten? Blume sagt, der Anspruch der CSU sei klar: «Wir wollen nicht nur dabei sein, wir wollen auch in dieser neuen Welt die Debatten-Hoheit haben.» Um das geeignete Personal konkurriert die CSU nun auch mit den geschätzten Nachbarn: Google, Microsoft, IBM. Man müsse in der digitalen Welt ständig dazulernen, sagt Blume, genau wie alle anderen Parteien auch. Neue Formate einfach ausprobieren, im Wissen, dass auch mal was danebengeht. Die Facebook-Algorithmen, sagt Blume, begünstigten leider populistische Positionen, «alles, was Zorn und Neid provoziert». Die CSU dagegen müsse «als Volkspartei immer auf Ausgleich bedacht» sein.

Herr Blume, wie sieht dann ein guter Social-Media-Beitrag der CSU aus? Ein bisschen Zuspitzung und Emotionalisierung müsse schon sein, sagt Markus Blume, frech, aber nicht ätzend. Er hat auch gleich ein Beispiel parat, das ihm gefalle, etwas von Instagram. Der Post zeigt einen Bundeswehr-Soldaten in Tarnfleck-Uniform und den Satz: «Das sind Grüne, die wirklich was für unsere Sicherheit tun!»

Schluss

Bayerische Sonderwege: Die CSU auf der Suche nach der verlorenen Mitte

Der Himmel über München ist mit Wolken verhangen, als wolle er auch etwas beitragen zur Unterhaltung im Großen Arbeitszimmer der Bayerischen Staatskanzlei. Panoramablick auf Himmel und Hofgarten, edle Polstersessel in sanftem Lila, auf dem Glastisch feines Porzellan mit dem bayerischen Staatswappen. Markus Söder, der Ministerpräsident und CSU-Vorsitzende, ist in Gedanken allerdings ganz woanders: im Bierzelt.

«Es ist schon so, dass die Gesellschaft heterogener geworden ist. Auch die politischen Stile haben sich geändert», sagt Söder, dessen persönlicher Stil immer ausgezeichnet ins Bierzelt passte. Allerhöchstens stand er dort vor dem Problem, dass ihm am Bier der Schaum noch am besten schmeckt. Söder sagt jetzt zwei Sätze, die gut dokumentieren, dass für die CSU eine neue Zeitrechnung begonnen hat: «Das Bierzelt ist nicht mehr der einzige politische Ort, an dem alles zusammenkommt. Das Bierzelt bleibt wichtig, aber es reicht allein nicht mehr aus, um die gesamte Gesellschaft anzusprechen.»

Es gab Phasen in der Karriere des Markus Söder, da hat man ihn weder demütig noch nachdenklich erlebt. Dann gab es Phasen, in denen er Demut und Nachdenklichkeit wenigstens nach Kräften simuliert hat. Und jetzt, nach vielen Monaten seines selbst verschuldeten Missvergnügens, klingt er tatsächlich einigermaßen dankbar, dass er weiterhin seine Gäste hier in der Staatskanzlei empfangen darf. Das Bierzelt war sein Zufluchtsort im Landtagswahlkampf 2018, er holte sich dort die Sicherheit, auf dem richtigen Weg zu sein. Die Sicherheit täuschte. Söder sagt, die Probleme der CSU gingen weit zurück: «Wir haben vielleicht erst spät auf Veränderungen in der Gesellschaft reagiert. Vor allem in den Großstädten.» Die CSU habe zu lange «von der Frucht vergangener Reformen» gelebt. «Man darf nie sagen: läuft doch. Im Moment des Erfolgs muss man bereits vorausdenken.»

Es wäre übertrieben zu behaupten, dass Söder zu schonungsloser Selbstkritik anhebt, aber es ist Selbstkritik. «Die CSU hat immer den Grundcharakter Bayerns repräsentiert», sagt er. «Im Wahlkampf 2018 haben wir den bayerischen Optimismus zu wenig verkörpert. Das darf nie wieder passieren.» Und noch ein bisschen deutlicher: «Die CSU ist ein Spiegelbild von Bayern. Wenn Bayern sich verändert, muss sich auch die CSU verändern.» Man müsse Impulse aus der Bevölkerung aufnehmen, wie beim Artenschutz: «Zwei Millionen Menschen, die ein Volksbegehren unterschreiben, kann man nicht einfach ignorieren.» Und ebenfalls müsse man es akzeptieren, dass es heute «Variationen des Bayern-Gefühls» gebe: «Die einen wollen das Mia san mia, die anderen bevorzugen einen moderneren Bayern-Begriff.» Auch die Neubürger in den Städten, zugezogen aus Hamburg, Köln oder Dresden, «sollen ihre politische Heimat bei der CSU finden». Man kann Söder beinahe dabei zuschauen, wie er versucht, den Geist des grünen Erfolgs wieder zurück in die Flasche zu bewegen und fest zuzuschrauben.

Kann die CSU Volkspartei bleiben, nach 37,2 Prozent bei der Landtagswahl? Natürlich, sagt Söder, und die Chance darauf liege zunächst in der Anerkenntnis, dass auch in Bayern das Volk kein einheitliches Gebilde mehr sei, dessen politische Gunst man auf Jahrzehnte pachten könnte. Söder hat früher tagein, tagaus von der «Stammkundschaft» geredet, die er pflegen wolle, und von den «Feuilletonisten», die er eh nicht brauche. Das klingt jetzt ganz anders: «Es gibt keine Mehrheiten mehr, auf denen man sich ausruhen kann. Man muss sich die Legitimation täglich erarbeiten.» Als Ministerpräsident wolle er «für alle» da sein.

Es gebe ihm Zuversicht, sagt Söder, dass die CSU in der Vergangenheit «immer wieder Modernisierungsprozesse durchlaufen» habe, ob bei Strauß oder bei Stoiber. Sie sei historisch ja genau deshalb eine erfolgreiche Partei, weil sie «die leisesten Erschütterungen in der Gesellschaft wahrgenommen und in die Politik übertragen» habe. Für die Partei selbst, das wisse er, sei die damit verbundene Veränderung nie einfach: «Natürlich tut sich manch einer zunächst schwer, neue Wege zu gehen. Aber das ist normal. Wenn ein Prozess nicht auch Diskussionen auslösen würde, wäre er nicht ernsthaft.»

Die CSU, deren Bild Markus Söder da zeichnet, hat nichts zu tun mit der polarisierenden Partei der vergangenen Jahre. Diese neue CSU scheint eine ausgleichende, vermittelnde, besonnene Partei sein zu wollen: «Wir haben da eine besondere Aufgabe, weil wir als Einzige den Konsens und die Mitte in der Gesellschaft suchen. Wir verbinden Strömungen, die andere nicht zusammenbringen. Wir spielen Ökonomie und Ökologie nicht gegeneinander aus wie die Grünen. Wir sind die politische Kraft, die eine Spaltung der Gesellschaft verhindert.» Die Frage ist natürlich, ob es diese CSU wirklich gibt – oder ob sie nicht doch nur im Kopf ihres Vorsitzenden existiert.

Die CSU, die Söder beschreibt, ist die Sammlungsbewegung, die sie einmal war. Söder selbst hat dazu beigetragen, dass das breite Dach der Partei ins Wanken geraten ist. Als er Ministerpräsident wurde, war es nicht seine erste Idee, den Konsens zu suchen. Seine erste Idee war, die Gunst der Wähler mit Familien- und Pflegegeld und anderen milden Gaben zurückzukaufen; seine zweite Idee war, im Asylstreit die Wähler rechts der Mitte zu mobilisieren. Die «ökosoziale Marktwirtschaft», mit der er es nun versucht, ist seine dritte Idee und seine beste.

CSU-Generalsekretär Markus Blume formuliert diese Idee aus, als Teil der großen bayerischen Aufstiegserzählung, von der die CSU auch früher gut gelebt hat. Am Anfang war demnach Strauß mit der Industrialisierung, erste Stufe. Dann kam Stoiber mit «Laptop und Lederhose», zweite Stufe. Blume sagt: «Wir wollen jetzt die dritte Stufe der Erneuerung angehen. Wir wollen einen intelligenten Fortschritt, ein smartes Bayern, das Wirtschaft, Soziales und Ökologie zusammenbringt.»

Die alte Parteienordnung zerfällt, fast überall in Europa. Großparteien schrumpfen zu Mittelparteien, Kleinparteien wachsen zu Mittelparteien. Mit zwanzig Prozent der Stimmen kann man heute eine Koalition führen, in den Niederlanden zum Beispiel. Das muss keine schlechte Nachricht für die Demokratie sein. Es ist eine schlechte Nachricht für die CSU. Wenn es den Typ der Volkspartei, die dauerhaft vierzig Prozent der Wähler oder mehr an sich bindet, gar nicht mehr gäbe: Dann wäre die bayerische Wahlmonarchie an ihr Ende gelangt.

In den vergangenen Jahren brauchten die Grünen und die AfD der Selbstdemontage von SPD und CDU eigentlich nur zuzusehen. Die CSU sticht deshalb heraus, weil sie sich entschlossener wehrt gegen ihr vermeintliches Schicksal. Man kann der Söder-CSU vorwerfen, dass sie schon manche schlechte Idee hatte. Aber man kann ihr nicht vorwerfen, dass sie keine Ideen hätte. Gefährlich wurde es für die CSU in ihrer Geschichte immer, wenn sie müde und verbraucht wirkte: in der zweiten Hälfte des Streibl-Intermezzos, am Ende der Ära Stoiber, in der Kurzzeit-Regentschaft Becksteins und Hubers. Das zumindest wird mit Söder nicht ihr Problem werden.

Wenn man Markus Blume zuhört, spürt man noch drastischer als bei Söder die Zäsur durch den Flüchtlingsstreit. «Wir sind als CSU durch stürmische Wasser gefahren. Manchmal war es ziemlich einsam im Schützengraben», sagt Blume. «Es haben verschiedene Fliehkräfte der Gesellschaft an uns gezerrt. Den einen war der Kurs zu schlapp, den anderen zu scharf. Da zerreißt es dich fast.» Natürlich habe er sich auch die Frage gestellt: «Kann es den Nimbus der CSU heute noch geben?» Wenig überraschend ist auch der Generalsekretär zu der Auffassung gekommen: ja, kann es. «In der Gesellschaft gibt es momentan zu viel Trennendes. Das sehe ich als Chance für eine Volkspartei. Da sind wir gefordert, die Menschen zusammenzuführen.» Blume sagt: «Die CSU hatte immer unglaubliche Integrationskraft. Die wollen wir wieder ausschöpfen.»

Aber dafür muss die CSU erst mal wieder mit sich selbst in Reine kommen. Alois Glück, der ewige Mahner der Partei, sagt: «Es wird viel davon abhängen, dass wir in der CSU eine Diskussionskultur pflegen.» Man dürfe Debatten «nicht mit der Forderung nach Loyalität und Gefolgschaft unterbinden». Für Söder könnte das durchaus eine Herausforderung werden, er führt die CSU mit so straffer Hand, dass man im Vergleich meinen könnte, Franz Josef Strauß habe es ein bisschen an Selbstbewusstsein gefehlt. Die «innere Vielfalt» sei aber entscheidend, sagt Glück, und sie müsse auch nach außen sichtbar werden. Ihre Breite bekommt eine Partei nicht geschenkt, nicht mal die CSU.

Alois Glück, der den Ehrentitel «Vordenker» wie einen zweiten Vornamen trägt, hat noch ein zweites Problem der CSU ausgemacht. «Wir haben an Verwurzelung in wichtigen gesellschaftlichen Gruppen eingebüßt. Im Naturschutz, in den Sozialverbänden, in den Kirchen oder in der Kultur», sagt Glück. «Wir haben unsere Stärke und unsere Innovationen immer aus der Nähe zu den Verbänden und den gesellschaftlichen Gruppen bekommen.» Heute sei das manchen offenbar zu anstrengend. «Viele Nachwuchspolitiker sind mir zu sehr der Typ Parteimanager, zu sehr mit sich selbst beschäftigt, anstatt zu den Leuten zu gehen.» Das sei kein exklusives Phänomen der CSU. Aber ein Phänomen, dass die Partei des Graswurzel-Kults besonders hart trifft. Glück sagt: «Wir müssen wieder in die gesellschaftlichen Gruppen hineingehen und dann auch bereit sein, uns auf die Leute einzulassen.»

Er wisse, sagt Glück, dass die Meinungsbildung für die Partei früher leichter war. «Da hat man bei einem Thema fragen können: Was sagt der Gewerkschaftsbund? Was sagen die Kirchen?» Doch auch im digitalen Zeitalter und im Angesicht abschmelzender Milieus gebe es immer noch eine starke Währung in der Politik: Vertrauen. «Gerade weil alles kurzatmiger wird, ist die Verlässlichkeit eines Politikers ein zentraler Faktor.» So liest man das auch bei den Soziologen, die die Teilung der Gesellschaft beschreiben: Wenn die Wähler nur noch in ihren Blasen leben und die Fähigkeit zum Kompromiss verlieren, dann ist es am ehesten ein glaubwürdiger politischer Anführer, der sie noch zusammenbringen kann. Die Integrationskraft der CSU hängt in den nächsten Jahren wesentlich ab von der Integrationskraft des Markus Söder.

Die einschlägigen Fähigkeiten des Parteivorsitzenden werden schon innerhalb der CSU geprüft. Die Anführer der CSU haben gesellschaftliche Veränderung immer wieder angenommen oder sich gar an deren Spitze gestellt. Die Basis hat sich damit oft genug schwerer getan. Die Grüne Theresa Schopper sagt: «Der Reflex ist immer, dass alles bleiben soll, wie es ist. Ich denke, dass das auch beim Thema Zuwanderung eine Rolle spielt: Das Neue, das Fremde ist vielen in der CSU erst mal suspekt.» Noch fällt niemand Söder in den Rücken.

Aber die Partei ächzt unter Tempo und Tiefe des Wandels, den er ihr zumutet. Klimaschutz, Globalisierung, Migration: Die einen fürchten um die alte Heimat, die anderen begrüßen eine neue Welt. Die Bruchlinien der Gesellschaft sind auch die Bruchlinien der CSU.

Wie sehr kann man eine Partei dehnen, ohne dass sie bricht? Daniel Artmann sagt: «Die erfolgreichste CSU war immer eine CSU mit Maß und Mitte.» Eine Partei, die den Klimaschutz als Aufgabe erkennt und trotzdem die Arbeitsplätze sieht, die am Diesel hängen. Artmann ist Anfang dreißig, der Vorsitzende der Jungen Union in Oberbayern. Niemand, der im Verdacht stehen könnte, in der Vergangenheit festzuhängen. «Der gesellschaftliche Fortschritt ist bei der Jungen Union ganz selbstverständlich», sagt Artmann. Schwulsein zum Beispiel, «das ist bei uns völlig normal. Wir haben eine Diversität, die würde manchen überraschen.» Die CSU ist momentan in unterschiedlichen Bereichen eine Partei der unterschiedlichen Geschwindigkeiten. Natürlich beruft sich auch der junge Artmann auf den alten Strauß: «Konservativ sein, das heißt für mich, offen für Neues sein, aber auch Bewährtes erhalten.»

Die CSU-Mitglieder und die CSU-Wähler, sagt Artmann, schätzten Beständigkeit und Sachlichkeit. Artmann sagt: «Ich glaube, wir versuchen gerade zu sehr, laute Minderheiten für uns zu gewinnen. Und vergessen dabei die Leisen in der Mitte. Die waren immer unsere Stammklientel.» Man müsse «auch weiter die kleinen Leute ansprechen, die beim digitalen Wandel nicht vorauslaufen». Reiche könnten sich eine CO2-Steuer leisten, «arme Pendler eher nicht». Oder die Landwirte: «Die waren immer unsere Leute. Um die müssen wir uns auch weiter kümmern.» Man trifft in der CSU viele Menschen wie Daniel Artmann, die sich sorgen, die Partei könnte ihren konservativen Kern verlieren.

Die CDU hat ihren konservativen Kern in den Merkel-Jahren gründlich abgeschliffen. Das Argument für Merkels Modernisierungskurs war stets, dass eine Volkspartei Anschluss an den gesellschaftlichen Wandel finden müsse, auch gegen die Beharrungskräfte ihrer Funktionäre. Eine Weile hat das gut funktioniert, aber nur eine Weile. Die Merkel-CDU hat sich viel klarer als die CSU auf einer Seite der Bruchlinie der Gesellschaft positioniert – auf der Seite der Kosmopoliten. Die CDU ist jetzt vor allem eine Partei der bildungsbürgerlichen Eliten, einer stetig wachsenden Wählergruppe, um die allerdings auch die Grünen buhlen. Diese strategische Ausrichtung hat den Preis, dass für die CDU – wenn sie nach Merkel nicht einigermaßen drastisch den Kurs ändert – auf der Seite der Heimatbewahrer nicht mehr viel zu holen ist: bei den Arbeitern, bei der unteren Mittelschicht.

Die CSU hat noch Zugriff auf diese Wählerschaft, aus ihrem alten Selbstverständnis heraus, das über manche Brüche hinweg das Konservative und das Soziale vereinigt. In der CSU reden alle ständig von den «kleinen Leuten», der Bienenfreund Söder, oder Horst Seehofer bei seinem Abschied vom Parteivorsitz: «Verachtet mir die kleinen Leute nicht.» Es ist ein christsoziales Kontinuum, das ein Überleben als überdurchschnittlich große Partei begünstigt, aber keinesfalls garantiert.

Es ist ein heftiger Spagat, in den die CSU gerade hineingleitet: Sie muss die Sorgen der Heimatbewahrer ernst nehmen und trotzdem das Lebensgefühl der Kosmopoliten aufnehmen. Beim Thema Migration zum Beispiel: Wenn sie auf beiden Seiten der Bruchlinie reüssieren will, muss sie mit Leben füllen, was bisher nur eine Formel ist: «Ordnung und Humanität». Sie muss Migration steuern, zugleich aber die Realität annehmen, dass eine alternde Gesellschaft Zuwanderung braucht. Sie müsste, wenn dieser Spagat nicht in schlimmen Verletzungen enden soll, sich wohl mit einer herben Einschränkung ihres politischen Repertoires abfinden: Ein Teil der eigenen Kundschaft dürfte eine Politik des Ressentiments nicht akzeptieren. Wahrscheinlich war die Integrationsleistung, die eine Volkspartei zu ihrem Überleben erbringen muss, noch nie so groß wie heute.

Die Neujustierung der CSU braucht Zeit, eine vorgezogene Bundestagswahl 2020 käme womöglich zu früh für die Partei. Immerhin hat sie mittelfristig einige strategische Vorteile. Sie ist immer noch die Interessensvertreterin Bayerns in Berlin. Während CDU und SPD unter ihrem Mangel an Unterscheidbarkeit leiden, hat die CSU weiterhin ein markantes Profil. Solange sie mit den auf Bayern beschränkten Freien Wählern koalieren kann, ist sogar der Verlust der einst sakrosankten absoluten Mehrheit unter Umständen verschmerzbar. Die Beschränkung auf Bayern gibt der CSU auch ein kräftigeres Narrativ an die Hand, als es anderen Parteien im Bund oder in den Ländern zur Verfügung steht. Die Suche nach der politischen Mitte ist in einem Land auch leichter als in 16. Außerdem ist die CSU in weiten Teilen der Bevölkerung immer noch glaubwürdig als Partei der inneren Sicherheit. Einige strukturelle Vorteile kommen dazu.

Es gibt ja unterschiedliche Ansätze, eine Volkspartei zu definieren. Der schlichteste, aber klarste Ansatz besagt, dass eine Volkspartei auf Dauer mindestens 35 Prozent der Wähler für sich gewinnen, ein Prozent der Wahlberechtigen als Mitglieder haben und von diesen Mitgliedern wiederum zehn Prozent als aktive Funktionäre rekrutieren muss. Die CSU mit ihren 140 000 Mitgliedern erfüllt all diese Kriterien. Ihre Erosion vollzieht sich langsamer als die anderer Volksparteien, weil sie von einem höheren Plateau ausgeht. An Mitgliedern, an flächendeckender Präsenz, an organisatorischer Schlagkraft, auch an Markenstärke. Und an Wählerstimmen. Selbst bei der Landtagswahl 2018 lag die abgestürzte CSU noch zehn Prozent über den Grünen und der SPD zusammen.

Es dürfte der CSU auch helfen, dass das bürgerliche Lager in Bayern noch ein wenig größer ist als anderswo. «Alle, die sich – zu Recht oder zu Unrecht – auf die alte CSU beziehen, kommen in Bayern auch jetzt noch auf mehr als sechzig Prozent», sagt Peter Gauweiler. Er rechnet die Sache vor: CSU plus Freie Wähler plus AfD plus FDP, knapp 65 Prozent. Man könnte sagen: eine Bierzelt-Koalition. Peter Gauweiler sagt es etwas vornehmer: «Der Strauß'sche Rahmen ist noch da.» Es war allerdings auch noch nie so schwer, ihn auszufüllen.

Anhang

Dank

Ich danke allen Gesprächspartnern, die meine Recherche mit ihrer Zeit, ihrem Vertrauen und ihrem Wissen bereichert haben. Das war mir nicht nur eine Hilfe, es war mir ein Vergnügen. Ich danke auch allen Pressesprechern, die mir die Arbeit erleichtert haben.

Ich habe vielen tollen Kollegen in der Redaktion der «Süddeutschen Zeitung» zu danken, und niemandem mehr als Wolfgang Wittl. Seit vier Jahren berichten wir gemeinsam über die CSU; jeder Tag ist für mich Freude und Privileg. Wolfgang Wittl war wesentlich an vielen Recherchen und Artikeln beteiligt, auf deren Grundlage Teile dieses Buchs entstanden sind. Ich kenne keinen bescheideneren politischen Reporter und keinen besseren.

Mein besonderer Dank gilt auch der Kollegin Lisa Schnell und weiteren Kollegen, mit denen ich bei Recherchen zusammenarbeiten durfte, die in dieses Buch eingeflossen sind: Daniel Brössler, Markus Balser, Nico Fried, Alexander Mühlauer, Johann Osel, Robert Rossmann, Jens Schneider und Mike Szymanski. Ich danke auch den vielen Kollegen, die mich an ihren Erfahrungen mit der CSU haben teilhaben lassen: Katja Auer, Sebastian Beck, Peter Fahrenholz, Max Hägler, Hans Kratzer, Annette Ramelsberger, Christiane Schlötzer-Scotland und einige mehr. Ein Blick ins Archiv auf die CSU-Berichterstattung der SZ in den vergangenen Jahrzehnten ist immer Inspiration und Verpflichtung.

Meinen Ressortkollegen Tomas Avenarius, Alexander Gorkow, Jan Heidtmann, Gabriela Schimpf, Thorsten Schmitz, Karin Steinberger und Martin Wittmann danke ich dafür, dass sie mir in der Entstehungsphase dieses Buches den Rücken freigehalten haben.

Detlef Felken von C.H.Beck danke ich für seine Initiative, seine

Beharrlichkeit und die höchst engagierte Begleitung des Projekts vom ersten Tag an.

Für die sanfte Heranführung an das Thema danke ich Benedikt, Armin, Michael, Sebastian und allen, die sich angesprochen fühlen. Bernd Dörries, Roman Pletter und Wolfgang Wittl danke ich für ihre wertvollen Anmerkungen zum Manuskript. Meinen Eltern und Emil danke ich für Anteilnahme und Ermutigung. Und vor allem danke ich Nina, ohne deren Verständnis und Unterstützung es dieses Buch nicht geben würde.

Wenn nichts Gscheits drin steht, ist das allein meine Verantwortung.

Literatur

Alemann, Ulrich von/Erbentraut, Philipp/Walther, Jens: Das Parteiensystem der Bundesrepublik Deutschland. Eine Einführung, Springer VS, Wiesbaden 2018.

Alexander, Robin: Die Getriebenen. Merkel und die Flüchtlingspolitik: Report aus dem Inneren der Macht, Penguin, München 2018.

Altendorfer, Otto: Fritz Schäffer als Politiker der Bayerischen Volkspartei (zwei Bände), Archiv für Christlich-Soziale Politik der Hanns-Seidel-Stiftung, München 1993.

Amann, Melanie: Angst für Deutschland. Die Wahrheit über die AfD, Droemer, München 2017.

Arnim, Hans Herbert von: Die Selbstbediener. Wie bayerische Politiker sich den Staat zur Beute machen, Heyne, München 2013.

Bannas, Günter: Machtverschiebung. Wie die Berliner Republik unsere Politik verändert hat, Propyläen, Berlin 2019.

Balke, Hilde: Die Präsidenten des Bayerischen Landtags. Von 1946 bis 1994, Bayerischer Landtag, München 2001.

Baumgärtel, Manfred (Hrsg.): Geschichte einer Volkspartei. 50 Jahre CSU – 1945–1995, Hanns-Seidel-Stiftung, München 1995.

Bergbauer, Harald (Hrsg.): Parteien und Landtagswahlen in Bayern. Die Landtagswahl 2013 in der Analyse, Bayerische Landeszentrale für politische Bildungsarbeit, München 2014.

Berls, Ulrich: Bayern weg, alles weg. Warum die CSU zum Regieren verdammt ist, Knaur, München 2013.

Biebricher, Thomas: Geistig-moralische Wende. Die Erschöpfung des deutschen Konservatismus, Matthes & Seitz, Berlin 2018.

Bößenecker, Hermann: Bayern, Bosse und Bilanzen. Hinter den Kulissen der weiß-blauen Wirtschaft, Verlag Kurt Desch, München 1972.

Decker, Frank/Neu, Viola (Hrsg.): Handbuch der deutschen Parteien, VS, Wiesbaden 2007.

Deininger, Roman/Ritzer, Uwe: Markus Söder. Politik und Provokation, Droemer, München 2018.

Dexheimer, Wolfgang F.: Die CSU-Landesgruppe. Ihre organisatorische Stellung in der CDU/CSU-Fraktion, in Zeitschrift für Parlamentsfragen 3/1972.

Dittberner, Jürgen: Die FDP. Geschichte, Personen, Organisation, Perspektiven. Eine Einführung, VS, Wiesbaden 2010.
Duschinger, Oskar: Hans Schuierer. Symbolfigur des friedlichen Widerstands gegen die WAA, Buch- und Kunstverlag Oberpfalz, Regenstauf 2018.
Dürr, Tobias/Soldt, Rüdiger (Hrsg.): Die CDU nach Kohl, Fischer, Frankfurt am Main 1998.
Erhard, Rudolf: Edmund Stoiber. Aufstieg und Fall, Fackelträger, Köln 2008.
Falter, Jürgen W.: Bayerns Uhren gehen wirklich anders. Politische Verhaltens- und Einstellungsunterschiede zwischen Bayern und dem Rest der Bundesrepublik, in: Zeitschrift für Parlamentsfragen, 4/1982.
Fait, Barbara: Die Anfänge der CSU 1945–1948. Der holprige Weg zur Erfolgspartei, Olzog, München 2001.
Friedl, Gerhard: Max Streibl. Bayerischer Ministerpräsident, Gerber, München 1989.
Friemberger, Claudia (mit Renate Höpfinger): Alfons Goppel. Vom Kommunalpolitiker zum Bayerischen Ministerpräsidenten, Hanns-Seidel-Stiftung, München 2001.
Gaumer, Janine: Wackersdorf. Atomkraft und Demokratie in der Bundesrepublik 1980–1989, Oekom Verlag, München 2018.
Geiger, Tim: Atlantiker gegen Gaullisten. Außenpolitischer Konflikt und innerparteilicher Machtkampf in der CDU/CSU 1958–1969, Oldenbourg, München 2008.
Glaab, Manuela/Weigl, Michael (Hrsg.): Politik und Regieren in Bayern, Springer VS, Wiesbaden 2013.
Glück, Alois: Abstieg oder Aufbruch. Plädoyer für eine liberal-konservative Erneuerung, Bruckmann, München 1996.
Goppel, Alfons: Rückblicke. 1957–1984, hrsg. von Claudia Friemberger und Ferdinand Kramer, EOS, St. Ottilien 2005.
Götschmann, Dirk: Wirtschaftsgeschichte Bayerns. 19. und 20. Jahrhundert, Friedrich Pustet, Regensburg 2010.
Groß, Hans Ferdinand: Hanns Seidel. Eine politische Biographie, Archiv für Christlich-Soziale Politik der Hanns-Seidel-Stiftung, München 1992.
Grüner, Stefan: Geplantes «Wirtschaftswunder»? Industrie- und Strukturpolitik in Bayern 1945–1973, Oldenbourg, München 2009.
Hefty, Georg Paul: Die CSU an der Wegscheide, Olzog, München 2007.
Henkel-Waidhofer, Johanna/Henkel, Peter: Der Vertrauensmann. Winfried Kretschmann. Das Porträt, Herder, Freiburg im Breisgau 2017.
Hermannseder, Eveline: Europas letzte große Volksparteien. Die Christlich-Soziale Union und die Südtiroler Volkspartei im Vergleich, Nomos, Baden-Baden 2014.
Hetrodt, Ewald: Günther Beckstein. Die Biografie, Johannis, Lahr 2008.

Hettler, Friedrich Hermann: Josef Müller: Ochsensepp. Mann des Widerstands und erster CSU-Vorsitzender, Dissertation, München 1991.

Hirscher, Gerhard: Die CSU als Koalitionspartner, in: Sturm, Roland/Kropp, Sabine (Hrsg.): Hinter den Kulissen von Regierungsbündnissen. Koalitionspolitik in Bund, Ländern und Gemeinden, Nomos, Baden-Baden 1999.

Hopp, Gerhard/Sebaldt, Martin/Zeitler, Benjamin (Hrsg.): Die CSU. Strukturwandel, Modernisierung und Herausforderungen einer Volkspartei, Springer VS, Wiesbaden 2010.

Hübler, Martin: Bayern in Europa. Determinanten der bayerischen Europapolitik bis zur EU-Osterweiterung, Bayerische Landeszentrale für politische Bildungsarbeit, München 2003.

Kießling, Andreas: Die CSU. Machterhalt und Machterneuerung, VS, Wiesbaden 2004.

Kock, Peter Jakob (Hrsg.): Der Bayerische Landtag. Eine Chronik, Bayerischer Landtag, München 2006.

Koppetsch, Cornelia: Gesellschaft des Zorns. Rechtspopulismus im globalen Zeitalter, Transcript Verlag, Bielefeld 2019.

Köpf, Peter: Stoiber. Die Biografie, Heyne, München 2002.

Kraus, Andreas: Geschichte Bayerns. Von den Anfängen bis zur Gegenwart, C.H.Beck, München 2013.

Kretschmann, Winfried: Worauf wir uns verlassen wollen. Für eine neue Idee des Konservativen, S. Fischer, Frankfurt am Main 2018.

Kronenberg, Volker/Mayer, Tilman (Hrsg.): Volksparteien. Erfolgsmodell für die Zukunft? Konzepte, Konkurrenzen und Konstellationen, Herder, Freiburg im Breisgau 2009.

Lohse, Eckart/Wehner, Markus: Guttenberg, Droemer, München 2011.

März, Stefan: Alfons Goppel. Landesvater zwischen Tradition und Moderne, Verlag Friedrich Pustet, Regensburg 2016.

Meinel, Florian: Vertrauensfrage. Zur Krise des heutigen Parlamentarismus, C.H.Beck, München 2019.

Mintzel, Alf: Die CSU. Anatomie einer konservativen Partei, Westdeutscher Verlag, Opladen 1975.

Mintzel, Alf: Geschichte der CSU. Ein Überblick, Westdeutscher Verlag, Opladen 1977.

Möller, Horst: Franz Josef Strauß. Herrscher und Rebell, Piper, München 2016.

Müller, Josef: Bis zur letzten Konsequenz. Ein Leben für Frieden und Freiheit, Süddeutscher Verlag, München 1983.

Müller, Kay: Schwierige Machtverhältnisse. Die CSU nach Strauß, VS, Wiesbaden 2004.

Müller, Peter: Der Machtkampf. Seehofer und die Zukunft der CSU, DVA, München 2016.

Oberreuter, Heinrich: Speerspitze der Opposition – die Rolle der CSU seit 1998, in: Mayer, Tilman/Meier-Walser, Reinhard C. (Hrsg.): Der Kampf um die politische Mitte. Politische Kultur und Parteiensystem seit 1998, Olzog, München 2002.

Patzelt, Werner: CDU, AfD und die politische Torheit, Weltbuch, Dresden 2019.

Reckwitz, Andreas: Die Gesellschaft der Singularitäten. Zum Strukturwandel der Moderne, Suhrkamp, Berlin 2017.

Resing, Volker: Die Kanzler-Maschine. Wie die CDU funktioniert, Herder, Freiburg im Breisgau 2013.

Riehl-Heyse, Herbert: Die Partei, die das schöne Bayern erfunden hat, C. Bertelsmann, München 1979.

Rödder, Andreas: Konservativ 21.0. Eine Agenda für Deutschland, C.H.Beck, München 2019.

Roth, Rainer A.: Politische Landeskunde. Freistaat Bayern, Bayerische Landeszentrale für politische Bildungsarbeit, München 2000.

Scharnagl, Wilfried: Bayern kann es auch allein. Plädoyer für den eigenen Staat, Quadriga, Köln 2012.

Schlemmer, Thomas/Woller, Hans (Hrsg.): Bayern im Bund. Die Erschließung des Landes 1949–1973, De Gruyter Oldenbourg, München 2001.

Schlötterer, Wilhelm: Macht und Missbrauch. Franz Josef Strauß und seine Nachfolger – Aufzeichnungen eines Ministerialbeamten, Fackelträger, Köln 2009.

Schlötterer, Wilhelm: Wahn und Willkür. Strauß und seine Erben oder wie man ein Land in die Tasche steckt, Heyne, München 2015.

Schwarz, Hans-Peter (Hrsg.): Die Fraktion als Machtfaktor. CDU/CSU im Deutschen Bundestag 1949 bis heute, Pantheon, München 2009.

Schwarz, Hans-Peter: Helmut Kohl. Eine politische Biographie, DVA, München 2012.

Siebenmorgen, Peter: Die Union nach ihrem Ende. Wie Deutschland seine politische Mitte verliert – und wiedergewinnen kann, Benevento, Elsbethen 2019.

Siebenmorgen, Peter: Franz Josef Strauß. Ein Leben im Übermaß, Siedler, München 2015.

Spindler, Max: Das Neue Bayern. Von 1800 bis zur Gegenwart. Erster Teilband: Staat und Politik, bearbeitet von Dieter Albrecht, Karl-Ulrich Gelberg u. a., C.H.Beck, München 2003.

Stiller, Michael: Edmund Stoiber. Der Kandidat, Econ, München 2002.

Stoiber, Edmund: Weil die Welt sich ändert. Politik aus Leidenschaft – Erfahrungen und Perspektiven, Herder, Freiburg im Breisgau 2014.

Strauß, Franz Josef: Erinnerungen, Goldmann, München 1991.

Taubenberger, Bernhard: Licht übers Land. Die bayerische Viererkoalition 1954–1957, München-Verlag, München 2002.

Treml, Manfred (Hrsg.): Die Geschichte des modernen Bayern, Bayerische Landeszentrale für politische Bildungsarbeit, München 2006.
Volkert, Wilhelm: Geschichte Bayerns, C.H.Beck, München 2017.
Walter, Franz: Die SPD. Biographie einer Partei, Rowohlt, Reinbek 2009.
Waigel, Theo: Ehrlichkeit ist eine Währung. Erinnerungen, Econ, Berlin 2019.
Weigl, Michael: Die CSU. Akteure, Entscheidungsprozesse und Inhalte einer Partei am Scheideweg, Nomos, Baden-Baden 2013.
Weis, Eberhard: Montgelas. Eine Biographie 1759–1838, C.H.Beck, München 2008.
Well, Hans (mit Franz Kotteder): 35 Jahre Biermösl Blosn, Kunstmann, München 2013.

Zeitungen und Magazine

Bild
Bayernkurier
Frankfurter Allgemeine Zeitung
Frankfurter Rundschau
Der Freitag
General-Anzeiger
Münchner Merkur
Passauer Neue Presse
Der Spiegel
Süddeutsche Zeitung
Die Tageszeitung
Die Welt
Die Zeit

Bildnachweis

Seite 31:	Foto: Michaela Rehle/REUTERS/dpa Picture-Alliance, Frankfurt/Main
Seite 49:	Foto: Peter Kneffel/dpa/Picture-Alliance, Frankfurt/Main
Seite 73:	Foto: Tobias Hase/dpa/Picture-Alliance, Frankfurt/Main
Seite 79:	ap/dpa/picture alliance/Süddeutsche Zeitung Photo, München
Seite 85:	Süddeutsche Zeitung Photo, München
Seite 105:	ap/dpa/picture alliance/Süddeutsche Zeitung Photo, München
Seite 128:	ap/dpa/picture alliance/Süddeutsche Zeitung Photo, München
Seite 155:	Bildarchiv Bayerischer Landtag, Foto Rolf Poss
Seite 162:	Foto: Jenö Kovacs/Süddeutsche Zeitung Photo, München
Seite 179:	amw/Süddeutsche Zeitung Photo, München
Seite 198:	Foto: Tobias Hase/dpa/Picture-Alliance, Frankfurt/Main
Seite 207:	Foto: John MacDougall/AFP via Getty Images
Seite 219:	Foto: Wolfgang Wiese/Süddeutsche Zeitung Photo, München
Seite 224:	Foto: Thomas Koehler/imago images/photothek, Berlin
Seite 234:	Foto: Matthias Balk/dpa/Picture-Alliance, Frankfurt/Main
Seite 249:	Foto: Andreas Gebert/dpa/Picture-Alliance, Frankfurt/Main
Seite 265:	Foto: Sven Simon/Süddeutsche Zeitung Photo, München
Seite 284:	Foto: Peter Kneffel/dpa/Picture-Alliance, Frankfurt/Main
Seite 300:	Foto: Tobias Hase/dpa/Picture-Alliance, Frankfurt/Main
Seite 317:	Foto: Karl-Josef Hildenbrand/dpa/Picture-Alliance, Frankfurt/Main

Personenregister